実務解説

会社法と企業会計・税務

●編集者
平野敦士(公認会計士・税理士)
●執筆者
大野貴史(公認会計士・税理士)
佐藤増彦(税理士)
髙島志郎(弁護士)
野田幸嗣(公認会計士)
藤川義人(弁護士・弁理士)
南　繁樹(弁護士)

青林書院

は　し　が　き

　平成18年5月1日会社法（平成17年法律第86号）及びその関係政省令が施行されました。会社法制においては，平成11年の株式交換・株式移転制度の創設を皮切りに，金庫株の解禁，新株予約権や委員会等設置会社の創設など毎年のように改正がなされ，会社法の制定は会社法制の大改正の総仕上げと位置づけされるべき出来事でした。

　会社法は，商法第二編会社の部，有限会社法，株式会社の監査等に関する商法の特例に関する法律等の各規定を現代的な表記に改めた上で，最低資本金制度，機関設計，組織再編行為等制度のあり方について，体系的かつ抜本的な見直しを行い，一個の法典に再編成しました。会社法では，規律の詳細の明確化や機動的な見直し等を図るため，300を超える法務省令委任規定を設けています。会社法を正しく理解し，その詳細な実務対応を検討するためには，関係政省令を念入りに検証する必要があります。会社法を正しく理解するために必要不可欠である会社法関係法務省令も，公布後であるにもかかわらず，施行日前の平成18年3月29日及び4月14日の2度に及ぶ異例の改正が行われたのみならず，施行後1年に満たない段階で再び改正され，実務界はその対応をめぐって混乱しているのが実情です。

　本書では，会社法のうち企業会計・税務のどこがどのように変わるのかについて，公認会計士や税理士，企業法務に携わる弁護士，企業の財務会計担当者を対象に，自己の業務を点検する際に会社法制及びそれにまつわる会計・税務がすぐに理解できるよう執筆しました。本書の特色は会社法の実務運用に留意した解説を目指し，次の点に留意して執筆したことです。

(1) 財務会計の専門家の業務に資するため，会社法のうち計算にまつわる部分と関係政省令を中心に，企業会計基準委員会（ASBJ）又は企業会計審議会の公表した各種会計基準・適用指針や税法をクロスオーバーさせて，説明したこと。

(2) 企業法務を中心に活躍する弁護士や会計士・税理士により，従前の商法下

での実務を踏まえ，会社法についての重要な改正点，変更点をＱ＆Ａ形式でわかりやすく説明したこと。
(3) 設問の立て方として，会社法の会計・税務まわりについての改正点を設問として一問一答の形で解説を行ったこと。
(4) 解説は改正点だけにとどまらず，旧法からの経緯，関連会計・税務規定や仕組み，手続の流れについても詳述したこと。
(5) Ｑ＆Ａ形式の実務書にありがちな説明足らずに陥らないよう，各論点について，実務で使えるレベルまでの掘り下げを行ったこと。
(6) 複雑な思考を必要とする分野において理解を助けるため，質的内容を維持しつつ，可能な限りで図解や表，フローチャートを駆使して立体的な解説を行ったこと。
(7) 会社法の会計・税務実務にあたって，特に重要と思われる資料について巻末資料として掲載していること。

　多くの会社法務及び財務担当の方に本書を手に取っていただき，複雑・難解と思われがちな会社法及び関連する会計・税務をより深く理解するために，お役に立てば幸いです。本書の執筆者の多くが執筆に参画した「徹底解明　会社法の法務・会計・税務」taxML 著清文社刊，「実践　LLP の法務・会計・税務―設立・運営・解散―」LLP 実務研究会著　新日本法規刊ともどもご愛読いただければ幸いです。

　最後に，本書を執筆するにあたり負担をかけた家族や，会社法や税法の解釈をめぐって様々な議論を行った立命館大学大学院経営管理研究科の教授仲間や taxML のメンバーの方々，校正等でお世話になった高橋広範氏を始めとする青林書院編集部の方々に感謝いたします。

平成19年1月

編集者　平野敦士

凡　　例

1　関 係 法 令
　関係法令は，原則として平成19年1月1日現在のものによった。

2　引 用 法 令
　カッコ内における法令条項の引用は，原則として次のように行った。
(1)　主要な法令名は後掲の「法令名等略語例」により，それ以外のものはフルネームで表した。
(2)　「旧商」は，主として平成17年改正前の商法を指すが，それ以前の改正時の商法を指す場合もある。また，「会社法の施行に伴う関係法律の整備等に関する法律」は「整備法」という略語を用いた。
(3)　略記例　　会309②三：会社法309条2項3号

3　引 用 判 例
　カッコ内における判例の引用は，原則として次のように行った。その際に用いた略語は，慣例によった。
　　〔例〕　最高裁判所昭和47年6月15日判決，最高裁判所民事判例集26巻5号984頁
　　　　→最判昭47・6・15民集26巻5号984頁
　　　　　東京地方裁判所昭和37年4月4日判決，判例タイムズ130号126頁
　　　　→東京地判昭37・4・4判タ130号126頁

4　引 用 文 献
　注記中に引用した文献については，著者（執筆者）及び編者の姓名，書名（論文名），巻数又は号数（掲載誌とその巻号又は号），発行所，発行年，引用（参照）頁を掲記した。

■法令名等略語例
　　会　　　　　　　　会社法（平成17年7月26日法律第86号）
　　会規　　　　　　　会社法施行規則（平成18年法務省令第12号）
　　計規　　　　　　　会社計算規則（平成18年法務省令第13号）

凡 例

開示府令	企業内容等の開示に関する内閣府令
旧商	平成17年改正前の商法
旧商規	旧商法施行規則
旧商特	株式会社の監査等に関する商法の特例に関する法律（会社法施行に伴い廃止）
旧有	有限会社法（会社法施行に伴い廃止）
産活法	産業活力再生特別措置法
商登	商業登記法
商規	商業登記規則
証取	証券取引法
証取令	証券取引法施行令
所法	所得税法
所令	所得税法施行令
整備法	会社法の施行に伴う関係法律の整備等に関する法律
相法	相続税法
措置法	租税特別措置法
措置令	租税特別措置法施行令
耐令	減価償却資産の耐用年数等に関する省令
地法	地方税法
法法	法人税法
法令	法人税法施行令
法規	法人税法施行規則
財務諸表等規則	財務諸表等の用語，様式及び作成方法に関する規則
連結財務諸表規則	連結財務諸表の用語，様式及び作成方法に関する規則
財基通	財産評価基本通達
所基通	所得税基本通達
相基通	相続税法基本通達
措　通	租税特別措置法関係通達
法基通	法人税基本通達
大　綱	平成19年度税制改正の大綱（平成18年12月19日，財務省）
会計基準第1号	企業会計基準第1号「自己株式及び準備金の額の減少等に関する会計基準」（平成14年2月21日，最終改正平成18年8月11日，企業会計基準委員会）

会計基準第2号	企業会計基準第2号「1株当たり当期純利益に関する会計基準」（平成14年9月25日，最終改正平成18年1月31日，企業会計基準委員会）
会計基準第4号	企業会計基準第4号「役員賞与に関する会計基準」（平成17年11月29日，企業会計基準委員会）
会計基準第5号	企業会計基準第5号「貸借対照表の純資産の部の表示に関する会計基準」（平成17年12月9日，企業会計基準委員会）
会計基準第6号	企業会計基準第6号「株主資本等変動計算書に関する会計基準」（平成17年12月27日，企業会計基準委員会）
会計基準第7号	企業会計基準第7号「事業分離等に関する会計基準」（平成17年12月27日，企業会計基準委員会）
会計基準第8号	企業会計基準第8号「ストック・オプション等に関する会計基準」（平成17年12月27日，企業会計基準委員会）
会計基準第10号	企業会計基準第10号「金融商品に関する会計基準」（平成18年8月11日，企業会計基準委員会）
新会計基準案第17号	企業会計基準公開草案第17号「リース取引に関する会計基準（案）」（平成18年12月27日，企業会計基準委員会）
適用指針第2号	企業会計基準適用指針第2号「自己株式及び準備金の額の減少等に関する会計基準の適用指針」（平成14年2月21日，最終改正平成18年8月11日，企業会計基準委員会）
適用指針第4号	企業会計基準適用指針第4号「1株当たり当期純利益に関する会計基準の適用指針」（平成14年9月25日，最終改正平成18年1月31日，企業会計基準委員会）
適用指針第6号	企業会計基準適用指針第6号「固定資産の減損に係る会計基準の適用指針」（平成15年10月31日，企業会計基準委員会）
適用指針第8号	企業会計基準適用指針第8号「貸借対照表の純資産の部の表示に関する会計基準等の適用指針」（平成17年12月9日，企業会計基準委員会）
適用指針第9号	企業会計基準適用指針第9号「株主資本等変動計算書に関する会計基準の適用指針」（平成17年12月27日，企業会計基準委員会）
適用指針第10号	企業会計基準適用指針第10号「企業結合会計基準及び事業分離等会計基準に関する適用指針」（平成17年12月27日，最終

	改正平成18年12月22日，企業会計基準委員会）
適用指針第11号	企業会計基準適用指針第11号「ストック・オプション等に関する会計基準の適用指針」（平成17年12月27日，最終改正平成18年5月31日，企業会計基準委員会）
新適用指針案第21号	企業会計基準適用指針公開草案第21号「リース取引に関する会計基準の適用指針（案）」（平成18年12月27日，企業会計基準委員会）
実務対応報告第6号	実務対応報告第6号「デット・エクイティ・スワップの実行時における債権者側の会計処理に関する実務上の取扱い」（平成14年10月9日，企業会計基準委員会）
実務対応報告第10号	実務対応報告第10号「種類株式の貸借対照表価額に関する実務上の取扱い」（平成15年3月13日，企業会計基準委員会）
実務対応報告第13号	実務対応報告第13号「役員賞与の会計処理に関する当面の取扱い」（平成16年3月9日，企業会計基準委員会）
実務対応報告第16号	実務対応報告第16号「会社法による新株予約権及び新株予約権付社債の会計処理に関する実務上の取扱い」（平成17年12月27日，企業会計基準委員会）
実務対応報告第19号	実務対応報告第19号「繰延資産の会計処理に関する当面の取扱い」（平成18年8月11日，企業会計基準委員会）
企業結合会計基準	「企業結合に係る会計基準の設定に関する意見書」にある「企業結合に係る会計基準」（平成15年10月31日，企業会計審議会）
減損会計基準	「固定資産の減損に係る会計基準」（平成14年8月9日，企業会計審議会）

編集者・執筆者紹介

【編　集　者】

■平野　敦士（ひらの　あつし）／公認会計士・税理士
　平成 2 年　公認会計士登録
　平成15年　滋賀県中小企業再生支援協議会プロジェクトマネージャー
　平成18年　立命館大学大学院経営管理研究科教授
　平野会計事務所（京都府・長岡京市）
　〔主な著書〕
　「実践　LLP の法務・会計・税務—設立・運営・解散—」（共著）新日本法規
　「徹底解明　会社法の法務・会計・税務」（共著）清文社
　「Ｑ＆Ａ法人化の税務と設立手続マニュアル（監修）清文社
　「株式会社のつくり方と運営」（共著）成美堂出版
　「営業譲渡型・会社分割型の再生手続Ｑ＆Ａ」中央経済社
　「倒産させないための私的整理による会社再建Ｑ＆Ａ」（共著）清文社
　「税理士・会計士・社長の疑問に答える新会社法の実務Ｑ＆Ａ」（共著）清文社
　「労働基準法がよくわかる本」（監修）成美堂出版
　「税務訴訟と要件事実論」（共著）清文社
　「詳説　非営利法人の消費税実務」（共著）清文社
　「これは使える！保証・担保・債権回収実践マニュアル」（共著）清文社
　「簡単！ひとりでできる帳簿・決算書づくりと確定申告」（監修）成美堂出版
　「ひとりでできる個人事業者の確定申告」（監修）成美堂出版
　「通勤大学財務コース　損益分岐点」総合法令出版
　「図解／はじめてする消費税の申告」清文社
　「エキスパート改正商法」（共著）日本加除出版
　「会社更生・再生・清算の法律と会計・税務」（共著）清文社
　「独立応援！個人事業のかんたん経理」池田書店

【執　筆　者】(執筆順)

■髙島　志郎（たかしま　しろう）／弁護士
　　平成11年　弁護士登録
　　弁護士法人淀屋橋・山上合同（大阪市・中央区）
　　平成8年東京大学法学部卒業。平成15年㈱光陽社監査役，平成16年太洋㈱監査役に就任。
　　〔会社法関連の主な著書・論文〕
　　「商事非訟の実務」（共著）大阪弁護士協同組合，「企業防衛法務と戦略―敵対的買収に備えて―」（共著）民事法研究会，「『会社分割制度』活用の可能性―『営業』の解釈と『現代化』後の新制度―」（ビジネス法務2005年7月号）中央経済社，「親会社取締役の責任」（最新倒産法・会社法をめぐる実務上の諸問題）民事法研究会，「エグゼクティブ会社法」（共著）民事法研究会　など。

■平野　敦士（ひらの　あつし）／公認会計士・税理士
　　（上　掲）

■藤川　義人（ふじかわ　よしと）／弁護士・弁理士
　　平成7年　弁護士登録
　　弁護士法人淀屋橋・山上合同（大阪市・中央区）
　　京都工芸繊維大学地域共同研究センター客員教授などの公職を歴任。
　　〔主な著書・論文〕
　　「敵対的株式買収と新株発行」（共著）民事法研究会，「書式商事非訟の実務」（共著）民事法研究会　など。

■大野　貴史（おおの　たかし）／公認会計士・税理士
　　平成12年　公認会計士登録
　　大野貴史公認会計士・税理士事務所（東京都・板橋区）
　　筑波大学大学院ビジネス科学研究科企業法学専攻修士課程修了。太田昭和監査法人（現新日本監査法人），朝日監査法人（現あずさ監査法人），税理士法人等を経て，IPO，M&A，企業組織再編，事業承継の実務に従事。
　　〔主な著書・論文〕
　　「実践　LLPの法務・会計・税務―設立・運営・解散―」（共著）新日本法規，「徹底解明　会社法の法務・会計・税務」（共著）清文社，「税理士・会計士・社長の疑問に答える新会社法の実務Q&A」（共著）清文社　など。

編集者・執筆者紹介　ix

■南　　繁樹（みなみ　しげき）／弁護士
　平成9年　弁護士登録（東京弁護士会）
　あさひ・狛法律事務所（東京都・千代田区）
　東京大学法学部卒業，米国ニューヨーク大学ロー・スクール修士（会社法），同ロー・スクール修士（租税法），東京大学非常勤講師，LEC会計大学院教授。
〔主な著書・論文〕
　「実践　LLPの法務・会計・税務―設立・運営・解散―」（共著）新日本法規，「徹底解明　会社法の法務・会計・税務」（共著）清文社，「税理士・会計士・社長の疑問に答える新会社法の実務Q＆A」（共著）清文社　など。

■野田　幸嗣（のだ　こうじ）／公認会計士
　平成15年　公認会計士登録
　税理士法人プライスウォーターハウスクーパース（大阪市・北区）
　平成10年京都大学工学部工業化学科卒業，平成12年同大学院工学研究科中退。平成12年監査法人トーマツ入社，平成15年8月から現職。移転価格税制を中心に国内外の法人課税問題のコンサルティング業務に従事。
〔主な著書・論文〕
　「実践　LLPの法務・会計・税務―設立・運営・解散―」（共著）新日本法規，「徹底解明　会社法の法務・会計・税務」（共著）清文社，「税理士・会計士・社長の疑問に答える新会社法の実務Q＆A」（共著）清文社　など。

■佐藤　増彦（さとう　ますひこ）／税理士
　平成9年　税理士登録
　佐藤増彦税理士事務所（秋田県・横手市）
　福島大学大学院経済学研究科会計学専攻修士課程終了。現在，企業組織再編及び事業承継業務を中心に税務コンサルティング業務に従事する。秋田県中小企業再生支援協議会外部専門家。
〔主な著書・論文〕
　「実践　LLPの法務・会計・税務―設立・運営・解散―」（共著）新日本法規，「徹底解明　会社法の法務・会計・税務」（共著）清文社，「税理士・会計士・社長の疑問に答える新会社法の実務Q＆A」（共著）清文社，「簡単！ひとりでできる帳簿・決算書づくりと確定申告」成美堂出版，「超かんたん簿記入門」（共著）成美堂出版，「人件費の外注化に伴う税務上の留意点」（税務弘報2005年4月号）中央経済社　など。

目　次

はしがき
凡　例
編集者・執筆者紹介

第1章　株　式

第1節　総　則

Q.1-1-1　株式の内容についての特別の定め ……………〔髙島　志郎〕… 2
　　発行する株式について，会社はどのような内容を定めることができますか。

Q.1-1-2　株式譲渡制限 ………………………………………〔髙島　志郎〕… 4
　　株式の譲渡制限について，旧商法と会社法で異なる点を教えてください。

Q.1-1-3　取得請求権付株式・取得条項付株式 ……………〔髙島　志郎〕… 6
　　取得請求権付株式・取得条項付株式とはどのようなものですか。

Q.1-1-4　種類株式 ……………………………………………〔髙島　志郎〕… 9
　　会社が数種の株式を発行する場合，どのような内容に違いのある株式を発行することができますか。

Q.1-1-5　発行可能株式総数・発行可能種類株式総数 ………〔髙島　志郎〕… 14
　　会社が発行する株式・種類株式の限度はどのようにして決まりますか。

Q.1-1-6　株券の発行・不発行 ………………………………〔髙島　志郎〕… 17
　　株式が発行された場合，必ず株券が発行されるのですか。

Q.1-1-7　資本金の組入れ基準 ………………………………〔平野　敦士〕… 19
　　新株式発行時の資本金の組入れ基準の変更について教えてください。

Q.1-1-8　反体株主に認められる株式買取請求権 ……………〔平野　敦士〕… 22
　　会社が行った一定の決定事項に反対の株主に認められる株式買取請求権について教えてください。

第2節　株主名簿

Q.1-2-1　株主名簿の作成，備置き，閲覧・謄写 ……………〔髙島　志郎〕… 26
　　株主名簿の制度内容について教えてください。

 Q.1-2-2 基準日制度 ……………………………………〔髙島　志郎〕… *28*
  株主がその権利を行使するためにはいつまでに株主名簿に記載・記録
 されていればよいのですか。
第3節　株式譲渡等
 Q.1-3-1 株式譲渡の手続 ………………………………〔髙島　志郎〕… *30*
  株式を譲渡する場合，どのような手続が必要になりますか。また，会
 社によって，その手続が異なるのはどのような場合ですか。
 Q.1-3-2 譲渡制限株式の譲渡手続 ……………………〔髙島　志郎〕… *32*
  譲渡制限株式の譲渡の手続について教えてください。
第4節　単元株式
 Q.1-4-1 単元株式数の設定 ……………………………〔髙島　志郎〕… *36*
  単元株式数の設定はどのようにして行いますか。また，単元株式数の
 設定にはどのような制限がありますか。
 Q.1-4-2 単元未満株式の株主の権利の制限 …………〔髙島　志郎〕… *38*
  単元未満株式の株主にはどのような権利がありますか。また，会社に
 よってその権利が制限されることはあるのですか。
 Q.1-4-3 単元未満株式の買取請求・買増請求 ………〔髙島　志郎〕… *40*
  単元未満株式を処分したいときはどうすればよいですか。逆に，単元
 未満株式をさらに取得して，単元株式数にすることはできますか。また，
 これらの場合の処分価格，取得価格はどのようにして決まりますか。
第5節　出　資　等
 Q.1-5-1 設立手続に関する見直し事項 ………………〔藤川　義人〕… *42*
  会社法では，設立手続に関して，旧商法の規定からどのような見直し
 がされましたか。その概要を教えてください。
 Q.1-5-2 定款の作成 ……………………………………〔藤川　義人〕… *46*
  定款の記載事項に関して，旧商法から会社法で見直された点を中心に
 説明してください。
 Q.1-5-3 発起設立 ………………………………………〔藤川　義人〕… *48*
  発起設立の手続の流れを，旧商法から会社法で見直された点を中心に
 説明してください。
 Q.1-5-4 募集設立 ………………………………………〔藤川　義人〕… *52*
  募集設立の手続の流れを，発起設立と比べながら説明してください。

第6節　募集株式の発行

- Q.1-5-5　現物出資・財産引受け ……………………………〔藤川　義人〕… 56
  会社法では，現物出資・財産引受制度に関して，旧商法の規定からどのような見直しがされましたか。
- Q.1-5-6　事後設立 ………………………………………………〔藤川　義人〕… 58
  会社法では，事後設立制度に関して，旧商法の規定からどのような見直しがされましたか。
- Q.1-5-7　債務の株式化（DES）…………………………………〔平野　敦士〕… 60
  会社法では債務の株式化の手続の簡素化が行われたそうですが，その概要と税務上の取扱いについて教えてください。

第6節　募集株式の発行

- Q.1-6-1　募集株式の法務 …………………………………………〔藤川　義人〕… 64
  会社法における募集株式の発行手続の概要を教えてください。
- Q.1-6-2　募集株式を発行したときの会計・税務 ……………〔平野　敦士〕… 68
  募集株式を発行したときの会計・税務の取扱いについて教えてください。

第7節　株式の併合

- Q.1-7-1　株式の併合の効果 ………………………………………〔髙島　志郎〕… 72
  株式の併合はどのような目的で行われるのですか。株式の併合が行われた場合の効果について教えてください。
- Q.1-7-2　株式の併合の手続 ………………………………………〔髙島　志郎〕… 74
  株式の併合はどのような手続で行われますか。
- Q.1-7-3　株式の併合等に際しての端数の処理 ………………〔髙島　志郎〕… 76
  株式の併合，株式の分割などがなされる際に，端数が出る場合はどのように処理されますか。

第8節　株式の分割

- Q.1-8-1　株式の分割の目的，効果 ………………………………〔髙島　志郎〕… 78
  株式の分割はどのような目的で行われるのですか。株式の分割が行われた場合の効果について教えてください。
- Q.1-8-2　株式の分割の手続 ………………………………………〔髙島　志郎〕… 80
  株式の分割はどのような手続で行われますか。

第9節　株式の無償割当て

- Q.1-9-1　株式の無償割当て ………………………………………〔髙島　志郎〕… 82
  株式の無償割当てとはどのようなものですか。株式の無償割当てと株式の分割にはどのような違いがありますか。

Q.1-9-2 株式の分割・併合又は株式の無償割当てを行った場合の課税関係
………………………………………………………〔平野　敦士〕… *84*
株式の分割又は併合を行った場合の課税関係について教えてください。

第2章　自　己　株　式

第1節　自己株式の取得

Q.2-1-1　自己株式の取得 ……………………………………〔大野　貴史〕… *86*
どのような場合に，自己株式の取得をすることができますか。

Q.2-1-2　株主との合意による自己株式の取得手続 …………〔大野　貴史〕… *93*
自己株式を取得するには，どうすればよいですか。

Q.2-1-3　取得請求権・取得条項・全部取得条項付の株式の取得
………………………………………………………〔大野　貴史〕… *98*
取得請求権・取得条項・全部取得条項が付された株式の取得手続について教えてください。

Q.2-1-4　相続人等への株式の売渡しの請求 ………………〔平野　敦士〕…*105*
会社法で新設された相続人等への株式の売渡しの請求について教えてください。

第2節　自己株式の処分等

Q.2-2-1　自己株式の処分 ……………………………………〔大野　貴史〕…*112*
自己株式の処分について会社法上の取扱いを教えてください。

Q.2-2-2　自己株式の消却 ……………………………………〔大野　貴史〕…*114*
自己株式の消却について会社法上の取扱いを教えてください。

第3章　種　類　株　式

第1節　種類株式の法務

Q.3-1-1　取得条項付株式・取得請求権付株式の法務 ………〔南　　繁樹〕…*118*
取得条項付株式と取得請求権付株式の具体的な利用方法について教えてください。

Q.3-1-2　全部取得条項付種類株式の法務 ……………………〔南　　繁樹〕…*122*
全部取得条項付種類株式の具体的な利用方法について教えてください。

目　次　xv

　　Q.3-1-3　優先・劣後株式とトラッキング・ストック ………〔南　　繁樹〕…*124*
　　　　優先・劣後株式や，トラッキング・ストックの具体的な利用方法について教えてください。
第2節　種類株式の会計及び税務
　　Q.3-2-1　種類株式の会計処理 ……………………………………〔南　　繁樹〕…*126*
　　　　種類株式の会計処理について教えてください。
　　Q.3-2-2　種類株式の税務①（発行時及び保有中の取扱い）
　　　　　 ……………………………………………………………………〔南　　繁樹〕…*128*
　　　　種類株式の発行時と保有期間中の税務について教えてください。
　　Q.3-2-3　種類株式の税務②（譲渡・償還・転換時の取扱い）
　　　　　 ……………………………………………………………………〔南　　繁樹〕…*132*
　　　　種類株式の譲渡時と会社による取得時の税務について教えてください。
　　Q.3-2-4　種類株式の税務③（種類株式の評価） ……………〔南　　繁樹〕…*136*
　　　　種類株式の税務上の評価について教えてください。
　　コラム　種類株式のベンチャーキャピタルでの利用 …………〔平野　敦士〕…*142*

第4章　新株予約権

第1節　法務関係
　　Q.4-1-1　新株予約権の法務 …………………………………………〔野田　幸嗣〕…*144*
　　　　新株予約権に関する会社法上の取扱いを教えてください。
　　Q.4-1-2　ストック・オプションの法務 ………………………〔野田　幸嗣〕…*146*
　　　　会社法上，ストック・オプションとして付与される新株予約権は職務執行の対価と位置づけられ，法務上の手続はどのように変わりますか。
第2節　発行者側の会計・税務処理
　　Q.4-2-1　新株予約権の発行者側の会計処理 …………………〔野田　幸嗣〕…*150*
　　　　新株予約権及び新株予約権付社債の発行者側の会計処理を教えてください。
　　Q.4-2-2　ストック・オプション会計基準の範囲 ……………〔野田　幸嗣〕…*154*
　　　　ストック・オプションに関する会計のルールについて教えてください。
　　Q.4-2-3　ストック・オプションの会計処理①（概要） ……〔野田　幸嗣〕…*156*
　　　　従業員等にストック・オプションとして新株予約権を付与した場合の会計処理を教えてください。

コラム　自己新株予約権の処分 ……………………………〔野田　幸嗣〕…*160*
Q.4-2-4　ストック・オプションの会計処理②（個別論点）
　　　　　………………………………………………………〔野田　幸嗣〕…*161*
　　ストック・オプション会計で注意すべき点について教えてください。
コラム　ブラック・ショールズモデルと２項モデル ………〔野田　幸嗣〕…*165*
Q.4-2-5　新株予約権の開示 ……………………………………〔野田　幸嗣〕…*166*
　　新株予約権及びストック・オプションの会社法，証券取引法上の開示
　について教えてください。
Q.4-2-6　新株予約権の発行者側の税務 ……………………〔野田　幸嗣〕…*174*
　　新株予約権について発行者側で損金処理が認められるようになったと
　聞きました。その内容を教えてください。
コラム　ストック・オプションの評価とボラティリティ ……〔野田　幸嗣〕…*176*

第３節　取得者側の会計・税務処理

Q.4-3-1　新株予約権の取得者側の会計処理 …………………〔野田　幸嗣〕…*178*
　　新株予約権・新株予約権付社債の取得者側の会計処理について教えて
　ください。
Q.4-3-2　新株予約権の取得者側の税務処理 …………………〔野田　幸嗣〕…*180*
　　新株予約権の取得者側の税務処理について教えてください。

第４節　敵対的買収防衛策

Q.4-4-1　敵対的買収防衛策 ……………………………………〔野田　幸嗣〕…*182*
　　新株予約権を用いた敵対的買収防衛策（ライツプラン）について教え
　てください。
コラム　新株予約権を使った企業買収手法 …………………〔平野　敦士〕…*193*

第５章　計　算　等

第１節　会計帳簿等

Q.5-1-1　貸借対照表と損益計算書の表示変更内容 …………〔平野　敦士〕…*196*
　　会社法施行による貸借対照表と損益計算書の表示変更内容について教
　えてください。
Q.5-1-2　会計処理の基本的な考え方 …………………………〔平野　敦士〕…*202*
　　会社法における会計処理の基本的な考え方について教えてください。

Q.5-1-3　決算手続 ……………………………………〔平野　敦士〕…*205*
　　会社法における決算手続について，旧商法から変更になった点を教え
　てください。
Q.5-1-4　繰延資産の会計処理 ……………………………〔平野　敦士〕…*210*
　　繰延資産の会計処理についての公正な会計慣行を教えてください。
Q.5-1-5　会社法と法人税法の純資産の部の考え方の相違 …〔平野　敦士〕…*214*
　　会社法と法人税法における純資産の部の考え方の相違点について教え
　てください。
Q.5-1-6　役員賞与の会計処理方法 ………………………〔佐藤　増彦〕…*218*
　　役員賞与の会計処理方法が変更になったと聞きましたが，内容につい
　て教えてください。
Q.5-1-7　繰延ヘッジ損益 …………………………………〔平野　敦士〕…*222*
　　会社法施行により繰延ヘッジ損益の貸借対照表記載区分が変わったそ
　うですが，教えてください。
Q.5-1-8　株主資本等変動計算書 …………………………〔平野　敦士〕…*224*
　　利益処分案に代わって作成されることとなった株主資本等変動計算書
　について教えてください。
Q.5-1-9　附属明細書 ………………………………………〔平野　敦士〕…*230*
　　会社法において附属明細書が大幅に変更になったそうですが，概要に
　ついて教えてください。
Q.5-1-10　事業報告 ………………………………………〔平野　敦士〕…*234*
　　会社法においては旧商法時代の営業報告書に代わって事業報告の作成
　が求められるようになったそうですが，その概要について教えてください。
Q.5-1-11　個別注記表 ……………………………………〔平野　敦士〕…*242*
　　会社法で新たに作成が求められた個別注記表について教えてください。
Q.5-1-12　1株当たり情報の算定方法 …………………〔佐藤　増彦〕…*248*
　　1株当たり情報の算定方法について教えてください。
Q.5-1-13　連結計算書類 …………………………………〔平野　敦士〕…*250*
　　会社法施行に伴う連結計算書類の変更点を教えてください。
Q.5-1-14　連結注記表 ……………………………………〔平野　敦士〕…*254*
　　会社法で新たに作成が要求されることとなった連結注記表について教
　えてください。

Q.5-1-15　会計帳簿の作成と保存 ……………………〔佐藤　増彦〕…*258*
　　会計帳簿の作成と保存の義務について教えてください。
Q.5-1-16　計算書類の備置きと閲覧について　……………〔佐藤　増彦〕…*262*
　　計算書類の備置期間について教えてください。
Q.5-1-17　決算公告について　…………………………〔佐藤　増彦〕…*264*
　　計算書類の公告について教えてください。
Q.5-1-18　臨時計算書類について　……………………〔佐藤　増彦〕…*270*
　　臨時計算書類制度について教えてください。
Q.5-1-19　会社法施行後最初に開催する株主総会に係る経過措置
　　　………………………………………………………〔平野　敦士〕…*277*
　　会社法施行後最初に開催する株主総会に係る株主総会参考書類や事業
　報告に関する経過措置について教えてください。

第2節　資本金の額等

Q.5-2-1　株主資本 ……………………………………〔大野　貴史〕…*278*
　　純資産の部の株主資本の内容について教えてください。
Q.5-2-2　資本金等の額の増加及び減少 ……………〔大野　貴史〕…*287*
　　資本金等の額の増加及び減少の手続について教えてください。
Q.5-2-3　税務上の資本金等の額 ……………………〔大野　貴史〕…*296*
　　税務上の株主資本の取扱いについて教えてください。

第3節　剰余金の配当等

Q.5-3-1　剰余金の配当等の法務 ………………………〔野田　幸嗣〕…*299*
　　株式会社の配当に関する規制について教えてください。
Q.5-3-2　分配可能額の計算 ……………………………〔野田　幸嗣〕…*302*
　　分配可能額の計算規定が非常に難解です。計算構造をわかりやすく教
　えてください。
Q.5-3-3　剰余金の配当を行った会社の会計処理 …………〔野田　幸嗣〕…*307*
　　株式会社が剰余金の配当を行った場合の会計処理及び開示について教
　えてください。
Q.5-3-4　剰余金の配当を受け取った側の会計処理 …………〔野田　幸嗣〕…*312*
　　株主がその他資本剰余金から配当を受け取った場合及び現物配当を受
　け取った場合の会計処理について教えてください。
Q.5-3-5　剰余金の配当を行った側の税務 ………………〔野田　幸嗣〕…*314*
　　剰余金の配当を行った側の税務上の取扱いを教えてください。

第6章　組織再編等

第1節　法　務

Q.6-1-1　組織再編の法務 ……………………………………〔南　　繁樹〕…*320*
組織再編の法務の概要を教えてください。

Q.6-1-2　組織再編の手続 ……………………………………〔南　　繁樹〕…*322*
組織再編の手続について教えてください。

Q.6-1-3　M&Aの種類と利用方法 …………………………〔南　　繁樹〕…*324*
M&Aにはどのような種類があって，どのような場合に利用されますか。

Q.6-1-4　ゴーイング・プライベートによるスクィーズ・アウト
………………………………………………………………〔平野　敦士〕…*328*
ゴーイング・プライベートによるMBOの問題点について教えてください。

Q.6-1-5　キャッシュ・アウト・マージャー ……………〔平野　敦士〕…*331*
会社法において新設されたキャッシュ・アウト・マージャーについて教えてください。

Q.6-1-6　少数株主排除（スクィーズ・アウト）に関する法的問題点
………………………………………………………………〔南　　繁樹〕…*336*
現金合併（キャッシュ・アウト・マージャー）等の手法で少数株主を排除すること（スクィーズ・アウト）に法的問題はありませんか。

Q.6-1-7　三角合併の法的問題点 ……………………………〔南　　繁樹〕…*344*
三角合併についての法的問題点について教えてください。

第2節　会　計①──企業結合会計基準

Q.6-2-1　企業結合会計のフレームワーク ………………〔平野　敦士〕…*348*
組織再編のうち，企業結合会計のフレームワークについて教えてください。

Q.6-2-2　企業結合会計（パーチェス法） ………………〔平野　敦士〕…*352*
企業結合について「取得」と判定された場合に適用されるパーチェス法の概要を教えてください。

Q.6-2-3　パーチェス法による取得原価の算定方法 ………〔平野　敦士〕…*354*
パーチェス法によった場合の取得原価の算定方法について教えてください。

Q.6-2-4　パーチェス法における取得原価の配分方法 ……〔平野　敦士〕…*358*
パーチェス法における取得原価の配分方法について教えてください。

Q.6-2-5 パーチェス法におけるのれんの処理 ……………〔平野　敦士〕…*364*
　　パーチェス法におけるのれんの処理について教えてください。
Q.6-2-6 パーチェス法（取得企業の増加資本の額） ………〔平野　敦士〕…*368*
　　パーチェス法を適用した場合の取得企業の増加資本の額について教えてください。
Q.6-2-7 持分プーリング法 …………………………………〔平野　敦士〕…*370*
　　企業結合が「持分の結合」と判定された場合に適用される持分プーリング法について教えてください。
Q.6-2-8 持分プーリング法に準じた処理方法 ………………〔平野　敦士〕…*374*
　　企業結合が「共同支配企業の形成」と判定された場合に適用される持分プーリング法に準じた処理方法について教えてください。
Q.6-2-9 共通支配下の取引等の会計処理 ……………………〔平野　敦士〕…*376*
　　グループ企業内で組織再編を行う際に適用される「共通支配下の取引等」の会計処理について教えてください。

第3節　会　　計②──事業分離等会計基準
Q.6-3-1 事業分離等会計基準（分離元企業の会計処理） …〔平野　敦士〕…*378*
　　事業分離における分離元企業の会計処理について教えてください。
Q.6-3-2 事業分離等会計基準（結合当事企業の株主に係る会計処理）
　　………………………………………………………………〔平野　敦士〕…*382*
　　事業分離の際の結合当事企業の株主に係る会計処理について教えてください。

第4節　会　　計③──ケース別解説
Q.6-4-1 合併の会計処理①（パーチェス法） ………………〔平野　敦士〕…*386*
　　取得と判定された場合の合併の会計処理の例を示してください。
Q.6-4-2 合併の会計処理②（持分プーリング法） …………〔平野　敦士〕…*388*
　　持分の結合と判定された場合の合併の会計処理の例を示してください。
Q.6-4-3 株式交換による買収の会計処理（パーチェス法）
　　………………………………………………………………〔平野　敦士〕…*390*
　　株式交換により企業買収した際の会計処理の例を示してください。
Q.6-4-4 逆 取 得 ………………………………………………〔平野　敦士〕…*392*
　　企業価値が小さい会社が存続法人となる吸収合併の会計処理について教えてください。

Q.6-4-5　株式移転による共同持株会社の設立（パーチェス法）
　　　　………………………………………………………〔平野　敦士〕…*394*
　　株式移転により共同持株会社を設立した場合（パーチェス法）の会計
　処理を教えてください。

Q.6-4-6　株式移転による共同持株会社の設立（持分プーリング法）
　　　　………………………………………………………〔平野　敦士〕…*396*
　　株式移転により共同持株会社を設立した場合（持分プーリング法）の
　会計処理を教えてください。

Q.6-4-7　分社型分割（支配の継続）……………………〔平野　敦士〕…*398*
　　事業の一部を分社型分割により移転し，分割先企業の株式を取得しま
　した。分割先企業が分割元企業の子会社又は関連会社に該当する場合の
　会計処理を教えてください。

Q.6-4-8　分社型分割（取得）……………………………〔平野　敦士〕…*400*
　　事業の一部を分社型分割により移転し，分割先企業の株式を取得しま
　した。分割先企業が分割元企業の子会社又は関連会社に該当しない場合
　の会計処理を教えてください。

Q.6-4-9　共同新設分割（共同支配企業の形成）………〔平野　敦士〕…*402*
　　判定の結果，共同支配企業の形成とされる共同新設分割を行った場合
　の会計処理を教えてください。

Q.6-4-10　債務超過の会社を吸収合併する場合の会計処理
　　　　………………………………………………………〔平野　敦士〕…*404*
　　債務超過の会社を吸収合併する場合の会計処理について教えてください。

Q.6-4-11　企業結合に伴う退職給付引当金の処理　…………〔平野　敦士〕…*406*
　　企業結合に伴って被取得企業から引き継ぐ退職給付引当金の処理はど
　のようになるか教えてください。

Q.6-4-12　組織再編行為の対価の柔軟化に伴う会計処理　…〔平野　敦士〕…*408*
　　組織再編行為の対価の柔軟化に伴う会計処理について教えてください。

第5節　税　　務

Q.6-5-1　組織再編税制の概略……………………………〔佐藤　増彦〕…*410*
　　組織再編税制の概略について教えてください。

Q.6-5-2　株式の保有関係の判定…………………………〔佐藤　増彦〕…*412*
　　株式の保有関係の判定について教えてください。

Q.6-5-3 適格要件 ……………………………〔佐藤　増彦〕…414
　　組織再編税制上の適格要件について教えてください。
Q.6-5-4 繰越欠損金等の引継制限 ………………〔佐藤　増彦〕…421
　　繰越欠損金等の引継制限について教えてください。
Q.6-5-5 会社分割における青色欠損金の引継ぎ …………〔平野　敦士〕…423
　　会社分割における青色欠損金の引継ぎについて教えてください。
Q.6-5-6 非適格組織再編及び事業の譲渡を行った際の税務処理
　　……………………………………………………〔野田　幸嗣〕…425
　　非適格組織再編の当事会社の税務処理を教えてください。
Q.6-5-7 株式交換・株式移転の税務 ………………〔南　　繁樹〕…431
　　株式交換及び株式移転に関する税務上の問題点について教えてください。
Q.6-5-8 非適格株式交換と営業権 ………………〔南　　繁樹〕…438
　　非適格株式交換の際に，子法人において営業権を計上し，それを時価評価する必要がありますか。
Q.6-5-9 三角合併の実務的問題点と税務 ……………〔南　　繁樹〕…442
　　三角合併についての税務上の取扱いについて教えてください。
Q.6-5-10 非適格組織再編と包括的否認規定 …………〔南　　繁樹〕…450
　　非適格組織再編においてどのような場合に包括的否認規定が適用されるでしょうか。
Q.6-5-11 税制適格要件（金銭等交付要件）…………〔平野　敦士〕…452
　　組織再編についての税制適格要件に，金銭等交付がないこととありますが，詳細について教えてください。
Q.6-5-12 欠損金法人の買収による欠損金の繰越控除の不適用
　　……………………………………………………〔平野　敦士〕…454
　　税法上の繰越欠損金を有する会社を買収することによる租税回避行為に対する税制上の措置について教えてください。
Q.6-5-13 平成19年度税制改正大綱①（減価償却制度）……〔平野　敦士〕…458
　　平成19年度税制改正大綱のうち，減価償却制度の改正について教えてください。
Q.6-5-14 平成19年度税制改正大綱②（三角合併の税務）…〔南　　繁樹〕…460
　　平成19年度税制改正大綱で明らかにされた三角合併の税務上の取扱いについて教えてください。

Q.6-5-15　平成19年度税制改正大綱③（国際的租税回避防止）
　　　　　……………………………………………………………〔南　　繁樹〕…*466*
　　平成19年度税制改正大綱で示された国際的租税回避行為に対する防止措置を教えてください。

Q.6-5-16　平成19年度税制改正大綱④（種類株式）…………〔南　　繁樹〕…*468*
　　平成19年度税制改正大綱における種類株式の評価について教えてください。

Q.6-5-17　平成19年度税制改正大綱⑤（リース取引）………〔南　　繁樹〕…*470*
　　リースに関する会計基準の改正と，これに関連する平成19年度税制改正について教えてください。

巻末資料
- 資料1　計算書類に係る附属明細書のひな型（*477*）
- 資料2　利益・業績連動役員給与の有価証券報告書上の記載例（*480*）
- 資料3　事業報告モデル（添付書類）（*486*）
- 資料4　ソニー株式会社が発行する子会社連動株式に係る所得税及び法人税の取扱いについて（通知）（*494*）
- 資料5　国税庁・質疑応答事例「種類株式の評価」（平成18年5月1日現在）（*500*）
- 資料6　東京証券取引所における組織再編，公開買付け及びMBO等に関する開示の実務（*506*）
- 資料7　平成19年度税制改正関連資料（*514*）

事項索引

第1章 株式

第1節　総　　則
第2節　株主名簿
第3節　株式譲渡等
第4節　単元株式
第5節　出　資　等
第6節　募集株式の発行
第7節　株式の併合
第8節　株式の分割
第9節　株式の無償割当て

第1節　総　則

Q.1-1-1　株式の内容についての特別の定め

発行する株式について，会社はどのような内容を定めることができますか。

> **Point**
> ■会社法においては，発行している全部の株式の内容についての特別な定めとして，①譲渡制限の有無，②取得請求権の有無，③取得条項の有無を選択して定めることができることとなった。

1　会社法による制度の変更

　旧商法下においても，会社が数種の株式を発行する場合においては，株式の内容として，①利益又は利息の配当，②残余財産の分配，③株式の買受，④利益をもってする株式の消却，⑤株主総会において議決権を行使することのできる事項，⑥取締役又は監査役の選任，⑦取締役会決議事項・株主総会決議事項につき当該種類株式の株主によって構成される種類株主総会の決議を要する事項について，異なる定めをすることができるとされていました（旧商222①各号，⑨）。

　しかしながら，これらの定めは，種類株式ごとに異なる定めをすることができるというもので，数種の株式を発行しない会社においては，特段の定めをすることは許容されていませんでした。他方で，旧商法下では，発行する株式全部を対象として譲渡制限を付すかどうかを選択することができましたが，数種の株式を発行する会社において，一部の種類株式についてのみ譲渡制限を付すことは許容されていませんでした。

　上記の①，②，⑤～⑦については，数種の株式が発行されていることが前提となりますが，③，④については，必ずしも数種の株式が発行されている場合でなくても，株式の内容として定めることが考えられます。

　なお，利益をもってする消却については，定款の規定に基づきこれを行うこと（株主総会決議を経ずに行うこと）が許容されていました（旧商213①）が，いか

なる事項を定款に定める必要があるのか明確ではなく，原始定款に定めがない場合に定款を変更してこの定めを置くには株主全員の同意を要すると解されており，実際にもほとんど利用されていませんでした（江頭憲治郎「株式会社・有限会社法〔第4版〕」（有斐閣，2005年）251頁）。

会社法では，発行する株式全部の内容として，①譲渡制限の有無，②取得請求権の有無，③取得条項の有無を選択して定めることができることとなりました（会107①）。したがって，1つの種類の株式しか発行していない会社についても，これらの事項については選択することができることとなるとともに，譲渡制限についてはその制限の方法が多様化されるなどの点で変更がなされました。また，取得請求権，取得条項を付することは，旧商法下での定款の規定に基づき行う利益をもってする株式の消却と類似するものではありますが，その内容等が明確化されました（Q1-1-2，1-1-3参照）。

2 株式の内容についての特別の定めの変更

株式の内容についての特別の定めも，定款に規定される事項であり，定款変更の手続をとることにより変更することができます。

定款変更は，原則として株主総会の特別決議によって行います（会466，309②十一）が，株式の内容についての特別の定めが株主の権利に重大な影響を及ぼすことがあるため，次の場合には，さらに特別な要件が定められています。

(1) 特殊決議

株式に譲渡制限が付されていない会社において，定款を変更して新たに譲渡制限を付する場合には，株主総会の特別決議ではなく，議決権を行使できる株主の半数以上（議決権の過半数を有する株主ではなく，株主の数としての過半数が必要となります）であり，かつ，議決権を行使できる株主の議決権の3分の2以上にあたる多数の賛成が必要となり，反対する株主には株式買取請求権が認められます（会309③一，116①一）。

(2) 株主全員の同意

株式に取得条項を付していない会社において，定款を変更して新たに取得条項を付する場合には，株主全員の同意が必要です（会110）。

〔髙島　志郎〕

Q.1-1-2 株式譲渡制限

株式の譲渡制限について,旧商法と会社法で異なる点を教えてください。

> **Point**
> ■会社法では,数種の株式を発行する会社が一部の種類の株式についてのみ譲渡制限を付することが可能となったほか,一定の場合には会社の承認があったものとみなすことができ,取締役会以外の機関において承認をすることができるとされるなど,譲渡制限の方法が柔軟化された。

1 株式譲渡制限

(1) 旧商法下の株式譲渡制限

会社は,その発行する株式について,「譲渡による当該株式の取得について当該株式会社の承認を要すること」を株式の内容として定めることができます(会107①一)。

上記の定めのある株式は,譲渡制限株式と称されます(会2十七)。

株式の譲渡制限については,旧商法下では,会社が発行する株式の全部について譲渡制限を付するかどうかを決定でき,譲渡制限の方法は,譲渡には取締役会の承認を要するとの方法のみが認められていました(旧商204①ただし書)。

(2) 会社法下の株式譲渡制限の対象・方法

この点,会社法では,会社が発行する株式全部について譲渡制限を付することもできますし,数種の株式を発行している場合に,一部の種類の株式についてのみ譲渡制限を付することも可能となりました(会108①四)。

また,譲渡制限の方法については,①一定の場合に承認がなされたものとみなすことができることとされ,②会社の承認は必ずしも取締役会決議で行われるのではなく,会社が承認する機関を自由に定めることができることとされ,③定款であらかじめ指定買取人を定めることができることとされました。

すなわち,会社は,譲渡制限を付する際には,一定の場合に,株主又は株式取得者からの承認請求(会136,137①)に対する承認をしたものとみなすことを

定めることができ，その場合には，その旨と承認をしたものとみなす一定の場合を，定款に定めることを要します（会107②一）。この「一定の場合」については，会社法上特段の制限はありませんが，株主から他の株主への譲渡，会社の役職員への譲渡などについて，承認をしたものとみなす（株主又は株式取得者からの承認請求も不要とする）ことが考えられます。

　また，株主又は株式取得者からの承認請求に対して承認するか否かは，取締役会が設置されていない会社については株主総会決議により，取締役会が設置されている会社については取締役会決議により決定することが原則ですが，定款に別段の定めを置くことができるとされています（会139）。したがって，例えば，取締役会を設置している会社において，譲渡承認を株主総会決議により行うこととして株主となる者の決定について既存の株主の意向を直接反映させることとしたり，代表取締役の決定によることとして譲渡承認を機動的に行うこととしたりすることが考えられます。但し，あくまでも，会社が決定することについての別段の定めですので，第三者の決定によるなど会社の決定といえない方法を定めることはできないと解されます（相澤哲＝葉玉匡美＝郡谷大輔編著「論点解説　新・会社法千問の道標」（商事法務，2006年）86頁）。

(3) 指定買取人の定め

　さらに，会社が譲渡による取得を承認しない場合，会社は，当該株式を買い取るか，あるいは，当該株式を買い取る者（指定買取人）を指定しなければなりません（会140①④）。指定買取人の指定についても，譲渡を承認しないことを決定した場合において，取締役会が設置されていない会社については株主総会決議により，取締役会が設置されている会社については取締役会決議により決定することが原則ですが，定款で別段の定めをすることができるとされていますので，定款であらかじめ指定買取人を定めておくことも考えられます（会140④⑤）。

　なお，譲渡制限株式の譲渡の手続等については，Q1-3-2を参照ください。

〔髙島　志郎〕

Q.1-1-3　取得請求権付株式・取得条項付株式

取得請求権付株式・取得条項付株式とはどのようなものですか。

> **Point**
> ■取得請求権付株式とは，株主の請求に応じて会社が自己株式として取得することとなる株式である。
> ■取得条項付株式とは，あらかじめ定めた一定の事由が発生した場合に，株主の意思にかかわらず，会社が自己株式として取得することとなる株式である。

1　取得請求権付株式

(1)　取得請求権付株式

　会社は，数種の株式を発行する場合でなくても，発行する株式の内容についての特別の定めとして（数種の株式を発行する場合にあっては，発行する全部又は一部の種類の株式の内容についての特別の定めとして），「当該株式について，株主が当該株式会社に対してその取得を請求することができること」を定めることができます（会107①二，108①五）。

　このような定めのある株式は，取得請求権付株式と称されます（会2十八）。

(2)　旧商法下の制度

　旧商法下では，類似のものとして，定款の規定に基づく利益をもってする株式の消却という制度がありましたが，会社法では，取得請求権の内容として定めるべき事項が明確化されたこと，会社は，株主から取得した株式を消却することなく自己株式として保有・処分をすることが可能となったことが旧商法と異なります。

(3)　取得請求権の内容

　取得請求権の内容としては，以下の項目を定めることとなります。

　①　株主が会社に対して当該株主の有する株式を取得することを請求できる旨（会107②二イ）

　②　会社が株式1株を取得するのと引換えに会社の社債（新株予約権付社債を

除く）を交付することとするときは，当該社債の種類，種類ごとの各社債の金額の合計又は算定方法（同条同項ロ）
③ 会社が株式1株を取得するのと引換えに会社の新株予約権（新株予約権付社債に付されたものを除く）を交付することとするときは，当該新株予約権の内容，数又は算定方法（同条同項ハ）
④ 会社が株式1株を取得するのと引換えに会社の新株予約権付社債を交付することとするときは，当該社債の種類，種類ごとの各社債の金額の合計又は算定方法，当該新株予約権の内容，数又は算定方法（同条同項ニ）
⑤ 会社が株式1株を取得するのと引換えに会社の株式，社債，新株予約権以外の財産を交付することとするときは，当該財産の内容，数もしくは額又はこれらの算定方法（同条同項ホ）
⑥ 株主が会社に対して取得を請求できる期間（同条同項ヘ）

このうち，①及び⑥は必ず定める必要がありますが，②～⑤については，「交付することとするときは」と規定されていることから，株式の取得と引換えに何らの財産も交付しないこととするときは特に定めることを要しません。但し，何らの財産も交付されないのであれば株主が取得請求権を行使することも考えにくいことから，②～⑤のうち，いずれかが定められることとなると考えられます。

なお，数種の株式を発行する会社においては，取得請求権付株式と引き換えに他の種類の株式を交付することとすることもできます（会108②五ロ）。

取得請求権付株式に係る株主による会社に対する取得請求，会社による取得の手続等についてはQ2-1-3を参照ください。

2 取得条項付株式

(1) 取得条項付株式

取得請求権付株式が，会社の意思決定にかかわらず，株主からの請求により会社が自己株式として取得することとなるものであるのに対し，取得条項付株式は，株主の意思にかかわらず，一定の事由が発生したことにより，会社が株主の有する株式を自己株式として取得することとなるものです。

このような定めのある株式は，取得条項付株式と称されます（会2二十九）。

(2) 取得条項の内容

取得条項の内容としては，以下の項目を定めることとなります。

① 一定の事由が生じた日に会社が株式を取得する旨及び当該「一定の事由」（会社が別に定める日の到来をもって一定の事由とする場合には，その旨）（会107②三イロ）

② 一定の事由が生じた日に株式の一部を取得することとするときはその旨及び当該「株式の一部」の決定方法（同条同項ハ）

③ 会社が株式1株を取得するのと引換えに会社の社債（新株予約権付社債を除く）を交付することとするときは，当該社債の種類，種類ごとの各社債の金額の合計又は算定方法（同条同項ニ）

④ 会社が株式1株を取得するのと引換えに会社の新株予約権（新株予約権付社債に付されたものを除く）を交付することとするときは，当該新株予約権の内容，数又は算定方法（同条同項ホ）

⑤ 会社が株式1株を取得するのと引換えに会社の新株予約権付社債を交付することとするときは，当該社債の種類，種類ごとの各社債の金額の合計又は算定方法，当該新株予約権の内容，数又は算定方法（同条同項ヘ）

⑥ 会社が株式1株を取得するのと引換えに会社の株式，社債，新株予約権以外の財産を交付することとするときは，当該財産の内容，数もしくは額又はこれらの算定方法（同条同項ト）

このうち，①の一定の事由としてどのような事由を定められるかについては，会社法上，特段の制限は規定されていません。一定の事由に代えて，会社が別に定める日の到来をもって株式を取得することとする場合で，定款に当該日を定めない場合には，取締役会を設置しない会社においては株主総会決議により，取締役会を設置する会社においては取締役会決議により当該日を決定し，当該日の2週間前までに株主に通知又は公告しなければなりません（会168）。

なお，数種の株式を発行する会社においては，取得条項付株式と引き換えに他の種類の株式を交付することとすることができます（会108②六ロ）。

取得条項に基づく会社による取得の手続等については，Q2-1-3を参照ください。

〔髙島　志郎〕

Q.1-1-4 種類株式

会社が数種の株式を発行する場合，どのような内容に違いのある株式を発行することができますか。

> **Point**
> ■会社は，①剰余金配当の優劣，②残余財産分配の優劣，③議決権制限，④譲渡制限，⑤取得請求権，⑥取得条項，⑦全部取得条項，⑧拒否権，⑨取締役・監査役の選任，に関して異なる種類の株式を発行することができる（但し，委員会設置会社及び公開会社は⑨の種類株式を発行することはできない）。

1 種類株式の内容

(1) 種類株式において定めることのできる事項

会社は，以下の異なる定めをした株式を発行することができます（会108①）。

① 剰余金の配当
② 残余財産の分配
③ 株主総会において議決権を行使することができる事項
④ 譲渡による当該種類の株式の取得について会社の承認を要すること
⑤ 当該種類の株式について，株主が会社に対してその取得を請求することができること
⑥ 当該種類の株式について，会社が一定の事由が生じたことを条件としてこれを取得することができること
⑦ 当該種類の株式について，会社が株主総会の決議によってその全部を取得すること
⑧ 株主総会決議事項，取締役会決議事項等について，当該種類の株式の株主を構成員とする種類株主総会決議があることを必要とすること
⑨ 当該種類の株式の株主を構成員とする種類株主総会において取締役，監査役を選任すること

このうち、①、②は旧商法下でも認められていた優先株式・劣後株式であり、③は旧商法下でも認められていた議決権制限株式です。

④の譲渡制限については、旧商法下では会社が発行する株式の全部について譲渡制限を付するか否かを選択できたところ、会社法においては、数種の株式を発行する場合においては、種類株式ごとに譲渡制限を付するか否かを選択することが可能となりました。株式の譲渡制限においては、定款の定めによって、一定の場合に会社が承認したものとみなすことができ、このような場合には譲渡承認等の手続は不要となります（**Q1-1-2、1-3-2参照**）が、一定の場合に承認手続等を不要とするかどうか、承認手続等を不要とする範囲についても、種類株式ごとに選択することができます（会108②四）。

⑤は取得請求権、⑥は取得条項で、会社は、発行する株式の全部についてこれらを付するかどうかを選択できます（**Q1-1-3参照**）が、数種の株式を発行する場合においては、種類株式ごとに付するかどうか選択することができます。

⑦は、会社法で新たに認められた全部取得条項付株式と呼ばれるもので、数種の株式を発行する会社において、一部の種類の株式について発行することが許容されたものです（内容については、本問4を参照）。

⑧、⑨は、いずれも旧商法下でも認められていたもので、⑧はいわゆる拒否権付種類株式、⑨は取締役・監査役選解任権付株式です。取締役・監査役選解任権付株式が委員会設置会社でない非公開会社（公開会社（会2五）でない会社、すなわち、発行する株式の全部について譲渡制限を付している会社）のみが発行できることも旧商法下と同様です（会108①柱書ただし書）。

(2) 株主ごとの異なる取扱い

また、会社法では、以上の種類株式のほか、有限会社法が廃止され、従来の有限会社に相当する機関構成の会社も株式会社に統一されたことから、従来の有限会社において認められていた社員ごとに異なる取扱い（旧有39①、44、73）を、非公開会社に限ってこれを許容し、定款の定めによって、剰余金の配当、残余財産の分配、株主総会において議決権を行使することのできる事項について、株主ごとに異なる取扱いをすることができ、この定款の定めがある場合、各株主が保有する株式ごとに種類株式が発行されているものとして取り扱われます（会109②③）。

2 優先株式・劣後株式

(1) 優先・劣後の内容

種類株式として，配当・残余財産について異なる定めをした株式（他の種類株式に優先する取扱いがなされるものは優先株式，劣後した取扱いがなされるものは劣後株式と称されます。剰余金の分配については他の種類の株式に優先し，残余財産の分配については劣後するという混合株式や，会社の行う一部の事業の業績に連動させるトラッキング・ストックなどもあります）を発行することができるのは旧商法下と同様です。

(2) 発行が認められない劣後株式

会社法においては，剰余金の配当，残余財産の分配のいずれについても全く権利のない株式を発行することはできないことが明文化されました（会105②）が，剰余金の配当あるいは残余財産の分配のいずれかについて，これを全く受けられないとの定めをすることは差し支えありません。また，優先，劣後の程度についての制限はありませんので，他の種類の株式に優先して剰余金の配当，残余財産の分配がなされる結果として，一部の種類の株式については剰余金の配当，残余財産の分配がなされないことがあったとしても，そのことによって違法となるものではありません。

3 議決権制限株式

(1) 議決権制限の内容

数種の株式を発行する場合において，株主総会において議決権を行使することのできる事項について種類株式ごとに異なる定めをすることができることは旧商法下と同様です。旧商法下でも，平成13年の改正（平成13年法律第128号）以降は，配当の優先と無関係に発行できるようになりました（優先配当がなされない場合でも議決権を復活させることは強制されなくなりました）が，会社法においても，同様に，配当の優先とは無関係に発行することができます。

さらに，会社法においては，単に，議決権を行使できる事項を定める方法での議決権の制限だけでなく，議決権の行使の条件を定めることも認められています（会108②三ロ）。

(2) 発行規制

発行済株式総数に占める割合による制限があることも旧商法下と同様ですが，旧商法下では，会社の種類を問わず，単に，議決権制限株式の総数は発行済株式総数の2分の1を超えることができないと定められていたところ（旧商222⑤），会社法では，このような規制は公開会社（会2五）のみに適用され，非公開会社においては，議決権制限株式の発行数についての規制がなくなりました。

(3) 発行済株式総数の2分の1を超えた場合の取扱い

また，規制の方法も，議決権制限株式の総数が発行済株式総数の2分の1を超えることとなった場合には，直ちに2分の1以下とするために必要な措置をとらなければならないとされ，一時的に2分の1を超えることまでも禁止されるものではなくなりました（会115）。議決権を行使できる事項を定めるのではなく，議決権を行使できる条件を定めることもできますので，当該条件が満たされているか否か（議決権を行使できる条件を満たさず，当該種類株式の株主が議決権を行使できない状況となってはじめて議決権制限株式と扱われると考えられます）によって，議決権制限株式の総数も変動しますが，この条件を満たして議決権を行使できる状況とするのも，上記の「必要な措置」に該当するものと考えられます。

4 全部取得条項付株式

(1) 全部取得条項付株式の発行の条件

会社法では，新たに，数種の株式を発行する会社においては，一部の種類の株式として，株主総会の決議をもって株主が保有する株式を自己株式として取得することができるという全部取得条項付株式の発行が認められました（会108①七）。

(2) 取得条項付株式との違い

全部取得条項付株式は，個々の株主の意思にかかわらず会社が取得する点で，取得条項付株式と内容の点で類似するものではありますが，取得条項は会社が発行する株式の全部の内容として定めることができるため，数種の株式を発行しない会社においても取得条項付株式を発行できるのに対して，全部取得条項付株式は，以下の3点で異なります。

① 数種の株式を発行する会社においてのみ発行が認められること

②　会社が取得するには，その旨の株主総会の特別決議を要すること（会171①，309②三）

③　取得条項付株式においては，1つの種類の株式のうち一部のみを会社が取得することが可能であるのに対して，全部取得条項付株式においては，当該種類株式の全部を取得しなければならないこと

(3) **全部取得条項付株式を利用した取得条項付株式への移行**

　なお，取得条項付株式については，既存の株式に取得条項を付したり，取得事由や取得の対価を変更するには，対象となった株主の利益に重大な影響を与えるので定款変更のための株主総会特別決議（会466, 309②十一）のほか，株主全員の同意が必要となります（会110, 111①）が，既存の種類株式の一部に全部取得条項を付するには，株主総会の特別決議と当該種類株式の株主で構成される種類株主総会の特別決議を得ることで足ります（但し，取得請求権付株式や取得条項付株式の取得と引換えに当該種類株式が交付されることとなっている場合には，その株主で構成される種類株主総会の特別決議も必要となります（会111②一～三, 324②一））。

　したがって，全部取得条項付株式を利用すれば，経営陣と対立する株主の保有する株式を自己株式として取得することにより排除することも可能ですが，その対価が不当に低いものである場合などには，特別の利害関係を有する者が議決権を行使したことによって著しく不当な決議がなされたとして決議取消しの理由となることもありますので，注意を要します（会831①三）。

　全部取得条項に基づく会社による取得の手続等についてはQ2-1-3を参照ください。

〔髙島　志郎〕

Q.1-1-5　発行可能株式総数・発行可能種類株式総数

会社が発行する株式・種類株式の限度はどのようにして決まりますか。

> **Point**
> ■発行可能株式総数，発行可能種類株式総数は，定款において定められる。
> ■会社は定款を変更して発行可能株式総数，発行可能種類株式総数を増加させることができるが，公開会社においては，発行可能株式総数は発行済株式総数の4倍を超えてはならないとの制限がある。

1　発行可能株式総数・発行可能種類株式総数の定め

(1) 発行可能株式総数

　会社は，その成立までに会社が発行することのできる株式の総数（発行可能株式総数）を定款で定める必要があり，成立後も，定款を変更してこの定めを廃止することはできません（会37①，113①）。

　発行可能株式総数に関する定款の定めを変更するには，株主総会の特別決議（会466，309②十一）が必要となりますが，株式の分割を行う場合に，合わせて，そのときの発行可能株式総数に分割比率を乗じた数を超えない限度で行う発行可能株式総数の増加には株主総会決議を要しません（会184②）。

(2) 発行可能種類株式総数

　種類株式を発行する会社においては，定款において，種類株式ごとに会社が発行することのできる株式の総数（発行可能種類株式総数という）を定めなければなりません（会108②柱書）。

　発行可能種類株式総数に関する定款の定めを変更するには，定款変更のための株主総会の特別決議のほか，その変更が種類株式の株主に損害を及ぼすおそれがある場合には，当該種類株式の株主で構成される種類株主総会の特別決議が必要となります（会322①一ロ，324②四）。この種類株主総会の決議については，種類株式発行前に定款で定めるか，あるいは，種類株式の株主全員の同意を得て行う定款変更により，これを不要とすることができます（会322②④）。

なお，発行可能種類株式総数に関する定款の定めの変更については，発行可能株式総数と異なり，株式分割を行う場合に株主総会決議を不要とする特例はありません。

2 発行可能株式総数に関する規制等

(1) 発行済株式総数との関係

公開会社（譲渡制限を付していない株式を発行している会社）は，設立時に発行する株式の総数は発行可能株式総数についての定款の定めの４分の１を下回ることはできず（会37③），成立後に定款を変更して発行可能株式総数を増加させる場合にも，発行済株式総数の４倍を超えることとなる変更はできません（会113③）。

(2) 発行済株式総数が減少した場合

規制されるのは，設立時の定款の定めと，定款を変更して発行可能株式総数を増加する場合における変更後の発行可能株式総数についてのみであり，発行可能株式総数が発行済株式総数の４倍を超える状態となること自体は禁止されていません。発行可能株式総数に関する定款の定めに特段の規定がなければ，株式の消却や株式の併合（**本章第７節参照**）がなされた場合に，発行済株式総数は減少しますが，発行可能株式総数は当然には減少しません（但し，株式の消却・併合があった場合にその数だけ発行可能株式総数は減ぜられるとする定款の定めは有効であると解されています）。発行可能株式総数が発行済株式総数の４倍を超えることとなる株式の消却・併合も禁止されていませんので，このような場合には発行可能株式総数が発行済株式総数の４倍を超えることもあります。

(3) 新株予約権との関係

また，新株予約権を発行する場合については，行使期間の初日が到来した新株予約権の目的となる株式の数は，発行可能株式総数から自己株式を除く発行済株式の総数を控除した数を超えてはならないとの制限があります（会113④）。したがって，発行可能株式総数から自己株式を除く発行済株式の総数を控除した数を超える株式を目的とする新株予約権を発行した場合には，行使期間の初日が到来するまでに定款を変更して発行可能株式総数を増加させておくか，株主が保有する株式を取得してこれを新株予約権者に交付することとするか，あ

るいは、株主が保有する株式を取得し、これを消却して発行済株式総数を減少させておく必要があります。

3 発行可能種類株式総数に関する規制等

(1) 規制の内容

発行可能種類株式総数については、公開会社においても、発行可能株式総数のように、発行済みの種類株式の総数の4倍を超えてはならないとの制限はありません。他方で、発行可能株式総数については、留保しておかなければならないのは新株予約権者に交付すべき株式数のみであるのに対し、発行可能種類株式総数については、自己株式を除く発行済みの種類株式の総数を控除した数が以下の数の合計を超えてはならないこととされています（会114②）。

① 発行済みの取得条項付株式（自己株式を除く）の対価として交付することとなる当該種類株式の数

② 発行済みの取得請求権付株式（自己株式を除く）の対価として交付することとなる当該種類株式の数

③ 発行済みの新株予約権のうち、行使期間の初日が到来しているものの新株予約権者に交付することとなる当該種類株式の数

(2) 発行可能株式総数との関係

なお、取得条項や取得請求権に基づいてある種類株式を自己株式として取得し、他の種類の株式を対価として交付することもあり、その場合には、自己株式として取得したほうの種類株式を消却することも可能であるため、発行可能株式総数と発行可能種類株式総数の関係については、すべての種類の株式についての発行可能種類株式総数を合計した数が発行可能株式総数を超えることも禁止されていません（発行可能株式総数を下回ることも禁止されていません）。それぞれの種類株式についての発行可能種類株式総数の限度で当該種類株式を発行することができ、その結果、すべての種類の株式の発行済株式総数が発行可能株式総数を超えなければそれでよいということになります。

〔髙島　志郎〕

Q.1-1-6　株券の発行・不発行

株式が発行された場合，必ず株券が発行されるのですか。

> **Point**
> ■会社法においては，株券を発行しないことが原則とされ，株券が発行されるのは定款において株券を発行する旨の定めを置いている会社（株券発行会社）のみである。
> ■旧商法下では株券を発行するのが原則だったので，会社法施行時に既に成立し，定款に株券を発行しない旨の定めのない会社については，定款に株券を発行する旨の定めがあるものとみなされる。

1　株券の発行・不発行

旧商法下では，株券を発行するのが原則であり，平成16年の商法改正（法律第88号）により，定款に株券を発行しない旨の定めを置くことにより株券を発行しないこととすることができるようになりました。

会社法では，株券を発行しないのが原則であり，株券が発行されるのは，定款に株券を発行する旨の定めがある会社だけですが，会社法施行時に既に成立しており，定款に株券を発行しない旨の定めのない会社については，定款に株券を発行する旨の定めがあるものとみなされます（整備法76④）。

なお，株券を発行する旨の定めがある会社においても，単元未満株式については発行しなくてよい場合があります（本章第4節参照）。

株券が発行されている場合と株券が発行されていない場合では，株式の譲渡の手続が異なります（本章第3節参照）。

2　株券不所持制度，株券喪失登録制度

株券発行会社においても，株主が株券の所持を希望しない旨の申出があった場合には，会社は株券を発行する必要はありません（会217①②）。さらに，非公開会社においては，株式を発行した場合，株式の併合，株式の分割を行った

場合において，株主から請求があるまでは株券を発行しないことができます（会215④）。

また，株券発行会社（株券を発行する旨の定款の定めを廃止してから1年を経過しない会社を含みます）は，株券喪失登録簿を作成し，株券を喪失した者から請求があった場合に，当該株券の番号，喪失した者の氏名又は名称及び住所，当該株券にかかる株式の株主として株主名簿に記載されている者の氏名又は名称及び住所を記載又は記録し，その記載又は記録した日についても記載又は記録しなければなりません。

3 株券の発行に関する定款の定めの変更

株券を発行する旨の定めのない会社が，株券を発行することとするには，株主総会の特別決議を経て定款を変更し（会466，309②十一），遅滞なく株券を発行する必要があります（会215①）。

株券を発行する旨の定めのある会社がその定めを廃止するには，定款変更の手続のほか，その定款変更の効力が生じる日の2週間前までに，①株券を発行する旨の定款の定めを廃止する旨，②定款変更の効力が生じる日，及び，③株券が無効となる旨を公告し，株主名簿に記載又は記録された株主及び登録株式質権者に対して個別に通知をしなければなりません（会218①）。

〔髙島　志郎〕

Q.1-1-7 資本金の組入れ基準

新株式発行時の資本金の組入れ基準の変更について教えてください。

> **Point**
> ■旧商法では新株式発行時の資本金の組入れ基準は，新株式の発行価額基準であったが，会社法では払込み金額基準へと変更された。
> ■新株式発行は資本取引に該当するので，申告調整は必要ない。

1 新株式発行時の資本金の組入れ基準の変更

(1) 旧商法の資本金の組入れ基準

　旧商法では，新株式等の発行に際して資本に組み入れるべき額は発行価額の2分の1以上でした（旧商284ノ2）。新規株式公開や時価発行増資に際して発行価額を上回る金額で払込みがあった場合であっても，あくまで発行価額の2分の1を資本に組み入れればすむという実務上の処理が続いていました。発行価額と払込み金額の乖離により，現実に資金調達した金額の2分の1未満しか資本組入れがなされないことは，法が債権者保護のために資本金の組入れ基準を設定した趣旨とは相容れないことと指摘されていました。

(2) 会社法の資本金の組入れ基準

　会社法では上記問題点を踏まえ，資本金等の額は別段の定めがある場合を除き，設立又は株式の発行に際して株主となる者が会社に対して払込み又は給付をした財産の額とし，払込み又は給付に係る額の2分の1を超えない額は資本金として計上せず，資本準備金に計上することができるとされました（会445）。すなわち，旧商法では新株式発行時の資本金の組入れ基準は，新株式の発行価額基準でしたが，会社法では払込み金額基準へと変更されたのです。

2 会計処理の例示

設例

1. 2006年10月1日，取締役会決議により会社は10,000株を発行価額1株当たり500円で発行することにした。
2. 2006年12月1日，株式が実際に引き受けられ，1株当たり1,000円にて払込みがなされた。

〔新会社法に基づく会計処理〕

(借)	現 金 預 金	10,000,000	(貸)	資 本 金	5,000,000
				資本準備金	5,000,000

〔旧商法に基づく会計処理〕

(借)	現 金 預 金	10,000,000	(貸)	資 本 金	2,500,000
				資本準備金	7,500,000

3 税務上の処理

税務においても，金銭出資に基づいて増資が行われた場合は，会計による処理と同様，資本取引となります。具体的には，株式の発行価額の全額は「資本金等の額」として処理されます。平成18年度税制改正前においては，資本金と資本積立金の合計が「資本等の金額」と規定され株式の発行価額のうち，資本金に組み入れられた部分は資本金とされ，資本準備金に組み入れられた部分は資本積立金として処理されていました。

平成18年度税制改正では，資本積立金を資本金とは別途に規定することはやめ，資本金と従前の資本積立金を包括する概念として，「資本金等の額」と規定しました。これに伴い，従前の法人税申告書別表五（一）「Ⅱ　資本積立金額の計算に関する明細書」は，別表五（一）「Ⅱ　資本金等の額の計算に関する明細書」にリニューアルされました。金銭出資に基づく増資には，課税所得の調整計算は不要で，別表五（一）「Ⅱ　資本金等の額の計算に関する明細書」において次頁の**図表1**のように当期中の増加額に記入することとなります。

図表1　法人税申告書別表五（一）「Ⅱ　資本金等の額の計算に関する明細書」

区　　分		期首現在資本金等の額 ①	当期の増減 減 ②	当期の増減 増 ③	差引翌期首現在資本金等の額 ①−②+③ ④
資本金又は出資金	32	10,000,000		5,000,000	15,000,000
資本準備金	33	5,000,000		5,000,000	10,000,000
	34				
	35				
差引合計額	36	15,000,000		10,000,000	25,000,000

（注）記載例は，前頁2の設例条件と同一。

前期の別表五（一）の「差引翌期首現在資本金等の額④」の各欄の金額を移記します。

なお，改正初年度は前期までの様式に「資本金又は出資金」の欄がなかったので，この欄は前期末の貸借対照表から移記します。

〔平野　敦士〕

Q.1-1-8　反対株主に認められる株式買取請求権

会社が行った一定の決定事項に反対の株主に認められる株式買取請求権について教えてください。

> **Point**
> ■反対株主に認められる買取請求権行使のためには厳格な要件がある。
> ■買取価格は株式の公正な価格によるものとされ，合併等による相乗効果を加味した価格と改正された。
> ■株式買取請求の撤回については制限が新設された。
> ■株式買取請求にあたって，株主である個人の課税関係は配当所得課税となる。

1　反対株主による株式買取請求権

会社法では，発行会社が一定の事由を決定した場合において，これに反対した株主に対して株式の買取請求権を与えることで，投下資金回収の途を拓いています。

(1)　株式買取請求権発生事由

反対株主による株式買取請求権が生じる一定の事由は，次頁の**図表1**のとおりです。

(2)　反対株主の要件

上記(1)のケースにおいて下記の要件を満たした株主のみが，株式の買取請求権を有します（会116②，469②，785②，797②，806②）。

①　株主総会（種類株主総会がある場合には，種類株主総会も含む）での決議前に反対意思を会社に通知し，かつ，株主総会において反対した株主

②　株主総会において議決権を行使することができない等，会社の意思決定に参加できない株主

図表1　株式買取請求権発生事由

内　　容	定款変更	適用条文
発行済株式の全部について，株式譲渡制限条項を設ける	有	会116①一
特定の種類の株式につき，株式譲渡制限条項又は全部取得条項を設ける	有*1	会116①二
株式の併合又は株式の分割等によって，ある種類の株式を有する株主に損害を及ぼすおそれのあるとき	無	会116①三
事業の全部又は重要な一部の譲渡，営業の譲受け事業の全部の賃貸等の契約を行う場合。事業の全部の譲渡とともに解散決議がなされた場合を除く	無	会469①
合併・会社分割・株式交換・株式移転を行うとき	無	会785①，797①，806①

*1　会社法において，取得条項付株式と全部取得条項付種類株式について定款の定めを変更する場合の株主総会決議要件については要注意。前者は当該株主全員の同意を必要とするが（会110，111），後者については特別決議が必要なことは当然としてもそれ以外の手続要件が必要なのかについては明確ではない。

(3) 買取手続

上記(1)の事項を決議しようとする場合における反対株主による株式の買取請求の流れは次頁の**図表2**のとおりです（会116③〜⑤，117①〜③）。

株式の買取請求をした株主が，その撤回ができるのは，①会社の承諾を得た場合（会116⑥），②株式の価格の決定について効力発生日から60日以内に価格の決定の申立てがない場合（会117③）に限られます。

これは，合併等に対して取り敢えず反対の意思表明をして株式の対価のミニマムを確保しておいて，その後状況をみて実際に買取請求をするか否かを保留するような行為を排除するためです。

(4) 買取価格

会社が株主からの買取請求権に基づいて買い受ける価額は，株式の公正な価格とされました（会116①）。

旧商法においては買取請求権に基づいて買い受ける価額は，「決議なかりせば其の有すべかりし公正なる価格」とされていました。旧商法においては，合併等の買取請求事由がないと仮定した場合に成立する公正な価格でしたが，会社法においては単に株式の公正な価格です。両者の相違点は，旧商法において

図表2 反対株主による株式の買取請求の流れ（会社法116条に反対の株主のケース）

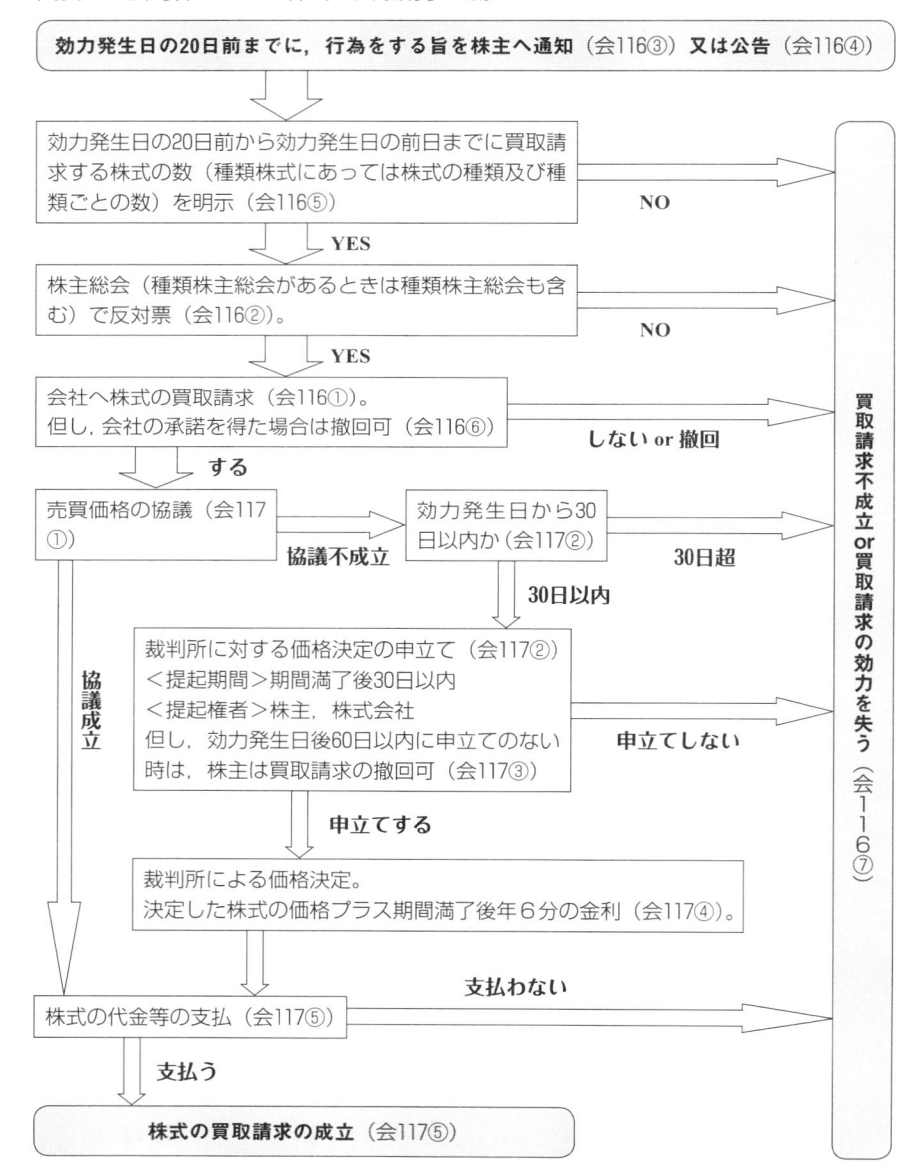

```
┌─────────────────────────────────────────────────────────────┐
│ 効力発生日の20日前までに，行為をする旨を株主へ通知（会116③）又は公告（会116④）│
└─────────────────────────────────────────────────────────────┘
                          │
                          ▼
┌──────────────────────────────────────┐
│ 効力発生日の20日前から効力発生日の前日までに買取請│──NO──┐
│ 求する株式の数（種類株式にあっては株式の種類及び種│      │
│ 類ごとの数）を明示（会116⑤）                    │      │
└──────────────────────────────────────┘      │
              │YES                                     │
              ▼                                        │
┌──────────────────────────────────────┐      │
│ 株主総会（種類株主総会があるときは種類株主総会も含│──NO──┤
│ む）で反対票（会116②）。                        │      │
└──────────────────────────────────────┘      │
              │YES                                     │
              ▼                                        │
┌──────────────────────────────────────┐      │
│ 会社へ株式の買取請求（会116①）。                │      │
│ 但し，会社の承諾を得た場合は撤回可（会116⑥）     │──しない or 撤回──┤
└──────────────────────────────────────┘      │
              │する                                    │
              ▼                                        │
┌──────────┐   協議不成立   ┌─────────────┐      │
│売買価格の協議│──────────▶│効力発生日から30│──30日超──┤
│（会117①）   │              │日以内か（会117②）│      │
└──────────┘              └─────────────┘      │
    │                              │30日以内             │
    │協議成立                       ▼                    │
    │              ┌──────────────────────┐  │
    │              │裁判所に対する価格決定の申立て（会117②）│  │
    │              │＜提起期間＞期間満了後30日以内         │──申立てしない──┤
    │              │＜提起権者＞株主，株式会社             │  │
    │              │但し，効力発生日後60日以内に申立てのない│  │
    │              │時は，株主は買取請求の撤回可（会117③） │  │
    │              └──────────────────────┘  │
    │                          │申立てする                │
    │                          ▼                         │
    │              ┌──────────────────────┐  │
    │              │裁判所による価格決定。                 │  │
    │              │決定した株式の価格プラス期間満了後年6分の金利（会117④）│ │
    │              └──────────────────────┘  │
    │                          │                         │
    ▼                          ▼                         │
┌──────────────────┐   支払わない                │
│株式の代金等の支払（会117⑤）│──────────────────┤
└──────────────────┘                          │
              │支払う                                   │
              ▼                                        ▼
    ┌──────────────┐              買取請求不成立 or 買取請求の
    │株式の買取請求の成立（会117⑤）│              効力を失う（会116⑦）
    └──────────────┘
```

は合併等によるシナジー効果を考慮しない価格が買取価格であったのに対し，会社法においては，合併等によるシナジー効果を考慮した公正な価格が買取価格とされることになりました。

合併等によるシナジー効果を考慮するようになった今回の改正により，株式の買取価格の決定実務にあたり，合併等によるシナジー効果を金額的に測定することが必要になりました。この金額がプラスになる場合もあれば，マイナスになることも想定されますが，マイナスの場合にも合併等によるシナジー効果を考慮する実務になるのかは不明です。

立案担当者による解説ではマイナスのシナジー効果の問題は，「組織再編行為前に，その前提として，株式の公開買付けが行われた場合には，その買付価格は，組織再編行為のシナジー効果を織り込んだ価格であると推認されるから，公開買付けの成功により，買付者が支配プレミアムを取得したため，株価が下落したとしても，『公正な価格』は，通常，その買付価格より下回ることはないものと解される。」（相澤哲＝葉玉匡美＝郡谷大輔編著「論点解説　新・会社法千問の道標」（商事法務，2006年）682頁）としており，立案担当者の考慮外の事項です。

2　反対株主の税務

(1) 原　　則

会社が自己株式を取得し，株主にその対価として金銭等を交付した場合において，その金銭等の額がその会社の資本金等の額を超えるときは，その超える部分の金額はその株主に対するみなし配当とされます（第2章第1節参照）。

(2) 相続財産である非上場株式を発行会社に売却した場合のみなし配当停止の特例（措置法9の7）

個人である株主が，相続財産である非上場株式を発行会社に売却した場合には，上記2(1)の部分についてみなし配当課税が停止され，譲渡所得課税がなされます。

(3) 相続財産を譲渡した場合の相続税の取得費加算の特例（措置法39）

株式の買取請求となった株式が，株主の相続により取得したものである場合には，相続税の取得費加算の特例の適用の検討が必要です。

〔平野　敦士〕

第2節　株主名簿

Q.1-2-1　株主名簿の作成，備置き，閲覧・謄写

株主名簿の制度内容について教えてください。

> **Point**
> ■会社は，株主名簿を作成し，株主の氏名又は名称及び住所，保有する株式の数，株式取得日，株券番号（株券発行会社のみ）を記載又は記録しなければならない。
> ■株式の譲渡を受けた者は，株主名簿に氏名又は名称及び住所が記載又は記録されなければ，株主であることを会社に対して主張することができない。会社は，株主名簿に関する事務を，株主名簿管理人に委託することができる。

1　株主名簿

　株式会社は，株主に異動があることを前提としており，会社設立後も新たに株式が発行されることもありますので，会社は，書面又は電磁的記録によって株主名簿を作成し，株主の氏名又は名称及び住所，保有する株式の数，株式取得日を記載又は記録し，株券発行会社においては，各株主が保有する株券番号も記載又は記録しなければなりません（会121）。

　会社は株主名簿の記載・記録によって株主を把握しますので，株式の譲渡を受けた者は，株主名簿にその氏名又は名称及び住所が記載・記録されなければ株主であることを会社に対して主張することができません（会130①）。株主名簿の記載・記録の請求については，Q1-3-1を参照ください。

　株券発行会社においては，株式の譲渡は株券の交付が効力発生の要件とされており（会128①），会社以外の第三者との関係では，株券の所持によって株主であることを主張でき，株主名簿の記載・記録することは対抗要件とされておりません（会130②）が，株券不発行会社においては，株主名簿の記載・記録のみが会社以外の第三者との関係でも対抗要件となり，株主名簿に記載・記録が

なければ株主であることを主張できません（会130①）。

そのため，株券不発行会社は，株主の請求があれば，当該株主について株主名簿に記載・記録された事項を記載した書面の交付又は電磁的記録の提供をしなければなりません（会122①④）。

2 株主名簿の備置き，閲覧・謄写

会社は，株主名簿を本店に備え置き，営業時間内に株主又は債権者が理由を明らかにして請求した場合には，株主名簿を閲覧させ，あるいは，謄写させなければなりません。但し，株主・債権者が，①その権利の確保又は行使に関する調査以外の目的で請求する場合，②会社の業務を妨げ，又は，株主の共同の利益を害する目的で請求する場合，③会社の業務と実質的に競争関係にある事業を営み，又は，これに従事する者である場合，④閲覧・謄写により知り得た事実を第三者に通報する目的で請求する場合，⑤過去2年に閲覧・謄写によって知り得た事実を利益を得て第三者に通報したことがある者である場合には，閲覧・謄写を拒むことができます（会125①～③）。

3 株主名簿管理人

株主数が多く，株主の異動が多い会社は，株主名簿に関する事務が煩雑になるため，株主名簿管理人を置き，株主名簿に関する事務を委託することができます。その場合，株主等が株主名簿管理人の設置を認識できるよう，株主名簿管理人を設置する旨を定款に定めなければなりません（会123）。

株主名簿管理人が設置された場合，株主名簿の備置き，株主名簿への記載・記録の請求，株主名簿の閲覧・謄写は，株主名簿管理人の営業所において行われます（会125①）が，株券不発行会社における株主名簿記載事項を記載した書面の交付・電磁的記録の提供の際に必要となる代表取締役又は代表執行役の記名押印・電子署名（会122②③，会規225①二）については，特則はありませんので，株主名簿管理人が置かれている場合でも，代表取締役又は代表執行役による記名押印等が必要となります。

〔髙島　志郎〕

Q.1-2-2 基準日制度

株主がその権利を行使するためにはいつまでに株主名簿に記載・記録されていればよいのですか。

> **Point**
> ■会社は、株主の一定の権利について、一定の日（基準日）を定めて、その日に株主名簿に記載・記録されている者を株主として権利を行使することができる者と定めることができる。
> ■基準日は、権利行使の日から3ヵ月前までを限度として定めることができるので、一定の権利についてその行使日の3ヵ月前までに株主名簿に記載・記録されれば権利を行使することができる。

1　基準日制度

　株式会社の株主は、譲渡その他によって変動します。株式に譲渡制限が付されている場合には、譲渡承認等の手続を通じて株主の変動の効力が発生する前に会社が譲渡の事実を認識しますが、譲渡以外の理由による取得については事前に取得の事実を認識することはありません。さらに、株式に譲渡制限を付されていない場合は、株主と当該株主から株式を取得した者からの請求に応じて会社は株主名簿への記載・記録をしなければならず（会133①）、事前に株式の譲渡の事実を認識することはできません。

　他方で、株主総会を開催する場合には、公開会社では2週間前、非公開会社では一定の場合を除き1週間前には招集通知を発しなければならず（会299①）、準備期間も含めると、その間に株主が変動することは十分に考えられます。

　そのため、会社法は、一定の日の株主名簿に記載された者を権利を行使することができる者と定めることができるとする基準日の制度を設けています（会124①）。

　この基準日は、株主が行使すべき権利ごとに、対象となる権利の内容を定めて、当該権利を行使すべき日から3ヵ月前までの間の日を定めなければなりま

せん（会124②）。

　定時株主総会における議決権，期末の配当金受領については，多くの会社で定款に基準日の定めをしていますが，定款に定めがない場合（定款に基準日そのものの定めがない場合と，定款に一部の権利に関する基準日の定めがない場合）には，会社が定め，基準日の2週間前までに公告して，株主名簿への記載・記録が完了していない株主に，株主名簿への記載・記録の請求をすることを促さなければなりません（会124③）。したがって，株主割当てによる株式を引き受ける者の募集，株式分割や無償割当て，新株予約権の無償割当てなどを行う場合には，これらの権利に関する基準日を定款で定めていることは稀だと思われますので，基準日を定めてその2週間前までに公告をする必要があります。

　なお，平成16年商法改正により廃止された株主名簿閉鎖の制度は会社法においても認められておりませんので，会社は，株主名簿への記載・記録については随時これを行う必要があります。

2 基準日後に株主となった者の取扱い

　株主総会における議決権行使の基準日について，会社法では，新たに，「当該基準日後に株式を取得した者の全部又は一部を当該権利を行使することができる者と定めることができる」との規定が設けられました（会124④本文）。

　旧商法下では，株主総会の基準日後の新株発行により株主となった者に当該株主総会において議決権を行使させることができるかどうかについて，定款にその旨の規定を置くことにより許容されるとの解釈もありました。会社法では，明文の規定により，定款に定めを置くか否かにかかわらず，基準日後に株式を取得して株主となった者に議決権の行使を認めることができることとなりました。

　但し，「当該株式の基準日株主の権利を害することができない」と規定されています（会124④ただし書）ので，少なくとも，基準日後に基準日における株主から譲渡により取得した者については議決権の行使を認めることはできません。また，基準日後に募集株式の発行等が行われ，複数の者に割当てがなされた場合に，合理的理由なく一部の株主のみに議決権の行使を認めることは株主平等原則（会109）に反し，許されないものと解されます。　　　〔髙島　志郎〕

第3節　株式譲渡等

Q.1-3-1　株式譲渡の手続

株式を譲渡する場合，どのような手続が必要になりますか。また，会社によって，その手続が異なるのはどのような場合ですか。

> **Point**
> ■株券発行会社においては，株券を交付するとともに，株式を譲り受けた者が株券を提示して，会社に対して株主名簿への記載・記録を請求する必要がある。
> ■株券不発行会社においては株主名簿への記載・記録の請求のみで足りるが，株主と譲り受けた者が共同でこの請求を行う必要がある。
> ■譲渡制限が付されている株式については，別途，譲渡承認請求を行い，会社の承認を得る必要がある。

1　譲渡制限が付されていない株式の譲渡

　譲渡制限の付されていない株式については，株主は自由にこれを第三者に譲渡することができます（会127）が，会社は，株主名簿の記載・記録により株主を把握していますので，株式を譲渡した場合には，新たな株主の氏名又は名称及び住所を株主名簿に記載・記録することを会社に請求し，これにより株主名簿に記載・記録されなければ，株式を譲り受けた者は自らが株主であることを会社に対して主張することができません（会130①）。

　株主名簿への記載・記録の請求は，原則として，株主名簿に記載・記録された株主と株式を譲り受けた者とで共同で行わなければなりませんが，確定判決や和解調書等確定判決と同等の効力を持つものがある場合などは，株式を譲り受けた者が単独で請求することができます（会133②，会規22）。その他，譲渡以外の事由による取得の場合も，取得した者が単独で株主名簿への記載・記録を請求できる場合があります。

また，株券が発行されている場合には，株券の所持者が権利者であると推定され（会131①），株券の交付が譲渡の効力の発生要件となっていますので，譲渡するには株券を交付する必要があります（会128①）。

　この場合にも，会社との関係では，株主名簿への記載・記録がなされなければ，株主であることを主張できませんが，株券不発行会社と異なり，株主名簿へ記載・記録の請求は，株券を提示することによって譲り受けた者が単独で行うことができます（会規22②一）。

2　譲渡制限が付されている株式の譲渡

　株式に譲渡制限が付されている場合には，1で述べた株主名簿への記載・記録，株券の交付のほか，譲渡承認等の手続を経なければなりません。

　譲渡制限が付されている場合で，株式の譲渡が認められ，株主名簿への記載・記録の請求が可能となるのは，①会社の承認を受けた場合（会134一，二），②定款の定めにより会社の承認があったとみなされる場合（会107②一ロ，108②四），③会社に対して譲渡の承認を請求したにもかかわらず，2週間以内に会社が承認するか否かの決定を通知しない場合（会145一），④会社が譲渡を承認しない旨を決定し，通知したにもかかわらず，所定の期間内に，会社あるいは会社の指定する者（指定買取人）から買い取る旨，買い取る株式数の通知がなされない場合（会145二），⑤会社あるいは指定買取人が所定の期間内に1株当たりの純資産額に対象となる株式数を乗じた金額を供託したことを証する書面を交付しないとき（会145三，会規26一，二），⑥譲渡の承認を請求した者が会社あるいは指定買取人との間の売買契約を解除した場合（会145三，会規26三）があります（Q1-3-2参照）。

　なお，相続その他の一般承継による株式の取得は譲渡による取得ではなく譲渡制限の対象となりませんので，このような場合に関して会社が株式を自己株式として取得することができる旨の定款の定め（Q1-3-3参照）がない場合には，取得者は，株券発行会社である場合には株券を提示して，株券不発行会社である場合には一般承継の事実を証する書面その他の資料を提供して，会社に対して株主名簿への記載・記録を請求することができます（会134四，133②，会規22①四，②一）。

〔髙島　志郎〕

Q.1-3-2 譲渡制限株式の譲渡手続

譲渡制限株式の譲渡の手続について教えてください。

> **Point**
> ■保有する株式を譲渡しようとする株主か，株主から譲渡により株式を取得した者は，会社に対して譲渡について承認するよう請求し，会社の承認を得なければならない。
> ■会社は，譲渡を承認しない場合で，株主あるいは取得者から請求があった場合には，会社が買い取るか，あるいは，会社が指定する者に買い取らせなければならない。

1 譲渡承認請求

(1) 制度の概要

譲渡制限が付されている株式（譲渡制限株式）を譲渡しようとする株主は，その有する株式を他人に譲渡しようとするときは，会社に対して，株主が譲渡しようとする者が株式を取得することを会社が承認するか否かを決定するように請求することができます（会136）。もちろん，定款に，一定の場合について，会社が承認したものとみなすものとして定めがあり，これに該当するときには，この手続は不要です（会107②一ロ，108②四）。

また，株主側からだけではなく，株式を譲渡により取得した者からも，自らの取得について会社が承認するか否かを決定するよう会社に請求することができます（会137①）。この請求は，株券発行会社においては原則として株券を提示して，株券不発行会社においては原則として株主名簿に記載・記録された株主と株式を譲り受けた者とが共同で行うこととなります（会137②，会規24②一）。

この請求（譲渡等承認請求）は，①対象となる株式の種類・数，②株主が譲渡しようとする者あるいは取得者，③会社が取得を承認しない場合に会社あるいは会社の指定する者（指定買取人）による買取りを請求する場合にはその旨を明らかにして行わなければなりません（会138一，二）。必ずしも書面又は電磁的方

法で行うことは要求されていませんので，口頭で行うことも可能です。

(2) 譲渡等承認請求があった場合の手続

譲渡等承認請求を受けた会社は，その後2週間以内（これを下回る期間を定款で定めることもできます）に株主が譲渡しようとする者あるいは取得者による株式の取得を承認するか否かを決定して譲渡等承認請求をなした者（譲渡等承認請求者）に対して通知しなければなりません（会139①②）。決定する会社の機関については Q1-1-2 を参照ください。

ここで，会社が承認する旨の通知をすれば，取得者から株主名簿への記載・記録の請求等の手続がなされ（譲渡等承認請求と合わせて，会社が承認することを条件として，株主名簿への記載・記録の請求をすることは可能です），譲渡の手続は完了します（Q1-3-1 参照）。

譲渡等承認請求がなされてから，会社が承認するか否かを決定して譲渡等承認請求者に通知することなく2週間（定款でこれより短い期間を定めた場合にはその期間）が経過した場合には，会社が承認したものとみなされます（会145①）。

会社が取得を承認しない旨の決定をし，譲渡等承認請求者に通知した場合，譲渡等承認請求者が，譲渡等承認請求において会社あるいは会社の指定する者による買取りを請求していない場合には，ここで手続は終わり，株主は変動しないこととなります。

譲渡等承認請求者が，譲渡等承認請求において，会社が譲渡を承認しない場合には会社あるいは会社の指定する者による株式の買取りを請求している場合には，会社は，譲渡等承認請求の対象となった株式について，会社が買い取るか，株式を買い取る者（指定買取人）を指定する必要があります（会140①④）。

会社が買い取る場合には，株主総会の決議により決定したうえで会社が買い取る旨と会社が買い取る株式の種類・数を譲渡等承認請求者に通知しなければならず（会141①②），会社が指定買取人を指定した場合には，指定買取人が，指定買取人として指定を受けた旨と買い取る株式の種類・数を譲渡等承認請求者に通知しなければなりません（会142①）。

会社が買い取る場合で，譲渡を承認しない旨の決定を通知してから40日以内（定款でこれを下回る期間を定めることもできます）に会社が買い取る旨及び買い取る株式の種類・数を通知しない場合，指定買取人が買い取る場合で，譲渡を承認

しない旨の決定の通知がなされてから10日以内（定款でこれを下回る期間を定めることもできます）に，指定買取人が指定買取人として指定を受けた旨及び買い取る株式の種類・数を通知しない場合には，会社が株主が譲渡しようとする者あるいは取得者による株式の取得を承認したものとみなされます（会145二）。

2 会社・指定買取人による買取り

　譲渡等承認請求のあった株式を会社が買い取る場合には，会社は，譲渡等承認請求者に対して会社が買い取る旨及び買い取る株式の種類・数を譲渡等承認請求者に通知し，会社の1株当たりの純資産額（算定の方法は，会社法施行規則25条において定められています）に対象となる株式の数を乗じた金額を供託し，かつ，供託したことを証する書面を譲渡等承認請求者に交付しなければなりません（会141②）。株券発行会社である場合には，会社が供託したことを証する書面の交付を受けた譲渡等承認請求者は，対象となる株券を供託し，その旨を会社に通知しなければなりません（会141③）。指定買取人による買取りの場合も手続は同様です（会142②③）。

　会社が買い取る旨の通知あるいは指定買取人からの通知により，会社あるいは指定買取人と譲渡等承認請求者との間で対象となる株式についての売買契約が成立することになります（譲渡等承認請求者による会社による買取りあるいは指定買取人の指定の請求が契約の申込みであり，会社あるいは指定買取人からの通知がその承諾となります）。したがって，譲渡等承認請求者は，この会社あるいは指定買取人からの通知があった後は，会社あるいは指定買取人の承諾がなければ譲渡等承認請求を撤回することはできません（会143①②）。他方で，譲渡等承認請求者が株式の供託をしない場合，会社あるいは指定買取人は株式譲渡契約を解除することができます（会141④，142④）。

　また，会社が譲渡を承認しない旨の決定を通知してから40日以内にこの供託したことを証する書面を譲渡等承認請求者に対して交付しない場合，会社が譲渡を承認しない旨の決定を通知してから10日以内に指定買取人がこの供託したことを証する書面を譲渡等承認請求者に対して交付しない場合には，会社が株主が譲渡しようとする者あるいは取得者による株式の取得を承認したものとみなされます（会145三，会規26一，二）。

③ 買取価格の決定

　譲渡等承認請求のあった株式を，会社あるいは指定買取人が買い取る場合の買取価格については，譲渡等承認請求者と会社あるいは指定買取人との間の協議によって定まります（会144①⑦）。

　会社が譲渡等承認請求者に対して対象となる株式を会社が買い取る旨及び買い取る株式の種類・数を通知してから20日以内に，あるいは，指定買取人が譲渡等承認請求者に対して指定買取人として指定を受けた旨及び買い取る株式の種類・数を通知してから20日以内に，会社あるいは指定買取人と，譲渡等承認請求者との間で価格についての協議が成立しない場合には，会社（あるいは指定買取人）又は譲渡等承認請求者は，裁判所に対して売買価格の決定の申立てをすることができ，裁判所が会社の資産状態その他一切の事情を考慮して定めた額が売買価格となります（会144②〜④⑦）。

　なお，会社あるいは指定買取人からの通知があった日から20日以内に協議が成立せず，裁判所に対する売買価格決定の申立てがなされない場合には，会社の１株当たりの純資産額に対象となる株式数を乗じた額が売買価格となります（会144⑤⑦）。

　なお，会社が買い取る場合には，金銭を交付する日における分配可能額を超えてはならないとする財源規制があります（会461①一）。したがって，売買価格が分配可能額を超えることが見込まれる場合，会社は，譲渡による取得を承認するか，指定買取人を指定して買い取らせるかのいずれかを選択せざるを得ません。また，譲渡等承認請求者との協議，あるいは，裁判所の決定によって定まった売買価格が分配可能額を超えてしまった場合には，会社は譲渡等承認請求者から株式を買い取ることができません。その場合には，会社は譲渡等承認請求を承認したものとみなされます（会145三，会規26三）。

〔髙島　志郎〕

第4節　単元株式

Q.1-4-1　単元株式数の設定

単元株式数の設定はどのようにして行いますか。また，単元株式数の設定にはどのような制限がありますか。

> **Point**
> ■単元株式数は，株式の種類ごとに，定款で定められる。
> ■単元株式数は1000を超えてはならないという制限はあるが，発行済株式総数に対する割合による制限はない。

1　単元株式数の定め，変更

1単元を構成する株式の数（単元株式数）は定款の規定によって定められますが，これが定められると，単元株式数に満たない株式については，株主総会あるいは種類株主総会において議決権を行使することはできません（会189①）。

単元株式数は，1000を超えてはならないとされており（会188②，会規34），数種の株式を発行している会社においては，株式の種類ごとに定めなければなりません（会188③）。

旧商法下では，単元株式数は，発行済株式総数の200分の1を超えることはできない（全部で200単元未満となる単元株式数の定めはできない）とされていました（旧商221①）が，会社法ではそのような制限はなくなりました。

会社は，1000を超えない限度であれば，株主総会の特別決議により定款を変更して単元株式数を変更することはできますが，定款を変更して新たに単元株式数についての定めを設ける場合には，単元株式数を定めることを必要とする理由を株主総会において説明しなければなりません（会466，309②十一，190）。

他方で，株主の権利を害さないことが明らかな一定の場合については，株主総会の特別決議を得る必要はないものとされています。具体的には，株式の分割と同時に，単元株式数を増加し，又は，新たに単元株式数についての定款の

定めを設ける場合で，株式の分割の割合を超えない限度で行う場合，すなわち，株式分割及び定款変更を行った後の各株主が有する株式の数を単元株式数で除して得た数が，株式分割及び定款変更を行う前の各株主が有する株式の数を単元株式数で除して得た数（単元株式数の定めがない場合には各株主が有する株式の数）を下回らない場合です（会191）。

2 端株制度の廃止

　旧商法下においては，1株に満たない株式（端株）が認められていましたが，会社法では，端株制度は廃止され，取得条項付株式・全部取得条項付株式・取得条項付新株予約権の会社による取得の対価として株式の交付，株式の無償割当て，合併・株式交換・株式移転による存続会社・新設会社・株式交換完全親会社・株式移転完全親会社の株式の交付，株式分割・株式併合に際して，1株に満たない端数が生じるときは，すべて，競売あるいは市場価格による売却を行い，代金が交付されることとなりました（会234, 235）。また，新株予約権の行使に際して端数が生じる場合で，募集事項において端数を切り捨てるものとする定めがない場合には，すべて，市場価格がある場合には市場価格により算定される額，市場価格がない場合には1株当たりの純資産額により算定される額の金銭が交付されることとなります（会236①九，283）。

〔髙島　志郎〕

Q.1-4-2 単元未満株式の株主の権利の制限

単元未満株式の株主にはどのような権利がありますか。また，会社によってその権利が制限されることはあるのですか。

> **Point**
> ■単元未満株式については，株主総会及び種類株主総会における議決権が認められないほかは，原則として，単元株式の株主と同じ権利が認められるが，会社は，単元未満株式の株主について，定款の定めにより，一定の範囲でその権利を制限することができる。

1 議決権の制限

単元株式数に満たない株式（単元未満株式）の株主には，単元未満株式の部分については，株主総会及び種類株主総会における議決権の行使が認められません（会189①）。

2 定款の定めによる権利の制限

(1) 制限できない権利

議決権のほか，会社は，定款の定めにより，以下の権利以外の権利を制限することができます（会189②，会規35）。

① 全部取得条項付株式の会社による取得の対価の交付を受ける権利
② 取得条項付株式の取得と引換えに金銭等の交付を受ける権利
③ 株式の無償割当てを受ける権利
④ 単元未満株式の買取請求権
⑤ 残余財産の分配を受ける権利
⑥ 株券発行会社における株券の所持による株式について適法に権利を有するとの推定を受ける権利
⑦ 株券不発行会社における株主名簿記載事項を記載した書面の交付又は記録した電磁的記録の提供を受ける権利

⑧　株主名簿の閲覧・謄写の権利
⑨　相続その他の一般承継，会社分割，株式交換，株式移転に際して承継した場合，所在不明株主の株式の処分により取得した場合の，株主名簿への記載又は記録を請求する権利，及び，譲渡制限株式である場合の譲渡等承認請求をする権利
⑩　株式発行後に株券の発行を請求する権利，不所持申出をした株式の株券の発行を請求する権利
⑪　株券不所持の申出をする権利
⑫　株式の併合，分割，新株予約権の無償割当て，剰余金の配当，組織変更に際して金銭等の交付を受ける権利
⑬　合併，株式交換，株式移転に際して対価として金銭等の交付を受ける権利

(2)　制限することが考えられる権利

　したがって，通常の株式の譲渡による株主名簿への記載又は記録を請求する権利（株券不発行会社においては，これが第三者対抗要件となりますので，会社との関係だけでなく，当事者間でも事実上株式の譲渡ができないこととなります）や譲渡制限株式における譲渡等承認請求をする権利を制限することのほか，株主代表訴訟を提起する権利を制限することが考えられます。

　また，株券発行会社においては，定款の定めにより，単元未満株式については，株券を発行しないこととすることができます（会189③）。

　株券発行会社における株式の譲渡には株券の交付を要します（会128①）ので，この定款の定めにより単元未満株式について株券を発行しないこととした会社においても，株主名簿への記載又は記録，譲渡制限株式の譲渡等承認請求ができないだけでなく，株式の譲渡自体ができないこととなります。

〔髙島　志郎〕

Q.1-4-3　単元未満株式の買取請求・買増請求

　単元未満株式を処分したいときはどうすればよいですか。逆に，単元未満株式をさらに取得して，単元株式数にすることはできますか。また，これらの場合の処分価格，取得価格はどのようにして決まりますか。

> **Point**
> ■単元未満株式については，会社に対し，これを買い取る旨の請求をすることができる。また，定款に定めがある場合に限られるが，会社に対して保有する単元未満株式と合わせて単元株式数となる株式の売渡しを請求することができる。
> ■その対価は，市場価格のある株式は市場価格を基礎に算定される額となるが，市場価格のない株式については，会社と単元未満株主との協議により定まる。この協議が調わない場合には，裁判所への申立てにより株式の価格の決定を求めることができ，その申立てがなされない場合には，1株当たりの純資産額に株式数を乗じた額となる。

1　単元未満株式の買取請求

(1) 制度の趣旨

　単元未満株式もこれを第三者に譲渡して処分することができるのが原則です（会127）が，株主総会及び種類株主総会において議決権を行使できない株式を買い受ける者を見つけるのは困難であると考えられますし，定款の定めによって譲渡ができない場合もあります（Q1-4-2参照）。

　したがって，単元未満株式を有する株主の投下資本の回収を容易にするため，会社に対して買取りを請求する権利が認められています（会192①）。その請求は，会社に対して，買取りを請求する株式の種類・数を明らかにして行います（会192②）。

(2) 対価の決定方法

　会社が買い取る価格は，市場価格のある株式については，株主が会社に買取りを請求した日における市場の最終の価格（その日に取引がない，あるいは，市

場が休業日である場合には，その後最初になされた取引の成立価格）か，公開買付けの対象となっている場合の公開買付価格のいずれか高い額となります（会193①一，会規36）。

　市場価格のない株式については，単元未満株主と会社との協議により定まることとなりますが，単元未満株主，会社のいずれも，裁判所に対して価格の決定を申し立てることができます（会193②）。この申立てがあった場合，裁判所は会社の資産状態その他一切の事情を考慮して定め，裁判所が定めた額が買取価格となります（会193③④）。単元未満株主から請求のあった日から20日以内に協議が成立せず，裁判所に対する価格決定の申立てがなされない場合には，会社の1株当たりの純資産額に対象となる株式数を乗じた額が売買価格となります（会193⑤）。

　なお，単元未満株主は，会社に対して買取りを請求した後は，会社の承諾がなければその請求を撤回することはできず（会192③），会社が買取価格を単元未満株主に支払えば，株式買取りの効果が発生します（会193⑥）。

2　単元未満株式の買増請求

　単元未満株式の買取りが，定款の規定の有無にかかわらず単元未満株主に認められる権利である（定款の定めによってもこの権利を制限することはできません（会189②四））のに対し，単元未満株主が保有する単元未満株式と合わせて単元株式数となるべき株式を会社に対して売り渡すことを請求できるのは，定款に，単元未満株主にその請求ができる旨の定め（単元未満株式売渡請求をすることができる旨の定め）がある場合に限られます（会194①）。

　この定款の定めがある場合には，単元未満株主が，売り渡すべき株式の種類・数を明らかにして会社に対して請求をすれば，会社はその保有する自己株式を単元未満株主に対して売り渡さなければなりませんが，会社が相当する自己株式を保有していない場合にはこれに応じる必要はありません（会194②③）。

　なお，この場合の会社の単元未満株主に対する株式の売渡価格の決定方法は，株式買取請求の場合と同様です（会194④，193①〜⑥，会規37）。

〔髙島　志郎〕

第5節 出資等

Q.1-5-1 設立手続に関する見直し事項

会社法では,設立手続に関して,旧商法の規定からどのような見直しがされましたか。その概要を教えてください。

> **Point**
> 会社法では,設立手続に関して,次のような事項の見直しがなされた。
> ■最低資本金制度の撤廃
> ■定款の記載事項の見直し
> ■発起人・設立時募集株式の引受人の出資不履行の場合の失権等
> ■発起人及び会社成立当時の取締役による引受・払込担保責任の廃止
> ■発起設立の場合における払込金保管証明制度の撤廃
> ■設立時取締役等に関する事項
> ■検査役の調査を要しない現物出資の範囲の拡大等
> ■現物出資等に関する関係者の財産価額填補責任の過失責任化
> ■設立無効の訴え
> ■事後設立

1 最低資本金制度の撤廃

従来の制度の下では,株式会社の設立には1000万円(旧商168ノ4),有限会社の設立には300万円(旧有9)の最低資本金が必要とされていましたが,会社法では,最低資本金制度は廃止されました。

2 定款の記載事項の見直し

① 「設立に際して出資される財産の価額又はその最低額」を定款に記載することになりました(会27四)。
② 「株式会社が発行することができる株式の総数」は,原始定款に定める

必要はなく，株式会社の成立時までに，発起人全員の同意又は創立総会の決議によって定款に定めればよいことになりました（会37，98）。
③　会社の公告方法が任意的記載事項となりました（会939①）。

3　発起人・設立時募集株式の引受人の出資不履行の場合の失権等

発起人や設立時募集株式の引受人が，期日までに出資の履行をしない場合には，設立に際して株式を引き受ける権利を失うこととしつつ（会36③，63③），この場合でも，他の出資者が出資した財産の価額が，定款記載の「設立に際して出資される財産の価額又はその最低額」（会27四）を満たしている場合には，そのまま設立手続を行うことができることとされました。

4　発起人及び会社成立当時の取締役による引受・払込担保責任の廃止

旧商法では，発起人や会社成立当時の取締役による引受・払込担保責任制度が定められていましたが（旧商192①②），会社法は，これらの責任制度を廃止しました。

5　発起設立の場合における払込金保管証明制度の撤廃

発起設立においては，払込金保管証明制度を廃止し，銀行口座の残高証明等の方法により，払込金額の証明をすることで足りることになりました（商登47②五）。

6　設立時取締役等に関する事項

発起設立の場合には，発起人は，出資の履行完了後，遅滞なく，設立時取締役等を選任しなければならず（会38①），定款で設立時取締役等を定めたときには，出資の履行完了時に選任されたものとみなされることとし（会38③），その選解任について詳細な定めを置きました（会38～45）。

なお，会社法では，設立に際して取締役，監査役等になるべき者を設立時取締役，設立時監査役等と定義し（会38①②），会社成立後の取締役，監査役等と区別して規定することとしました。

7 検査役の調査を要しない現物出資・財産引受けの範囲の拡大等

　会社法は，現物出資及び財産引受けを行う場合における検査役の調査を免除する要件として，旧商法に存した「設立時の資本の5分の1以下」という要件を削除し，500万円以下の財産について検査役の調査を免除することとしました（会33⑩一）。

　また，現物出資及び財産引受けを行う場合における検査役の調査が免除される対象となる有価証券について，会社法では「市場価格のある有価証券」とされました（会33⑩二）。

8 発起設立の場合における現物出資・財産引受けに関する発起人等の財産価額填補責任の過失責任化

　発起設立の場合については，現物出資又は財産引受けの財産の実価が定款に定めた価格に著しく不足するときにおいて，発起人及び設立時取締役が無過失を証明したときには，不足額の填補責任を負わないこととされました（会52①②二）。

9 設立無効の訴え

　会社法は，設立無効の訴えに関して，清算人を提訴権者に含めました。

　また，株主が株式会社の設立無効の訴えを提起した場合には，裁判所は会社の請求により，相当の担保の提供を命ずることができるものとしました（会836①）。

10 事後設立

　会社法は，事後設立（会社成立後2年以内に会社成立前から存在する財産であってその事業のために継続して使用するものの取得。会467①五本文）につき，検査役の調査を廃止することにしました。

　また，事後設立については原則として株主総会の特別決議が必要とされていますが（会467①五本文），取得する財産の対価として交付する財産の帳簿価額の合計額の当該株式会社の純資産額（会規135）に対する割合が5分の1（これを下

回る割合を当該株式会社の定款で定めた場合にあっては，その割合）を超えない場合には，株主総会決議が不要とされました。

　さらに，新設合併，新設分割又は株式移転により設立された会社については，事後設立に関する規制が適用されないことが明確化されました（会467①五）。

〔藤川　義人〕

Q.1-5-2 定款の作成

定款の記載事項に関して，旧商法から会社法で見直された点を中心に説明してください。

> **Point**
> ■会社法の下では，原始定款には「設立に際して出資される財産の価額又はその最低額」を記載すればよく，「株式会社が発行することができる株式の総数」を原始定款に定める必要がなくなった。

1 原始定款の必要的記載事項に関する旧商法と会社法の比較

旧商法と会社法における定款の絶対的記載・記録事項を比較したのが次の表です。上記の各記載・記録事項のうち，旧商法から会社法で見直されたものを中心に説明します。

旧商法	会社法
目的	同じ
商号	同じ
会社が発行する株式の総数	原始定款には不要。但し，株式会社の成立時までに定める必要あり（会37，98）。
会社の設立に際して発行する株式の総数	設立に際して出資される財産の価額又はその最低額
本店の所在地	同じ
会社が公告をなす方法	任意的記載事項（会939①）
発起人の氏名及び住所	ほぼ同じ

2 発行可能株式総数

「株式会社が発行することができる株式の総数」（発行可能株式総数）を，原始定款に定める必要はなく，株式会社の成立時までに，発起人全員の同意又は創立総会の決議によって定款に定めればよいことになりました（会37，98）。これ

によって，設立手続の過程で株式引受状況を勘案しつつ，柔軟な対応をとることが可能となりました。

③ 設立時の出資

旧商法の「設立ニ際シテ発行スル株式ノ総数」から，会社法では「設立に際して出資される財産の価額又はその最低額」に変更されました（会27四）。

設立時の株式数ではなく出資額とされたのは，出資額とは直接関係のない株式数ではなく，直截に出資額とするほうが適当であると考えられたためです。また，「最低額」でもよいことになりましたので，株式引受けがなされたにもかかわらず出資の履行がなされなかったものが存する場合，失権や打切発行が認められ，定款を変更することなく設立手続を遂行できることになりました。

なお，関連事項として，ここで最低資本金制度の説明もしておきます。従来は，株式会社の設立には1000万円（旧商168ノ4），有限会社の設立には300万円（旧有9）の最低資本金が必要とされていましたが，新規創業促進の観点から，会社法では，最低資本金制度は廃止されました。

④ 公告方法

旧商法では「会社ガ公告ヲ為ス方法」が絶対的記載事項とされていましたが，会社法では任意的記載事項となりました（会939①）。定款に定めがない場合には，官報に掲載する方法とみなされます（会939④）。

〔藤川　義人〕

Q.1-5-3 発起設立

発起設立の手続の流れを，旧商法から会社法で見直された点を中心に説明してください。

> **Point**
> 発起設立の手続に関しては，主として次のような点で，旧商法から会社法で見直しがなされている。
> ■定款の記載事項の見直し
> ■払込金保管証明制度の撤廃
> ■発起人の出資不履行の場合の失権
> ■発起人及び会社成立当時の取締役による引受・払込担保責任の廃止
> ■現物出資等に関する関係者の財産価額填補責任の過失責任化

1 概　　説

発起設立とは，発起人が設立時発行株式（株式会社の設立に際して発行する株式）の全部を引き受ける方法による設立をいいます（会25①一）。以下，発起設立の手続の流れを，時系列に沿って説明します。

2 定款の作成等

(1) 絶対的記載事項等

株式会社を設立するには，設立の企画者である発起人が，会社の根本規則である定款を作成し，その全員がこれに署名又は記名押印等しなければなりません（会26①）。

最初の定款（原始定款）には，①目的，②商号，③本店の所在地，④設立に際して出資される財産の価額又はその最低額，⑤発起人の氏名又は名称及び住所を記載しなければなりません（会27）。

なお，旧商法とは異なり，「株式会社が発行することができる株式の総数」（発行可能株式総数）を原始定款に定める必要はなくなりましたが，発起人は，こ

れを原始定款で定めていない場合には，株式会社の成立時までに，その全員の同意によって，原始定款を変更してこの定めを設けなければならず，また，これを原始定款で定めている場合にも，株式会社の成立時までに，その全員の同意によって，発行可能株式総数についての定款の変更をすることができることとされました（会37①②）。

そして，旧商法では「設立ニ際シテ発行スル株式ノ総数」を原始定款に記載することになっていましたが，会社法では「設立に際して出資される財産の価額又はその最低額」に変更されました。設立時発行株式の総数は，発行可能株式総数の4分の1を下ることはできませんが，設立しようとする株式会社が公開会社（会2五）ではない場合は，この限りではありません（会37③）。

(2) 相対的記載事項等

変態設立事項がある場合には，定款に記載・記録しなければ，その効力は生じません（会28）。

また，前記の定款記載・記録事項のほか，定款の定めがなければその効力を生じない事項やその他会社法に違反しない事項を記載・記録することができます（会29）。

(3) 公証人の認証

発起人が定款を作成した後，これに公証人の認証を受けなければなりません（会30①）。

3 発起人の株式引受け等

(1) 設立時発行株式に関する事項の決定及び発起人の株式引受け

発起人は，株式会社の設立に際して，発起人が割当てを受ける設立時発行株式の数，その株式と引換えに払い込む金銭の額，成立後の株式会社の資本金及び資本準備金の額に関する事項等（定款に定めがある場合を除く）を，その全員の同意により決定して（会32），設立時発行株式を1株以上引き受けます（会25②）。

(2) 定款の記載・記録事項に関する検査役の選任

発起人は，定款に変態設立事項を記載・記録した場合には，原則として，検査役の選任を裁判所に申し立て，検査役の調査を経なければなりません（会33）。

4 出資の履行等

(1) 出資の履行

発起人は，設立時発行株式の引受け後遅滞なく，出資に係る金銭の全額を払い込み，又は現物出資の履行をしなければなりません（会34①）。なお，金銭出資による払込みは，発起人が定めた銀行等にしなければなりません（会34②）。

(2) 発起設立手続における払込金保管証明制度の廃止

旧商法においては，発起設立，募集設立の別にかかわらず，払込取扱機関が発起人又は取締役の請求により払込金の保管に関し証明しなければならず（旧商189①），その証明した払込金額については払込みがないこと又はその返還に関する制限をもって会社に対抗できないとする制度（旧商189②）が採用されていました。

この点に関し，会社法は，設立手続の簡素化を図るため，発起設立においては，払込金保管証明制度を廃止し，銀行口座の残高証明等の方法により，払込金額の証明をすることで足りることになりました（商登47②五）。

他方で募集設立においては従来と同様，払込金保管証明制度が維持されています（会64）。

(3) 出資の不履行がある場合

発起人のうち出資の履行をしていないものがある場合には，発起人は，出資の履行をしていない発起人に対して，期日までに出資の履行をするように通知し，この通知を受けた発起人が当該期日までに出資の履行をしない場合には，株主となる権利を失います（会36）。

この場合でも，他の出資者が出資した財産の価額が，原始定款で定めた「設立に際して出資される財産の価額又はその最低額」（会27四）を満たしている場合には，そのまま設立手続を行うことができますが，これを満たさない場合には，設立ができず，仮に設立されても，設立無効原因となり，旧商法で定められていた発起人や会社成立当時の取締役による引受・払込担保責任制度（旧商192①②）が会社法では廃止されたため，瑕疵を治癒することもできません。

(4) 出資履行完了後の処理

発起人は，出資の履行が完了した後，遅滞なく，株式会社の設立に際して

取締役となる設立時取締役等の役員を選任しなければなりません（会38）。設立時取締役（監査役設置会社にあっては設立時監査役も含む）は，その選任後遅滞なく，変態設立事項，出資履行の完了，その他株式会社の設立の手続が法令又は定款に違反していないことを調査しなければなりません（会46）。

5 設立登記等

(1) 株式会社の成立

株式会社は，その本店の所在地において設立登記することにより成立します（会49）。

(2) 出資された財産等の価額が不足する場合の責任

なお，株式会社の成立の時における現物出資財産等の価額が当該現物出資財産等について定款に記載・記録された価額に著しく不足するときは，原則として，発起人及び設立時取締役は，当該株式会社に対し，連帯して，当該不足額を支払う義務を負います（会52）。

旧商法においても同様の義務が定められていたところ（旧商192ノ2①），この義務は無過失責任であると解されていました。

しかし，これが厳しすぎるとの批判があり，会社法では，発起設立の場合については，発起人及び設立時取締役が過失がないことを証明したときには，填補責任を負わないこととされました（会52①②二）。

これに対して，募集設立の場合については，株式引受人の保護の要請があることから，旧商法どおり，発起人及び設立時取締役の無過失責任が維持されることになりました（会103①）。

〔藤川　義人〕

Q.1-5-4 募集設立

募集設立の手続の流れを，発起設立と比べながら説明してください。

> **Point**
> ■ 発起設立においては，旧商法から会社法では，①払込金保管証明制度の撤廃，②現物出資等に関する関係者の財産価額填補責任の過失責任化といった見直しがされたが，この2つは募集設立においては発起設立と異なり，旧商法どおりの取扱いが維持されている。
> ■ 他方で，その他に発起設立において旧商法から見直しがされた事項は，募集設立においても同様に見直しがなされた。

1 概　説

募集設立とは，発起人が設立時発行株式を引き受けるほか，設立時発行株式を引き受ける者の募集をする方法による設立をいいます（会25①二）。以下，募集設立の手続の流れを説明します。

2 定款作成から発起人による出資の履行まで

次に述べる事項は，発起設立（Q1-5-3参照）において述べたことと同じです。
① 株式会社を設立するには発起人が定款を作成しなければならないこと（会26①）。
② 最初の定款（原始定款）には，会社法27条に挙げられた事項を記載しなければならないこと。
③ 変態設立事項がある場合には，定款に記載・記録しなければ，その効力は生じないこと（会28）。
④ 発起人が定款作成後に公証人の認証を受けなければならないこと（会30①）。
⑤ 発起人が，会社法32条に挙げられた事項を全員で決定して，設立時発行株式を1株以上引き受けること（会25②）。

⑥ 発起人が、定款に変態設立事項を記載・記録した場合には、原則として、検査役の選任を裁判所に申し立て、検査役の調査を経なければならないこと（会33）。

⑦ 発起人が、設立時発行株式の引受後遅滞なく、出資の履行をしなければならないこと（会34①）。

⑧ 出資未履行のために期日までに履行するように通知を受けた発起人が、当該期日までに出資の履行をしない場合には、株主となる権利を失うこと（会36）。

⑨ この場合でも、他の出資者が出資した財産の価額が、原始定款で定めた「設立に際して出資される財産の価額又はその最低額」（会27四）を満たしている場合には設立ができる一方で、これを満たさない場合には設立ができず、仮に設立されても、設立無効原因となり、旧商法で定められていた発起人や会社成立当時の取締役による引受・払込担保責任制度（旧商192①②）が会社法では廃止されたため、瑕疵を治癒することもできないこと。

3 株主の募集等

発起人は、自ら引き受けた残りの設立時発行株式（設立時募集株式）については、所定の事項を定めて、これを引き受ける者を募集し（会57, 58）、その申込者（会59）に対して割当てをするなどして（会60, 61）、その引受人が確定します（会62）。

設立時募集株式の引受人は、所定の日までに、発起人が定めた銀行等にそれぞれの払込金額全額の払込みを行わなければならず（会63①）、この払込みをしないときは失権します（会63③）。

旧商法のもとでは、設立時発行株式の総数について引受け・払込みがなければ会社を成立させることができなかったことから、このような場合、発起人は失権予告付催告をし、それでも払込みがなされない場合に失権することとし、その失権株について再度株主を募集することができるとされていました（旧商179①②）。これに対して会社法は、このような場合には催告を経ずに当然に失権するものとし、この場合、「設立に際して出資される財産の価額又はその最低額」について履行が完了している限り、発起人は募集を打ち切って設立手続

を続行することができるようにしました。

なお，発起設立のところで説明したとおり（Q1-5-3参照），発起設立においては，払込金保管証明制度を廃止し，銀行口座の残高証明等の方法により，払込金額の証明をすることで足りることになりましたが（商登47②五），募集設立においては従来と同様，払込金保管証明制度が維持されています（会64①）。

4 創立総会等

(1) 創立総会の招集権限

発起人は，設立時募集株式の払込期日又は期間後遅滞なく，設立時株主（設立時に株主となる株式引受人）の総会である創立総会を招集します（会65①）。

(2) 創立総会の権限

創立総会の主な権限は，次のとおりです。
① 発起人による設立経過の報告（会87）
② 設立時取締役等の選任（会88）
③ 設立時取締役（設立する株式会社が監査役設置会社である場合には設立時監査役も含む）による変態設立事項，出資の履行完了，その他設立手続の法令・定款違反の有無の調査，報告及び説明（会93）

以上のほか，招集通知に記載・記録がなくても，定款変更や設立廃止を決議できます（会73④）。

(3) 創立総会の決議

創立総会の決議は，当該創立総会において議決権を行使することができる設立時株主の議決権の過半数であって，出資した当該設立時株主の議決権の3分の2以上にあたる多数をもって行うのが原則です（会73①）。

(4) その他

以上のほか，会社法は，創立総会の招集手続，議決権及び議事に関する事項等について，会社成立後の株主総会とほぼ同様の詳細な規定を置いています（会67以下）。

5 設立登記等

(1) 株式会社の成立

株式会社は，その本店の所在地において設立登記することにより成立します（会49）。

(2) 出資された財産等の価額が不足する場合の責任

なお，株式会社の成立の時における現物出資財産等の価額が当該現物出資財産等について定款に記載・記録された価額に著しく不足するときは，原則として，発起人及び設立時取締役は，当該株式会社に対し，連帯して，当該不足額を支払う義務を負います（会52）。

発起設立（Q1-5-3参照）のところで述べたとおり，発起設立においては，発起人及び設立時取締役が過失がないことを証明したときには，填補責任を負わないこととされましたが（会52①②二），募集設立においては，株式引受人の保護の要請があることから，旧商法どおり，発起人及び設立時取締役の無過失責任が維持されています（会103①）。

〔藤川　義人〕

Q.1-5-5 現物出資・財産引受け

会社法では，現物出資・財産引受制度に関して，旧商法の規定からどのような見直しがされましたか。

> **Point**
> 主として次の点の見直しがなされている。
> ■検査役の調査を要しない現物出資・財産引受けの範囲が拡大されたこと。
> ■発起設立の場合において，現物出資・財産引受けに関する発起人等の財産価額填補責任が過失責任化されたこと。

1　検査役の調査を要しない現物出資・財産引受けの範囲の拡大等

(1) 現物出資の財産引受けとは

金銭以外の財産による出資を現物出資といいます。対象となる財産の価値を不当に高く評価して多くの株式を付与してしまうと金銭出資者との間で不公平が生じるため，変態設立事項として，厳格に規制されています。

また，発起人が会社のため会社の成立を条件として特定の財産を譲り受けることを約する契約を財産引受けといいます。財産引受けがなされる場合にも，現物出資の場合と同様，対象となる財産の価値が不当に高く評価される危険があるため，設立時に限り現物出資と同様の規制が設けられています。

具体的には，①現物出資・財産引受けに関する事項を定款に記載・記録しなければその効力を生じず，②原則として，裁判所の選任する検査役の調査を受けることが必要であり，③検査役の調査の結果，その内容が不当なときには，裁判所の決定により内容が変更されるといった規制が設けられています。このような取扱い自体は，旧商法でも会社法でも同じです。

(2) 旧商法における検査役の調査免除の範囲

上記の各規制のうち，検査役による調査については，その調査に多くの時間と費用がかかってしまうといった問題から，実際には現物出資・財産引受制度がほとんど利用されなかったため，旧商法の下では，①その財産の価額の総額

が資本の5分の1を超えず，かつ，500万円を超えない場合（旧商173②一，181②），②その財産が取引所の相場のある有価証券であって，定款で定めた価格がその相場を超えない場合（旧商173②二，181②），③現物出資・財産引受けに掲げる事項が相当であることについて，弁護士，公認会計士又は税理士等の証明を受けた場合（対象財産が不動産であるときには，不動産鑑定士の鑑定評価も必要）（旧商173②三，181②）には例外的に検査役の調査が免除されていました。

(3) 会社法における検査役の調査免除範囲の拡大

これに対して会社法は，①上記(2)①につき，「設立時の資本の5分の1以下」という要件を削除し，500万円以下の財産について検査役の調査を免除することとし（会33⑩一），②上記(2)②につき，「取引所ノ相場アル有価証券」を「市場価格のある有価証券」と変更して（会33⑩二），さらに検査役の調査免除の範囲を拡大する見直しをしました。

(4) 検査役選任申立権者

なお，旧商法では，検査役選任の申立てを行うのは，発起設立の場合には取締役（旧商173①），募集設立の場合には発起人（旧商181①）とされていましたが，会社法では，いずれの場合も発起人が申し立てることとなりました（会33①）。

2 発起設立の場合における現物出資・財産引受けに関する発起人等の財産価額填補責任の過失責任化

旧商法では，現物出資又は財産引受けの財産の実価が定款に定めた価額に著しく不足するときは，発起人及び会社成立当時の取締役は会社に対し，連帯して当該不足額を支払う義務を負い（旧商192ノ2①），この義務は無過失責任であると解されていました。しかし，これが厳しすぎるとの批判があり，会社法では，発起設立の場合については，発起人及び設立時取締役が過失がないことを証明したときには，填補責任を負わないこととされました（会52①②二）。これに対して，募集設立の場合については，株式引受人の保護の要請があることから，旧商法どおり，発起人及び設立時取締役の無過失責任が維持されることになりました（会103①）。

〔藤川　義人〕

Q.1-5-6 事後設立

会社法では，事後設立制度に関して，旧商法の規定からどのような見直しがされましたか。

> **Point**
> 主として次の点の見直しがなされている。
> ■事後設立につき，検査役の調査制度が廃止された。
> ■事後設立において株主総会の特別決議が不要となる要件につき，対象財産取得の対価額が「資本の20分の1」未満から「純資産額の5分の1」以下に緩和された。
> ■組織再編により設立された会社に適用されないことが明確化された。

1 旧商法における規制

旧商法では，会社成立後2年以内にその成立前より存在する財産にして営業のために継続して使用すべきものを資本の20分の1以上にあたる対価をもって取得する契約を締結するには，株主総会の特別決議が必要であるとされていました（旧商246①）。

また，この場合，原則として，検査役の選任を裁判所に請求しなければならないものとされていました（旧商246②）。

さらに旧商法の条文上は，組織再編（ここでは，新設合併，新設分割又は株式移転を指します）により設立された会社について，新たに2年間の事後設立規制が課せられるのかが必ずしも明確ではありませんでした。

2 会社法における見直し

(1) 検査役の調査制度の廃止

これに対し会社法は，事後設立（会社成立後2年以内に会社成立前から存在する財産であってその事業のために継続して使用するものの取得）につき，検査役の調査を廃止することにしました。

検査役の調査制度は、平成2年の商法改正により、現物出資等の規制の潜脱を防止し、資本充実を図る観点から導入されたものですが、この規制の合理性に疑問があるうえ、実務上この規制が適用されることによる各種コストを避けるため、休眠会社を買い取ってこれを受け皿会社にして対応されることもあるなど、必ずしも正常とはいえない努力がなされていたこと等の事情に鑑み、会社法では、廃止されたものです。

(2) **株主総会特別決議を不要とする要件の緩和**

　また、会社法では、事後設立については原則として株主総会の特別決議が必要とされていますが（会467①五本文）、取得する財産の対価として交付する財産の帳簿価額の合計額の当該株式会社の純資産額（会規135）に対する割合が5分の1（これを下回る割合を当該株式会社の定款で定めた場合にあっては、その割合）を超えない場合には、株主総会決議は不要とされました。

(3) **組織再編により設立された会社に関する不適用の明確化**

　さらに、組織再編により設立された会社については、事後設立に関する規制が適用されないことが明確化されました（会467①五）。

〔藤川　義人〕

Q.1-5-7　債務の株式化 (DES)

会社法では債務の株式化の手続の簡素化が行われたそうですが，その概要と税務上の取扱いについて教えてください。

> **Point**
> ■旧商法下ではDESの考え方には券面額説と評価額説とがあり，実務では券面額説による処理が行われてきた。
> ■DESは会社に対する金銭債権の現物出資に該当するが，会社法では一定の要件を満たしたDESについて現物出資に関する検査役の調査は不要になった。
> ■検査役の調査に代わって必要とされていた税理士等による証明も不要となった。
> ■平成18年改正税法では，法人税法上DESによって増加する資本金等の額は評価額説に従い消滅する債権の時価とされた。これにより，債権の簿価と時価との差額である債務消滅益が，法人税の計算において益金に算入される。

1　DESの法律上の取扱い

(1) DESについての2つの考え方

現物出資方式によりデット・エクイティ・スワップ (Debt Equity Swap. 以下，DESという) を実行する場合に，券面額説による方法と評価額説による方法の2つの考え方がありました。

(a)　**券面額説による方法**　券面額説による方法とは，債権の額面金額により株式化する方法です。従前，後述のとおり債権の現物出資には検査役の調査が必要でした。券面額説による方法は債権の券面額により資本化する方法ですので，検査役の調査にあたり時間と費用を要しない点，メリットがあります。

券面額説による方法は資本充実の原則の観点から問題があるとされていましたが，東京地裁民事8部において券面額説の方法によっても資本充実の原則の観点から問題がないとの見解が示されて以来，旧商法下における実務では券面額説に基づく処理がなされるようになりました。

(b) **評価額説による方法** 評価額説による方法とは，債権の回収可能性等を考慮した時価により株式化する方法です。評価額説による方法では，債権の時価評価額と券面額との差額について債権放棄することとなります。

評価額説の方法によれば，債権の時価を調査する必要があることから検査役の調査にあたり時間と費用を要し，債務者において債務免除益を認識しなければならないデメリットがあります。

(2) **旧商法の取扱い**

DESを旧商法で行う場合には，原則として裁判所が選任した検査役の調査が必要でした（旧商280ノ8①）。但し，新株発行時における現物出資の目的である財産の価格が500万円を超えないときや，取締役会で決定した現物出資に関する事項が相当である旨の税理士等の証明を受けた場合等には検査役の調査が不要とされていました（旧商280ノ8①②）。

(3) **会社法での取扱い**

会社法では，会社に対する金銭債権の現物出資は，その債権の履行期が到来しており，かつ，その債権金額以下で出資をする場合には，現物出資に関する検査役の検査を不要としています（会207⑨五）。その趣旨は，会社法においては債権金額をそのまま資本金に振り替える券面額説の採用を認めたものであり，券面額説によれば債権の時価調査が不要になることから検査役の調査を不要としたものです。

また，旧商法の下で検査役の調査に代わって必要とされていた税理士等の証明も不要とされ，金銭債権について記載された会計帳簿を登記の添付書類とすることで足りるとされました（商登56三ニ）。これにより，役員等からの借入金についてのDESの手続が容易となります。

さらに，会社法では処分する自己株式の対価として金銭以外の財産が給付される場合には新株発行と同様の取扱いをするものと規定し（会199①二括弧書），DESの対価として金庫株を利用することも認めています。

会社法においては，譲渡制限株式についての相続人等からの自己株式買取請求における他の株主からの売主追加請求権の排除（会162），相続人等に対する株式の売渡しの請求（会174）など，自己株式の取得の促進が予想されます。会社法の下で促進が予想される自己株式の処理方法として，役員等からの借入金

についてのDESを使えば，経営者の持株比率の上昇につながり，経営の安定性を高める効果が期待できます。

　会社法がDESにつき券面額説と評価額説のいずれを採用しているかについて立法担当者による解説では，「債権の現物出資，デット・エクイティ・スワップをする場合の債務者側の会計処理については，債権の券面額をもって払込資本に振り替えるいわゆる『券面額説』と，債権の時価をもって払込資本に振り替えるいわゆる『評価額説』がある。会社法上は，いずれの処理によることも，それが公正なる会計慣行である限り，特に問題はない。」(郡谷大輔＝和久友子編著／細川充＝石井裕介著「会社法の計算詳解」(中央経済社，2006年) 191頁) としており，どちらを採用しているとはいえません。

2　DESの会計上の扱い

　現物出資方式によるDESの会計上の扱いについては，「デット・エクイティ・スワップの実行時における債権者側の会計処理に関する実務上の取扱い」(平成14年企業会計基準委員会実務対応報告第6号。以下，実務対応報告第6号という) において，規定されています。

　実務対応報告第6号では，債権者がその債権を債務者に現物出資したときは債権と債務が同一の債務者に帰属し当該債権は混同により消滅すると示し，この行為は金融資産の消滅の認識要件を満たすとしています。したがって，実務対応報告第6号では評価額説による方法を採用し，債権者はDESによる債権の消滅を認識するとともに，消滅した債権とその対価としての受取額との差額を当期の損益として処理するものと規定しています。

3　DESの税務上の取扱い

　現物出資によるDESの税務上の取扱いは，その債権の現物出資が適格現物出資に該当する場合と，適格現物出資に該当しない場合とで大きく異なります。

(1) **適格現物出資に該当する場合**

　債権者が金融機関で債務者が事業会社である場合には債権の現物出資が適格現物出資に該当する場合は少ないと思われますが，債権者と債務者が親子会社関係など一定の場合には当該現物出資が適格現物出資に該当するケースも考え

られます。DESが適格現物出資に該当する場合には，DESにより債権者が取得する株式の取得価額は，現物出資により移転した債権の帳簿価額によるものとされています。

したがって，DESが適格現物出資に該当する場合には，DESの実行時において債権者において課税関係は生じないこととなります。

(2) 適格現物出資に該当しない場合

現物出資方式によるDESが実施された場合における債権者が取得する株式の取得価額については，平成18年改正税制前においては債権金額をそのまま資本金等の額に振り替える処理が容認されてきました。

平成18年改正税法では，法人税法上は新株発行において増加する資本金等の額は「払い込まれた金銭の額及び給付を受けた金銭以外の資産の価額」とされ（法法2①十六，法令8），DESの場合にあっては増加する資本金等の額は消滅する債権の時価とされました。

これに伴い，合理的な再建計画による金融機関の債権放棄相当部分については，債権者において損金算入するとともに，債務者において益金算入することとなりました。合理性に欠ける再建計画による金融機関の債権放棄相当部分については，債権者において債権の帳簿価額と時価との差額部分の全部又は一部は寄付金課税の対象となると考えられます。

なお，法人税法施行令ではDESにより消滅する債権の時価の算定方法を定めたものではありません。DESにより消滅する債権の時価は，具体的には債権の帳簿価額から債権の回収不能見込額を控除して算定することとなりますが，債権の券面額・債務者の再建計画の妥当性等個別の事情をしん酌して価額を算定することとなると思われます。

なお，上記改正に対応して会社更生等による債務免除があった場合の欠損金の損金算入規定が改正され，更生手続開始の決定等があった場合における期限切れ欠損金の損金算入の対象となる事由に，自己の債権の現物出資を受けたこと等に伴い，その債権に係る債務の消滅益が計上される場合が追加されました（法法59①一，②一）。この改正に伴い，DESによる債務消滅益は期限切れ欠損金から相殺できることとなりました。

〔平野　敦士〕

第6節　募集株式の発行

Q.1-6-1　募集株式の法務

会社法における募集株式の発行手続の概要を教えてください。

> **Point**
> ■会社法では，募集事項の決定手続につき，株主総会の決議で募集事項のすべてを決定することを原則としつつ，その特則として，株主総会の決議によって募集事項の決定を取締役（取締役会設置会社にあっては，取締役会）に委任する場合，公開会社の場合，株主に株式の割当てを受ける権利を与える場合に関する定めを置いた。

1　募集株式の発行とは

会社法は，「新株の発行」（旧商280ノ2）と「自己株式の処分」（旧商211）の両者を併せて，「募集株式の発行」に統一し，同一の規律に置くことにしました（会199）。募集株式の発行手続は，主として，募集事項の決定，募集株式の割当て，出資の履行からなります。また，金銭以外の財産の出資の場合について特に規定が設けられています。

2　募集事項の決定等

(1)　募集事項

株式会社は，その発行株式又はその処分する自己株式を引き受ける者の募集にあたり，その都度，募集株式につき，①募集株式の数，②募集株式の払込金額又はその算定方法，③金銭以外の財産を出資の目的とするときは，その旨並びに当該財産の内容及び価額，④募集株式と引換えにする金銭の払込み又は現物出資財産の給付の期日又は期間，⑤株式を発行するときは，増加する資本金及び資本準備金に関する事項（上記①～⑤の事項を募集事項という）を定めます（会199①）。募集事項は，募集ごとに，均等に定められます（会199⑤）。

(2) **募集事項の決定等に関する原則**
 (a) 募集事項の決定は，株主総会の特別決議によるのが原則です（会199②，309②五）。
 (b) 募集株式の払込金額が募集株式を引き受ける者に特に有利な金額である場合，取締役は，前記(a)の株主総会で，当該払込金額でその者の募集をすることが必要な理由を説明しなければなりません（会199③）。
 (c) 種類株式発行会社で，募集株式の種類が譲渡制限株式であるときは，当該種類の株式に関する募集事項の決定は，定款で排除した場合を除き，当該種類株主総会の特別決議がなければ，その効力を生じません（会199④）。

(3) **募集事項の決定を委任する場合の特則**
 (a) 前記(2)(a)にもかかわらず，株主総会の特別決議で，募集事項の決定を取締役（取締役会設置会社にあっては，取締役会）に委任することができます。この場合，当該委任に基づき募集事項の決定ができる募集株式数の上限及び払込金額の下限を定めなければなりません（会200①，309②五）。この決議の有効期間は1年間です（会200③）。
 (b) 前記(3)(a)の払込金額の下限が募集株式を引き受ける者に特に有利な金額である場合には，取締役は，前記株主総会において，当該払込金額でその者の募集をすることを必要とする理由を説明しなければなりません（会200②）。
 (c) 種類株式発行会社において，前記(3)(a)の募集株式の種類が譲渡制限株式であるときは，当該種類の株式に関する募集事項の決定の委任は，定款の定めで排除した場合を除き，当該種類株主総会の特別決議がなければ，その効力を生じません（会200④，324②二）。

(4) **公開会社における募集事項の決定の特則**
 (a) 払込金額が特に有利な金額である場合を除き，公開会社における募集事項の決定は，取締役会の決議によるものとされています（会201①）。この取締役会決議によって募集事項を定める場合において，市場価格のある株式を引き受ける者の募集をするときは，募集株式の払込金額又はその算定方法に代えて，公正な価額による払込みを実現するために適当な払込金額の決定の方法を定めることができます（会201②）。
 (b) 公開会社は，前記(1)④の期日（払込期日）又は期間（払込期間）の初日の

２週間前までに株主に対し，当該募集事項を通知又は公告しなければなりません（会201③④）。但し，証券取引法に基づく届出をしている場合その他の株主の保護に欠けるおそれがないものとして法務省令で定める場合には，この通知・公告は不要です（会201⑤）。

(5) 株主に株式の割当てを受ける権利を与える場合の特則

　(a) 株式会社は，株主に株式の割当てを受ける権利を与えることができ，この場合には，前記(1)の募集事項のほか，①株主に対し，申込みをすることにより募集株式の割当てを受ける権利を与える旨，②募集株式の引受けの申込みの期日を定めます（会202①）。旧商法において定められていた新株引受権制度を，会社法においては新株予約権制度に統一したものです。募集事項及び前記①②の事項は，公開会社では取締役会決議，非公開会社では株主総会決議で定めるのが原則です。但し，定款で取締役会決議（非取締役会設置会社の場合は取締役）と定めることができます（会202③）。

　(b) 株主に株式の割当てを受ける権利を与える場合には，前記(2)〜(4)の規定は適用されません（会202⑤）。

3　申込み，割当て，引受け

(1) 申込み

　株式会社は，募集に応じて募集株式の引受けの申込みをしようとする者に対し，株式会社の商号，募集事項，金銭払込取扱場所その他法務省令で定める事項を通知し（会203①。但し，これらが記載された証券取引法に規定する目論見書をこの者に交付した場合等には通知が不要となることが，会203④に定められています），申込みをする者は，会社法203条2項各号に記載した書面を交付等して申し込みます。

(2) 割当て

　株式会社は，申込者の中から，割当てを受ける者及び割当数を自由に定めることができます（会204①）。但し，募集株式が譲渡制限株式である場合には，定款で別段の定めがない限り，株主総会の特別決議（取締役会設置会社にあっては，取締役会の決議）によらなければなりません（会204②，309②五）。申込者は，割当てを受けた募集株式の数について引受人となります（会206一）。

(3) 申込み，割当てに関する特則

上記(1)(2)は，募集株式を引き受けようとする者がその総数の引受けを行う契約を締結する場合には，適用されません（会205）。

4 現物出資

株式会社は，現物出資を受けるにあたっては，裁判所に検査役の選任を申し立て，その調査を受けることが原則です。調査の結果，募集事項として定めた現物出資財産の価額を不当と認めたときは，これを変更する決定をしなければなりません（会207①②⑦）。もっとも，①現物出資を行う引受人に割り当てる株式の総数が発行済株式総数の10分の1を超えない場合，②現物出資財産の価額が500万円を超えない場合，③市場価格のある有価証券を市場価格以下で受け入れる場合，④現物出資財産の価額が相当であることについて弁護士，弁護士法人，公認会計士，監査法人，税理士又は税理士法人の証明がある場合（不動産の場合には不動産鑑定士の鑑定評価も必要），⑤株式会社に対する金銭債権（弁済期が到来済みのもの）を帳簿価額以下で受け入れる場合には，検査役の選任は不要です。

5 出資の履行

募集株式の引受人は，払込期日・期間内に，株式会社が定めた払込取扱場所で，払込金額全額の払込み（会208①），又は，現物出資財産全部の給付をしなければなりません（会208②）。これらの履行をしないときには失権します（会208⑤）。払込期日までに払込みがなされた場合は払込期日に，払込期間を定めた場合は払込みの履行日に，引受人は募集株式の株主となります（会209）。

6 株式発行の瑕疵

会社法は，募集株式発行の差止請求（会210），募集株式引受けの無効又は取消しの制限（会211），不公正な払込金額で株式を引き受けた者等の責任（会212），出資された財産等の価額が不足する場合の取締役等の責任（会213），新株発行の無効・不存在の訴え（会828①二，三，829一，二）の制度を置いています。

〔藤川　義人〕

Q.1-6-2 募集株式を発行したときの会計・税務

募集株式を発行したときの会計・税務の取扱いについて教えてください。

> **Point**
> ■設立又は株式の発行に際して払込み又は給付をした財産の額を資本金等増加限度額として，その2分の1以上を資本金に組み入れる。
> ■自己株式処分益のケースには，その他資本剰余金を増加させる。
> ■持分プーリングに準ずる方法で取得した簿価純資産がマイナスのケースでは，その他利益剰余金を減少させる。
> ■有利発行に該当する場合では，株主間の利益移転の問題が生ずる。
> ■有利発行に該当しない場合では課税関係が生じない。
> ■現物出資では，適格組織再編に該当するかどうかで処理が異なる。

1 募集株式の発行の際の資本金組入れ基準

株式会社の資本金の額は，原則として設立又は株式の発行に際して株主となる者が当該株式会社に対して払込み又は給付をした財産の額とされ（会445①），払込み又は給付に係る額の2分の1を超えない額は，資本金として計上せず（会445②），資本準備金に計上することができます（会445③）。設立又は株式の発行に際して払込み又は給付をした財産の額から自己株式の処分額を限度として資本金及び資本準備金の額を増加させる必要があり，これを資本金等増加限度額といいます。募集株式の発行の際の資本金等増加限度額については，会社計算規則37条で**図表1**のように規定されています。

2 その他資本剰余金又はその他利益剰余金の扱い

募集株式の交付に際し自己株式を処分した場合や，持分プーリング法に準ずる方法で簿価純資産がマイナスの場合における資本金等増加限度額は，**図表2**の金額を加算したものとされます（計規37②）。

図表1　募集株式の発行の際の資本金等増加限度額

ケース	資本金等増加限度額の算式
金銭出資	(金銭払込額 − 株式交付費用*1) × 株式発行割合*2 − 自己株式帳簿価額 × (1 − 株式発行割合)*3
現物出資	(現物出資給付額 − 株式交付費用*1) × 株式発行割合*2 − 自己株式帳簿価額 × (1 − 株式発行割合)*3
共通支配下の取引等としての現物出資	(現物出資給付額 − 株式交付費用*1) × 株式発行割合*2 − 自己株式帳簿価額 × (1 − 株式発行割合)*3

*1　募集株式の交付に係る費用を資本金等から控除できる規定があるが，現行の会計基準では認められていないため，当分の間「0」とする（計規附則11一）。

*2　株式発行割合は以下の算式により算出する。

$$株式発行割合 = \frac{募集に際して発行する株式の数}{募集に際して発行する株式の数 + 処分する自己株式の数}$$

*3　（1−株式発行割合）を会社計算規則では自己株式処分割合と呼んでいる。

図表2　自己株式を処分したケース等での資本金等増加限度額の計算

ケース		資本金等増加限度額に加算されるその他資本剰余金又はその他利益剰余金
自己株式を処分した場合	①処分損の場合	「0」
	②処分益の場合	「自己株式対価額*1 − 自己株式処分対価」で算出された金額をその他資本剰余金に加算
持分プーリング法に準ずる方法で取得した簿価純資産がマイナスである場合		その他利益剰余金を減算

*1　自己株式対価額とは，「（金銭払込額等 − 株式交付費用）×（1−株式発行割合）」。

3　税務上の取扱い

(1)　有利発行増資

(a)　有利発行の意義　有利発行増資とは，税務上「有利な払込価額」により新株を発行し，その結果，当該会社の株主間において利益の移転があったとみなされる場合を指します。有利な払込価額とは，その新株の価額を決定する日の現況における発行法人の株式の価額に比し，社会通念上相当と認められる価額を下回る価額をいいます（法基通2-3-7，所基通23～35共-7）。社会通念上相当と認められる価額を下回る価額かどうかは，株式の時価と発行する価額の差額が時価の概ね10％相当額以上であるかどうかで判定します。

図表3　有利発行における株主の課税関係

株　　主		税目及び課税所得区分
法　人		受贈益課税（法人税）
個人	原則	一時所得（所得税）
	発行法人の役員又は使用人の地位に基づいて付与	給与所得（所得税）
	発行法人の役員又は使用人の退職により付与	退職所得（所得税）

　募集株式の発行を第三者割当てで行う場合であって，第三者に有利な払込価額により新株を発行するケースや，募集株式の発行を有利な払込価額により株主割当てで行う場合であって持株比率が変動するケースも，税務上は有利発行に該当します。会社法において有利発行に係る手続が必要なケースは特に反証のない限り税務上も有利発行に該当すると解されます。

　(b)　有利発行における課税関係　　新株を有利発行した場合には，株主間の利益移転の問題が生じます。株主間の利益移転があったと認定されて課税対象となる金額は，発行された新株の時価と払込金額との差額です。

　株主間の利益移転が認定された場合に，どのような税目で課税されるかは，株主が個人であるかどうか，法人であるかどうか及び，取得の要因によって決定されます。これらをまとめたものが，**図表3**です。

　なお，株式の発行法人が同族会社であるときは，上記にかかわらず，既存の株主との間で，有利な価額で引き受けた引受人との間での利益移転について贈与税課税の問題が生じます（相基通9-4）。

(2)　**有利発行に該当しない増資**

　有利発行に該当しないケースでは株主間の利益移転についての課税関係が生じません。募集株式の発行を株主割当てで行う場合（会202），払込額が特に有利な価額であっても持株比率に変動がないケースや，時価発行増資を行ったケースがこれに該当します。

(3)　**現物出資**

　(a)　現物出資の税務処理の概要　　現物出資により募集株式の発行があったときは，組織再編税制の適用を受けます。組織再編税制では，一定の適格要件を満たした組織再編を適格組織再編といい税務上の簿価での引継ぎが強制され，

適格要件を満たさない組織再編を非適格組織再編といい，時価での取引が擬制されます（Q6-5-1参照）。適格組織再編には，大きく企業グループ内組織再編と，共同事業を行うための組織再編とがあります（Q6-5-2参照）。

したがって，適格組織再編に該当すれば現物出資者は帳簿価額で出資し，発行法人は現物出資者の帳簿価額で出資を受け入れることになります。また，非適格組織再編に該当すれば，現物出資者は時価を譲渡対価として発行法人に対し，目的物を譲渡し，その代償として新株を受け取った処理を行い，発行法人は時価により出資を受け入れることになります。

現物出資は現物出資資産の時価による取引部分である資本等取引と，時価と受入価額との差額部分である損益取引とが複合した混合取引であるとして処理します。

(b) 払込時の時価と取得する株式の時価に差異があった場合の処理　現物出資資産の払込時の時価と取得する株式の時価に差異があれば，寄付金認定の問題が生ずるため，実務的には，両者を一致させて処理を行います。金銭債権以外の一般財産について両者に差異があった場合の税務上の取扱いは次のとおりです。

①過大受入れの場合

現物出資財産の過大受入れがあった場合には，他の株主の株式の価値が低下し，旧株主から新株主へ価値が移転することになります。税務上は株主間で株主持分の移転があったと考え，贈与又は受贈益の認識を行います（法法37，相法9）。

②過少受入れの場合

現物出資財産の過少受入れがあった場合には，税務上は，時価取引があったものとみなされます。発行法人では時価と発行価額との差額を受贈益として認識し，法人税法上，益金に算入します。

株主が法人である場合には現物出資財産の出資を時価取引とします。また，個人である場合には所得税法59条1項のみなし譲渡課税の適用を受ける場合を除いて，受入額で出資したものとして処理します。みなし譲渡課税の適用を受ける場合には，時価取引として処理します。

〔平野　敦士〕

第7節　株式の併合

Q.1-7-1　株式の併合の効果

株式の併合はどのような目的で行われるのですか。株式の併合が行われた場合の効果について教えてください。

> **Point**
> ■株式の併合とは，現に発行されている株式について，複数の株式を合わせて少数の株式にするものである。
> ■各株主の保有する株式，会社が保有する自己株式の数は減少するが，株式の併合の手続自体では出資の払戻し等は行われないので，会社の財産や資本金には変動がない。
> ■株式の併合は，1株当たりの市場価格を適正なものとして株主管理のコストを削減することや，合併等の組織再編の際に株式の割当比率を調整することを目的として行われることがある。

1　株式の併合の意義

　株式の併合は，株主が保有する株式の数や自己株式の数を，一律に一定の割合で減少させるもので，出資の払戻しや資本の減少を伴うものではありませんので，資本金や会社の資産も変動しません。株式の併合が行われた場合，発行済株式総数は減少し，出資単位が引き上げられますので，合併等の組織再編の際の株式の割当比率の調整や株主管理コストを削減することを目的として行われることがあります。

　株式の併合に際して，端数が生じる場合（3株を保有する株主がいる場合に，2株を1株にする株式の併合が行われる場合など）には，会社が端数をまとめて売却し，端数を受け取るべき株主に現金を交付することとなります（Q1-7-3参照）。また，単元株式数を設定している会社においては，株式の併合により単元未満株主となる株主も現れることとなります。このように，株式の併合は株主の権利を害

することとなりますので，株主総会決議により行われます（Q1-7-2参照）。

また，種類株式発行会社においては，株式の併合は，種類株式ごとに行われますので，一部の種類株式についてのみ発行済種類株式総数が減少することになります（会180②三）。もちろん，全部の種類の株式を対象とする株式の併合を同時に行うことも可能ですが，異なる種類株式相互間で株式の併合を行うこと（A種株式1株とB種株式1株を併合してC種株式1株にすることなど）はできません。

2 株式の併合と資本金，発行済株式総数，発行可能株式総数

上記のとおり，株式の併合においては出資の払戻し等は行われませんので，合わせて資本減少の手続を行うのでなければ，会社の資本金が変動することはありません。

株式の併合が行われると，各株主が保有する株式の数が減少するとともに会社の発行済株式総数も減少することとなります。株式の併合が行われた場合に，同時に発行可能株式総数を減少させることを定めた規定はありませんので，株式の併合を決議する株主総会において，合わせて発行可能株式総数を減少させる定款変更の決議をしない限り，発行可能株式総数と発行済株式総数の差（今後発行できる株式の数）は増加することとなります。

3 株式の併合の限度等

株式の併合においては，発行済株式総数が増加することもありませんので，併合の割合には限度はありません。したがって，大幅な株式の併合を行って株式数を極端に減少して議決権を行使できる株主数を1人にしてしまう（単元株式数を設定している会社において，1人の株主を除いた株主の保有する株式数を単元未満株式数にしてしまうなど）ことも会社法上は禁止されていません。但し，株式の併合を決議する株主総会において，株式の併合を行うことを必要とする理由を説明しなければなりませんし（Q1-7-2参照），特別利害関係を有する株主の議決権の行使によって不当な決議がなされたとして株主総会決議が取り消されることもありますので，注意が必要です（会831①三）。

〔髙島　志郎〕

Q.1-7-2 株式の併合の手続

株式の併合はどのような手続で行われますか。

> **Point**
> ■株式の併合が行われると株主の利益を害することとなる場合があるので、株主総会の特別決議が必要とされており、種類株主総会を要する場合もある。
> ■株券を発行している会社では、株主から株券の提出を受け、新しい株券を交付する必要がある場合があるので、その場合には株券の提出に関する公告を行う必要がある。

1 株主総会決議・種類株主総会決議

　株式の併合は株主の権利を害することがあるため、株主総会の特別決議によることを要します（会180②，309②四）。

　この株主総会決議においては、①併合の割合、②株式の併合の効力発生日、③種類株式発行会社である場合には株式の併合の対象となる株式の種類を定める必要がありますが、株式の分割の場合（Q1-8-2参照）と異なり、基準日を定める必要はありません（会180②各号）。

　また、株式の併合を行おうとする会社の取締役は、株式の併合を決議する株主総会において、株式の併合を必要とする理由を説明しなければなりません（会180③）。

　さらに、種類株式発行会社において、株式の併合が一部の種類の株式の株主に損害を及ぼす場合には、その種類株式の株主で構成される種類株主総会の特別決議が必要となります（会322①二，324②四）。種類株式発行会社においては、株式の併合は種類株式ごとに行われますので、一部の種類株式についてのみ株式の併合を行い、当該種類株式の株主の議決権の数のみが減少する場合などが考えられます（単元株式数は、種類株式ごとに定められます（会188③）が、株式の併合が行われても併合の割合に応じて自動的に単元株式数が減少することにはなりません）。

2 株主に対する通知・株券提出公告・新株券の交付・異議催告手続

　株式の併合を行った場合，会社は，株式の併合の効力発生日の2週間前までに①併合の割合，②株式の併合の効力発生日，③種類株式発行会社である場合には株式の併合の対象となる株式の種類を株主（種類株式発行会社においては株式の併合の対象となる種類株式の株主）に通知するか，公告を行う必要があります（会181）。

　2週間前に株主に対する通知又は公告を行って，効力発生日が到来すると，株主（種類株式発行会社においては株式の併合の対象である種類株式の株主）は効力発生日の前日に有する株式の数に併合割合を乗じた数の株式を有する株主となります（会182）。

　なお，株券発行会社においては，株式の併合前の株券について，株式の併合の効力発生日前の一定の日までに株券を提出しなければならない旨を，当該一定の日の1ヵ月前までに，公告するとともに株主（種類株式発行会社においては株式の併合の対象となる種類株式の株主）に個別に通知しなければなりません（会219①二）。但し，株式の併合の対象となる株式の全部について株券不所持申出（会217）を受けていたり，非公開会社である場合において株式発行後株主から株券発行の請求がないため株券を発行していない場合（会215④）にはこの手続は不要です（会219①ただし書）。この通知，公告が行われた場合，株主から提出されない株券も，株式の併合の効力発生日に無効となります（会219③）。

　そして，株式の併合の効力発生日の後，遅滞なく，併合した株式にかかる株券（新たな株式数を記載した株券）を発行しなければなりません（会215②）が，株主が株券を提出しない場合，会社は，株式の併合にかかる株券の交付を拒むことができます（会219②）。なお，株券を提出できない株主がいる場合には，会社は，その株主の請求により，3ヵ月以上の期間を定めて，利害関係人に対して異議があれば述べることができる旨公告し，異議を述べる者がいなければ請求をした株主に株式の併合にかかる株式を交付することができます（会220①②）。

〔髙島　志郎〕

Q.1-7-3 株式の併合等に際しての端数の処理

株式の併合，株式の分割などがなされる際に，端数が出る場合はどのように処理されますか。

> **Point**
> ■株式の併合，株式の分割などの際に端数が生じる場合は，端数に該当する株式が競売等の方法によって売却され，その売却代金が，端数が生じることとなる株式を保有していた株主に，端数に応じて支払われる。

1 端株制度の廃止

　会社法においては，旧商法下の端株の制度が廃止され，株式の併合等によって端数が生じる場合（10株を1株にする株式の併合が行われる場合において，10株未満の株式を保有する株主がいる場合など）には，端数については端株を交付することは認められず，売却代金等の金銭の交付により処理されることとなりました（会234，235）。

　このような端数の処理がなされるのは，①取得条項付株式の対価として株式が交付される場合，②全部取得条項付株式の対価として株式が交付される場合，③株式の無償割当てがなされる場合，④取得条項付新株予約権の対価として株式が交付される場合，⑤合併により消滅会社の株主に新設会社・存続会社の株式が交付される場合，⑥株式交換により完全子会社となる会社の株主に完全親会社となる会社の株式が交付される場合，⑦株式移転が行われる場合（以上につき，会234①），⑧株式の併合が行われる場合，⑨株式の分割が行われる場合（以上につき，会235①）です。

　取得請求権付株式の対価として株式が交付される場合，新株予約権の行使により端数が生じる場合については別途規定が設けられています（取得請求権付株式につき会167③④，新株予約権につき会283）。

2　端数株式の売却

株式の併合等により端数が生じる場合，会社は，端数の合計数から1に満たない端数を切り捨てた数（10株を1株にする株式の併合を行う場合で，9株を保有する株主と8株を保有する株主がいる場合においては，端数である0.9と0.8を合計した1.7から1に満たない0.7を切り捨てた1）に相当する株式を競売し，その代金を，各株主が有する端数に応じて交付する（代金を1.7分の0.9と1.7分の0.8に分けて交付する）こととなります（会234①，235①）。

株式に市場価格がある場合には，競売に代えて，市場価格（3参照）で売却してその売却代金を端数に応じて分配することができ，市場価格がない場合には，裁判所の許可を得ることにより競売以外の方法で売却することができます（会234②，235②）。

また，会社は，この株式を自己株式として取得することもできます（会234④，235②）。この自己株式としての取得は，取締役会設置会社においては取締役会決議によって，①買い取る株式の数（種類株式発行会社においては買取りの対象となる株式の種類及び数），②買取の対価となる金銭の総額を定めて行います（会234⑤，235②）が，分配可能額を超えてはならないとの制限があります（会461①七）。

3　市場価格

競売に代わる売却が行われる際の市場価格については，会社法施行規則に定めがあり，①市場において売却される場合には，その市場における売却価格が市場価格であるとされ（市場における売却であれば市場価格による売却であると認められる），②市場外で売却される場合には，(i)売却の日の市場における最終の価格（その日に売買がない，あるいは，市場が休業日である場合には，その日の後市場において最初になされた売買取引の成立価格）か，(ii)売却の日に株式が公開買付けの対象となっている場合にはその公開買付けの買付価格，のいずれか高い価格が市場価格であるとされています（会規50，51）。

〔髙島　志郎〕

第8節　株式の分割

Q.1-8-1　株式の分割の目的，効果

株式の分割はどのような目的で行われるのですか。株式の分割が行われた場合の効果について教えてください。

> **Point**
> ■株式の分割とは，各株主の保有する株式を細分化し多数の株式にするものである。各株主の保有する株式の数は増加するが，出資を受けたりするものではないので，会社の財産や資本金には変動がない。
> ■株式の分割は，1株当たりの市場価格を適正なものとして市場における流動性を向上させることや，合併等の組織再編の際に株式の割当比率を調整することを目的として行われることがある。

1　株式の分割の意義

　株式の分割は，1株当たりの市場価格が高く，流動性が低くなっている場合に出資単位を引き下げるためや，合併等の組織再編の対価として交付される株式数（割当比率）を調整するためなどの目的で行われるもので，各株主が保有する株式を，会社が定めた割合（分割割合）に応じて多数の株式に増加させるものです。各株主の保有する株式の数を変動させるものであって，株式の分割に際して，出資を受けたりするものではありませんので，会社の財産や資本金には変動がありません。

　株式の分割は株主が保有する株式の数を分割割合に応じて増加させるものですが，分割割合は整数倍に限定されているわけではありませんので株式の分割によって端数が生じることもあり，また，それまで単元未満株式を保有していなかった株主が単元未満株式を保有することとなったりすることがあります。端数が生じる場合は競売等による売却代金が交付されることとなり，単元未満株式となれば株主総会における議決権等が認められないこととなります（議決

権以外にも，単元未満株式の株主の権利が定款で制限されていることもあります。会189②)。したがって，各株主が保有する株式の数によっては，一部の株主は株式の数が増加するだけで権利に変動がないのに対して，一部の株主については権利の一部が金銭に代わったり，その有する議決権の比率が減少したりすることとなります。

なお，株式の分割においては，株式の無償割当て(Q1-9-1参照)と異なり会社が有する自己株式も分割割合に応じて増加することとなりますし，株主が保有する株式の数を増加させるために自己株式が交付されることもありません。

2 株式の分割と発行済株式総数，発行可能株式総数，分割の限度

株式の分割が行われると，各株主の保有する株式の数が増加し，発行済株式総数も増加しますが，株式の分割が行われただけでは当然には発行可能株式総数は増加せず，別途，定款を変更して発行可能株式総数を増加させるのでなければ，発行可能株式総数と発行済株式総数の差(今後発行することのできる株式の数)は減少することとなりますし，発行済株式総数が発行可能株式総数を上回ることとなる株式の分割を行うことはできません。

但し，株式の分割が行われる場合における発行可能株式総数を増加させる定款の変更には特則が設けられており，株式の分割の割合を限度とする発行可能株式総数の増加には株主総会の特別決議(会466，309②十一)は必要とされず，取締役会設置会社においては取締役会決議により，取締役会の設置されていない会社においては取締役の決定により行うことができることとされています(但し，種類株式発行会社においては一部の種類株式についての株式分割と同時にその種類の株式についての発行可能種類株式総数を増加させると，他の種類株式の株主の権利を害することとなるため，この特則は適用されません。会184②)。

したがって，株式の分割と同時に発行可能株式総数を増加させる定款の変更を行えば，分割割合には限度がなくなります。

〔髙島　志郎〕

Q.1-8-2　株式の分割の手続

株式の分割はどのような手続で行われますか。

> **Point**
> ■株式の分割は，取締役会設置会社においては取締役会決議によって行うことができる。
> ■株券発行会社においても，会社は株式を追加して発行する（あるいは自己株式を交付する）こととなり，株主から株券の提供を受ける必要はないが，基準日を定めて公告を行う必要がある。
> ■種類株式を発行している会社においては一部の種類株式の株主の利益を害することがあるので，その種類株式の株主で構成される種類株主総会が必要となる場合がある。

1　取締役会決議

　株式の分割は，端数が生じたり，株主の保有する株式の一部が単元未満株式となったりすることにより株主の権利が害される場合もあります（Q1-8-1参照）が，株式の併合（Q1-7-1参照）と比較して，その程度が小さいため，取締役会設置会社においては，株主総会決議を要することなく，取締役会決議によりこれを行うことができます（但し，非取締役会設置会社においては株主総会決議が必要です。会183②）。

　取締役会決議においては，①株式の分割により増加する株式の数の株式の分割前の発行済株式総数に対する割合（分割割合），②基準日，③効力発生日，④種類株式発行会社である場合には株式の分割の対象となる株式の種類を定める必要があります（会183②各号）。株式の分割により株主が保有する数を増加させる株式は，現に株主が保有している種類の株式でなければならず，株式の分割により株主が現に保有しているのと異なる種類の株式を保有させることはできません（他の種類の株式を保有させる場合には株式の無償割当てを行うこととなります。Q1-9-1参照）。

　株式の併合の場合と異なり，株式の分割においては，株主名簿への記載・記

録が未了である株主に株主名簿への記載・記録の請求を促し，増加する株式を保有することができるようにするため，基準日を定める必要があります。

この基準日についても，定款に定めがない場合，取締役会決議によりこれを定めて，基準日の2週間前までに公告する必要があります（会124③）。

株式の分割においては，この基準日とは別に，基準日において株主名簿に記載・記録された株主が，株式の分割により増加する株式を保有することとなる日（効力発生日）を定める必要があります。

分割割合によっては，各株主が保有する株式の数に分割割合を乗じた場合に1に満たない端数が生じることがありますが，この端数については競売等による売却代金が端数に応じて株主に交付されます（Q1-7-3参照）。

2 種類株主総会決議

種類株式を発行している会社においては，株式の分割は種類株式ごとに行われます（同時にすべての種類の株式について同一の分割割合で株式の分割を行うことも可能です）が，一部の種類株主に損害を及ぼすおそれのある場合には，種類株主総会の特別決議を得る必要があります（会322①二，324②四）。例えば，複数の種類株式の株主に共通して株主総会において議決権が認められている場合に，一部の種類株式のみ株式の分割を行うことにより当該種類株式の株主の議決権が増加し，他の種類の株式の株主の議決権比率が低下する場合などが考えられます。

3 株式の分割の効力，株券の交付

株式の分割が行われると，効力発生日において，株主は，基準日の最終の株主名簿に株主として記載・記録された株式の数に応じて，分割割合に従い増加することとなる株式を保有することとなります（会184①）。したがって，株主が，基準日後にその保有する株式を第三者に譲渡しても，株式の分割により増加する株式についてはこれを保有することとなります。

株券発行会社においては，会社は，株式の分割の効力発生日後遅滞なく株券を発行し，基準日の株主に交付する必要があります（但し，非公開会社である場合には株主から請求があるまで発行しないことができます。会215③④）。

〔髙島　志郎〕

第9節　株式の無償割当て

Q.1-9-1　株式の無償割当て

株式の無償割当てとはどのようなものですか。株式の無償割当てと株式の分割にはどのような違いがありますか。

> **Point**
> ■株式の無償割当ては，取締役会設置会社においては取締役会決議によって，株主が保有する株式の数に応じて，無償で株式を割り当てるものである。
> ■株式の分割が株主が現に保有する株式を細分化するのに対し，株式の無償割当ては，発行する新株等を株主に交付するものである。

1　株式の分割との違い

　株式の分割が，株主が現に保有する株式を細分化するものであるのに対し，株式の無償割当ては，新たに発行する株式か，会社が保有する自己株式を，株主が保有する株式の数に応じて割り当てるものです。株式の分割と無償割当ては，いずれも会社の資産や資本金を変動させず，株主が保有する株式の数を増加させ，出資単位を引き下げる効果がありますが，具体的には以下の点が異なります。

① 　株式の分割は自己株式の数も増加させるのに対し，無償割当てにおいては自己株式の数は増加しない（会186②）。

② 　株式の分割では，自己株式が株主に交付されることはないが，無償割当てにおいては新株発行に代えて，自己株式が株主に交付されることがある（会186②）。

③ 　種類株式発行会社において，株式の分割は同一の種類の株式について行われるのに対し，無償割当てにおいては，現に株主が保有するのと異なる種類の株式を割り当てることができる（会186①一，187①）。

④ 　種類株式発行会社でない場合において，株式の分割に際しては分割割合の限度で発行可能株式総数を増加させる定款変更を株主総会の決議なく行

える（会184②）のに対し，無償割当てにおいてはそのような特則はない。
⑤ 株式の分割では，効力発生日のほかに，基準日を定める必要がある（会183②一）のに対し，株式の無償割当てについては基準日を定めることは必ずしも要求とされていない。
⑥ 株式の分割も，株式の無償割当ても，取締役会設置会社においては取締役会決議により，取締役会の設置されていない会社は株主総会決議による必要があるところ，株式の無償割当てについては，定款の定めにより他の機関の決議，決定によることができる（会186③ただし書）。
⑦ 株式の分割においては，会社法上は効力発生日の後に公告や株主に対する通知は特に要求されていないが，株式の無償割当てにおいては，会社は，効力発生日の後遅滞なく株式の割当てを受ける株主に対して割当てを受けた株式の種類及び数を通知しなければならない（会187②）。

2 株式の無償割当ての手続

　株式の無償割当ても，株式の分割と同様，取締役会設置会社においては取締役会決議により（取締役会の設置のない会社においては株主総会決議により）行うことができますが，種類株式発行会社においては，一部の種類株式の株主に損害を与えるおそれのあるときは，当該種類株式の株主で構成される種類株主総会の決議が必要となります。

　取締役会設置会社における取締役会決議，取締役会の設置されていない会社における株主総会決議においては，①株主に割り当てる株式の数又はその算定方法（種類株式発行会社においては株式の種類及び種類ごとの数又はその算定方法），②効力発生日，③種類株式発行会社においては株式の割当てを受ける株主の有する株式の種類を定める必要があります（会186①）。株主に割り当てる株式の数は，割当てを受ける株主が保有する株式の数に応じてなされなければなりませんが，種類株式発行会社においては，株式の無償割当ては株式の種類ごとになされ，株主が現に保有する株式と異なる種類の株式を割り当てることもできますので，例えば，A種株式の株主にA種株式1株につきA種株式1株を割り当てる株式の無償割当てと，B種株式の株主にB種株式1株につきA種株式2株を割り当てる株式の無償割当てを同時に行うことも可能です。　〔髙島　志郎〕

Q.1-9-2　株式の分割・併合又は株式の無償割当てを行った場合の課税関係

株式の分割又は併合を行った場合の課税関係について教えてください。

> **Point**
> ■発行法人では課税関係はない。
> ■株主においても課税関係はない。但し，株式の取得価額の調整計算が必要である。

1　発行法人における課税関係

株式の分割・併合又は株式の無償割当てを行った場合には，発行法人では課税関係は，生じません。

2　株主における課税関係

株式の分割・併合又は株式の無償割当てを行った場合には，原則として発行法人の株主における課税関係は，生じません（法令119①四）。但し，特定の種類株式に対してのみ株式の分割・併合・無償割当てをした場合には，株式の分割・併合・無償割当てを受けた株主に対し，特に有利な株式の発行として一時所得課税やみなし贈与課税がなされる可能性があります。株式の取得価額について下記のような調整計算が必要です（所令110）。

$$\text{分割又は併合後の所有株式1株当たりの取得価額} = \frac{\text{旧株1株の従前の取得価額}\times\text{旧株の数}}{\text{分割又は併合後の所有株式の数}}$$

〔平野　敦士〕

第2章
自己株式

第1節　自己株式の取得
第2節　自己株式の処分等

第1節　自己株式の取得

Q.2-1-1　自己株式の取得

どのような場合に，自己株式の取得をすることができますか。

> **Point**
> ■会社法では，自己株式の取得ができる場合を限定列挙している。
> ■自己株式の取得は，原則として，財源規制に服する。
> ■事業の一部譲受けによる自己株式の取得は認められない。

1　自己株式の取得

(1)　自己株式を取得できる場合

会社は，自己株式を取得することができます。但し，資本を維持するためあるいは株主保護のため，自己株式の取得を無制限に認めることはせず，株主との合意による取得など，自己株式を取得できる場合を**図表1**のように限定列挙しています（会155，会規27）。

取得した自己株式は，早期に処分することを義務づけられておらず，継続して保有することも認められます。取得した自己株式を，保有するか，処分するか，消却するかを任意に選択することができます。

なお，保有している自己株式には，議決権（会308②），剰余金配当請求権（会453），残余財産分配請求権（会504③），株式・新株予約権の割当てを受ける権利（会202②，241②），合併等の場合に株式の割当てを受ける権利（会749③，753①七）などの権利が認められません。

(2)　自己株式の取得の手続（Q2-1-2参照）

自己株式を取得するための手続は，取得等の事由ごとに定められています。それぞれの手続規制に従い，自己株式を取得する必要があります。

なお，合併の相手方が自己の株式を有している場合，又は，事業の全部譲受けにおいて譲渡会社が自己の株式を有している場合には，合併，又は，事業

図表1　自己株式の取得等事由と財源規制の有無

取得等事由	財源規制の有無
①　無償取得（会155十三，会規27一）	×
②　株主との合意による取得（会155三）	○（会461①二，三）
③　取得請求権付株式の請求権が行使されたことによる取得（会155四）	○（会166①ただし書）
④　取得条項付株式の取得事由が生じたことによる取得（会155一）	○（会170⑤）
⑤　全部取得条項付種類株式の取得決議による取得（会155五）	○（会461①四）
⑥　譲渡制限株式につき相続人等に対する売渡請求による買取り（会155六）	○（会461①五）
⑦　譲渡制限株式につき譲渡を承認しない場合の買取り（会155二）	○（会461①一）
⑧　反対株主の株式買取請求に応じた場合の買取り（会155十三，会規27五）	○（会464①）
⑨　単元未満株式につき買取請求に応じた場合の買取り（会155七）	×
⑩　端数が生じた場合の端数の買取り（会155九，十三，会規27八）	○（会461①七）
⑪　所在不明株主の株式の買取り（会155八）	○（会461①六）
⑫　事業全部の譲受けによる取得（会155十，十三，会規27七）	×
⑬　合併による承継（会155十一，十三，会規27六）	×
⑭　吸収分割による承継（会155十二）	×
⑮　他の会社の株式等の剰余金の配当等として，自己の株式の交付を受ける場合（会155十三，会規27二）	×
⑯　他の会社の株式等の取得等の対価として，自己の株式の交付を受ける場合（会155十三，会規27三）	×
⑰　他の会社の新株予約権等の取得等の対価として，自己の株式の交付を受ける場合（会155十三，会規27四）	×

の全部譲受けによる自己の株式を包括的に取得します。承継の対象となる資産，又は，譲受けの対象となる資産から自己の株式のみを除外することはできないため，自己の株式の取得は認められています。一方，事業の一部譲受けによる自己の株式の取得は認められません。譲受けの対象となる財産に自己の株式を含めたい場合には，事業の一部譲受けの手続とともに，株主との合意による自己の株式の取得の手続での取得が必要になります。

(3) 自己株式の取得等と財源規制

自己株式の取得は，株主への資本の払戻しにほかならず，会社の財産が社外に流出することになります。債権者保護の観点から，財源規制が適用されます。分配可能額（Q5-3-2参照）がなければ，自己株式は取得できません。自己株式の取得等事由により，財源規制が適用されるのは，前頁の**図表1**の右欄に示したとおりです。

会社法では，会社が決定した行為に反対する株主に，会社に対して自己の有する株式を買い取る旨を請求することを認めています（Q1-1-8参照）。反対する株主に，投下資本の回収の機会を与えるためです。このため，買取請求に応じた場合の買取りは，会社法461条による事前の財源規制の適用はありません。但し，自己の株式の買取りの際に支払った金銭の額が支払日の分配可能額を超えていれば，自己の株式の買取りに関する職務を行った業務執行者に，その超過額を会社に連帯して支払わなければならないとの責任を課しています（会464①）。業務執行者の責任を免除するためには，職務を行うにあたり注意を怠っていない旨を業務執行者が立証しなければなりません（会464①ただし書）。

合併等による承継取得は別途債権者保護手続が行われるため，会社の組織再編等に対する反対株主の株式の買取りには，前述の責任は課されません。

一方，無償取得は会社の財産が社外に流出しないため，他の会社からの交付による取得は会社の意思による取得ではないため，財源規制は適用されません。また，単元未満株式の買取りは単元未満株主の投下資本の回収の機会を与えるため，財源規制は適用されません。

2 自己株式の取得の会計

自己株式の取得は，取得の対価が金銭であれば取得の対価の支払うべき日に，

取得の対価が金銭以外の財産であれば取得の対価の引渡日に認識します（適用指針第2号5）。

取得した自己株式は，取得原価をもって，純資産の部の株主資本の控除項目として計上します（会計基準第1号7）。

なお，期末において保有している自己株式は，純資産の部の株主資本の末尾に自己株式として一括して控除する形式で表示します（会計基準第1号8）。

自己株式の取得原価は，取得の対価の種類，取得事由ごとに異なります（適用指針第2号7～9）。

(a) **取得の対価が金銭の場合**　取得の対価が金銭であれば，取得の対価として交付した金銭の価額が取得価額です。

(b) **取得の対価が金銭以外の財産の場合**　取得の対価が金銭以外の財産であれば，原則として，取得の対価となる財産の時価と，取得した自己株式の時価のうち，より高い信頼性をもって測定可能な時価が取得原価です。取得価額が帳簿価額となります（計規47①）。但し，自己株式の取得の対価として自己の他の種類の株式を交付した場合，新株の発行であれば「0」，自己株式の処分であれば処分した自己株式の帳簿価額が取得原価となります。また，企業集団内の企業からの自己株式の取得であれば，共通支配下の取引として，移転した資産及び負債は適正な帳簿価額での処分として譲渡損益は認識されないとともに，移転した資産及び負債の適正な帳簿価額の純資産額が自己株式の取得原価となります。これは，企業結合会計基準の考え方によるものです。

取得の対価を金銭以外の財産とした場合に，自己株式の取得原価と取得の対価となる財の帳簿価額とに差額が生じることがあります。この差額は，取得の対価となる財産の種類等に応じた損益科目及び区分，例えば，取得の対価となる財産が固定資産であれば，固定資産譲渡損益（特別損益）に計上します（適用指針第2号9）。

(c) **金銭の対価が無償の場合**　自己株式を無償で取得した場合には，株主資本の変動はなく，自己株式の数のみの増加として処理します（適用指針第2号14）。

3 自己株式の取得の税務

(1) 株主の税務

(a) **みなし配当が生じる場合**　会社が自己株式を取得した場合に，金銭その他の資産の交付を受けた株主には，原則として，みなし配当が生じます（法法24①四，法令23③，所法25①四，所令61①）。みなし配当とは，会社法上の剰余金の配当ではなくても，税務上，一定の金額を会社が剰余金の配当があったものとみなすというものです。法人株主であれば，受取配当として取り扱われるとともに受取配当等の益金不算入の規定の適用対象に（法法23），個人株主であれば，配当所得として取り扱われます（所法24）。

交付を受けた金銭その他資産の価額から，資本金等の額からなる部分の金額を控除した額が，みなし配当の額とされます。

資本金等の額からなる部分の金額は，次の計算式で算出します（法令23①四，所令61②四）。いわゆる株式数によるプロラタ按分計算です。

$$\frac{\text{取得した会社の取得等の直前の資本金等の額}}{\text{取得した会社の取得等の直前の発行済株式の総数}} \times \text{保有株式のうち取得対象株式数}$$

種類株式を発行している会社が，自己の（種類）株式を取得する場合には，資本金等の額からなる部分の計算が異なることに留意すべきです（法令23①四ロ，所令61②四ロ）。種類株式発行会社の資本金等の額からなる部分は，株式の種類ごとに，次の計算式によって計算します。

$$\frac{\text{取得した会社の取得等の直前の取得に係る株式と}\\\text{同一の種類の株式に係る種類資本金額}}{\text{取得した会社の取得等の直前のその種類の株式の総数}} \times \text{保有株式のうち取得対象種類株式数}$$

なお，株主にみなし配当が生じる場合には，発行会社に，源泉徴収義務が生じます。

(b) **みなし配当が生じない場合**　自己株式の取得であっても，次のような場合には，みなし配当が生じません（法法24①四，61の2⑪一～三，法令23③，所法25①四，57の4③一～三，所令61①）。

① 証券取引所の開設する市場における購入
② 店頭売買登録銘柄として登録された株式の店頭売買による購入
③ 事業の全部の譲受け
④ 合併等による承継
⑤ 反対株主の株式買取請求に応じた場合の買取り
⑥ 単元未満株式につき買取請求に応じた場合の買取り
⑦ 端数が生じた場合の端数の買取り
⑧ 端数に相当する部分の対価としての金銭の交付
⑨ 取得請求権付株式の取得のうち一定のもの
⑩ 取得条項付株式の取得のうち一定のもの
⑪ 全部取得条項付株式の取得のうち一定のもの

(2) **発行会社の税務**

(a) **みなし配当が生じる場合** 自己の株式を取得したときに取得資本金額を資本金等の額から減算するとともに（法法２十六，法令８①二十イ），対価の額のうち取得資本金額を超える額を，利益積立金額から減算します（法法２十八，法令９①八）。自己株式は，税務上も，資産に計上されることはありません。

取得資本金額は，次の計算式で算出します。

$$\frac{\text{取得等の直前の資本金等の額}}{\text{取得等の直前の発行済株式の総数}} \times \text{取得等に係る株式の数}$$

種類株式を発行している会社が，自己の（種類）株式を取得する場合には，資本金等の額の減少金額である取得資本金額の計算が異なることに留意すべきです（法令８①二十ロ）。種類株式発行会社の取得資本金額は，株式の種類ごとに，次の計算式によって計算します。株式の種類ごとに資本金等の額の区分管理が必要です。

$$\frac{\text{取得等の直前の取得に係る株式と同一の種類の株式に係る種類資本金額}}{\text{取得等の直前のその種類の株式の総数}} \times \text{取得等に係る種類株式の数}$$

なお，自己の株式を取得した場合の付随費用は，自己の株式の取得原価に算

入されることなく，取得時の損金の額に算入します。

　(b) **みなし配当が生じない場合**　会社が自己の株式を取得した場合でも，みなし配当が生じない場合もあります。例えば，証券取引所の開設する市場における購入（法法24①四，61の2⑪一～三，法令23③，所法25①四，57の4③一～三，所令61①）などです（(1)(b)参照）。この場合には，自己の株式の取得に係る対価の額を資本金等の額から減算します（法令8①二十一）。

〔大野　貴史〕

Q.2-1-2　株主との合意による自己株式の取得手続

自己株式を取得するには，どうすればよいですか。

> **Point**
> ■自己株式の取得は，株主総会の普通決議によることが原則であり，定款に定めることにより，取締役会の決議によることができる。
> ■特定の株主からの自己株式の取得には，株主総会の特別決議を要するほか，原則として，その特定の株主以外の株主に売主追加請求権が認められている。
> ■取得総数より申込総数が多い場合には，按分計算により，会社に対し売り渡すことを申し込んだ株主から取得する。

1　株主との合意による取得

(1)　株主総会による授権決議

　会社が，自己株式を有償で取得するには，あらかじめ，株主総会の普通決議で授権枠の決議を得る必要があります。この決議は，剰余金の配当決議と同様，定時株主総会に限定されず，臨時株主総会によることもできます。株主総会では，取締役会（取締役会を設置していない会社は，取締役）への授権枠を定めるため，以下の事項を決議します（会156）。

　① 取得する株式の数（株式の種類及び種類ごとの数）
　② 取得の対価の内容及び総額
　③ 取得することができる期間（1年を超えることはできません）

(2)　取締役会の決議（取締役の決定）

　株主総会による授権決議に基づき，取締役会（又は取締役）が実際に自己株式を取得するには，取得するつど，取締役会の決議（取締役会を設置していない会社は，取締役の決定）により，以下の事項を定めます（会157）。

　① 取得する株式の数（株式の種類及び数）
　② 1株当たりの取得の対価の内容及び額（数，算定方法）
　③ 取得の対価の総額

④　申込期日

①の取得する株式の数を、取得総数といいます。

　これらの株式の取得の条件は、取得の決定ごとに均等であることが必要です。

(3) 株主への通知

　取得の対象となる株式を有する株主に対して、(2)で定めた取得条件を通知します（会158）。株主に、株式を譲り渡す機会を平等に与えるためです。取得する株式が種類株式であれば、取得の対象となる種類株式を有する株主に対して、通知します。公開会社であれば、通知をせず、公告によることもできます。

(4) 株主からの譲渡しの申込み

　通知を受けた株主が自己の有する株式を譲り渡したい場合には、会社に対し、譲り渡したい株式の数（種類株式の場合は、株式の種類及び数）を明示し、株式の譲渡しの申込みをします（会159①）。株主が申込みをした株式の総数を、申込総数といいます。

(5) 株式の譲渡しの申込期日の到来

　申込期日に、各株主が申込みをした株式の譲受けを会社が承諾したものとみなされます（会159②）。但し、取得総数より申込総数が多い場合には、株主が譲渡しを申し込んだ株式を会社がすべて取得することはできません。各株主からの株式の譲受けは、各株主が申し込んだ株数のうち按分計算により算出した株式数を、会社が承諾したものとみなします。会社が各株主から譲り受ける株式数は、取得総数を申込総数で除して得た割合に各株主の申込株数を乗じて算出します。少数点以下の端数が生じた場合は、切り捨てます。

2　特定の株主からの取得

(1) 株主への通知

　会社が特定の株主から自己株式を有償で取得する場合には、株主総会の決議要件は過重され、特別決議によります。この場合には、株主総会招集通知の発送に加え、原則として、株主総会の日の２週間前までに、株主（種類株式の場合は、取得する種類株式の株主）に対し、①特定の株主から自己株式を有償で取得する旨、②特定の株主に自己をも加えることを請求することができる旨（他の株主に売主追加請求権がある旨）を通知する必要があります（会160②③、会規28）。但し、

株主総会招集通知を発すべき日が株主総会の1週間前から2週間前までの場合には，招集通知を発すべき日までが，株主への通知の期限です（会規28一）。株主総会招集通知を発すべき日が1週間前より短い場合，あるいは，株主全員の同意により招集の手続なく株主総会を開催する場合には，株主総会の開催日の1週間前が期限です（会規28二，三）。

(2) 株主からの売主追加請求権の行使

特定の株主からの自己株式の取得に際し，売主追加請求権の行使を希望する株主は，原則として，株主総会の開催日の5日前までに，自己株式の有償取得の株主総会の議案につき特定の株主だけでなく自己をも売主に加える旨を，会社に対し請求します（会160③，会規29）。売主追加請求権の行使期限は，定款で定めることにより，5日を下回る期間とすることもできます。

売主追加請求権が行使された場合には，会社は，特定の株主以外の株主からも自己株式を取得しなければならず，取得総数より申込総数が多くなり，特定の株主から取得する予定であった株式をすべて取得できず，他の株主と按分した数を取得することになります（会159②）。

なお，定款に定めることにより，この売主追加請求権を排除することもできます（会164）。株式の発行後において売主追加請求権の排除を内容とする定款の定めを新設する場合には，株式を有する株主全員の同意を得なければなりません。この定款の定めを廃止する場合には，通常の定款変更の決議で足ります。

〔定款記載例〕

（特定の株主からの自己株式の取得）

第×条 当会社は，株主総会の決議によって特定の株主からその有する株式の全部又は一部を取得することができる。その場合，当該特定の株主以外の株主は，自己を売主に追加することを請求することはできない。

---

(3) 株主総会の決議

株主総会では，通常の決議事項に加え，株式の取得の条件を特定の株主に対して行う旨を決議します（会160①）。

なお，自己株式の取得の対象となる特定の株主は，この議案について議決権を行使することができません。但し，特定の株主以外の株主の全部がこの議案

に議決権を行使することができない場合は，議決権を行使することができます（会160④）。

(4) 特定の株主への通知

株主総会決議後，取締役会の決議（取締役会を設置していない会社は取締役の決定）を経て，特定の株主に対して，株主総会での決議事項のうち，株式の取得の条件に関する事項を通知します（会160⑤，158①）。

③ 特定の株主からの取得と売主追加請求権

特定の株主から自己株式を取得する場合には，株主に売渡しの平等の機会を与えるべく，他の株主に売主追加請求権が保証されており，これに伴う手続が必要です。但し，例外として，特定の株主から自己株式を取得する場合であっても，他の株主に売主追加請求権を認めていない場合があります。

(1) 市場価格のある株式を取得する場合

証券取引所に上場しているなど会社の発行する株式に市場価格が存在し，かつ，その株式を市場価格（株主総会の決議の日の前日における株式を取引する市場における最終の価格）以下で取得する場合には，他の株主への通知を要せず，他の株主に売主追加請求権はありません（会161，会規30）。他の株主は市場で株式を売却することもでき，かつ，他の株主を害するおそれがないからです。

(2) 相続人等から取得する場合

株主に相続等が生じた場合には，株主の相続人その他の一般承継人が株式を承継取得することになります。公開会社でない会社において，この株主の相続人その他の一般承継人が株式を会社へ売り渡すことを希望し，会社がその自己株式を取得する場合には，他の株主への通知を要せず，他の株主は売主追加請求権を有しません（会162）。これにより，会社は，相続人その他の一般承継人からのみ自己の株式を取得することが可能となります。

但し，その相続人その他の一般承継人が，株主総会又は種類株主総会で，その一般承継により取得した株式についていったん議決権を行使してしまうと，会社がその株式を取得する場合には，他の株主への通知を要し，他の株主は売主追加請求権を有することに注意すべきです。

(3) 子会社から株式を取得する場合

　会社が，その子会社が有していた自己の株式を有償で取得する場合は，取締役会の決議（取締役会を設置していない会社は取締役の決定）で，以下の事項を決定すれば足ります（会163）。

① 取得する株式の数（株式の種類及び種類ごとの数）
② 取得の対価の内容及び総額
③ 取得することができる期間（1年を超えることはできません）

　なお，具体的な取得手続も，会社が適宜の方法により行うことができます。この場合にも，他の株主への通知を要せず，他の株主に売主追加請求権はありません。

4 市場取引等による取得

　市場取引で自己株式を取得する場合，あるいは，証券取引法27条の2第6項に規定する公開買付けの方法により自己株式を取得する場合には，あらかじめ，株主総会の決議によって，取締役会（取締役会を設置していない会社は取締役）に自己株式の取得について授権することができ，かつ，株主への通知を要しません（会165①）。株主総会では，以下の事項を決定します。

① 取得する株式の数（株式の種類及び種類ごとの数）
② 取得の対価の内容及び総額
③ 取得期間（1年を超えることはできません）

　さらに，取締役会設置会社であれば，定款に定めれば，市場取引等により自己株式を取得することを，株主総会の決議を要せず，取締役会の決議のみとすることもできます（会165②）。この定款の定めを設けた場合には，取締役会で，上記の①～③の決議事項を決定することになります。

〔定款記載例〕

（自己株式の取得）
第×条　当会社は，取締役会決議によって市場取引等により自己株式を取得することができる。

〔大野　貴史〕

Q.2-1-3 取得請求権・取得条項・全部取得条項付の株式の取得

取得請求権・取得条項・全部取得条項が付された株式の取得手続について教えてください。

> **Point**
> ■取得請求権付株式,取得条項付株式,全部取得条項付種類株式は,会社の自己の株式の取得に関する内容が付された株式である。
> ■自己株式の取得と同様,財源規制が適用される。
> ■取得の対価として株券,社債,新株予約権を交付する場合は,端数は切り捨てられ,端数相当分の金銭を交付しなければならない。

1 株式の任意取得・強制取得についての定め

(1) 株式の内容についての3つの定め

会社の発行するすべての株式に,①譲渡制限を付すことができます(会107①一)。会社法ではこれに加え,②取得請求権,③取得条項を付すことができます(会107①二,三)。取得請求権が付された株式は,株主が会社に対し取得を請求する権利(任意取得)が付された株式であり,取得条項が付された株式は,一定の取得事由が生じた場合に会社が株主に対し売渡しを請求する権利(強制取得)が付された株式です。会社の株式の任意取得・強制取得についての定めといえます。

(2) 持分会社のような運用が可能に

この3つをすべての株式に付せば,株式会社であっても,持分会社のような運用が可能です。株式会社で,取得請求権の行使は任意退社であり,取得条項の充足は強制退社(法定退社)になるという運用です。取得請求権を付す場合に,株主が当該株式会社に対して当該株式を取得することを請求することができる期間を事業年度の終了の6ヵ月前と定めれば,まさしく持分会社の任意退社と同じです(会606参照)。取得条項についても,持分会社と同じように,以下の事項を定めることにより,強制的に株主を退社させることができます(会607参照)。

① 定款で定めた事由の発生
② 総株主の同意
③ 個人株主の死亡
④ 法人株主が合併により消滅法人となる場合
⑤ 破産手続開始の決定
⑥ 法人株主の解散
⑦ 個人株主が後見開始の審判を受けた場合
⑧ 除　名

　また，取得条項付株式の一部を取得することとし，その取得事由を株主総会で別に定めた日と定め，かつ，その取得によりどの取得条項付株式を取得するかについて定款に具体的な定めを置けば，株主が同意している限り，必ずしも株主を平等に取り扱う必要はありません。なお，取得請求権，取得条項を付する場合に，あらかじめ定めておかなければならないのが，取得の対価とする金銭の額あるいはその算定方法です。持分会社にあっては，退社した社員と持分会社との間の計算は，退社の時における持分会社の財産の状況に従うとしており（会611参照），会社の財産の状況，つまりは，1株当たりの時価純資産額に取得する株式数を乗じて計算した額と定めておくのも一法です。

(3) 株式の取得に関する種類株式

　種類株式として会社の株式の任意取得・強制取得に関する種類株式を発行することもできます。
　① 取得請求権付種類株式（会108①五）
　② 取得条項付種類株式（会108①六）
　③ 全部取得条項付種類株式（会108①七）

　譲渡制限（会108①四），取得請求権，取得条項を付した種類株式を発行すれば，組合員的な参加株主を創出することができます。

2　取得請求権付株式の取得の手続

(1) 取得請求権付株式の概要

　取得請求権付株式とは，株主が会社に対して自己の有する株式の取得を請求することができる株式をいいます（会2十八）。会社の発行する株式のすべてに

付される場合と、種類株式として発行される場合があります。取得請求権付株式を有する株主は、その取得請求権付株式を取得することを、会社に対して請求することができます（会166①）。

(2) 取得請求権付株式の取得の手続

取得請求権付株式の取得の請求は、会社に対し、請求の対象となる取得請求権付株式の数を明らかにすることによって行います（会166②）。株券を発行している場合には、株券の提出も必要です（会166③）。

但し、株主からの取得請求に対し会社が無制限に取得できるのではなく、自己株式の取得と同様、財源規制が適用されます。すなわち、取得請求権付株式の取得の対価として交付する財産の帳簿価額が請求日の分配可能額を超えている場合には、株主は会社に対して取得請求をすることはできません（会166①）。

(3) 取得請求権付株式の取得の法的効果

会社は、取得の請求があった日に、請求の対象となる取得請求権付株式を取得します（会167）。一方、社債、新株予約権、新株予約権付社債、株式を取得の対価として、取得請求をした株主に交付した場合には、その株主は、請求をした日に、それぞれ社債権者、新株予約権者、新株予約権付社債権者、株主となります（会167②）。

なお、会社が株式、社債、新株予約権を取得の対価として交付する場合に、株式の数に1株に満たない端数があるときは切り捨てるとともに、原則として、この端数に相当する金銭を取得請求した株主に対して交付しなければなりません（会167③、会規31〜33）。

3 取得条項付株式の取得

(1) 取得条項付株式の概要

取得条項付株式とは、会社が一定の事由が生じたことを条件として、自己の株式を取得することができる株式をいいます（会2十九）。会社の発行する株式のすべてに付される場合と、種類株式として発行される場合があります。発行時にあらかじめ取得事由を定めるのが原則ですが、会社が別に定める日が到来することをもって取得事由とすることもできます（会107②三イ・ロ、108②六）。また、取得事由が生じた日に取得条項付株式の全部を取得せず、その一部を取

得すると定めることもできます（会107①三ハ，108②六）。

　但し，取得事由が生じたからといって，無制限に会社が取得できるのではなく，株主総会決議などによる自己株式の取得と同様，財源規制が適用されます。すなわち，取得条項付株式を取得するのと引換えに交付する財産の帳簿価額が，取得事由が生じた日における分配可能額を超えているときは，取得条項付株式の取得の効力は生じません（会170⑤）。

(2) **取得条項付株式の取得手続**
　(a) **別に定める日が到来することを取得事由とすると定めた場合**　あらかじめ取得事由を定めず，別に定める日が到来することをもって取得事由と定めた取得条項付株式を取得するには，原則として，取締役会の決議（取締役会を設置していない会社は，株主総会の決議）により，取得する日を決定します（会168①）。取得する日は，取締役会（株主総会）の決議をした日から最短でも2週間経過後です。取得の対象となる取得条項付株式の株主及び登録株式質権者に周知させるため，取得する日の2週間前までの通知又は公告の必要があるからです（会168②③）。取得する日を定めた場合には，取得条項付株式の株主及びその登録株式質権者に対し，取得する日を通知又は公告します。

　(b) **取得条項付株式の一部を取得すると定めた場合**　取得事由が生じた日に全部を取得せず一部を取得すると定めた取得条項付株式を取得するには，原則として，取締役会の決議（取締役会を設置していない会社は，株主総会の決議）により，取得の対象となる取得条項付株式を決定します（会169①②）。この決定をしたときには，決定した取得条項付株式の株主及びその登録株式質権者に対し，直ちに，取得条項付株式を取得する旨を通知又は公告します（会169③④）。

　(c) **取得事由が生じた場合**　取得事由が生じた場合には，遅滞なく，取得条項付株式の株主及びその登録株式質権者に対し，取得事由が生じた旨を通知又は公告します（会170③④）。

(3) **取得条項付株式の取得の法的効果**
　会社は，原則として，取得事由が生じた日に，取得条項付株式を取得します（会170①）。取得事由が生じた日に取得条項付株式の一部を取得することとしていた場合には，取得事由が生じた日か，あるいは，取得する株式を決定した旨の通知又は公告をした日から2週間を経過した日のいずれか遅い日に，取得条

項付株式を取得します。社債，新株予約権，新株予約権付社債，株式を取得の対価として交付した場合には，取得事由が生じた日に，取得条項付株主は，社債権者，新株予約権者，新株予約権付社債権者，株主となります（会170②）。

④ 全部取得条項付種類株式の取得

(1) 全部取得条項付種類株式の概要

全部取得条項付種類株式とは，会社が株主総会の決議によってその全部を取得することができる種類株式をいいます（会171①，108①七）。発行する前に取得対価の価額の決定の方法，株主総会の決議の可否の条件があればその条件を定めますが（会108②七），あらかじめ取得事由や取得の対価の内容を定めていないのが取得条項付株式と異なります。

全部取得条項付種類株式は，株主総会の特別決議によって，全部取得条項付種類株式の全部を取得することができます（会171①，309②三）。但し，分配可能額を超えて取得できないとする財源規制が適用されます（会461①四）。

全部取得条項付種類株式は，100％減資を行うといった利用方法が考えられます。全部取得条項付種類株式を利用し，既存の株主の有する株式を100％減資したうえで，新たに他の第三者に対して第三者割当増資を行うことにより，株主を入れ替えるというものです。この場合には，新たな種類株式を発行する旨の定款変更の決議（会108）をしたうえで，発行済株式を全部取得条項付種類株式に変更する旨の定款変更の決議，全部取得条項付種類株式を取得する旨及び消却する旨の決議（会171〜173，178）を行い，募集株式の発行等の決議（会199〜213）をすることになります。

(2) 全部取得条項付種類株式の取得手続

株主総会の決議では，取締役が，全部取得条項付種類株式の全部を取得することを必要とする理由を説明するとともに（会171③），取得する日を決議します（会171①三）。取得対価を交付する場合には，取得対価の内容等及び割当てに関する事項を定めます（会171①一，二）。取得対価は，金銭に限らず，他の種類株式，社債，新株予約権，新株予約権付社債なども許容されます。また，取得対価の額は，確定額のほか，一定の算定方法を定めることもできます。

但し，株主平等原則の下，全部取得条項付種類株式の株主の有する数に応じ

て，取得対価を割り当てなければなりません（会171②）。株主総会の決議要件は，特別決議です。

(3) 全部取得条項付種類株式の法的効果

株主総会で定めた取得日に効力が発生し，会社は，全部取得条項付種類株式の全部を取得します（会173①）。他の種類株式，社債，新株予約権，新株予約権付社債を取得対価とした場合には，同日，それぞれ株主，社債権者，新株予約権者，新株予約権付社債権者の地位を有することになります（会173②）。

(4) 取得価格についての反対株主の保護手続

全部取得条項付種類株式の取得にあたり，会社法では，一定の株主保護手続を定めています。取得対価の内容等に反対する株主は，裁判所への取得価格の決定の申立てができます。株主総会に先立ち全部取得条項付種類株式の取得に反対する旨を会社に対して通知し，かつ，株主総会でその取得について反対した株主は，株主総会開催日から20日以内に，裁判所に取得価格の決定の申立てをすることができるというものです（会172①）。この申立ては，株主総会において議決権を行使することができない株主にも認められています。会社は，裁判所の決定した価格に対する取得日後の年6分の利息をも，支払わなければなりません（会172②）。

5 税務上の取扱い

(1) 株主の税務

(a) 原　則　　取得請求権付株式の株主による請求権の行使，取得条項付株式の取得事由の発生，全部取得条項付種類株式の取得決議により，会社から取得の対価として金銭，あるいは金銭以外の財産（新株，自己株式，新株予約権など）の交付を受けた場合は，株主からすれば発行会社に対し株式を譲渡したことにほかならず，みなし配当が生じるとともに，株式の譲渡損益が計上されます。

(b) みなし配当課税の適用除外・譲渡損益の繰延べの特例　　取得の対価として発行会社の株式及び新株予約権のみが交付され，かつ，取得された株式と交付を受けた株式等が概ね同額である場合は，みなし配当課税も適用されないとともに（法法24①四，61の2⑪一〜三，所法25①四，57の4③一〜三），譲渡対価は

譲渡した株式の譲渡直前の帳簿価額に相当する金額とされ，譲渡損益の計上が繰り延べられます（法法61の2⑪一〜三，所法57の4③一〜三）。

(2) 発行会社（取得した会社）の税務

 (a) **原　　則**　　取得請求権付株式の株主による請求権の行使，取得条項付株式の取得事由の発生，全部取得条項付種類株式の取得決議による自己株式の取得についても，通常の自己株式の取得と変わらず，資本金等の額及び利益積立金額を減少させることになります（法法2二十六，法令8①二十イ，法法2二十八，法令9①ハ）。

 (b) **みなし配当課税の適用除外・譲渡損益の繰延べの特例**　　株主の譲渡損益の課税の繰延べの特例が適用される取得請求権付株式の株主による請求権の行使，取得条項付株式の取得事由の発生，全部取得条項付種類株式の取得決議による株式の取得については，資本金等の額及び利益積立金額も変動しません（法令8①一チ，法法61の2⑪一〜三）。

〔大野　貴史〕

Q.2-1-4　相続人等への株式の売渡しの請求

会社法で新設された相続人等への株式の売渡しの請求について教えてください。

> **Point**
> ■会社法では相続人等に対する株式の売渡しの請求制度が新設され，譲渡制限株式を承継した相続人等に対して株式の売渡しを請求できるようになった。
> ■相続人等に対する株式の売渡しの請求の法的性格は形成権であり，有効に成立した株式の売渡しの請求に対して，相続人等は自己の意思にかかわらず応じる必要がある。
> ■相続人等に対する株式の売渡しの請求制度は，取締役に就任している少数株主に会社を乗っ取られる法的リスクがある。

1　相続人等に対する株式の売渡しの請求制度の創設

(1)　制度趣旨

　会社法では，相続人等に対する株式の売渡しの請求制度が新設されました。株主の地位は，相続その他の一般承継（以下，相続等という）によって相続人等に移転します。従前はたとえ譲渡制限株式を承継した相続人等が会社にとって好ましくない者であったとしても，その者が株主になるのを防止することはできませんでした。会社法では相続人等に対する株式の売渡しの請求制度を設け，定款にあらかじめ定めることによって，譲渡制限株式を相続その他の一般承継によって取得した相続人等に対して，会社が当該株式の売渡しの請求をすることができるようになりました（会174）。

　従前は相続等による株式の移転を防止できず，株式が多数の株主に分散することを防止できませんでしたが，本制度を利用してお金で解決できる途を拓いた意義は大きいです。

(2)　本制度による請求の対象となる株式

　相続人等に対する売渡しの請求制度の対象となる株式は，以下の要件のすべ

てを満たす株式です（会174，461①五）。
① 相続その他の一般承継により取得した株式であること[*1]。
② 譲渡制限株式（会2十七）であること。
③ 相続人等に対して株式の売渡しを請求できる旨の定款の定め（会174）があること[*2]。
④ 自己株式取得に対する財源規制の要件を満たしていること[*3]。

　　*1　一般承継とは売買等による取得である特定承継に対置される概念で，相続・合併・会社分割による取得を指す。
　　*2　この定款の定めは会社設立に際して作成された原始定款（会26）によることも，定款変更（会309②十一，466）によりこの定めを加えても差し支えない。相続人等に対する株式の売渡しの請求ができる旨の定款の定め（会174）がない場合には，定款変更決議の可決を停止条件として株式の売渡しの請求の決定の決議（会175①）を行うことも可能。
　　*3　相続人等に対する株式の売渡しの請求制度については自己株式取得について分配可能利益を限度とする財源規制が適用される（会461①五）。会社から相続人等に対する株式の売渡しの請求段階においては，株式の数（種類株式発行株式会社にあっては株式の種類及び種類ごとの株式の数）だけで価額までは決定する必要はないので（会175①），実務的には会社が売渡しの請求を希望する株式の数だけ請求し，売買価額決定段階で財源規制の適用により売渡しの請求の一部を撤回することになると考えられる。

(3) 株式の売渡しの請求手続
　(a)　**概　　説**　相続人等に対する株式の売渡しの請求制度の手続をフローチャートにすると次頁の**図表1**のとおりです。本制度においては，相続人等に対する株式の売渡しの請求手続の行使期間（会176①ただし書），裁判所に対する売買価格の決定の申立ての行使期間（会177②）が厳格に規定されています。行使期間内に売買価格の決定の申立てがないときは売渡請求の効力を失うと規定されていることから（会177⑤），手続面における行使期間の制約には十分注意する必要があります。
　(b)　**株式の売渡しの請求の決定手続**
　①株主総会の決議事項
　会社が相続人等に株式の売渡しの請求をするためには，その都度株主総会の特別決議によることが必要です。決議事項は売渡しの請求の対象となる株式の数，株式を有する者の氏名・名称です。なお，会社が種類株式発行株式会社である場合には，売渡しの請求の対象となる株式の種類及び種類ごとの数を決議する必要があります（会175①，309②三）。

図表1　会社による相続人等に対する株式の売渡しの請求の手続フローチャート

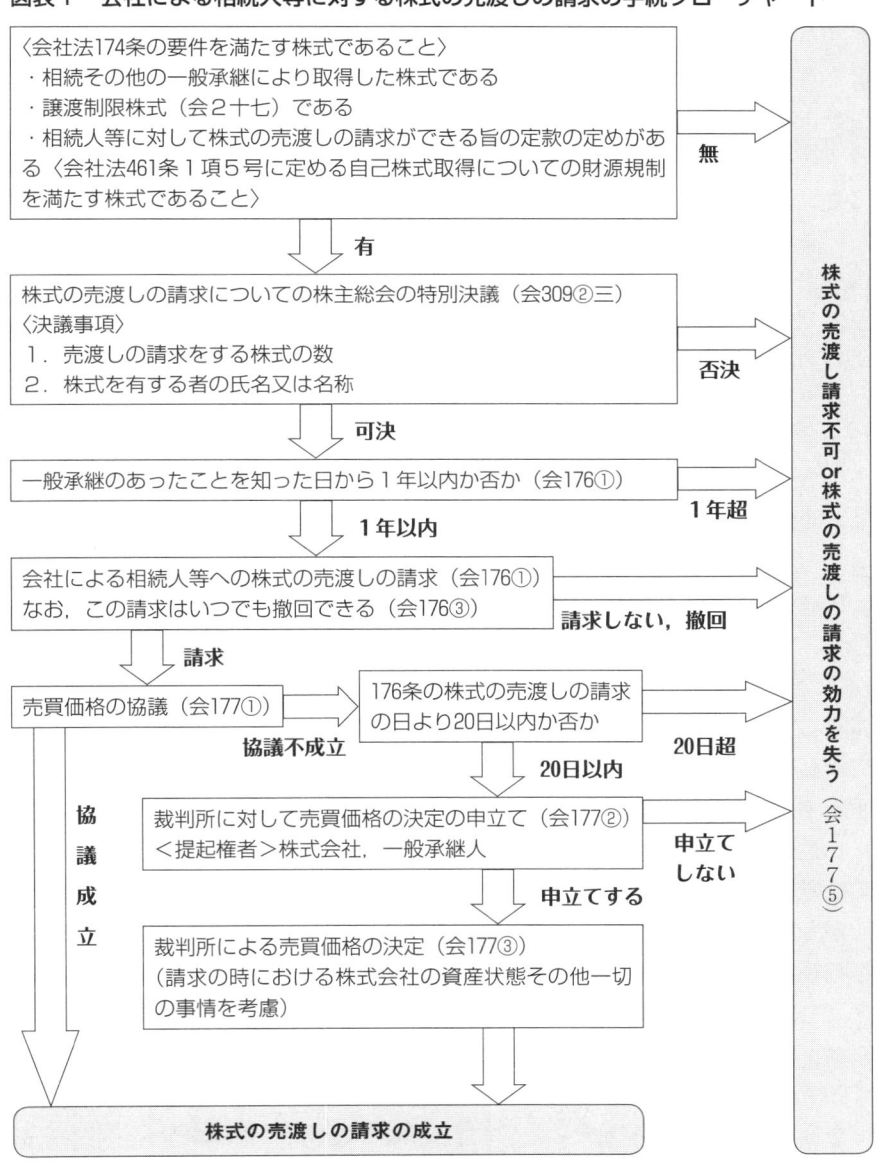

```
〈会社法174条の要件を満たす株式であること〉
・相続その他の一般承継により取得した株式である
・譲渡制限株式（会２十七）である                          →無
・相続人等に対して株式の売渡しの請求ができる旨の定款の定めが
　ある〈会社法461条１項５号に定める自己株式取得についての財源規制
　を満たす株式であること〉
        ↓有

株式の売渡しの請求についての株主総会の特別決議（会309②三）
〈決議事項〉                                              →否決
１．売渡しの請求をする株式の数
２．株式を有する者の氏名又は名称
        ↓可決

一般承継のあったことを知った日から１年以内か否か（会176①） →１年超
        ↓１年以内

会社による相続人等への株式の売渡しの請求（会176①）
なお，この請求はいつでも撤回できる（会176③）           →請求しない，撤回
        ↓請求

売買価格の協議（会177①） → 176条の株式の売渡しの請求   →20日超
        協議不成立      の日より20日以内か否か
                              ↓20日以内

                        裁判所に対して売買価格の決定の申立て（会177②） →申立てしない
                        ＜提起権者＞株式会社，一般承継人
                              ↓申立てする

   協議成立            裁判所による売買価格の決定（会177③）
                        （請求の時における株式会社の資産状態その他一切
                        の事情を考慮）

        ↓                     ↓
          株式の売渡しの請求の成立
```

（右側：株式の売渡し請求不可or株式の売渡しの請求の効力を失う（会177⑤））

その都度というのは，相続等ごとに複数の相続人等をまとめて議決し，同時に複数の相続等が発生しても議案を分けなければならないと解されます。

②定足数・議決権

株主総会において相続人等に株式の売渡しの請求の決定の決議をするときは，株式の売渡しの請求を受けた相続人等は議決権を行使することはできないこととされています（会175②）。この議案は株主総会の特別決議によることとされていますが（会309②三），会社法における特別決議の定足数の規定の仕方が「当該株主総会において議決権を行使することができる株主の議決権の過半数」としている点，注意が必要です。

特別利害関係人に関わる議決における旧商法での特別決議の定足数の規定は，総株主の議決権を基準にしていたことから，特別利害関係人の有する株式数は定足数に算入されていました（旧商343①）。しかし，会社法では特別利害関係人の有する株式は議決権を有しないし，定足数にも算入されないこととされ，この規定の仕方が少数株主による反撃の論点に繋がるので注意が必要です。

(c) 株式の売渡しの請求

①株式の売渡しの請求の内容

株主総会の特別決議を経た後，会社は売渡しの請求をする株式の数を明示した上で，売渡しの請求をする株式を有する者に対して株式を売り渡すことを請求します（会176①②）。なお，会社が種類株式発行株式会社である場合には，売渡しの請求の対象となる株式の種類及び種類ごとの数を明示して売渡しの請求をする必要があります。

株式の売渡しの請求は法文上書面によることを要していませんが，売買価格の決定の申立ての行使期間の起算点になる重大な意味を有することから，書面，しかも内容証明郵便の送達による実務慣行が形成されるものと予想されます。

相続人等に対する株式の売渡しの請求の法的性格は形成権であると解されます。したがって，株主の相続人等は会社から適法に株式の売渡しの請求をされれば拒絶することはできないことに留意する必要があります。

②請求期間

会社が株式の売渡しの請求をすることができるのは，相続等があったことを知った日から1年以内です（会176①ただし書）。会社はいつでも請求の撤回をす

ることができることから（会176③），売買価格の決定の申立ての行使期間を考慮に入れて売買価格決定の申立ての準備をしてから売渡しの請求をすることになります。

まず，「相続等の開始があったことを知った日」がどの時点を指すかが問題となります。株式の売渡しの請求となった株式に係る株主と会社の代表者とが特別の人的関係を有する場合を除いては，会社は通常株主に相続等があったことを知り得る状況にないと考えられます。そこで，会社が株主について相続等があったことを知り，又は知り得べき状況にある場合を除いて，株主名簿書換請求時点と判定されると解されます。

次に請求の撤回ができるのはいつまでかが問題となります。現実に株式の売買代金を会社が相続人等に支払い，株式の受渡しの完了する前までと解すべきです。法文解釈からもこのように解すべきですし，株式の売渡しの請求が形成権の性格を有し，売却を望まない相続人等に売却を強制するものであることから株式の受渡しの完了する前までにおいて撤回を認めても相続人等の利益を害さないと考えられるからです。

(d) 売買価格の決定

①協議による売買価格の決定

株式の売買価格は，会社と売渡しの請求をする株式を有する者との協議によって決定するのが原則です。両者の協議が調えば，その価格が株式の売買価格となります（会177①）。

②協議が調わない場合

両者の協議が調わなければ，売買の各当事者は株式の売渡しの請求日から20日以内に，裁判所に対して売買価格決定の申立てを行うことができます（会177②）。売買価格決定の申立てがなされたときは裁判所が定めた売買価格が，売渡しの請求に係る株式の売買価格になります（会177④）。裁判所は売渡しの請求時の会社の資産状態その他一切の事情を考慮して売買価格を決定します（会177③）。

裁判所に対して売買価格決定の申立てを行わなければ，株式の売渡しの請求は効力を失います（会177⑤）。したがって，株式の売渡しの請求をする際には，売渡しの請求後20日以内に売買価格決定の申立てを行うことを想定し，あらかじめ申立書を作成するなどの実務的配慮が必要です。実務的には会社は相続人

等に対して正式の株式の売渡しの請求に先立って内々に株式の売渡しの請求の意向を伝え，株主総会の特別決議後改めて正式に株式の売渡しの請求を行うことが想定されます。

(4) 株式の売渡しの請求を受けた相続人等の税務

株主の相続に際して，会社から株式の売渡しの請求を受けて株式の売渡しをした相続人には，相続財産である非上場株式を発行会社に売却した場合のみなし配当停止の特例（措置法9の7）及び相続財産を譲渡した場合の相続税の取得費加算の特例（措置法39）の適用があります。

2 株式の売渡しの請求制度の法的リスク

(1) 問題の所在

本来，この制度は会社にとって好ましくない者の排除のための制度として規定された制度です。例えば，創業者社長が共同経営者（以下，共同経営者株主という）に発行済株式総数の20％の株式を持たせた場合において，その共同経営者株主の相続等に際し，会社が共同経営者株主の相続人等に対して株式の売渡しの請求をするのがこの制度が想定する本来の適用の仕方です。

しかし，この制度は創業者社長にとって裏目に出ることもあり得ます。例えば，同ケースにおいて共同経営者株主よりも先に創業者社長が亡くなった場合に，共同経営者株主の支配下にある会社がこの制度を逆手にとって創業者社長の相続人に株式の売渡しの請求をするケースです。共同経営者株主の支配下にある会社が，創業者社長の相続人に株式の売渡しの請求をしてしまえば，創業者社長の相続人は売却意思の有無にかかわらず，株式の売渡しの請求に応じなければならないという結果が待ち受けています。

さらに，株式の売渡しの請求についての法的リスクは，定款に会社法174条の定めを置いているケースだけに存するのではない点に注意が必要です。立案担当者の解説によれば「相続後の定款変更に基づき相続人に対して当該株式の売渡しを請求することも可能である。」（相澤哲＝葉玉匡美＝郡谷大輔編著「論点解説 新・会社法千問の道標」（商事法務，2006年）162頁）とされています。

(2) 株式の売渡しの請求についての法的リスク回避策

(a) 支配株主以外の株主が保有する株式に工夫をする方法　　会社法174条

の規定に基づき相続人等に対する株式の売渡しの請求制度を定款に規定するだけではとどまらず，同時に，支配株主以外の株主が保有する株式を会社法175条の議案に関する議決権制限株式にするか，それとも相続人等に対する株式の売渡しの請求制度の適用を制限する人的種類株式（会109②）にするか等が考えられます。

　前者の方法を採用する場合には株主総会の特別決議を要し（会309②三），後者の方法を採用する場合には株主総会の特殊決議が必要となり（会309④），会社によっては手続上かなり困難なものとなります。

　(b)　**取締役会メンバーの過半数を身内で固める方法**　本ケースでは共同経営者株主が取締役会の議決を取れることが前提でした。創業者社長の信頼できる身内で取締役会を構成しておけば，株主総会に会社法175条決議を出すための取締役会の決議を取り付けられなくなります。

　但し，信頼できる身内で取締役を固めていたとしても，株主による招集の請求（会297）による株主総会にあっては，注意が必要です。なぜなら，株主総会の議案の決定は取締役会の決議によらずにでき（会298④），しかも，会社法175条2項の規定に基づく株式の売渡しの請求の議決にあたっては，売渡しを請求された株主の一般承継人には議決権がないので（会175②本文），少数株主による株式の売渡しの請求が可決する可能性があるからです。したがって，この手法を考える場合には，株主総会対策も併せて実施する必要があります。

　(c)　**株式の売渡しの請求の提起権者を定款で制限する方法**　元々，株式の売渡しの請求を逆用されて本来想定していなかったオーナー株主の相続人に対して，売渡しの請求があるという法的リスクは，株式の売渡しの請求の提起権者に持株比率による制約を設けていないところにありました。

　そこで，株式の売渡しの請求権者の資格を定款によって種類株式により規定し，例えば発行済株式の過半数を有する株主である取締役のみに限定することが考えられますが，この定款の規定の有効性には疑問が残ります。

　(d)　**支配株主の有する株式を譲渡制限株式にしない方法**　そもそも会社法174条で株式の売渡しの請求の対象となっていたのは譲渡制限株式でした。株式の売渡しの請求をされては困る支配株主の有する株式を譲渡制限株式にしなければ法的リスクは回避できます。

〔平野　敦士〕

第2節　自己株式の処分等

Q.2-2-1　自己株式の処分

自己株式の処分について会社法上の取扱いを教えてください。

> **Point**
> ■株式の処分は，新株の発行の手続と一律に定められている。
> ■自己株式の市場における売却は認められない。
> ■自己株式処分差損益は，原則として，その他資本剰余金を増減させる。

1　自己株式の処分手続

自己株式の処分は，新株の発行と同じ手続として整理されています。新株の発行と自己株式の処分を募集株式の発行等として，両者を区別せずに取り扱っています（会199～213）。

2　自己株式の市場売却の禁止

会社法案では，179条において，定款で定めることにより市場において行う取引により自己株式の売却をできるとの規定がなされていました。しかし，衆議院による会社法案の一部修正により，この条文が削除されました。その理由として，インサイダー取引や株価操縦に悪用されるおそれが広がることになると考えられるなどが挙げられています。したがって，現行においては，自己株式の市場における売却は認められていません。

3　自己株式の処分の会計処理

自己株式の処分をした場合における当該自己株式の処分の対価の額から当該自己株式の帳簿価額を控除して得た額が正の値であれば，自己株式処分差益となりその他資本剰余金に計上します。（会計基準第1号5，9，計規37②一等）。一方，負の値であれば，自己株式処分差損となりその他資本剰余金から減額しま

す（会計基準第1号6，10，計規37②一等）。

　自己株式の処分時の帳簿価額は，会社の定めた計算方法に従って，株式の種類ごとに算定します（会計基準第1号13）。

　会計期間末において，その他資本剰余金が負の値となった場合には，その他資本剰余金を「0」とし，その負の値をその他資本剰余金（繰越利益剰余金）から減額します（会計基準1号12，計規50③，52③）。

　なお，自己株式の処分に関する付随費用は，損益計算書の営業外費用に計上します（会計基準第1号14）。

4 自己株式の処分の税務処理

　株式の発行及び自己株式を譲渡した場合に増加する資本金等の額は，原則として，払い込まれた金銭の額及び給付を受けた金銭以外の資産の価額その他の対価の額に相当する金額となります（法令8①一）。

〔大野　貴史〕

Q.2-2-2　自己株式の消却

自己株式の消却について会社法上の取扱いを教えてください。

> **Point**
> ■株式消却は，自己株式の消却という制度のみに整理された。
> ■株式を消却するには，会社が自己の株式を取得した上で消却する。
> ■自己株式を消却しても，発行可能株式総数は減少しない。

1　自己株式の消却手続

　会社は，自己株式を消却することができます（会178）。この場合には，消却する自己株式の数（種類株式を発行している場合には，自己株式の種類及び種類ごとの数）を定めます。この決定は，取締役会設置会社においては，取締役会の決議によります。なお，自己株式の消却は，株主名簿の修正と，株券を発行している会社においては，株券の廃棄手続が必要です。

2　自己株式の消却の法的効果

　自己株式を消却すると，自己株式の数及び発行済株式数が減少します。自己株式を消却しても，当然には発行可能株式総数は減少しません。

3　自己株式の消却の会計処理

　自己株式を消却すると，貸借対照表の純資産の部の株主資本にマイナスで表示していた自己株式の額から消却の対象となった自己株式の消却時の帳簿価額を減少させるとともに，その他資本剰余金の額を減少させます（会446①五，計規47②③，会計基準第1号11）。

　この会計処理は，消却手続が完了したときに行います。事業年度末日に，自己株式の消却の決議後に消却手続を完了していない自己株式がある場合には，その自己株式の帳簿価額又は株式数に重要性があれば，その自己株式の帳簿価額，種類及び株式数を，貸借対照表に注記します（会計基準第1号22）。

自己株式の消却時の帳簿価額は，会社の定めた計算方法に従い，株式の種類ごとに算定します（会計基準第1号13）。

　会計期間末において，その他資本剰余金が負の値となった場合には，その他資本剰余金を「0」とし，その負の値をその他資本剰余金（繰越利益剰余金）から減額します（会計基準第1号12，計規50③，52③）。

　なお，自己株式の消却に関する付随費用は，損益計算書の営業外費用に計上します（会計基準第1号14）。

4　自己株式の消却の税務処理

　自己株式の消却においては，税務上の処理はありません。

〔大野　貴史〕

第3章

種類株式

第1節　種類株式の法務
第2節　種類株式の会計及び税務

第1節　種類株式の法務

Q.3-1-1　取得条項付株式・取得請求権付株式の法務

取得条項付株式と取得請求権付株式の具体的な利用方法について教えてください。

> **Point**
> ■取得請求権付株式は，株主が会社に売り付けることができる株式である。
> ■取得条項付株式は，会社が株主から買い取ることができる株式である。

1　会社が株式を取得できる株式の3パターン

株式の内容として，会社による株式の取得が組み込まれているものがあります。これらを性質によって区分すると，以下の2パターンと1パターンの合計3パターンがあります（会155一，四，五）。

① 株主が会社に売り付ける権利を有する取得請求権付株式（株式全部の場合は会107①二，ある種類の株式については会108①五）

② 会社が株主から買い取る権利又は義務を有する取得条項付株式（株式全部の場合は会107①三，ある種類の株式については会108①六）

以上の2パターンは，会社又は株主がそれぞれ取得のオプションを有する株式です。これらは，会社が発行する全部の株式について規定することが可能ですが（会107①二，三），一部の株式のみをそのような種類株式とすることも可能です（会108①五，六）。

③ 株主総会の決議によってある種類の株式全部を取得することが可能な全部取得条項付種類株式（会108①七，171）

③の全部取得条項付種類株式は，①，②と性格が異なります。これは，株主総会の特別決議によって，特定の種類の株式の全部を会社が一括して取得するもので，100％減資など，資本構成の組替え（リキャピタリゼーション）に利用されることが期待されています。

2 取得請求権付株式の株主による会社への売付け

(1) 取得請求権付株式の意義

取得請求権付株式とは、株主が会社に対して取得を請求することができる株式です（会107①二、108①五）。取得請求権を有するのは株主で、いわゆるプット・オプション付株式です。すなわち、株主から会社にその株式を売り付けることができるのです。

株式を会社に売り付けた結果として株主が受領する対価は、金銭のほか、社債、新株予約権、新株予約権付社債、さらにはその他の財産が認められ、その内容及び数もしくは額等について定款で定めておく必要があります（会107②二、108②五）。金銭を対価とした場合には、いわゆる（義務）償還株式となります。異なる種類の株式を対価とする場合には、株式から異なる種類の株式への転換が可能な転換予約権付株式となります。このほか、株式から社債への転換、株式から新株予約権への転換、株式から子会社株式への転換なども認められます。

(2) 取得請求権付株式の利用方法

取得請求権は、様々なリスク・リターンの設計により、投資家に魅力のある資金の投資先を提供し、それによって会社の資金調達を容易にします。

典型的には、金銭を対価とした取得請求権を付与することが考えられます。すなわち、（義務）償還株式です。例えば、剰余金配当優先株式であって、株主が5年後に償還オプションを持つ株式が考えられます。株主は、配当を受け続けることもできますが、市場金利が上昇し、同じリスクでも、その会社よりも有利な投資先が見つかった場合には、償還オプションを行使して投下資本を回収し、他の投資に振り向けることができます。

あるいは、社債への転換権を付した株式が考えられます。この株式の場合、投資家は株式を保有して値上がり益を狙いつつ、将来、株価が下落した場合は社債に転換することにより、確定した利回りが保証されます。つまり、ダウンサイドの底を設けることができるのです。転換社債（型新株予約権付社債）は、社債に株価上昇の場合の株式への転換という「甘味料」を付することによって、資金調達を容易にしていますが、その逆というわけです。

また、子会社株式への転換権を付した株式も考えられます。わが国では、上

場会社において，子会社の株式を上場することが行われていますが，親会社保有の子会社株式を転換の対象とすることにより，このような株式が可能となります。投資家は，親会社か子会社か，より成長率のよいほうを選択できるメリットがあります。このため，会社は低コストでの資金調達が可能です。

(3) 取得請求権付株式の権利行使方法

株主は，株券が発行されている場合には，会社に株券を提出して取得請求を行います（会166）。但し，この場合も，自己株式取得として会社は財源規制を受けます。そのため，会社が対価として交付する財産の帳簿価額が分配可能額を超えているときは，結果的に株主は取得請求権を行使することができません（会166①，461②）。

③ 取得条項付株式の会社による株主からの買取り

(1) 取得条項付株式の意義

取得条項付株式とは，一定の事由が生じたことを条件として，会社が株式を取得することができる株式です（会107①三，108①六）。取得請求権付株式と異なり，主導権は会社にあります。一定の期限の到来や条件の成就により会社に取得義務が生ずる定め方と，会社にその株式を取得するか否かの選択権を認める定め方（コール・オプション）があります。金銭を対価とした場合には，（随意）償還株式となります。異なる種類の株式を対価とする場合には，強制転換条項付株式となります。さらに，社債，新株予約権，新株予約権付社債等を対価とすることができ，その内容及び数もしくは額等について定款で定めておく必要があることは，取得請求権付株式と同様です（会107②三，108②六）。

(2) 取得条項付株式の利用方法

取得条項付株式の典型としては，金銭を対価とするタイプが考えられます。すなわち，償還株式です。例えば，5年後に会社が発行価額で償還することができる取得条項付株式は，経済的には社債に類似しますが，会計上は株主資本として計上されるので，会社の自己資本増強に役立ちます。

また，取得条項付株式は，会社の都合によってある種類の株式を排除するために利用できます。例えば，財務状態が良好でない会社が資金調達を行う際に，投資家がリスクを負う見返りとして高いリターンを求めるため，剰余金の配当

に関する優先株式を発行する場合があります。しかし，いつまでも配当優先株式が存続していては，会社は重い配当負担を負い続けることになります。そこで，例えば5年後に，会社が発行価額で株式を買い取ることができる旨の取得条項（償還条項）を付する場合があります。

さらに，ベンチャー企業がベンチャーキャピタルに，拒否権（会108①八）や役員選任権（会108①九）を付した種類株式を発行する際に，上場が決定した際には普通株式を対価として会社が取得する旨の取得条項を付することも考えられます。

また，ジョイント・ベンチャーが完全に対等な2社の間で組成される場合，すなわち議決権が50％対50％の場合，両社の意思が一致しないと会社運営がこう着状態に陥ってしまいます。そこで，そのような場合には，会社がその株式を金銭によって取得できる旨を定めておけば事態の打開を図ることができます。この場合には，株式を金銭に換価する際の評価方法について明確な規定を置いておくべきでしょう（純資産価額により算定するなど）。

(3) 取得条項付株式の権利行使方法

発行会社は，条件成就の日に取得条項付株式を取得します（会170①）。取得日をあらかじめ定めず，株主総会（取締役会設置会社では取締役会）の決議によって決定することもできます（会107②三ロ，168）。また，取得条項付株式の一部のみの取得も可能ですが（会107②三ハ，169），その場合は，株主平等の原則から（会109①），取得株式数に応じた按分比例や抽選等の方法による必要があります。この点，敵対的買収防衛のために，「会社は，議決権20％以上の株主からその所有する株式の全部又は一部を取得することができる」旨の定めを置き，対価として無議決権株式や金銭を与えるなどの方策が許されるかどうか，今後の議論が待たれます（もっとも，上場株式としての適格性には問題が多いと思われます）。

会社は，条件成就後，遅滞なく株主に通知又は公告をしなければなりません（会170③④）。財源規制については，取得請求権付株式と同様です（会170⑤，461②）。

〔南　繁樹〕

Q.3-1-2　全部取得条項付種類株式の法務

全部取得条項付種類株式の具体的な利用方法について教えてください。

> **Point**
> ■全部取得条項付種類株式とは，ある種類の株式について会社が株主総会の特別決議によって，その全部を取得することができる株式である。
> ■全部取得条項付種類株式は，100％減資に利用できる。

1　全部取得条項付種類株式の意義

　ある種類の株式について，会社が株主総会の特別決議によってその全部を取得する旨を定めておくことができます（会171，108①七）。このような株式を全部取得条項付種類株式といいます（会171）。全部取得条項付種類株式の発行会社は，株主総会の特別決議により，その株式の全部を取得することができます（会108①七，171①，309②三）。対価は，異なる種類の株式のほか，金銭や社債等の財産とすることもできます。その内容及び数もしくは額等は取得を決定する株主総会で決議する必要があります（会171①）。

2　100％減資

　全部取得条項付種類株式を利用して，資本の再構成（リキャピタリゼーション）が可能です。例えば，①新たな種類の株式を創設する定款変更及びその株式の発行決議（会108②，466，309②十一，199，201），②既存株式のすべてを全部取得条項付種類株式に変更する旨の定款変更（会108②七，466，309②十一），さらに，③②で変更された全部取得条項付種類株式を会社が取得する旨の決議（会171①，309②三）を同時に行います。この場合，②と③により既存の株式はすべて会社によって取得され，①により新株発行がなされるため，100％減資と同時の増資が可能です。

　全部取得条項付種類株式の取得の対価を「当該決議時の会社財産の状況を踏まえて定める」と規定すれば（相澤哲編著「一問一答　新・会社法」（商事法務，2005

年）54頁），債務超過会社の株式の価値はゼロなので，会社が既存株主から全部取得条項付種類株式を取得する対価を無償とすることができ，既存株主に株主責任を取らせた上で，新たなスポンサーの資金注入が可能です。このような100％増減資を，総株主の同意なしに，出席株主の議決権の3分の2以上の多数による決議（特別決議）で迅速に行うことができます。

3 少数株主排除（スクィーズ・アウト）における利用

　全部取得条項付種類株式は，少数株主排除にも利用できます。例えば，公開買付けで議決権の90％を超える株式が取得された後に，①新たな種類の株式を創設し，②既存株式を全部取得条項付種類株式に変更し，その後，③会社が②の全部取得条項付株式を取得し，その対価として①で創設した種類株式を交付します。少数株主に割り当てられる新たな種類株式の数が1株未満の端数となるように割当比率を定めれば，全部取得条項付種類株式の取得により少数株主は株主でなくなります。会社は，端数の合計数に相当する株式を競売・任意売却又は会社自身の取得により現金化し（会234①二，②～④），少数株主に対し現金を交付します（Q6-5-7参照）。

4 全部取得条項付種類株式の権利行使方法

　全部取得条項付種類株式は，多数株主の意思によって取得が決定されるため，少数株主の保護に欠けるおそれがあります。そこで，取得の対価については，株主の有する株式の数に応じて取得対価を割り当てることを内容とするものでなければならず（会171②），ある株主には株式を，他の株主には現金を対価とすることはできません（相澤編著・前掲53頁）。また，株主総会においては全部を取得することを必要とする理由の説明が必要とされます（会171③）。

　さらに，反対株主や議決権を有しない株主は，裁判所に価格決定の申立てをすることができます（会172）。財源規制については，取得請求権付株式及び取得条項付株式と同様です（会461①四）。

〔南　　繁樹〕

Q.3-1-3　優先・劣後株式とトラッキング・ストック

優先・劣後株式や，トラッキング・ストックの具体的な利用方法について教えてください。

> **Point**
> ■優先株式とは，剰余金の配当や残余財産の分配につき，他の種類の株式に先んじて受け取る権利のある株式である。
> ■劣後株式とは，剰余金の配当や残余財産の分配につき，他の種類の株式に後れてしか受け取ることのできない株式である。
> ■トラッキング・ストックとは，会社の営む特定の完全子会社・事業部門等の業績に価値が連動する株式である。

1　優先株式

　株式会社は，剰余金の配当や残余財産の分配について異なる定めをした内容の異なる株式を発行することができます（会108①一，二）。そこで，ある種類の株式が，他の種類の株式に先立ち剰余金の配当や残余財産の分配を受け取ることができる旨を定めた場合，その株式が（配当・残余財産分配）優先株式となります。

　優先株式は，日本では，平成8年に不良債権処理を迫られた銀行によって利用され，それ以降も，経営不振の企業に対する支援の際に利用されました。経営不振の企業に対する出資はリスクを伴いますが，普通株式での出資になると，利益剰余金を既存の普通株主と分け合うことになるので，リスクに見合う利回りが期待できません。他方で，貸付けによるファイナンスでは，会社の財務体質が改善されません。特に，銀行はBIS規制のために自己資本を強化する必要がありました。そこで，資本の増強をはかりつつ，投資家においては高い利回りを確保するためのツールとして，優先株式が利用されたのです。

　また，優先株式の中には，債権の現物出資（デット・エクイティ・スワップ）によって発行された事例が多くあります（ダイエー，雪印乳業など）。これらは，借

入金の資本への振替えにより財務体質改善を図ったものです。

2 劣後株式

　優先株式とは反対に，ある種類の株式が，他の種類の株式に後れてしか剰余金の配当や残余財産の分配を受け取ることができない旨を定めた場合，その株式が（配当・残余財産分配）劣後株式となります。後配株式ともいいます。これは，親会社や主要株主等，会社と特別の関係のある者が会社再建のために増資を引き受ける際などに利用されます。

　劣後株式も，株主資本として計上されるため資本増強に役立ちます。他方で，証券取引所の上場廃止基準の1つである少数特定者持株比率の算定対象とならないため，大規模増資の場合にも上場廃止を回避することができます（例えば，東京証券取引所・株券上場廃止基準第2条第2号は「少数特定者持株数が上場株式数の75（90）％を超えている場合」と規定していますが，劣後株式は「上場株式」に含まれません）。平成17年に産業再生機構がダイエーの再生を支援した際の資本注入は，一部，議決権付後配（劣後）株式の発行により行われました。

3 トラッキング・ストック

　トラッキング・ストックとは，会社が有する特定の完全子会社・事業部門等の業績にのみ価値が連動するよう設計された株式であり（江頭憲治郎「株式会社法」（有斐閣，2006年）137頁），会社が複数の事業を営む場合に，特定の事業の支配を維持したまま，その事業のための資金調達を行うことを目的とします。

　わが国では，平成13年に，ソニーが，ソニーコミュニケーションネットワーク（SCN）の業績に配当が連動する子会社連動株式を発行した例があります。この子会社連動株式は，SCNの取締役会が決定した利益配当の額を基準として決定される配当金を，子会社連動株主に対しソニー普通株主に先立って支払うというものでした。この株式は，平成17年12月に，一斉転換（強制転換）条項に基づいてソニーの普通株式に転換されました。会社法では，トラッキング・ストックの内容は，剰余金の配当及び残余財産の分配についての特別の定め，並びに取得条項として規定されることになります（会108①一，二，六）。

〔南　　繁樹〕

第2節　種類株式の会計及び税務

Q.3-2-1　種類株式の会計処理

種類株式の会計処理について教えてください。

> **Point**
> ■発行者側では，払込価額を資本金又は資本準備金に計上する。
> ■保有者側の貸借対照表価額は，債券と同様の性格を有する種類株式は，債券と同様に取り扱う。それ以外の場合には，市場価格のある種類株式は市場価格で，市場価格のない種類株式は取得原価をもって計上する。

1　発行者側の取扱い

　発行者側の取扱いは，普通株式の場合と同様，会社に対して払込み又は給付がなされた財産の額を，資本金又は資本準備金として貸方に計上します（会445①～③）。企業会計原則は，「資本金の区分には，法定資本の額を記載する。発行済株式の数は普通株，優先株等の種類別に注記するものとする」と規定しています（企業会計原則第三・四㈢A）。つまり，貸借対照表上は，普通株式と種類株式それぞれによる資本金について分別記載をする必要はありませんが，発行済株式数の注記が要求されています。財務諸表等規則においても，同様です（60条，61条）。同様に，株式払込剰余金についても，区分処理は要求されていません（企業会計原則第三・四㈢B）。

2　保有者側の取扱い

　種類株式の取扱いは，企業会計基準第10号「金融商品に関する会計基準」（改正平成18年8月11日，企業会計基準委員会），「金融商品会計に関する実務指針」（最終改正平成18年10月20日，日本公認会計士協会・会計制度委員会報告第14号）に従いますが，さらに，「種類株式の貸借対照表価額に関する実務上の取扱い」（平成15年3月13日，企業会計基準委員会・実務対応報告第10号）が定められています。

(1) **債券と同様の性格を持つと考えられる種類株式**

　発行会社が一定の時期に一定額で金銭償還する旨が定められている取得条項付種類株式（会108①六）は，株式ですが，経済的には債券に類似しますので，債券と同様に取り扱います。また，金銭償還型の取得条項付種類株式や，取得請求権付種類株式（会108①五）について，発行者（会社）又は保有者（株主）が償還する権利を有するにすぎない場合であっても，取得時点において「一定の時期に償還されることが確実に見込まれる」場合には，同様です。これらの種類株式の貸借対照表価額は，債券の貸借対照表価額（会計基準第10号第三・二・2）と同様に取り扱います。例えば，満期保有目的の債券と同様に取り扱うことが可能な場合には，取得原価をもって貸借対照表価額とします。なお，償還価額が，発行価額にプレミアムを加えた額である場合には，その差額につき，償却原価法が適用されるものと思われます（会計基準第10号第三・二・2参照）。

(2) **債券と同様の性格を持つと考えられるもの以外の種類株式**

　市場価格のある種類株式は，当該市場価格に基づく価額をもって貸借対照表価額とし，売買目的有価証券以外の市場価格のある種類株式について，時価が著しく下落したときは，回復見込みがあると認められる場合を除き，時価をもって貸借対照表価額とし，評価差額は当期の損失として処理します。

　市場価格のない種類株式は，取得原価をもって貸借対照表価額とし，当該株式の発行会社の財政状態の悪化により実質価額が著しく低下したときは，相当の減損を行い，評価差額は当期の損失として処理します。

(3) **市場価格のない種類株式の減損処理**

　市場価格のない種類株式は，以下のように算定される実質価額の算定に基づいて，減損処理を行います。

　(a) **普通株式の市場価格と関連性を有するもの**　　割引将来キャッシュフロー法やオプション価格モデルなどの評価モデルにより，実質価額を算定します。

　(b) **評価モデルを利用して算定された価額を得ることが困難な場合**　　①1株当たりの純資産額を基礎とする方法，又は，②優先的な残余財産分配請求額を基礎とする方法により，実質価額を算定します。

〔南　繁樹〕

Q.3-2-2　種類株式の税務①（発行時及び保有中の取扱い）

種類株式の発行時と保有期間中の税務について教えてください。

> **Point**
> ■種類株式の発行時には，発行者側では資本等取引であり，種類株式ごとに種類資本金額を区分管理する。取得者側では発行価額が取得価額となる。
> ■種類株式の保有期間中は，取得者側では売買目的有価証券は時価評価され，評価損益が損金又は益金に算入される。それ以外は原価法が適用されるのが原則である。

1　種類株式の税務の概要

種類株式の税務上の取扱いについては，種類株式発行時，株主における保有中の評価換え，株主における種類株式の譲渡時，そして，会社による取得（償還・転換）時が問題となります。それぞれについて，発行者（会社）側の取扱いと，取得者（株主）側の取扱いが問題となります。なお，本問と次問においては，会社が2種類以上の株式を発行している場合（会108①）のみならず，1種類のみの株式を発行しているが，その株式に取得条項又は取得請求権が付されている場合（会107①），もしくは配当に関する定めがある場合などをも対象とします。

2　種類株式発行時の税務

(1) 発行者（会社）側の取扱い

新株の発行は，資本等取引であるため（法法22⑤），発行者側には益金も損金も発生しません（法法22②，③三）。発行者は，払込額につき，会計上，資本金及び資本準備金として計上された額を，「資本金等の額」として増額します（法法2十六，法令8①一）。資本金等の額は，種類株式ごとに「種類資本金額」として区分管理されます（法令8①二十ロ，②，平成18年改正法令附則4④）。

会社法上は，会社が保有する自己株式（金庫株）の処分（譲渡）は，新株発行と同等の取扱いを受けるところ（会199），税法上も，自己株式の譲渡は，新株

発行と同様に，資本等取引として取り扱われます（法令8①一）。すなわち，自己株式の譲渡（処分）の際に受領した対価がそのまま資本金等の額に算入されます（法令8①一）。

(2) 取得者（株主）側の取扱い

　種類株式の払込みが金銭で行われた場合，株式の取得は金銭と株式の等価交換と考えられるので，取得者（株主）に課税は生じません。取得者（株主）は，原則として，払い込んだ金額を，取得した株式の取得価額とします（法令119①二，所令109①一）。出資が現物出資による場合（会28一，199①三）には，株主は，それによって実現された現物出資資産の含み損益（時価と帳簿価額との差額）に対する課税を受けます（法法22②，所法33①等）。

③ 種類株式の保有期間中の税務（評価換え）

(1) 売買目的外有価証券の場合

　(a) **発行者（会社）側の取扱い**　　発行者（会社）側では，取得者（株主）側の評価換えには影響を受けず，税務上の効果は生じません。

　(b) **取得者（株主）側の取扱い**　　個人株主の場合，種類株式の取得に要した金額が譲渡所得における取得費や事業所得・雑所得における譲渡原価を構成します（所法33③，48）。評価換えは認められていません。法人株主の場合，種類株式には，売買目的有価証券に該当しない限り，原則として，原価法が適用され（法法61の3①二），評価換えによる評価益・評価損の益金・損金算入は許されません（法法25①，33①）。上場企業が発行している種類株式であっても，種類株式自体は上場されていないのが通常であるため，保有者において後述する売買目的有価証券に該当しない場合が通常と思われます。

　但し，その有価証券を発行する法人の資産状態が著しく悪化したため，その価額が著しく低下した場合には，評価換えによる損金算入が認められます（法令68①二ロ）。「法人の資産状態が著しく悪化したこと」には，①破産手続開始決定等の法律上の倒産手続が開始された場合（形式基準），又は②1株当たり純資産価額が株式取得時に比べて概ね50％以上下回ることとなった場合（実質基準）が含まれます（法基通9-1-9）。但し，残余財産分配に関する優先株式については，上記②の要件はそのまま適用されないものと思われます。会社更生法

による更生計画の認可決定等による評価換えの場合にも損金算入が認められます（法令68①二ハ・ニ）。

これら評価損の損金算入が認められる場合の株式の価額については，類似法人との比準による推定方法や純資産価額等を参酌する方法や，財産評価基本通達に基く算定方法が認められていますが（法基通9-1-13(三)(四)，9-1-14），種類株式の評価は困難な問題です。

(2) 売買目的有価証券の場合

法人株主の場合，種類株式のうち，売買目的有価証券に該当するものは，期末に時価評価し，評価益又は評価損を益金又は損金に算入します（法法61の3①一，②）。

売買目的有価証券とは，短期的な価格の変動を利用して利益を得る目的で取得した有価証券として政令で定めるものです。具体的には，特定の取引勘定を設け，独立のトレーディング部門により運用がされている場合や，取得日において売買目的有価証券等の勘定科目による区分がなされた場合などがこれに該当します（法令119の12一，法規27の5①，法基通2-3-26）。

売買目的有価証券は，銘柄ごとに区別し，時価法により評価します（法法61の3①一）。時価とは，会計上は，公正な評価額，すなわち市場において形成されている取引価格，気配又は指標その他の相場（市場価格）に基づく価額とされているところ（会計基準第10号第一・二），税法上も同様な考え方に基づく価額が定められています（法令119の13一～三）。

従来，上場されていた種類株式としては，平成13年に，ソニーが発行した，ソニーコミュニケーションネットワーク（SCN）の業績に連動する子会社連動株式（トラッキング・ストック）があります。この場合，取得者において売買目的有価証券に該当する場合には，上記のとおり，時価法で評価されます。

(3) 強制償還条項付株式・償還請求権付株式の場合

(a) 償還有価証券該当性の判断基準　法人株主の場合，売買目的有価証券は，原則として，原価法により期末評価されますが，償還有価証券には償還原価法が適用されます（法法61の3①二）。

償還有価証券とは，償還期限と償還金額の定めのある有価証券をいいます（法令119の14）。償還期限及び償還金額の定めのある償還株式は，償還有価証券

に該当するものとされています（法基通2-1-33）。したがって、例えば、「平成22年4月1日に発行価額と同額で金銭償還される」旨が定められている取得条項付株式（会107①三，②三，108①六，②六）は，償還有価証券に該当する場合があるものと思われます。これに対し，発行者（会社）又は保有者（株主）が償還する権利を有するにすぎない場合，例えば，「平成22年4月1日以降，発行者（会社）によって強制的に金銭償還することができる」旨の規定がある取得条項付株式や，「平成22年4月1日以降，保有者は金銭償還を請求することができる」旨の取得請求権付株式（会107①二，②二，108①五，②五）については，償還有価証券に該当するか否かは必ずしも明らかではありません。これに関連し「発行会社は，平成X年3月31日以降は，いつでも1株当たり500円で本件株式の全部又は一部を償還することができる」との強制償還条項付きの償還株式（会社法では取得条項付株式）につき，「普通株式に優先して配当があり，また，払込金額（500円）を償還することを前提としているため，配当を利息に相当するもの」と考え，「利付公社債の評価方法（財産評価基本通達197-2(3)）に準じて，払込金額である1株当たり500円と課税時期において残余財産の分配が行われるとした場合に分配を受けることのできる金額とのいずれか低い金額により評価」するとした国税庁の質疑応答事例があります（http://www.nta.go.jp/category/tutatu/shitsugi/zaisan/17/01.htm）。

　この点，会計上は，発行会社や保有者が一定額で償還する権利を有し取得時点において一定の時期に償還されることが「確実に見込まれる」場合にも，債券と同様に取り扱われるとされています（実務対応報告第10号「種類株式の貸借対照表価額に関する実務上の取扱い」）。

　(b) 償還有価証券の取扱い　償還有価証券に該当する場合，償却原価法が適用されます（法令139の2）。償却原価法とは，原価法を基礎とし，償還金額と取得価額の差額（ディスカウント又はプレミアム）を，金利と同じ性格のものと考え，各期間の益金又は損金に算入する方法です。各期間に配分する方法としては，償還期限までの日数に応じて均等に配分する定額法がとられています（法基通2-1-32(1)）。

〔南　繁樹〕

Q.3-2-3　種類株式の税務②（譲渡・償還・転換時の取扱い）

種類株式の譲渡時と会社による取得時の税務について教えてください。

> **Point**
> ■種類株式の譲渡時は，発行者側では税務上の効果は生じない。
> ■種類株式の譲渡時は，譲渡人側では，譲渡損益が発生し，譲受人は，取得した価額が取得価額となる。
> ■株式から異なる株式への転換については，転換後の株式の価額が転換前の株式の価額と概ね同額である限り，株主側における課税が繰り延べられる。

1　種類株式の譲渡時の税務

(1) 発行者（会社）側の取扱い

　株主による株式の譲渡時に，発行者（会社）側には税務上の効果は生じません。なお，会社が株式を譲り受ける場合については，2をご参照ください。

(2) 譲渡人側の取扱い

　種類株式の譲渡益又は譲渡損は，法人株主の場合は，益金又は損金に算入されます（法法61の2①）。また，個人株主の場合は，譲渡所得又は損失は申告分離課税の対象となり，所得税15%・住民税5%の税率で課税されます（措法37の10①，地法附則35の2①⑨（平成19年4月1日以降は①⑥））。特に，上場株式等の場合には，平成19年12月31日までの間の譲渡については，特例として，所得税7%・住民税3%の税率で課税されます（措法37の11①，地法附則35の2の3①④）。なお，平成19年度税制改正によりこの特例は平成20年12月31日までの間の譲渡について延長される予定です。

　但し，譲渡価額が，譲渡される種類株式の時価を超える場合には，時価を超える価額は贈与と性格づけられます。種類株式の時価の算定は困難であるため，贈与の問題が発生することが考えられます。評価についての詳細は，Q3-2-4をご参照ください。贈与とされる場合，譲渡人が法人である場合には受贈益が生じます。譲渡価額が時価を下回る場合には，譲渡人が法人株主である場合，

差額は寄附金として取り扱われ，損金算入が制限されます（法法37①）。

(3) 譲受人側の取扱い

譲受人が対価として支払った金額は取得価額又は譲渡原価を構成します（法人株主につき，法法61の2①二。個人株主につき，所法48①③等）。但し，譲渡価額が，譲渡される種類株式の時価を超える場合には，超える額は贈与と性格づけられる結果，時価のみが取得価額を構成します。時価を超える額の支出については，譲受人が法人である場合は寄附金として取り扱われ，損金算入が制限されます（法法37①）。譲渡価額が時価を下回る場合，差額につき，譲受人が法人である場合には受贈益が生じ，個人である場合には贈与税の対象になります。

2 種類株式の会社による取得（償還・転換）時の税務

(1) 金銭による償還の場合

(a) 発行者（会社）側の取扱い　種類株式の償還は，取得条項又は取得請求権に基づく自己株式の取得と構成されます（会107①二，三，108①五，六，155一，四）。発行者側では，株主に交付した金銭の額に対応した資本金等の額（取得資本金額）を資本金等の額から減少します（法法2十六，法令8①二十）。その額だけ株主拠出金が払い戻されたとみられるからです。また，交付した金銭の額が取得資本金額を超える場合の超える部分の金額を利益積立金額から減少します（法法2十八，法令9①八）。この部分は，内部留保された課税済利益の分配と考えられるからです。以上につき，証券市場における購入による取得の場合には，資本金等の額から自己株式取得の対価の額を減少し，利益積立金額は減少しません（法令8①二十一，9①八）。なお，資本金等の額につき，各種類ごとの区分が必要です（法令8①二十ロ，②）。

(b) 保有者（株主）側の取扱い　保有者側では，株主に交付された金銭の額が，会社の資本金等の額のうち「交付の基因となった株式に対応する部分の金額（※）」を超える場合の超える部分の金額が配当とみなされ，配当課税を受けます（法法24①四，法令23①四ロ，所法25①四，所令61②四ロ）。この計算は，各種類株式ごとに区分して行います。

交付の基因となった株式に対応する部分の金額の計算

> (※)＝〔自己株式取得直前の会社の資本金等の額〕×〔取得された自己株式数〕
>   ÷〔発行済株式総数〕

　株主に交付された金額の額からみなし配当額を控除した額が，譲渡対価の額（収入金額）とされ，その金額と株式の譲渡原価の額（取得価額）との差額が譲渡損益となります（法法61の2①，措置法37の10③四）。

(2) **他の種類の株式に転換される場合**

　(a) **発行者（会社）側の取扱い**　　株式の異なる種類の株式への転換は，会社法上，既発行の株式の会社による取得と，新たな株式の発行（又は自己株式の処分）と構成されています（会108②五ロ，六ロ）。しかし，取得された株式について減少すべき利益積立金額及び資本金等の額と，新たに交付される株式についての利益積立金額及び資本金等の額が等しい場合には，利益積立金額にも，資本金等の額にも変動が生じません。

　この点に関連し，ソニーのトラッキング・ストック（子会社連動株式）に関して国税庁が発表した個別通達（ソニー株式会社が発行する子会社連動株式に係る所得税及び法人税の取扱いについて（通知），平13・5・21課審5-2）があります。上記通達の前提となる照会文書によれば，以下の2点が転換時の保有者（株主）側における課税の繰延べの根拠とされています。第1に，「転換により消滅する子会社連動株式の発行価額は新たに発行される普通株式の発行価額と同額とされ，資本等及び利益積立金の額は転換によっては変動せず，そのままの状態で発行会社であるソニーに留保される」こと，第2に，「子会社連動株主は，ソニーの株主から離脱せず，依然としてソニーの株主のままである」ことです。これらを理由に，「子会社連動株式について生じている値上がり益等はいわば未実現」であり，「株主は，子会社連動株式の取得価額（帳簿価額）を転換後の普通株式の取得価額（帳簿価額）に付け替えるのみで，株式の譲渡等としての課税関係は生じない」とした照会につき，国税庁は結論を是認しています。

　(b) **保有者（株主）側の取扱い**　　保有者側では，保有株式を会社に対して譲渡し，その対価として，会社から異なる種類の株式の交付を受けたものと構

成されます。したがって，原則として，保有株式について，転換時の時価と取得価額の差額について譲渡損益について課税され（法法61の２①，所法33①，36①，48①③），新たに交付を受ける株式の時価が交付を受ける株式の取得価額を構成します（法法61の２①二，所法48①③）。但し，平成18年度税制改正により，転換の際の課税が一定範囲で（交付される株式の譲渡時まで）繰り延べられることになりました。すなわち，取得請求権付株式，取得条項付株式及び全部取得条項付種類株式につき，株主に対して当該取得をする法人の株式のみが交付される場合には，「交付を受けた株式の価額が当該譲渡をした株式の価額とおおむね同額となっていないと認められる場合」を除き，法人株主においては譲渡の対価は当該譲渡の直前の帳簿価額に相当する金額とみなされ，また個人株主においては譲渡がなかったものとみなされ，譲渡損益は認識されません（法法61の２⑪一～三，所法57の４③一～三）。なお，会社法の制定に伴いこれらの条文が整備された現在，これらの条文にあてはまらない「転換」の場合に，左記個別通達が維持されるのか否かについては，検討が必要です。

(3) 社債に転換される場合

(a) 発行者（会社）側の取扱い　取得条項付株式又は取得請求権付株式の取得の対価として社債を交付することが考えられます。すなわち，「株式→社債」と転換される「逆転換社債」です。この場合，株式取得の側面については，自己株式取得と同様です。

社債発行については，単なる社債の発行と変わらず，額面で発行される限り，益金又は損金は生じません。

(b) 保有者（株主）側の取扱い　「株式→社債」の場合に譲渡損益の繰延べが認められるでしょうか。この点，株式の転換に関する上記通達が繰延べの理由としていた２点はいずれもあてはまりません。したがって，繰延べは認められず，交付される社債の時価と株式の取得価額の差額について譲渡損益を認識するものと思われます。

〔南　繁樹〕

Q.3-2-4　種類株式の税務③（種類株式の評価）

種類株式の税務上の評価について教えてください。

> **Point**
> ■財産評価基本通達は，種類株式に関する規定を置いていない。
> ■国税庁は，種類株式については個別評価する旨の見解を示している。

1　種類株式の評価が問題となる場面

　種類株式は，その評価が困難です。もとより，株式は，上場株式等の取引相場のある株式又は気配相場のある株式（法基通9-1-8，法令119の13一〜三，法基通2-3-29〜34，財基通169〜177-2）を除いては，一般的にその評価が困難です。種類株式は，上場会社が発行する場合であっても，種類株式自体は上場されていないのが通常ですので，種類株式には取引相場がないことが通常と思われます。

　そこで，取引相場のない種類株式の評価方法が問題です。後述のとおり，種類株式について具体的評価方法を定めた税法（通達を含む）の規定はなく，国税庁も「個別に評価する」旨の見解を公表しています（平成15年7月4日，資産評価企画官情報第1号。以下，平成15年情報という）。最近の国税庁の質疑応答事例でも，同様の見解が示されています（http://www.nta.go.jp/category/tutatu/shitsugi/zaisan/17/03.htm）。

　まず，一般に株式の評価については，以下のような場面で問題となります（緑川正博「非公開株式の評価」（ぎょうせい，2004年）8頁以下参照）。

(1)　会　社　法

　会社法では，譲渡制限株式の売買価格（会144），単元未満株式の買取価格（会193），株式買取請求権の行使による買取価格（会469，786等），第三者に対する募集株式の発行等（会199③）などにおいて，株式の評価が問題となります。

(2)　所得税法

　所得税法において，法人に対する贈与等，又は著しく低い対価（資産の譲渡の

時における価額の2分の1に満たない金額）による法人への譲渡につき，時価による譲渡があったものとみなしています（所法59，所令169）。

(3) 法人税法

法人税法では，無償又は低額による資産の譲渡につき，譲渡した法人において，時価相当額が益金に算入されます（法法22②，低額譲渡につき，最判平7・12・19民集49巻10号3121頁）。また，無償又は低額による資産の譲受けにつき，譲り受けた法人において時価相当額が益金に算入されます（法法22②，低額譲受けにつき，東京地判平15・7・17判時1871号25頁）。

(4) 相続税法

相続税の税額は，相続財産の価額を基礎として算定するところ（相法11の2①），相続財産の価額は「取得の時における時価」によるものとされています（相法22）。贈与についても同様です（相法21の2①，22）。

2 種類株式の評価の方法

(1) 株式評価に関する法令・通達の規定

税法上は，財産評価基本通達が相続税に関する株式評価について画一的かつ詳細な評価方法を定めています（財基通178～189-7）。また，所得税法や法人税法も，通達を定めていますが（所基通59-6，法基通9-1-13，9-1-14等），一定の条件を付した上で，財産評価基本通達を援用しています。

(2) 財産評価基本通達

一般的に，取引相場のない株式について，財産評価基本通達は，原則的方法として，①類似業種比準方式と純資産価額方式（又はそれらの併用方式）を定め，例外的方法として，②配当還元方式を定めています。

類似業種比準方式とは，評価会社（評価すべき株式の発行会社）と同一ないし類似の業種の上場会社の平均株価等に比準して算出された評価会社の株式の評価額をもって，評価会社の株式の評価額とする方式です（財基通180～184）。比準の要素として1株当たりの配当金額・利益金額及び帳簿純資産価額が1：3：1の割合で用いられます。純資産価額方式とは，評価会社の1株当たりの純資産価額によってその株価を評価する方法です（財基通185～186-3）。配当還元方式とは，会社の過去の配当実績に基づいて将来の受取配当金を予測し，資本還

元する方法です。具体的には年10％の配当率を基準として，これと評価会社の配当率との比較によって株式を評価します（財基通188－2）。

以上の財産評価基本通達の規定は，あくまでも普通株式（内容の異なる複数の種類の株式を発行していない場合）を対象としているものと解されます。

③ 種類株式についての税務当局の見解

(1) 個別評価

現時点で，税務当局は，種類株式の評価に関する統一的な通達等を公表していません。しかし，平成15年情報や質疑応答事例において，部分的に種類株式の内容に応じた取扱いの例を示しています（後述）。しかし，その他は，「会社法の施行を契機に，今後，多種多様な種類株式の発行が予想されます。このような種類株式については，権利内容（例えば，配当や残余財産分配の優先・劣後）や転換条件（例えば，普通株式への転換株数や償還金額）など様々な要因によってその発行価額や時価が決まってくるものと考えられます。しかも，社会一般における評価方法も確立されていない上に，権利内容の組み合わせによっては，相当数の種類の株式の発行が可能であることから，その評価方法をあらかじめ定めておくことは困難です。

したがって，そのような多種多様な種類株式については，個別に権利内容等を判断して評価することとしています。」とするのみで，具体的な基準は示していません（質疑応答事例（http://www.nta.go.jp/category/tutatu/shitsugi/zaisan/17/03.htm））。

(2) 個別評価の例

国税庁は，銀行が発行した非上場の額面株式（無議決権，配当優先，利益による消却を予定）につき，「取引相場がない場合における利付社債の元本の評価方法に準じて，株式払込価額である1株当たり500円と残余財産の分配が行われた場合に返済を受けることのできる金額とのいずれか低い金額により評価する」と回答した例があります（平成14年7月4日，資産課税課情報第10号・資産評価企画官室情報第3号。質疑応答事例（http://www.nta.go.jp/category/tutatu/shitsugi/zaisan/17/01.htm）参照）。

4 種類株式についての評価の観点

　会社法によって，9つの側面において異なる内容の株式を発行することが可能とされ（会108①），また，公開会社でない会社においては株主ごとに異なる取扱いを行う旨を定款で定めることができます（会109②）。これらの規定による権利内容をどのように評価するかが問題です。

(1) 剰余金の配当

　剰余金の配当について出資割合を超えて優先・劣後する株式は，他の条件が同一の株式に対し価値が上昇・低下するものと考えられそうです。しかし，優先株式であっても，参加的・非参加的，累積的・非累積的の種類によって権利の内容が異なるため，一般的な基準を立てるのは困難です。もっとも，類似業種比準方式や配当還元方式では配当金額が株価決定の要素とされていますので（財基通183(1)，183-2，188-2），配当金額の算定を通じて株式評価に影響が及ぶことは考えられます。

　また，出資割合を超える配当について，株主間の利益の移転とみられる部分は贈与税の対象となる（相法9）とする見解もあります（増井良啓「有限会社の利益配当と所得税」税務事例研究78号44頁以下）。

(2) 残余財産の分配

　残余財産分配について，出資割合を超えて優先・劣後する株式については，その分，1株当たりの清算価値が増加・減少するとみることができます。したがって，会社の清算価値に基礎を置く純資産価額方式では，優先・劣後する割合に応じて価値が増加・減少するとみることが可能ではないでしょうか。

(3) 議決権と同族会社の判定

　平成18年度税制改正により，同族会社の定義につき，従来と同様の発行済株式総数における支配基準（法法2十）のほか，議決権基準が追加されました。

　すなわち，同族会社と判定される場合として，会社の株主等の3人以下並びにこれらと一定の特殊の関係のある個人及び法人が，その会社の次に掲げる議決権のいずれかにつきその総数（その議決権を行使することができない株主等が有するその議決権の数を除く）の50％を超える数を有する場合等が追加されました（法法2十，法令4③⑤）。特殊の関係のある法人の判定においても同様です（法令4

②③)。

〔議決権の対象〕
・事業譲渡,解散,合併,分割,株式交換,株式移転等
・役員の選任及び解任
・役員報酬,賞与等
・剰余金の配当又は利益の配当

(4) **議決権と同族判定**

財産評価基本通達は,「同族株主」「中心的な同族株主」「中心的な株主」といった概念を置き,「同族株主以外の株主等」が取得した株式について配当還元方式を認めています（財基通178,188,188-2）。この同族株主判定等に関し,同通達は,所有株式数ではなく（議決権総数に占める）議決権数（割合）を基準とすべきとしています（財基通188,188-3,188-4,188-5,188-6）。

なお,事業承継関連会社法制等検討委員会（委員長・品川芳宣）が平成18年6月14日に公表した中間報告（以下,事業承継中間報告という）は,「支配力が全く認められない種類株式については配当還元方式で評価を行う」ものとすべきであるとの提言を行っています。

(5) **議決権制限株式**

上記の議決権数を問題とする規定の適用に関し,議決権制限株式（会108①三）について,通達は「種類株式のうち株主総会の一部の事項について議決権を行使できない株式に係る議決権の数を含めるものとする」と規定しています（財基通188-5）。その理由は「制限された範囲内で会社経営に関与することも可能であり,また,議決権を行使できる事項によって会社支配に影響する度合いを区別することは困難な場合が多い」からであるとされています（庄司範秋編「財産評価基本通達逐条解説」〔平成18年改正版〕（大蔵財務協会,2006年）670頁）。

(6) **取得請求権・取得条項による議決権の変動**

取得請求権や取得条項の行使（会社法制定前に出された情報であるため,転換予約権等）による議決権の変動がある場合に関し,平成15年情報は「これまで議決権のない株式についてのみ普通株式に転換したものとして,潜在的な会社支配力に着目してきたが,議決権のない株式（無議決権株式）に限らず,すべての種類株式（ただし,強制償還株式を除く。……）について,普通株式に転換したもの

として潜在的な会社支配力を判定すべきケースが出てくる」としています。また，会社から償還を請求できる強制償還株式（会社法での取得条項付株式）につき，「消却されて確実にその株主の手を離れ，議決権も失うこととなることを踏まえると，その強制償還株式は既に償還されたものとして，潜在的な会社支配力を判定すべきケースが出てくると考えられる。」としています。

これらの場合，潜在的会社支配力を含まない議決権割合と，これを含む議決権割合を計算し，いずれかについて過半数を超える場合には，同族株主とされています。

(7) 無議決権株式

議決権について，平成15年情報は「普通株式に比べて議決権のみがない無議決権株式（他の権利は普通株式と同じ）の発行価額を決定するに際し，他の銘柄で海外の市場に上場している普通株式と無議決権株式の流通価格差を参考に，普通株式の時価（証券取引所の一定期間の普通株式の平均株価）から5％程度をディスカウントしているものもある。」と述べ，無議決権株式は価値が低下する旨を示唆しています。もっとも，質疑応答事例において，配当優先の無議決権株式について，普通株式と同様に評価するとしたものがあります（http://www.nta.go.jp/category/tutatu/shitsugi/zaisan/17/03.htm）。

これに関し，事業承継中間報告は，「同族株主が取得する完全無議決権株式のうち特例的評価方法の適用を受けないものについては，……原則的評価方式から20％評価減を行う評価方法を採用することを早急に明らかにすることが妥当」としています。この提言は，財務省（国税庁）に対する中小企業庁の平成19年度税制改正要望において，「種類株式の評価方法の明確化」として取り上げられています（http://www.mof.go.jp/jouhou/syuzei/h19kaisei/keizaisangyo/19154.pdf）。

(8) 平成19年度税制改正

種類株式については，中小企業の事業承継に関連し，一定範囲で評価の明確化がはかられる予定です。この点についてはQ6-5-16をご参照ください。

〔南　繁樹〕

コラム　―種類株式のベンチャーキャピタルでの利用―

　投資家が持つリスクテイクに合わせて種類株式を使って合理的に優先的権利を付与することによって，投資先としての魅力を高めた金融商品を自由に設計することができます。種類株式のベンチャーキャピタルでの利用を考えてみましょう。ベンチャーキャピタルがベンチャー企業へ投資するにあたって，ベンチャー企業の公開がうまくいく成功のケースと，公開がうまくいかない失敗のケースがあります。

1　残余財産分配請求権について優先権を持つ種類株式の発行

　ベンチャーキャピタルでは後者のケースが多いのですが，公開がうまくいかない場合のリスクヘッジとして残余財産分配請求権について優先権を持つ種類株式を発行します。仮にベンチャー企業が倒産したとしてもベンチャーキャピタルが残余財産分配請求権について優先権を持つため，ベンチャーキャピタルは優先的に投下資金を回収することができます。

2　取得条項付株式にすることを忘れずに

　リスクばかり唱えていても始まりません。ベンチャーキャピタルは，投資がうまくいったときにハイ・リターンを求めることにこそ，本質があります。そこで，ベンチャーキャピタルに割り当てる株式については，残余財産分配請求権について優先権を持つ種類株式とするだけでなく，取得条項として「株式の公開」と定めた取得条項付株式にするのです。取得の対価として，その会社の普通株式とすることにより，株式の公開の暁には強制的に，残余財産分配請求権について優先権を持つ種類株式から普通株式に転換させることにより，ベンチャーキャピタルが保有する株式を市場で売却しやすいようにするのです。

3　種類株式は複合的に使うべし

　種類株式を使えば，投資家又はスポンサーがその発行企業に対する投資に対し潜在的に抱えるリスクを回避するか，もしくはリスクに見合ったリターンを設計することが可能となっています。その場合に重要なポイントは，配当や残余財産分配請求権などの権利について優先権を持つ種類株式を設計するだけでなく，投資の出口等を想定して，取得条項又は取得請求権を付与することです。取得条項付株式又は取得請求権付株式と組み合わせることによって，一定の事由の発生により当事者の意思にかかわらず，ある種類株式から別の種類株式へと転換することが可能となります。

〔平野　敦士〕

第4章

新株予約権

第1節　法務関係
第2節　発行者側の会計・税務処理
第3節　取得者側の会計・税務処理
第4節　敵対的買収防衛策

第1節　法務関係

Q.4-1-1　新株予約権の法務

新株予約権に関する会社法上の取扱いを教えてください。

> **Point**
> ■新株予約権の発行手続は新株の発行手続と同様の手続として整理された。
> ■ストック・オプションとして付与される新株予約権は，付与者に対する役務提供等の対価と位置づけるなど，会計基準との整合性がとられた。
> ■自己新株予約権の処分・継続保有，消却手続の規定が置かれ，新株予約権の買取請求に関する規定も整備された。

1　新株予約権の発行及び行使についての取扱い

　会社法では，新株予約権の発行を潜在的な株式の発行と捉え，募集事項の決定・割当て・払込み等の株式発行手続と整合した取扱いがなされています（会238～247）。新株予約権の発行及びその行使に関する払込みとしては，金銭以外の財産やその会社に対する債権の相殺が可能になりました（会246②）。また，ストック・オプションとして付与される新株予約権を役務提供等の対価とする会計の考え方が取り入れられ，取締役への報酬規制等にも影響を与えています（Q4-1-2参照）。会社計算規則においては，新株予約権の表示が純資産の部の1項目とされるなど会計処理も大きく変わっています（Q4-2-1，4-2-2参照）。また，組織再編による対価の柔軟化により対価として新株予約権や新株予約権付社債を交付することも可能となっています（会749①二，753①八，758四，768①二，773①七）。

2　自己新株予約権の取得・消却・処分についての取扱い

　旧商法では，新株予約権は発行時に消却事由と消却条件を定めなければならず（旧商280ノ20②七），強制消却を前提としていましたので，自己新株予約権の処理の明文規定が存在しませんでした。会社法では株式の取扱いとの整合性を

とり，新株予約権を消却する際には自己新株予約権の取得とその消却手続という2段階の手続に整理されました。新株予約権の発行時には旧商法で定めていた消却事由ではなく取得事由を定めることになります（会236①七）。

株式の取扱いと同様に，自己新株予約権の取得の対価は金銭だけではなく，その会社の種類株式や社債などを用いることができます（会236①七ニ～チ）。また，取得時に取締役会等の決議を要しない取得条項付新株予約権という新たな新株予約権の発行も可能です（会273, 274）。自己新株予約権は処分・継続保有，消却を行うことは可能です（会254①, 256, 276）が，公正な会社支配を害さないように自己新株予約権の行使は禁止されています（会280⑥）（Q4-2-3のコラム「自己新株予約権の処分」参照）。

3 新株予約権の買取請求

(1) 新株予約権があるときの株式譲渡制限条項の追加

旧商法では，将来行使される新株予約権があるときは，全株式に譲渡制限を定める譲渡制限会社となる定款変更ができませんでした（旧商348条③）。新株予約権の対象となる株式が譲渡可能な株式から譲渡制限株式に変わることで株式に流通性がなくなり，新株予約権者の権利が害されることが理由です。

会社法では，株主総会の特別決議により発行後の株式の一部又は全部に譲渡制限を付することを認め（会107①, 108①四），柔軟な株式設計をとることができるようになりました。しかし，旧商法のように将来行使される新株予約権が存在することで株式に譲渡制限を付することができないとなると，会社の株式に関する選択肢を狭めてしまいます。したがって，新株予約権者の権利保護の考え方を変更し，将来行使される新株予約権を発行していても，株式に譲渡制限を付することができるようにする一方，新株予約権の買取請求権を与えることで新株予約権者の権利の保護を図っています（会118①）。

(2) 組織再編での取扱い

会社法では組織再編において対価の柔軟化が図られており，消滅会社等の新株予約権に代えて存続会社等の新株予約権等を交付することも可能です。この新たな新株予約権等の交付に対して不服のある新株予約権者は，その買取請求を行うことが可能となっています（会787, 808）。　　　〔野田　幸嗣〕

Q.4-1-2 ストック・オプションの法務

会社法上，ストック・オプションとして付与される新株予約権は職務執行の対価と位置づけられ，法務上の手続はどのように変わりますか。

> **Point**
> ■旧商法のストック・オプションによる新株予約権の交付は無償による財産上の利益供与として整理されていた。
> ■会社法のストック・オプションによる新株予約権の交付は職務執行の対価として整理されており，旧商法で必要とされていた有利発行手続は必ずしも要求されない。

1　ストック・オプションとして付与される新株予約権の法律関係

(1) 旧商法での取扱い

旧商法のストック・オプションによる新株予約権の交付は無償による財産上の利益供与として，有利発行手続が一般的に行われてきました（旧商280ノ21）。新株予約権の付与は，株価の値上がりによる経済的な利益を含んでいるため，純粋な報酬としての対価性を認めず，将来，ストック・オプションの対象となる株式の価値が値上がりすれば利益が得られる財産上の利益供与と位置づけていたことが理由です。

(2) 会社法での取扱い

会社法では，ストック・オプションに役務提供等に関する対価性を認めました（会361）。ストック・オプションによる新株予約権の価値が，役務提供等の対価として相当であれば有利発行による手続は必要ないと考えられます。

2　取締役・監査役等への報酬規制

自社の取締役・監査役・会計参与にストック・オプションとして新株予約権を付与する場合には，報酬規制への対応が必要です（会361，379，387）。

(1) 取締役にストック・オプションとして新株予約権を付与した場合

取締役に対する報酬，賞与その他の職務執行の対価として株式会社から受ける財産上の利益につき，定款に一定の定めがない場合には株主総会の決議が必要です（会361）。会社法上，職務執行の対価と位置づけられたストック・オプションとして付与される新株予約権は，この報酬規制の対象です。ストック・オプションとして付与される新株予約権の公正価額を，取締役全員に対して与える報酬の総額の一部として，会社法361条1項1号の「報酬等のうち額が確定しているもの」の株主総会決議を行う必要があります。

　また，ストック・オプションとして付与する新株予約権は，会社法361条1項3号の「報酬等のうち金銭でないもの」に該当するため，その具体的な内容を決議する必要があります。発行価格，行使価格，当該新株予約権の目的となる株式数，譲渡制限の有無，退職により失効する旨などの特別な条件などが決議の対象となるでしょう。但し，会社法361条の趣旨が報酬等の全体像を明らかにすることですから，必要以上に細かい内容を決議する必要はないものと考えられます。

　上場会社の新株予約権の公正価額はブラック・ショールズモデル（Q4-2-4のコラム参照）等により算出しますが，上場前の会社が付与するストック・オプションのように，信頼性のある方法により付与する新株予約権の公正価額が算定できない場合もあります。この場合は，会社法361条1項2号の「報酬等のうち額が確定していないもの」に該当し，会社法361条1項3号の具体的な内容の決議を合わせて行うことも考えられます。

(2) **監査役等にストック・オプションとして新株予約権を付与した場合**

　会社の監査を担う監査役にストック・オプションのような業績・株価に連動する報酬を与えるのは問題があるとの考え方がありますが，会社法では監査役にストック・オプションとして新株予約権を与えることを否定していません。したがって，監査役にストック・オプションとして新株予約権を付与する場合には，ストック・オプションによる新株予約権の公正価額を含めて定款に定めを置くか，株主総会決議により総額を決議することになります（会387）。会計参与の場合にも同様の規制が置かれています（会379）。但し，取締役と異なり，監査役・会計参与の報酬規制には金銭以外の財産を与える場合の規制（会361①三）は存在しませんので，報酬等の総額のみを決議すればよいことになります。

3　新株予約権の発行規制

　旧商法では，ストック・オプションとして新株予約権を発行する場合には一般的には無償による新株予約権の交付として有利発行の手続を経ていました（旧商280ノ21）。会社法ではストック・オプションを付与した場合，以下のような3つの手続がとられるものと考えられます。

(1)　払込金額を公正価額とし，有利発行手続の不要な公正発行として新株予約権を発行する場合

　(a)　**払込金額**　取締役会等の決議時点でストック・オプションによる新株予約権の価額を合理的に見積もって払込金額を決定することになります。なお，会計上はストック・オプションによる新株予約権の評価は新株予約権を付与した日に測定することになりますが，取締役会等の決議の日の評価と会計上の評価に差異が生じることは特に問題にはなりません。

　(b)　**払込方法**　ストック・オプションによる新株予約権の発行においては，その払込みの一部又は全部は，その払込義務と報酬債権等との相殺によってなされるとの法律構成になります。また，子会社の従業員等に対してストック・オプションとして，親会社が新株予約権を発行している場合でも，親会社はその役務提供等のサービスを子会社を通じて享受しているという関係にあることから，親会社が直接子会社の従業員等との直接契約による報酬などの債権を相殺する方法や，直接的な関係にある子会社が保有する報酬等の支払債務を親会社が引き受けてその払込義務と相殺するという方法も考えられます。つまり，報酬債権等の払込金額が新株予約権の公正価額と一致することになります。

(2)　払込金額を無償とするが，有利発行手続の不要な公正発行として新株予約権を発行する場合

　これは，払込金額は払い込まれる金銭の額で決議し，有利発行の規制は実質で判断する，払込金額と有利発行の規制とを別次元で判断するという考え方です。

　会社法ではストック・オプションとしての新株予約権の発行が役務提供の対価として整理されたことから考えると，役務提供の存在を認めるにもかかわらず，その価値を「0」としてストック・オプションの発行手続を行うというのは一見矛盾するとも考えられます。しかし，実務的にはストック・オプショ

ンの対価の算定が困難な場合，労働基準法等との関係，子会社の従業員にストック・オプションを付与する場合など，その従業員との直接の契約関係がないことから新株予約権の払込義務と報酬債権等との相殺という法律構成をとることが難しいケースもあります。このような場合は，払込金額を無償として発行手続を行うほうが実務上簡便であり合理的であることから，このような発行手続を行う実務上の必要性が生じます。一方，有利発行の規制の観点からは，払込金額を無償としても新株予約権の交付によって実際にその価値に見合うだけの便益を会社が受けていると評価できる場合には，有利発行には該当しません。これは，新株予約権の払込金額1円でストック・オプションを与えるような行使価格が付与時点の時価を著しく下回る場合も同様です。つまり，払込金額が無償であるからといって，直ちに有利発行と考える必要はなく，新株予約権の金銭の払込金額が無償もしくは非常に低い金額であることが新株予約権を付与される者にとって特に有利な条件でなければ，有利発行の手続を行う必要はないと考えられます（会238③，239②，240①）。

なお，会計上は，発行手続における払込金額を無償としても，これとは無関係に会計処理を行う必要があります。また，事業報告における開示（Q5-1-10参照）や取締役に付与した場合の報酬規制についての適切な評価についても対応が必要となります。

(3) 払込金額を無償とし，有利発行手続を経て新株予約権を発行する場合

上記(2)で述べたとおり，払込金額を無償とした場合であっても，必ずしも有利発行の手続を行う必要はありませんが，旧商法と同様に財産的な価値のある新株予約権を無償で付与したことによる有利発行の手続を行うことも考えられます。ただ，会社法上は，既にストック・オプションに基づく新株予約権の発行が必ずしも有利発行には該当しないことと整理された中で，有利発行手続を行うことはその役務提供に対して過大な報酬を与えているとの会社の意思表示と考えられる可能性があります。

〔野田　幸嗣〕

第2節　発行者側の会計・税務処理

Q.4-2-1　新株予約権の発行者側の会計処理

新株予約権及び新株予約権付社債の発行者側の会計処理を教えてください。

> **Point**
> ■会社法に基づく新株予約権は払込金額を純資産の部に新株予約権として表示する。行使時には新株予約権を行使に伴う払込金額と合わせて払込資本に振り替える。
> ■自己新株予約権は，原則として取得時の時価に付随費用を加算した額で測定し，純資産の部の新株予約権と相殺して表示する。
> ■旧商法に基づく新株予約権も，基本的には会社法に基づく新株予約権の会計処理と同様である。

1　会社法における新株予約権・新株予約権付社債の発行者側の会計処理（実務対応報告第16号）

(1)　新株予約権の発行時の会計処理

　旧商法では，新株予約権は負債の部に新株予約権として表示していました。これは，新株予約権が将来権利行使され払込資本となる可能性がある一方，失効して払込資本にならない可能性もあり，その性格が確定しない仮勘定と考えられていたためです。しかし，新株予約権は，そもそも返済義務のある負債ではなく，負債の部に表示することについて以前から問題視されていました。今回，貸借対照表において純資産の部という新たな区分を設けたのに合わせて，新株予約権を負債の部に計上するのを改め，純資産の部に表示することになりました。

(2)　新株予約権の権利行使時の会計処理

　(a)　**新株を発行する場合**　新株予約権が行使され，新株を発行する場合には，新株予約権の行使時における適正な帳簿価額とその行使に伴う払込金額

（会236①二，三）との合計額を資本金又は資本準備金に振り替えます。

　(b)　**自己株式を処分する場合**　　自己株式の処分の対価と当該自己株式の簿価及び新株予約権の帳簿価額の差額を自己株式処分差額として「自己株式及び準備金の額の減少等に関する会計基準」（会計基準第1号）に従って処理します（Q2-2-1参照）。

(3)　**新株予約権の失効時の会計処理**

　新株予約権が行使されずに失効したときは，当該失効に対応する額を失効が確定した会計期間において原則として，特別利益として処理します。

(4)　**自己新株予約権の会計処理**

　(a)　**自己新株予約権の取得時の会計処理**　　会社法では自己新株予約権の法律関係が明確化されました（Q4-1-1参照）。会計上は，自己新株予約権を会社が取得する取引は自己株式のような株主との取引ではなく新株予約権者との取引であり，資本取引と位置づけることは不適切です。したがって，自己新株予約権の取得価額は通常の有価証券の取得と同様に，自己新株予約権の時価に取得時の付随費用を加算し算定します。但し，取得した自己新株予約権よりも支払対価の時価が高い信頼性をもって測定可能な場合は，自己新株予約権の時価ではなく支払対価の時価を用います。

　(b)　**自己新株予約権の保有時の会計処理**　　自己新株予約権は資産性を有しますが，表示上は新株予約権の買戻しという実態に合わせて帳簿価額を純資産の部の新株予約権から直接控除して表示することを原則とします。但し，この取扱いはあくまで表示上のもので，自己新株予約権の時価が著しく下落した場合には，他の有価証券と同様に減損処理が必要となることがあります。会社が取得した自己新株予約権について今後処分がなされないと認められるときは，消却処理を行い，当該自己新株予約権の帳簿価額と対応する新株予約権の帳簿価額との差額を当期の損失として処理します。

　連結財務諸表では，親会社が発行した新株予約権を当該連結子会社が保有している場合や連結子会社が発行した新株予約権をその連結子会社が保有している場合には，個別財務諸表と同様に自己新株予約権として処理します。一方，親会社が発行した新株予約権を連結子会社が保有している場合や連結子会社が発行した新株予約権を親会社が保有している場合は，連結会社相互間の債権債

務の相殺消去に準じて相殺処理します。

　(c) **自己新株予約権の消却時の会計処理**　　自己新株予約権を消却した場合，消却した自己新株予約権の帳簿価額と対応する新株予約権の帳簿価額の差額は，自己新株予約権消却損益等の適切な科目で当期の損益として処理します。

　(d) **自己新株予約権の処分時の会計処理**　　自己新株予約権を処分した場合は，その対価と処分した自己新株予約権の帳簿価額との差額を自己新株予約権処分損益等の適切な科目で当期の損益として処理します。

(5) **新株予約権付社債の会計処理**

　新株予約権付社債は，転換社債型新株予約権付社債と転換社債型新株予約権付社債以外の社債に分けることができます。新株予約権付社債は区分法処理が原則ですが，旧来の転換社債と実質的に同じ転換社債型新株予約権付社債については一括法を認めるという考え方をとっています。

(6) **外貨建転換社債型新株予約権付社債の会計処理**

　旧商法の外貨建転換社債型新株予約権付社債の発行及び換算の会計処理については，その発行を潜在的株式の発行と考え，新株の発行価額を転換社債の発行時の為替相場により円換算する方法がとられていました。会社法においては外貨建転換社債型新株予約権付社債の転換による新株の発行を現物出資や相殺と考え，その発行と転換による新株の発行を切断する現物出資の考え方によることが明らかになりました（会284①）。その結果，会社法に基づき発行された外貨建転換社債型新株予約権付社債の決算時の円貨への換算は決算時の為替相場によることとなり，新株予約権の行使時の円貨への換算はその権利行使時の為替相場によることとなりました。なお，従前は，外貨建転換社債型新株予約権付社債の発行に伴う入金外貨額に本邦通貨による為替予約が締結されている場合には振当処理が適用できましたが，今後，この社債は毎決算期末の為替相場により換算され，発行後において為替変動リスクにさらされることになりますので，将来の外貨建転換社債型新株予約権付社債の発行にともなう入金外貨額に関する為替予約等を行ったとしても振当処理は認められないことになります。

2 旧商法における新株予約権・新株予約権付社債の会計処理（実務対応報告第1号）

(1) 新株予約権の会計処理

旧商法下で発行した新株予約権は，会社法が施行され，貸借対照表の純資産の部の表示に関する会計基準が適用された後は，その発行価額を負債の部から純資産の部に振り替えて表示することになります。新株予約権の行使時，失効時の会計処理は①で示した会社法下の会計処理と同様です。

(2) 新株予約権付社債の会計処理

旧商法における新株予約権付社債の会計処理は，原則として会社法における新株予約権付社債の処理と基本的には同様です。したがって，新株予約権が行使されたときに資本金又は資本金及び資本準備金に振り替える額について発行時に一括法を採用している場合は，当該転換社債型新株予約権付社債の社債金額とし，発行時に区分法を適用している場合には当該転換社債型新株予約権付社債における社債の対価部分と新株予約権の対価部分の合計額となります。

なお，旧商法下では新株予約権の発行価額と新株予約権の行使に際して払い込むべき金額の合計が新株の発行価額とみなされていました。会社法ではこのような制約はなく発行価額と払込金額との関係はなくなっています（会236①二, 281）。したがって，資本への振替額は発行時における社債金額と払込金額との差額に係る未消却残高がある場合には，その金額を加減した金額となりました。結果として新株予約権が行使されたときは，一括法と区分法のいずれを採用している場合にも発行者側で損益は発生しないこととなりました。

3 新株予約権に関する開示

新株予約権，自己新株予約権に関しては，①目的となる株式の種類，②権利行使されたものと仮定した場合の目的となる株式の種類ごとの増加株式数，③当期末残高について株主資本等変動計算書に注記します（Q4-2-5参照）。

〔野田　幸嗣〕

Q.4-2-2 ストック・オプション会計基準の範囲

ストック・オプションに関する会計のルールについて教えてください。

> **Point**
> ■ストック・オプションとして新株予約権を付与しこれに応じて企業が従業員等から役務の提供を受ける場合には，サービスの取得に応じた費用処理を行い，費用に対応する額はストック・オプションの権利の行使又は失効が確定するまでの間，貸借対照表の純資産の部に新株予約権として計上する。
> ■ストック・オプション等に関する会計基準は，自社の株式を原資産とするコール・オプションを財貨又は役務の提供への対価として付与する一般的なケースについての会計処理も定めている。

1 ストック・オプション会計基準の概要

　ストック・オプション等の株式等を用いた報酬は，かつてから，ストック・オプションが役務提供等の対価との性格があるにもかかわらず，財務諸表上，会社が受けた役務提供の評価が適切に表現できていないという問題が指摘されていました。諸外国においてもストック・オプションに関する会計処理のルール化が整備されてきたことから，企業会計基準委員会は，ストック・オプション等の法律関係が明確となる会社法の施行に合わせて，平成17年12月27日に企業会計基準第8号「ストック・オプション等に関する会計基準」（以下，会計基準第8号という）及び企業会計基準適用指針第11号「ストック・オプション等に関する会計基準の適用指針」（以下，適用指針第11号という）（最終改正平成18年5月31日）を公表しました。会社法施行日以後に，ストック・オプションとして従業員等に対して新株予約権を付与しこれに応じて企業が従業員等から役務の提供を受ける場合には，そのサービスの取得に応じた費用処理を行うことになります。費用に対応する額はストック・オプションの権利の行使又は失効が確定するまでの間，貸借対照表の純資産の部に新株予約権として計上することになります（Q4-2-3参照）。

図表1 「ストック・オプション等に関する会計基準」の適用範囲

会社が付与する対象	会社が対価として取得するもの	付与対象者	
		従業員等 (注)	従業員等以外
自社株式オプション（新株予約権を含む）	労務及び業務執行のサービス	会計基準3(1)	会計基準3(2)
	上記以外の財貨又はサービス	会計基準3(2)	会計基準3(2)
	対価なし	範囲外	範囲外
自社の株式	財貨又はサービス	会計基準3(3)	基準3(3)
	対価なし	範囲外	会計範囲外

(注) 企業と雇用関係にある使用人のほか，企業の取締役，会計参与，監査役及び執行役並びにこれに準ずるものをいう。

2 適用範囲及び適用時期

(1) 適用範囲

　会計基準第8号では，従業員等に労働や業務執行等のサービスの対価として付与される自社株式を原資産とするコール・オプションをストック・オプションと定義し，その会計処理を中心に規定しています。対象者が従業員等でない場合や，自己株式自体が付与される場合など，一定の整合性をとるべき取引については，**図表1**のとおり会計基準第8号の適用対象となっています。但し，自社株式オプションや自社の株式を対価として用いる取引であっても，その対象が現金や事業である場合は，「自己株式及び準備金の額の減少等に関する会計基準」（会計基準第1号）や「企業結合に係る会計基準」等が適用されるためこの基準の範囲外になります。デット・エクイティ・スワップ取引や敵対的買収防衛策として付与される自社株式オプション等も会計基準第8号の適用範囲から除かれています。

(2) 適用時期

　会計基準第8号は会社法の施行日以後に付与される自社株式オプション及び交付される自社の株式から適用され，早期適用は認められません。但し，会社法の施行日以前に付与されたストック・オプションであっても，会社法の施行日以後にその条件を変更した場合にも会計基準第8号の適用があります。開示に関する内容（Q4-2-5参照）については，公正な評価単価の注記を除き会社法の施行日以後に存在するすべてのストック・オプションに適用されます。

〔野田　幸嗣〕

Q.4-2-3 ストック・オプションの会計処理①(概要)

従業員等にストック・オプションとして新株予約権を付与した場合の会計処理を教えてください。

> **Point**
> ■ストック・オプションの権利確定前の会計処理では，ストック・オプションの付与日にその公正単価を評価し，対象勤務期間において会社のそのサービスの取得に応じて株式報酬費用を計上し，相手勘定は純資産の部の新株予約権として処理する。
> ■ストック・オプションの権利確定後の会計処理では，ストック・オプションの権利の行使により，新株予約権の価額と行使価額の合計を払込資本に振り替える。新株予約権が失効した場合には新株予約権戻入益として，原則として特別利益として計上することになる。

1 ストック・オプションの権利確定前の会計処理

　従業員等から受けるサービスをその取得に応じてストック・オプションの適正な評価額に基づき費用計上し，対応する金額をストック・オプションの権利の行使又は失効が確定するまでの間，貸借対照表の純資産の部に新株予約権として表示します。ストック・オプションの適正な評価額は，以下の算式で算定されます。権利確定前の会計処理においては，(1)評価単価，(2)ストック・オプション数，(3)当期費用発生割合という3要素の算定がポイントになります。

ストック・オプションの適正な評価額の算定式

$$\text{ストック・オプションの適正な評価額} = \text{ストック・オプションの評価単価} \times \text{ストック・オプション数}$$

(1) 評価単価の算定

従業員等からのサービスの取得に応じて費用を計上するために，まず，ストック・オプションの公正な評価単価を算定する必要があります。ストック・オプションの公正な評価単価の算定は付与日に行われ，条件変更等の特別な事情がない限り見直すことはありません（会計基準第8号6(1)）。通常，そのストック・オプションとサービスとは契約成立時点において等価で交換されていると考えられ，付与日以後のストック・オプションの公正な評価単価の変動はサービスの価値とは直接的な関係を有しないと考えられているためです。ストック・オプションの公正な評価単価はブラック・ショールズモデルや2項モデルなどの一定の確立した理論を基礎とした実務上広く用いられている算定式を用いて算定します。この算定式はストック・オプションの特性を反映するために，①行使価格，②満期までの期間，③算定時点の株価，④株価変動性，⑤配当額，⑥無リスクの利子率を考慮できるものでなくてはなりません。この中で実務上，特に問題となるのは②と④です。

(a) 満期までの期間　ストック・オプションは通常のオプションと異なり譲渡禁止条件が付与されているケースが多いです。この特性を反映せずに単純に②を用いて評価単価を算定すると，ストック・オプションの評価は満期までの期間にわたってオプションの売却等により資金の回収が可能という前提で評価が行われ，過大な評価となるおそれがあります。したがって，譲渡禁止の特性を反映するには，②に変えて，算定時点から平均的に権利行使されると見込まれるまでの期間である予想残存期間を用いることになります。

予想残存期間は，権利確定期間や権利行使に関する従業員等の行動，株価変動性等の要因を考慮して見積もることが原則ですが，合理的な見積りが難しい場合は，算定時点から権利行使期間の中間点までの期間と推定されます。

(b) 株価変動性　適用指針第11号では株価変動性の予測方法として，当該企業の過去の株価実績に基づく方法（ヒストリカル・ボラティリティ）や，その企業と類似の株式オプションが市場取引されている場合に，その市場価格から逆算する方法（インプライド・ボラティリティ）等が例示されています。実務上は後者が適用できるケースは限定的であるため，前者を使用することが多いと考えられます。ヒストリカル・ボラティリティを算定するにあたっては，株価等

の情報の質及び量に関する信頼性，異常情報の排除などのポイントに留意する必要があります。少なくとも２年以上の十分な株価情報を収集できないような，公開から日が浅い企業の株価変動性の算定については，当該企業の類似の企業の株式オプションや株価の変動性に関する情報により情報量を補うことができます。

(2) **ストック・オプション数の算定**

　この計算式で注意しなくてはならないのはストック・オプション数です。ストック・オプションは企業と従業員との間の条件付の契約ですので，取引として完結するのは，実際に契約条件に沿ったサービスの給付を行い権利が確定した場合のみです。したがって，ストック・オプション数はストック・オプションの付与時にその権利不確定による失効の見積数を合理的に見積もりますが，評価単価の測定と異なり，その見積りに重要な変動が生じた場合には過去の見積りを変更しますし，最終的に権利確定日においてストック・オプション数を権利確定数と一致させることになります。一方，ストック・オプションの評価単価は付与日以降に見積りの見直しを行わないのは既述のとおりです。

(3) **当期費用発生割合**

　ストック・オプションを対価とする従業員等からのサービスの取得に応じて各会計期間の費用計上額を測定するために，ストック・オプションと対応関係にあるサービスの提供期間である対象勤務期間を算定する必要があります。対象勤務期間は，ストック・オプションの付与日から権利確定日までの期間であるとされています（会計基準第８号２(9)）ので，権利確定日をいかに認定するかが当期費用発生割合を算定する上でのポイントとなります。付与日における株価が行使価格を上回っている状態で付与されるようなストック・オプションでは，権利確定条件が付されていないのと同じですので，対象勤務期間は存在せず付与日において一時に費用計上します（適用指針第11号18前段）。

　権利確定条件が付されている典型的なケースは，以下の２つが考えられます。

　(a) **勤務条件が付されているケース**　　権利確定日が固定的となる権利確定条件です。まず，勤務条件が明示されている場合には勤務条件を満たし，権利が確定する日が権利確定日となります。勤務条件が明示されていなくても，ストック・オプション契約の内容から，実質的に勤務条件が付されている場合も

あります。例えば、権利行使期間の開始日が明示されており、かつ、それ以前に自己都合退職すると権利行使ができなくなるようなケースです。このような場合には、実質的に勤務条件が付されているものとみなして権利行使期間の開始日の前日を権利確定日とします（適用指針第11号17(2)）。

(b) 業績条件が付されているケース　権利確定日が固定的とはならない権利確定条件です。このような場合には、原則として権利が確定する日を合理的に予測して会計処理を行います（適用指針第11号17(3)）。なお、権利が確定する日を合理的に見積もることが困難で、このような予測を行わない場合には対象勤務期間がないものとみなしてストック・オプションの付与日に一時に費用計上します（適用指針第11号18後段）。

実務上は、複数の権利確定条件が付されるなど、段階的に権利行使が可能となるケースなどが考えられます。複数の権利確定条件が付されている場合は、①いずれかの条件を満たせばストック・オプションの権利が確定する条件（OR条件）、②すべてを満たせばストック・オプションの権利が確定する条件（AND条件）に分類できます。①であれば、最も早期に達成される条件が満たされる日が権利確定日となり、②であれば、達成に最も長期を要する条件が満たされる日が権利確定日となります（適用指針第11号19）。

2 ストック・オプションの権利確定後の会計処理

権利が確定した後は、その権利が行使されるか、権利が不行使のまま失効し権利が消滅するかのいずれかになります。

(1) 権利行使の会計処理

権利が行使され新株を発行した場合には、新株予約権として計上した額のうち当該権利行使に対応する部分とその払込金額の合計額が払込資本に振り替えられることになります（会計基準第8号8）。自己株式の取得原価と新株予約権の帳簿価額及び権利行使に伴う払込金額の合計額との差額は自己株式処分差額となり「自己株式及び準備金の額の減少等に関する会計基準」（会計基準第1号）によりその他資本剰余金等として計上されます。

(2) 権利不行使による失効の会計処理

権利不行使により失効した場合には、その失効が確定した期に新株予約権と

して計上した額のうち当該失効に対応する部分を利益として計上します（会計基準第8号9）。ストック・オプションが権利不行使により失効した場合についても，現金を対価として新株予約権が行使されずに失効した場合の会計上の取扱いと整合性をとっています。

〔野田　幸嗣〕

コラム　―自己新株予約権の処分―

　会社法の施行により，新株予約権がストック・オプション・資金調達，買収防衛策などで利用されるケースは以前に比べて飛躍的に増加すると考えられます。その中で，自己新株予約権の処分に関する会社法及び会計上の取扱いは，今後，大きな問題となる可能性があります。

　まず，会社法では，自己新株予約権の処分は自己株式の処分や新株予約権の新規発行でみられるような，第三者割当手続の規制や有利発行の規制等は存在しません。自己新株予約権の処分が通常の資産の売却と同様で，特別な規制は必要ないと考えられているためです。つまり，会社法では，自己新株予約権の処分により，既存株主及び潜在株主の持株比率や，持分価値を害する可能性があるにもかかわらず，これに対する十分な規制が置かれていないのです。

　さらに，会計では，自己新株予約権の処分は，自己株式の処分のように資本取引として取り扱われず，損益取引として，その処分差損益は損益計算書に計上されることになります。ライブドア事件で自己株式の売却益の会計上の取扱いが問題になり一定規制がなされましたが，新株予約権は潜在的な株式の性格をもつことから考えると，自己新株予約権の処分は，自己株式の売却益を用いた利益操作の潜脱手段として用いられる可能性もあります。

〔野田　幸嗣〕

Q.4-2-4 ストック・オプションの会計処理②(個別論点)

ストック・オプション会計で注意すべき点について教えてください。

> **Point**
> ■非公開会社におけるストック・オプションの評価。
> ■条件変更を行った場合の取扱い。
> ■親会社株式オプションを子会社従業員等に付与する場合の取扱い。
> ■ストック・オプション以外で財貨又はサービスの対価として自社株式オプションを用いる取引。
> などが，留意すべき項目として挙げられる。

1 未公開企業における取扱い

　未公開企業はストック・オプションの公正かつ信頼性のある評価額を算定することが難しく，上場会社のように多くの投資家が存在しません。そこで，注記により一定の情報開示を行うことを条件に，単位当たりの本源的価値，つまりストック・オプションの原資産である自社の株式の評価額と行使価格との差額を公正な評価単価に読み替えて会計処理を行う特例が認められます。したがって，株式の評価額を行使価額が上回っていれば株式報酬等の費用処理は必要ありません。

　この会計処理を選択した場合は，各会計期間中に権利行使されたストック・オプションの権利行使日において実現した本源的価値の合計額及び未行使のストック・オプションの各期末における本源的価値の合計額を注記する必要があります（会計基準第8号16(5)）。なお，未公開企業がこの特例処理を選択した場合であっても，算定時点における本源的価値を求めるために自社の株式の評価額を見積もる必要があるため，自社の株式の評価額の算定方法についての注記が必要となります（適用指針第11号31）。

2 条件変更

条件変更とはストック・オプションの付与後にストック・オプションの条件を事後的に変更し，ストック・オプションの公正な評価単価，ストック・オプション数又は費用の合理的な計上期間の3つの要素のいずれかを意図的に変動させることをいいます（会計基準第8号2⒂）。実際には，これら3つの要素のうち複数の要素に同時に影響するような複合的な条件変更もありますが，このような場合にも各要素に分解して実態に応じた適切な会計処理を行う必要があります（会計基準第8号59）。以下，典型的な条件変更の会計処理を解説します。

(a) 評価単価の変更 評価単価の変更の典型例として行使単価を引き下げるケースがあります。このような場合には付与日におけるストック・オプションの公正な評価単価に基づいた条件変更前の費用計上を継続して行うことに加え，条件変更日におけるストック・オプションの公正な評価単価が付与日における公正な評価単価を上回る部分（図(a)①）につき，条件変更後，追加的に費用計上を行います（会計基準第8号10⑴，55）。但し，ストック・オプションの条件変更によって公正な評価単価が付与日のそれを下回る場合（図(a)②）には，ストック・オプションの条件を従業員等にとってより魅力的なものとしたにもかかわらず費用を減額するというパラドックスが生じるため，このような場合には条件変更前からの費用計上のみを継続して行うことになります（会計基準第8号10⑵，56）。

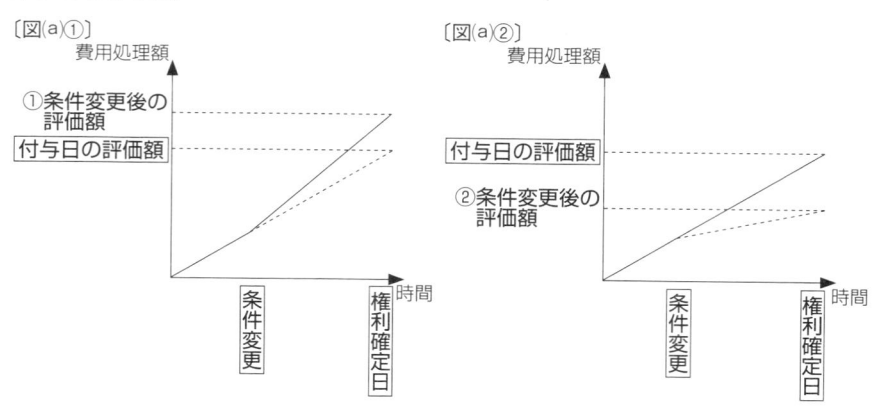

〔図(a)①〕
費用処理額
①条件変更後の評価額
付与日の評価額
条件変更　権利確定日　時間

〔図(a)②〕
費用処理額
付与日の評価額
②条件変更後の評価額
条件変更　権利確定日　時間

(b) **ストック・オプション数の変更**　業績条件を緩和するなど権利確定条件を緩和するような条件変更がストック・オプション数の変更にあたります。Q4-2-3で説明したとおり，権利確定見積数に重要な変動が生じた場合には評価単価とは異なり，ストック・オプション数を見直し，その影響額の見直しを行った期に反映させ，最終的には権利確定の実績数に一致させることになります（会計基準第8号7(2)(3)）。一方，条件変更の場合には，その条件変更の趣旨が将来にわたる効果を期待したものと考えられるため，条件変更後の残存期間にわたって反映させるのが適切です。したがって，ストック・オプション数の見積りの見直しの処理とは異なり，原則として条件変更の規定で処理することとなります（会計基準第8号11, 57）。条件変更前から行われてきた費用計上を継続して行いながら，条件変更によるストック・オプション数の変動に見合うストック・オプションの公正な評価額の変動額を，合理的な方法に基づき残存期間にわたって計上します（図(b)①②）。

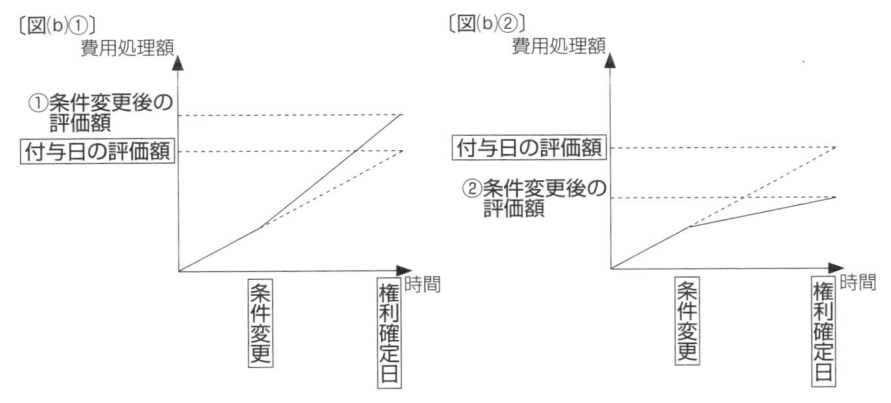

〔図(b)①〕　費用処理額
①条件変更後の評価額
付与日の評価額
条件変更　権利確定日　時間

〔図(b)②〕　費用処理額
付与日の評価額
②条件変更後の評価額
条件変更　権利確定日　時間

(c) **費用計上期間の変更**　対象勤務期間を変更するような条件変更はストック・オプションの前提となるサービスの内容そのものが変わってしまうため，厳密にいえば別の報酬であるともいえます。しかし，行使価格の引下げによる条件変更に合わせて対象勤務期間の延長が行われることも考慮して，対象勤務期間の延長や短縮の場合には条件変更の問題として取り扱います。条件変更前の残存期間に計上すると見込んでいた金額を，条件変更後の新たな残存期間にわたって費用計上します（会計基準第8号12, 58）（図(c)①②）。

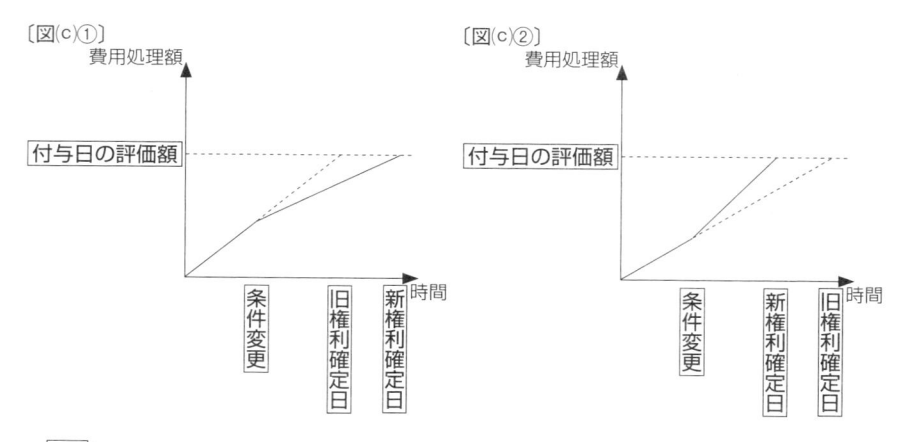

〔図(c)①〕
費用処理額／時間
付与日の評価額
条件変更　旧権利確定日　新権利確定日

〔図(c)②〕
費用処理額／時間
付与日の評価額
条件変更　新権利確定日　旧権利確定日

3　親会社株式オプションを子会社従業員等に付与する場合

　親会社が，自社株式オプションを子会社の従業員等に付与する場合には，親会社が子会社に対する追加的なサービスを通じて，親会社自身が子会社の投資価値を高めることを期待していると考えられます。親会社が子会社の従業員等に付与する親会社株式オプションと子会社の従業員等が提供するサービスにも対価関係が認められます（会計基準第8号24）。したがって，親会社が自社株式オプションを付与した結果で子会社において享受したサービスの消費は親会社の個別財務諸表上，費用として計上します（適用指針第11号22(1)，63）。

　子会社の財務諸表上の処理は，親会社株式オプションの付与が子会社の報酬であると位置づけられているか否かで判断します。親会社株式オプションの付与が子会社の報酬であると位置づけられていない場合には，子会社では特に会計処理は要しません（適用指針第11号22(3)）。逆に，子会社においても親会社株式オプションの付与を子会社の報酬体系に組み入れている等，子会社においても報酬として位置づけられるケースは，付与と引換えに従業員等から当該子会社に対して提供されたサービスの消費を費用として計上し，同時に報酬の負担を免れたことによる利益を計上します（適用指針第11号22(2)）。

4　ストック・オプション以外で財貨又はサービスの対価として自社株式オプションを用いる取引

ストック・オプションは付与日（会計基準第8号2(6)）において自社株式オプションを評価（会計基準第8号6(1)）します。一般にストック・オプション以外の自社株式オプションを対価として財貨又はサービスの提供を受ける場合は，付与日は当事者間で前提とした価値算定の日，つまり契約成立日（合意日）を算定時点と考えます（会計基準第8号64，66）。取得した財貨又はサービスの取得額については，自社株式オプション，財貨又はサービスのいずれかより高い信頼性をもって測定できるほうを基準に測定します（適用指針第11号67）。

〔野田　幸嗣〕

コラム　―ブラック・ショールズモデルと2項モデル―

　ストック・オプションの公正な評価単価を算定する際に用いられる典型的な算定技法として，ブラック・ショールズモデルと2項モデルがあります。この2つの算定技法は，ブラック・ショールズモデルが一定の基礎数値を方程式に代入して解を算定する解析的手法であるのに対して，2項モデルは株価の擬似的な変動モデルからオプション価格を近似的に推定していく方法であるという点で大きく異なります。
　以下，ブラック・ショールズモデルを利用する上での留意点を解説します。
　ブラック・ショールズモデルは，もともとの微分方程式では無限に解を持ちますが，ある一定の条件を置くことで，基礎数値を代入するだけで評価単価を求めることができる方程式となります。このようなことから，基礎数値をブラック・ショールズモデルに代入するだけで簡単にストック・オプションの評価単価を求められるような錯覚に陥ります。しかし，ブラック・ショールズモデルは，通常，満期日にしか権利行使を認めていない，いわゆるヨーロピアンタイプのオプションの価格を求めることはできますが，満期日だけでなく満期日前のいかなる時点でも権利行使を認めているアメリカンタイプのコール・オプションの評価額を求めることはできません。ストック・オプションは権利行使のタイミング等，一般の新株予約権に比べて様々な条件が付されていることが多いですから，ブラック・ショールズモデルの背景知識を持たずに，単に数値を算式に代入するだけで評価額が算定できたと考えることは非常に危険なのです。

〔野田　幸嗣〕

Q.4-2-5 新株予約権の開示

新株予約権及びストック・オプションの会社法，証券取引法上の開示について教えてください。

> **Point**
> ■新株予約権を発行した会社は株主資本等変動計算書に注記が必要となる。
> ■ストック・オプションを発行した会社はストック・オプション等に関する注記が必要になる。

1 証券取引法上の開示

(1) 新株予約権に関する株主資本等変動計算書の開示

新株予約権を発行した場合には，新株予約権は貸借対照表の純資産の部の1項目を構成していますので，期中における純資産の変動を表す株主資本等変動計算書に計上し，その変動事由を開示します。さらに新株予約権は株主の持分に重要な影響を与えるため，株主資本等変動計算書に，

① 新株予約権の目的となる株式の種類
② 新株予約権の目的となる株式の数
③ 新株予約権の当期末残高
④ 自己新株予約権に関する事項

を注記する必要があります。連結株主資本等変動計算書を作成している会社は，その内容を連結株主資本等変動計算書に注記することで個別株主資本等変動計算書への注記を省略することができます（財務諸表等規則108，連結財務諸表規則79）。

①及び②については，(i)連結子会社が発行した新株予約権，及び，(ii)ストック・オプション等に関する会計基準により注記事項とされているものは含まれません。(i)を開示しない理由は，親会社の発行済株式総数への影響に関する情報を開示することがこれらの注記の趣旨だからです。発行済株式総数及び自己株式数に関する注記も同様の取扱いです。(ii)を開示しない理由はストック・オプションによる新株予約権との重複開示を避けるためです。

②については，権利行使されたと仮定した場合の増加株式数を記載し，新株予約権の目的となる株式の種類ごとに，新株予約権の目的となる株式の前期末及び当期末の数並びに当期に増加及び減少する株式の数及び変動事由の概要を記載します。権利行使期間の初日が到来していない新株予約権については，それが明らかになるように記載します。親会社が発行した新株予約権を連結子会社が保有している場合には，その新株予約権の目的となる株式の種類及び数が明らかになるように記載します。会社自身が自己新株予約権を権利行使することはできませんが（会280⑥），自己新株予約権の権利行使が可能なものとみなして②の注記を行います。重要性が乏しいものについては①，②の注記を省略することも認められます。

③については，親会社の新株予約権の当期末残高と連結子会社の新株予約権の当期末残高を区分して記載します。新株予約権残高には貸借対照表との整合性をとるため，ストック・オプション等として交付されたものも含みます。連結子会社が発行した新株予約権をその子会社が保有している場合（連結子会社の自己新株予約権）も当該注記が必要です。

④については，親会社が発行した新株予約権を親会社が保有している場合（親会社の自己新株予約権）には新株予約権との対応が明らかとなるように，①～③に関する事項を注記します。自己新株予約権を処分した場合には，新株予約権が権利行使される可能性があるためです。

新株予約権の注記対象には敵対的買収防衛策として付与される自社株式オプションが含まれます（Q4-4-1参照）。通常，このような新株予約権の帳簿価額は「0」となりますが，権利行使による増加株式数が発行済株式総数に対して重要な影響を与える可能性があります。したがって，純資産の部に帳簿価額がゼロの新株予約権が計上されているものとみなして注記します。

一括法により負債に計上される転換社債型新株予約権付社債は株主資本等変動計算書に計上されませんので原則として注記対象に含まれませんが，権利行使による増加株式数が発行済株式総数に比して重要な影響を与える場合に注記を行ってもよいとされています。

(2) ストック・オプション等に関する注記

会社がストック・オプション等を発行した場合には，以下の注記が必要とな

ります。連結財務諸表においては，親会社が付与したストック・オプション等のほか，連結子会社が付与したストック・オプション等についても開示の対象となります。

(a) 会計基準の適用による財務諸表への影響額の注記　ストック・オプション等会計基準の適用対象となっている取引について，会計基準を適用したことによる財務諸表への次の影響額を注記します（財務諸表等規則8の14，連結財務諸表規則15の9）。

① サービスを取得した場合には当該会計期間において計上した費用の額とその科目名
② 財貨を取得した場合には，その取引による当初の資産計上額又は費用計上額と科目名
③ 権利不行使による失効が生じた場合には，利益として計上した金額

(b) ストック・オプションを付与する取引の注記　その会計期間において存在したストック・オプションについて，ストック・オプションの内容，規模及びその変動状況として次の事項を注記します（財務諸表等規則8の15，連結財務諸表規則15の10）。

① 付与対象者の区分（役員，従業員などの別）及び人数
② ストック・オプションの数（権利行使された場合に交付することとなる株式数を表示し，当該企業が複数の種類株式を発行している場合には，株式の種類別に記載する）
③ 付与日
④ 権利確定条件（権利確定条件が付されていない場合にはその旨）
⑤ 対象勤務期間（定めがない場合にはその旨）
⑥ 権利行使期間
⑦ 権利行使価格
⑧ 付与日における公正な評価単価（会社法の施行日より前に付与されたストック・オプションを除く）
⑨ 権利行使時の株価の平均値（当該会計期間中に権利行使されたものが対象）

②のストック・オプションの数は，(i)付与数，(ii)権利不確定による失効数，(iii)権利確定数，(iv)権利未確定残数，(v)権利行使数，(vi)権利不行使による失効数，

(vii)権利確定後の未行使残数の区分ごとに記載します。この際に(ii), (iii), (v)及び(vi)については当該会計期間中の数を記載し，(iv)及び(vii)については，期首及び期末の数を記載します。

(b)の注記は契約単位で記載する方法と複数の契約を集約して記載する方法が認められています。後者の方法は，付与対象者の区分，権利確定条件の内容，対象勤務期間や権利行使期間の長さが概ね類似している場合に採用することができます。株式の公開前に付与したストック・オプションと公開後に付与したストック・オプションや，権利行使価格の設定方法が著しく異なるものについては集約して記載することはできません。複数の契約を集約して記載する場合には，⑦権利行使価格と⑧付与日における公正な評価単価は，その会計期間中の権利行使数に基づく加重平均値と当該会計期間末の残存数（権利未確定数と権利確定未行使数との合計）に基づく加重平均値，⑨権利行使時の株価の平均値については当該会計期間中の権利行使数に基づく加重平均値を注記することになります。

(c) **ストック・オプションの公正な評価単価の見積方法の注記**　その会計期間において付与されたストック・オプション及び条件変更により公正な評価単価が変更されたストック・オプションについて公正な評価単価の見積方法として使用した算定技法並びに使用した基礎数値及びその見積方法を記載します（財務諸表等規則8の15④，連結財務諸表規則15の10）。但し，使用した算定技法及び主な基礎数値の見積方法に関して内容が同一のものについては集約して記載することができます。

(d) **ストック・オプションの権利確定数の見積方法の注記**　ストック・オプションの権利確定数の見積方法として，勤務条件や業績条件の不達成による失効数の見積方法を記載します（財務諸表等規則8の15⑤，連結財務諸表規則15の10）。

(e) **未公開企業におけるストック・オプションの公正な評価単価の見積方法の注記**　未公開企業においてストック・オプションを付与している場合には，ストック・オプションの公正な評価単価の見積方法として，その価値算定の基礎となる自社の株式の評価方法についても注記します（財務諸表等規則8の15⑥，連結財務諸表規則15の10）。

（f） **単位当たりの本源的価値によった場合の開示に関する簡便な算定方法の注記**　未公開企業において，ストック・オプションの公正な評価単価に代えて，単位当たりの本源的価値によった場合に，各会計期間中に権利行使されたストック・オプションの権利行使日における本源的価値の合計額及び当該事業年度において権利行使されたストック・オプションの権利行使日における本源的価値の合計額を注記します（財務諸表等規則8の15⑦，連結財務諸表規則15の10）。この場合，月中の平均株価を基礎として算定する等の簡便で合理的な算定方法によることができます。

（g） **ストック・オプションの条件変更の状況**　ストック・オプションの条件変更を行った結果，ストック・オプションの内容として注記した事項に変更が生じた場合には，その内容について注記します（財務諸表等規則8の15⑧，連結財務諸表規則15の10）。条件変更日におけるストック・オプションの公正な評価単価が付与日の公正な評価単価以下となったため，公正な評価単価の見直しを行わなかった場合にはその旨を注記します。

（h） **財貨又はサービスの取得の対価として自社株式オプション又は自社の株式を用いる場合**　財貨又はサービスの取得の対価として自社株式オプション又は自社の株式を用いた場合には，ストック・オプションの場合の注記に準じた開示を行います（財務諸表等規則8の16，連結財務諸表規則15の11）。さらに，取得した財貨又はサービスの内容とともに，財貨又はサービスの取得価額の算定をそれらの公正な評価額によった場合にはその旨を注記します。

2　会社法上の注記

株主資本等変動計算書に関する注記として，事業年度末日におけるその株式会社が発行した新株予約権の目的となる当該株式会社の株式の数，種類株式発行会社については種類及び種類ごとの数の注記が必要となります。なお，注記対象となる新株予約権は，当該新株予約権を行使することができる期間の初日が到来しているものに限られます。（計規136①四）。連結株主資本等変動計算書を作成している会社は，連結株主資本等変動計算書に同様の注記が必要となりますので，株主資本等変動計算書への注記は省略することができます（計規136，137①三）。注記の内容は，新株予約権の権利行使期間の初日が到来していない

新株予約権について注記が求められていない点を除いては①「証券取引法上の開示」と基本的に同様です。

　ストック・オプションについては，株式会社の計算に関する法務省令144条の規定に基づく「その他の注記」として会社又は企業集団の財産又は損益の状態を正確に判断するために必要な事項を注記します。したがって，①「証券取引法上の開示」と同様の注記を行うことが望ましいと考えます。

新株予約権に関する事項の注記例

連結株主資本等変動計算書に関する注記
新株予約権及び自己新株予約権に関する事項

区分	新株予約権の種類	新株予約権が権利行使されたものと仮定した場合の増加株式数				当期末残高（百万円）	摘要
		前期末	当期増加	当期減少	当期末		
提出会社（親会社）	X1年新株予約権	200	—	100	100	10	注1
	X2年新株予約権（自己新株予約権）	— —	200 (30)	10 (10)	190 (20)	100 (5)	注2，注3，注4
	ストック・オプションとしての新株予約権					15	
連結子会社						30	
合計						155 (5)	

注1：X1年新株予約権の当期減少は，新株予約権の行使によるものである。
注2：X2年新株予約権の当期増加は，新株予約権の発行によるものである。
注3：X2年新株予約権及び自己新株予約権の当期減少は新株予約権の消却によるものである。
注4：X2年自己新株予約権の当期増加は，新株予約権の取得によるものである。

【出典】企業会計基準委員会（ASBJ）：株主資本等変動計算書に関する会計基準の適用指針の注記例

ストック・オプション等に関する開示（X5年3月期）
1．ストック・オプションの内容，規模及びその変動状況
(1) ストック・オプションの内容

	X0年ストック・オプション	X2年ストック・オプション	X4年ストック・オプション
付与対象者の区分及び数	当社の取締役18名	当社の取締役17名	当社の取締役17名
ストック・オプション数（＊）	普通株式　100,000株	普通株式　90,000株	普通株式　90,000株
付与日	X0年7月1日	X2年7月1日	X4年7月1日
権利確定条件	付与日（X0年7月1日）以降，権利確定日（X2年6月30日）まで継続して勤務していること。	付与日（X2年7月1日）以降，権利確定日（X4年6月30日）まで継続して勤務していること。	付与日（X4年7月1日）以降，権利確定日（X6年6月30日）まで継続して勤務していること。
対象勤務期間	2年間（自X0年7月1日至X2年6月30日）	2年間（自X2年7月1日至X4年6月30日）	2年間（自X4年7月1日至X6年6月30日）
権利行使期間	権利確定後3年以内。ただし，権利確定後退職した場合は，退職日より6ヵ月以内まで行使可。	同左	同左

＊株式数に換算して記載している。

(2) ストック・オプションの規模及びその変動状況
　　当連結会計年度（X5年3月期）において存在したストック・オプションを対象とし，ストック・オプションの数については，株式数に換算して記載している。

契約ごとに記載する場合

① ストック・オプションの数　　　　　　　　　　（単位：株）

	X0年ストック・オプション	X2年ストック・オプション	X4年ストック・オプション
権利確定前			
期首	―	89,000	―
付与	―	―	90,000
失効	―	2,000	―
権利確定	―	87,000	―
未確定残	―	―	9,0000
権利確定後			
期首	60,000	―	―
権利確定	―	87,000	―
権利行使	20,000	25,000	―
失効	―	―	―
未行使残	40,000	62,000	―

② 単価情報　　　　　　　　　　　　　　　（単位：円）

	X0年	X2年	X4年
権利行使価格	4,300	4,500	4,700
行使時平均株価	4,600	4,600	―
公正な評価単価（付与日）	200	250	300

複数の契約を集約して記載する場合

① ストック・オプションの数　　　　　　　　　　（単位：株）

権利確定前	
期首	89,000
付与	90,000
失効	2,000
権利確定	87,000
未確定残	9,0000
権利確定後	
期首	60,000
権利確定	87,000
権利行使	45,000
失効	―
未行使残	102,000

② 単価情報　　　　　　　　　　　　（単位：円）

	権利行使	未決済残
権利行使価格	4,411	4,552
行使時平均株価	4,600	
公正な評価単価（付与日）	228	263

【出典】企業会計基準委員会（ASBJ）：ストック・オプション等に関する会計基準の適用指針の注記例

2．ストック・オプションの公正な評価単価の見積方法

当連結会計年度において付与されたX4年ストック・オプションについての公正な評価単価の見積方法は以下のとおりである。
①使用した評価技法：ブラック・ショールズ式
②主な基礎数値及び見積方法

	X4年ストック・オプション
株価変動性（＊1）	30%
予想残存期間（＊2）	3年6ヵ月
予想配当（＊3）	5円／株
無リスク利子率（＊4）	0.62%

＊1　3年6ヵ月間（X1年1月からX4年6月まで）の株価実績に基づき算定した。
＊2　十分なデータの蓄積がなく，合理的な見積りが困難であるため，利権行使期間の中間点において行使されるものと推定して見積っている。
＊3　X4年3月期の配当実績による。
＊4　予想残存期間に対応する期間に対応する国債の利回りである。

3．ストック・オプションの権利確定数の見積方法

基本的には，将来の失効数の合理的な見積りは困難であるため，実績の失効数のみ反映させる方法を採用している。

4．連結財務諸表への影響額

ストック・オプション制度による株式報酬費用　　XXX百万円

【出典】企業会計基準委員会（ASBJ）：ストック・オプション等に関する会計基準の適用指針の注記例

〔野田　幸嗣〕

Q.4-2-6　新株予約権の発行者側の税務

新株予約権について発行者側で損金処理が認められるようになったと聞きました。その内容を教えてください。

Point
- 新株予約権は会計上の区分が負債の部から純資産の部に変更になったが，税務上は従来どおり負債として取り扱う。
- 税務上，負債として認識した新株予約権が失効した場合には負債の取崩しにより益金算入処理が行われる。
- ストック・オプションを発行する法人は，一定の条件を満たす非適格ストック・オプションが行使された際に，付与時の時価相当額について損金処理が可能となった。

1　新株予約権の税務上の取扱い

　新株予約権の会計上の区分が負債の部から純資産の部に変更になりましたが，税務上は従来どおり負債の項目として取り扱われます。新株予約権が行使された場合には，税務上の新株予約権の額と払込金額が税務上の資本金等の額に振り替えられます。新株予約権の払込金額を100，行使価額が200とすると税務の仕訳は次のようになります。

〔仕訳〕

```
〈新株予約権の発行時〉
　（借）現金・預金        100      （貸）新株予約権        100

〈新株予約権の行使時〉
　（借）新株予約権        100      （貸）資本金等の額      300
　　　　現金・預金        200
```

　したがって，金銭等の払込みにより生じた新株予約権が権利行使期間が満了したことなどの理由により失効した場合には，新株予約権（負債）が消滅したことによる益金を認識することになります。具体的には，上述の新株予約権の

すべてが失効したとすると税務上の仕訳は次のようになります。

〔仕訳〕

〈新株予約権の失効時〉

| (借)新株予約権 | 100 | (貸)新株予約権戻入益 | 100 |

　新株予約権と引換えに払い込まれる金銭等の額が，その新株予約権の発行時の価額に満たない場合又は超える場合には，その満たない部分の金額又はその超える部分の金額に相当する金額は，損金の額又は益金の額に算入されないことになります（法法54⑤）。新株予約権の発行においては資本等取引と同様に発行法人側に損金及び益金が生じないことを処理面から明確化したものです。

2　ストック・オプションについての税務上の取扱い

(1)　税務上の規定

　会社法がストック・オプションについて役務提供の対価としての性格を認めたため，税務も一定の場合には発行法人側でストック・オプションの損金処理を認めるようになりました。ストック・オプションが個人からの役務提供を受けたことにより対価として発行する新株予約権であれば，その個人に給与等課税事由が生じた日の属する事業年度において，ストック・オプションの付与時の時価に相当する金額を損金処理することができます（法法54①）。

　給与等課税事由とは，そのストック・オプションを付与された個人が新株予約権を行使したことにより，給与所得，事業所得，退職所得及び雑所得が生じる場合をいいます（法令111の2）。つまり，適格ストック・オプション（措置法29の2）に該当する場合には，権利行使で株式を取得した際には課税が繰延べになり，株式を譲渡した際に譲渡所得が発生しますので，上記の要件に該当せず法人での損金処理はできません。また，この特例は個人へのストック・オプションの付与を前提としていますので，法人に付与した新株予約権については適用されません。

(2)　税務手続

　ストック・オプションに関する新株予約権の発行法人は確定申告書にその新株予約権の状況に関する明細書（別表九（二），後掲の図表1参照）を添付しなけれ

ばなりません（法法54④）。

3　適用関係

上述の規定は平成18年5月1日以後にその発行に係る決議をする新株予約権について適用されます（改正法法附則30①）。

〔野田　幸嗣〕

コラム　―ストック・オプションの評価とボラティリティ―

適用指針第11号では，ストック・オプションの公正な評価単価の算定に際して，少なくとも以下の6つの基礎数値を考慮する必要があります（適用指針第11号6）。

①オプションの行使価格，②オプションの満期までの期間，③算定時点における株価，④株価変動性（ボラティリティ），⑤前記②の期間における配当額，⑥無リスクの利子率（割引率）

6つの基礎数値の中で最も馴染みが薄いのは，④の株価変動性（ボラティリティ）ですが，このボラティリティこそがストック・オプションの公正な評価単価を算定するにあたって最も重要な要素となります。ボラティリティとは，正確にいえば株価の変動率の標準偏差（ばらつき）の年率です。つまり，ストック・オプションの原資産である株式の株価変動が大きければ大きいほどボラティリティは大きくなり，ストック・オプションの評価単価は高くなります。これは，株価が安定的なA株式と株価が大きく変動するB株式を原資産とする新株予約権の評価を考えると，ある行使価格を超える可能性は当然B株式のほうが大きくなることから，B株式の新株予約権の評価のほうが高くなるであろうことは想像できると思います。とはいっても，ボラティリティがいくら大きくなっても，ストック・オプションの評価単価が株価を超えることはありません。新株予約権の価格とその原資産の株価が同じであれば，現物株を買う権利である新株予約権を現物株と同じ対価を支払って購入する人はいないでしょうから。

ボラティリティは理解しづらい概念ですが，ボラティリティの値がストック・オプションの評価にどのような影響を与えるのかを感覚として理解しておくと，ストック・オプションの評価を行う際に大きな誤りを起こすことを防ぐことができると思います。

〔野田　幸嗣〕

図表1 新株予約権に関する明細書

（出典：国税庁ホームページ「税務手続の案内」）

別表九(二) 平十八・五・一以後終了事業年度又は連結事業年度分

		事業年度又は連結事業年度	・・	・・	・・	法人名（　　）	計
発　行　年　月　日		1	・・	・・	・・	・・	
発行対象者の区分及び人数		2					
新　株　予　約　権　発　行　数		3					
権　利　行　使　期　間		4	（　　）	（　　）	（　　）	（　　）	
権　利　行　使　価　格		5	円	円	円	円	
発　行　の　時　の　単　価		6					
新株予約権の変動状況の明細	権利確定前	期首権利未確定数（前期の(11)）	7					
		当　期　発　行　数	8					
		当期権利不確定による失効数	9					
		当　期　権　利　確　定　数	10					
		期　末　権　利　未　確　定　数（(7)又は(8))－((9)+(10))	11					
	権利確定後	期首権利確定後未行使数（前期の(18)）	12					
		当　期　権　利　確　定　数(10)	13					
		当　期　権　利　行　使　数	14					
		(14)のうち　給与等課税事由が生じたもの	15					
		給与等課税事由が生じないもの	16					
		当期権利不行使による失効数	17					
		期末権利確定後未行使数((12)+(13))－((14)+(17))	18					
期　首　費　用　計　上　累　積　額（前期の(24)）		19	円	円	円	円	円
当　期　費　用　計　上　額		20					
当期権利行使に係る金額のうち損金算入額の基礎となる金額 (6)×(15)		21					
当期権利行使に係る金額のうち損金不算入となる金額 (6)×(16)		22					
当期権利不行使による失効に伴い益金不算入となる金額 (6)×(17)		23					
期　末　費　用　計　上　累　積　額 (19)+(20)－(21)－(22)－(23)		24					

（4の欄）権利確定日を記載する

（6の欄）その新株予約権付与時における公正な評価額を記載する

（15の欄）その事業年度において権利行使された新株予約権のうち、その新株予約権の発行を受けた個人に給与所得等課税が生じた新株予約権数を記載する

第3節　取得者側の会計・税務処理

Q.4-3-1　新株予約権の取得者側の会計処理

新株予約権・新株予約権付社債の取得者側の会計処理について教えてください。

> **Point**
> ■新株予約権を取得した者は金融商品会計基準に規定する有価証券の取扱いに応じた会計処理を行う。
> ■新株予約権付社債を取得した者は金融商品会計基準に規定する複合金融商品の取扱いに応じた会計処理を行う。

1　新株予約権の取得者側の会計処理

(1) 新株予約権の会計処理

(a) **新株予約権の取得時の会計処理**　新株予約権は有価証券に該当するため（証取2①六），金融商品会計基準に定める有価証券の取得として処理します。新株予約権は取得時に時価で測定し，その保有目的の区分に応じて売買目的有価証券又はその他有価証券として会計処理を行います。

(b) **新株予約権の行使時の会計処理**　新株予約権の権利を行使して発行会社の株式を取得した場合は，新株予約権が売買目的有価証券の場合には権利行使時の時価で，その他有価証券の場合にはその時点の帳簿価額を払込金額と合わせて株式に振り替えることになります。

(c) **譲渡時の会計処理**　新株予約権を譲渡した場合には移転した新株予約権の帳簿価額とその対価の額との差額を当期の損益として認識します。

(d) **失効時の会計処理**　新株予約権を行使せずに権利行使期間が満了し失効した場合には，その新株予約権の帳簿価額を当期の損失として処理します。過去においてその新株予約権について減損処理を行っている場合には減損処理後の帳簿価額を当期の損失として処理することになります。

(2) 旧商法下で発行された新株予約権の会計処理

　旧商法下で発行された新株予約権を取得した場合の会計処理は会社法における新株予約権の会計処理と大きな差異はありません。新株予約権が強制消却された場合には，その効力が生じた時に金融資産としての新株予約権の消滅を認識し当期の損失として処理することになります。

2 新株予約権付社債の取得者側の会計処理

(1) 会社法における新株予約権付社債の会計処理

　転換社債型新株予約権付社債と転換社債型新株予約権付社債以外の新株予約権付社債では会計処理が異なります。「金融商品に係る会計基準の設定に関する意見書」では，払込資本を増加させる可能性のある部分を含む複合金融商品は，払込資本を増加させる部分とそれ以外の部分の価値をそれぞれ認識することが可能であれば区分する必要があるとしています。

　転換社債型新株予約権付社債は，社債の対価部分と新株予約権の対価部分に区分せず普通社債の取得に準じて処理します（一括法）。転換権が行使されると社債は消滅し社債の償還権と転換権が各々存在し得ないということから，対価部分を区分して処理する必要性は乏しいと考えられるためです。

　転換社債型新株予約権付社債以外の新株予約権付社債は，原則として，社債の対価部分と新株予約権の対価部分とに区分し，社債の対価部分は普通社債の取得に準じて処理し，新株予約権の対価は新株予約権の取得者側の会計処理に準じて処理します。

(2) 旧商法における新株予約権付社債の会計処理

　代用払込の請求があったとみなす新株予約権付社債で以前の転換社債と経済的実質が同一であるものについては，一括法で処理します。代用払込が認められる新株予約権付社債及び代用払込の請求があったとみなす新株予約権付社債で以前の転換社債と経済的実質が同一であると考えられないものについては区分法で処理することになります。

〔野田　幸嗣〕

Q.4-3-2 新株予約権の取得者側の税務処理

新株予約権の取得者側の税務処理について教えてください。

> **Point**
> ■発行法人から新株予約権を取得した法人は原則として払込金額（無償の場合は「0」）が取得価額となるが，一定の有利発行又は無償交付では時価が取得価額となる。
> ■一定の条件を満たす種類株式等を発行会社が取得し，その対価として新株予約権が付与される場合には，簿価を引き継ぎ譲渡損益は認識しないことがある。
> ■適格ストック・オプションの特例の対象に執行役が加えられた。

1 新株予約権を取得した会社の税務上の取扱い

(1) 一般的な取扱い

　新株予約権を第三者から購入した法人は他の有価証券と同様にその購入の代価と付随費用の合計額が取得価額となります（法令119①一）。発行法人から取得した新株予約権については，払込金額又は給付資産価額がその取得価額となり（法令119①二），無償で取得した場合には「0」となります（法令119①三）。但し，有利発行又は無償交付の場合で株主等として取得していない場合及び株主等として取得した場合であっても他の株主等に損害を及ぼすおそれがある場合には，取得した新株予約権の時価で取得価額を認識し，払込金額又は給付資産価額との差額について受贈益課税が行われます（法令119①四）。

(2) 全部取得条項付種類株式の取得決議による新株予約権の交付

　全部取得条項付種類株式の取得決議により，その取得の対価として株式又は新株予約権のみが交付される場合には，新株予約権を取得した法人は原則として全部取得条項付種類株式の簿価を引き継ぎ，譲渡損益は認識しません（法法61の2⑪三）。本来であれば，全部取得条項の行使は譲渡取引であり，所得を認識すべきです。しかし，対価が金銭ではなく株式又は新株予約権であれば，そ

の投資は継続していると認められることから譲渡損益の繰延処理を認めることになりました。繰延処理を行うには，当該交付を受けた株式又は新株予約権の価額が当該譲渡をした有価証券の価額と概ね同額であることが必要です。

(3) **新株予約権付社債の新株予約権の行使**

　新株予約権付社債の新株予約権の行使により，その取得の対価として法人の株式が交付された場合には，譲渡損益を認識せず，その社債及び新株予約権の帳簿価額を株式の簿価として引き継ぎます（法法61の2⑪四）。本来であれば交付された社債の現物出資として譲渡による所得を認識すべきですが，これも(2)と同様の趣旨から譲渡損益の繰延べを認めています。なお，当該繰延処理を行うには，当該交付を受けた株式又は新株予約権の価額が当該譲渡をした有価証券の価額と概ね同額であることを要件とするのも(2)と同様です。

(4) **取得条項付新株予約権・取得条項付新株予約権が付された新株予約権付社債についての取得事由の発生**

　取得条項付新株予約権又は取得条項付新株予約権が付された新株予約権付社債について，その取得事由の発生により取得の対価として新株予約権者にその法人の株式のみが交付される場合には，譲渡損益を認識しません。取得条項付新株予約権又は取得条項付新株予約権が付された新株予約権付社債の帳簿価額を株式の簿価として引き継ぎます（法法61の2⑪五）。趣旨及びその繰延べの要件は(2)，(3)と同様です。

2 適格ストック・オプションの特例制度

　適格ストック・オプションの特例制度とは，一定の個人に付与されたストック・オプションについて，権利行使時における給与所得等の課税を繰り延べて，その権利行使により取得した株式を譲渡したときに譲渡所得を認識するとの特例です（措置法29の2）。今回，当該特例制度の対象に委員会設置会社の執行役が加えられました。今後，所得税における適格ストック・オプションの特例制度，法人税におけるストック・オプションに関する損金算入の特例制度（Q4-2-6参照）を両睨みしながら，ストック・オプションの発行方法を検討する必要があります。

〔野田　幸嗣〕

第4節　敵対的買収防衛策

Q.4-4-1　敵対的買収防衛策

新株予約権を用いた敵対的買収防衛策（ライツプラン）について教えてください。

> **Point**
> ■上場会社等が第三者からの敵対的な買収に対抗するための方策として新株予約権を用いた買収防衛策（ライツプラン）がある。
> ■経済産業省及び国税庁から平成17年4月28日に(1)事前警告型，(2)信託型（直接型），(3)信託型（間接型）の3類型，平成17年7月7日に3類型に追加し，(4)新類型のライツプランの内容及び課税関係の枠組みが公表された。

1　ライツプランの概要

これまで，敵対的買収にあまり関心がなかった日本の上場企業も，株式持合の崩壊，会社法の施行による合併・買収の方法が多様化するなど敵対的買収の脅威が現実的なものになってくるなかで本腰を入れて買収防衛対策に乗り出すようになってきました。このような状況の中で，新株予約権を用いた買収防衛策（ライツプラン）に注目が集まっています。

ライツプランでは，買収者以外の一般の株主に有利な発行価額で新株を発行できるように新株予約権を設計することで，買収者の議決権比率を引き下げ影響力を低下させたり，買収者が保有する1株当たりの株式価値を下落させ，新株予約権の行使による新株払込みにより買収総額を増加させるというような経済的なダメージを与える仕組みを作ります。とはいっても，買収者に対して経済的なダメージを与えること自体が目的ではなく，取締役会等の意思決定機関が買収者の意図を理解し交渉を行った上で，現経営陣が株主に対して買収に対する代替案を提示する機会や時間的な余裕を与えることがライツプランの本来の目的です。つまり，ライツプランは，現経営陣の経営権を維持し，すべての

買収者を排除するために用いる制度ではありません。

　ライツプランを代表例とする敵対的買収防衛策を導入した会社は、各証券取引所の規則での適時開示や有価証券報告書等での継続開示（参考：「買収防衛策の導入に係る上場制度の整備等について」平成18年1月24日東京証券取引所）、会社法における事業報告における株式会社の支配に関する基本方針についての開示（会規127）が必要となります。

② 各類型の概要及び課税関係

　平成17年4月28日、実務界からの提案も受けて、経済産業省からライツプランの基本となる3類型が提示されました。これらの3類型は買収者が現れた時点（有事）における一般株主がダメージを受けないよう、日々売買される株式に新株予約権を付随させるような仕組みを事前（平時）に会社に導入する方策として考え出されたものです。

(1)　事前警告型ライツプラン〔図表1参照〕

　(a)　**内　　容**　平時に将来の一定事象が生じたときに有事における株主に新株予約権を発行すると宣言し、有事においてこれを実行する方法です。後述の信託型に比べてわかりやすい単純な方法といえます。

　そもそも、有事に買収者以外の株主に有利発行を行うことができれば買収防衛策として十分な役割を果たしますので、このような新株予約権の発行宣言すら必要ないと考える方もいるかもしれません。しかし、買収者以外の一般株主に有利発行を行うような新株予約権は株主総会の特別決議が必要となり（会238②③、240①、309②六）、機動的な新株予約権の発行が行えず買収防衛策として役に立ちません。したがって、買収者の権利行使を制限する差別的な条項（例えば一定割合以上の株式を保有する株主は当該新株予約権を行使できないなど）を付することにより、この問題を解決しようとしているのです。但し、特別な条件を付した新株予約権は有事において発行差止め（会247）の対象となるリスクがありますので留意が必要です。なお、このライツプランは、有事における株主に対して新株予約権を与えた上で特に買収者のみに権利行使を制限するような差別的条項を付することを念頭においています。したがって、買収者が新株予約権の売却により差別的条件の回避や資金回収を図ったりすることを避けるために新

図表１　事前警告型ライツプランに係る税務上の取扱い（第一類型）

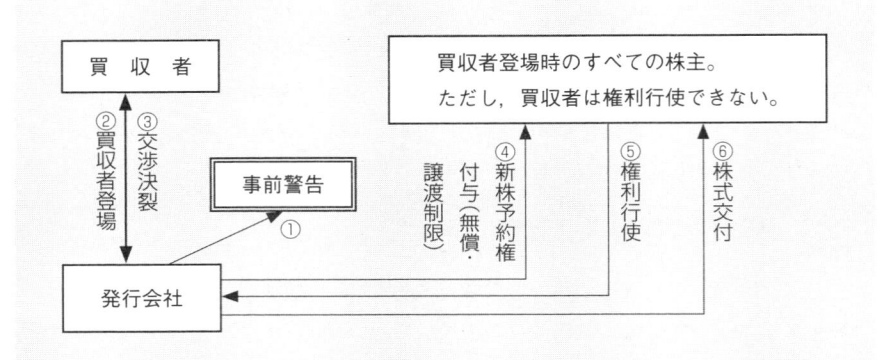

```
                                    買収者登場時のすべての株主。
    買収者                            ただし，買収者は権利行使できない。
      ↕ ②買収者登場                ↑④新株予約権    ↑⑤権利行使  ↑⑥株式交付
      ↕ ③交渉決裂                    付与（無償・
                                    譲渡制限）
              事前警告
                 ①
              ↗
    発行会社
```

○原則的な課税関係

区　分	発行会社	付与を受けた法人株主	付与を受けた個人株主
①の時点 （事前警告）	―	―	―
②・③の時点 （買収者の 登場・決裂）	―	―	―
④の時点 （新株予約権 の付与）	―	新株予約権の時価相当額の受贈益が生ずる。（注）	（所得税法施行令84条） ⇩
⑤・⑥の時点 （新株予約権 の行使）	―	―	株式の時価と権利行使価額（新株予約権を行使した際の払込金額）との差額に課税される。

（注）　新株予約権を所有している場合に，消却等があったときには，付与を受けた法人において帳簿価額相当額の雑損が生ずる。その消却等が受贈益の生じた事業年度と同一事業年度である場合には，結果として，課税関係は生じない。

【出典】「新株予約権を用いた敵対的買収防衛策に関する原則的な課税関係について」（平成17年４月28日，国税庁）

株予約権に譲渡制限を付するのが通常です。

(b) **課税関係**　買収者以外の株主に有利な価格で新株予約権を発行する場合には，通常は買収者から他の株主への経済的な価値の移転による課税関係が生じざるを得ません。しかし，特別な条件を付した新株予約権を株主に付与する場合には，税務上も株主割当てとして認められ，新株予約権の付与時又は行使時に株主に課税関係が生じない可能性があります。つまり，新株予約権の発行価額として一定の価額を付した場合，いかなるケースにおいて税務上の時価（＝公正）発行と認められるかが論点となります。この極端なケースが無償発行であり，新株予約権に差別的行使条件を付した上で買収者を含めた全株主に新株予約権を無償で与える方法の課税関係を検討すれば，他の類似のスキームの課税関係を類推することができます。したがって，以下では無償割当てのケースを想定して課税関係を整理していきます。

①平時における課税関係

平時においては，実際に新株予約権が発行されることはないため，発行会社，法人株主，個人株主いずれにも課税関係は生じません。

②有事における課税関係

(i) 発行会社　発行会社においては，特定の株主に株式の有利発行が行われても経済的にはなんらの利益や損失を受けていません。したがって，発行会社においては課税関係は生じません。

(ii) 法人株主　一般に法人株主が無償による資産の譲受けがあった場合には，その資産の時価相当額を収益として認識する必要があります（法法22）。新株予約権の無償取得により買収者からその他の株主としての法人株主に経済的価値の移転が起こった場合には，有価証券を無償で取得した場合の課税関係と同様に付与時において新株予約権の時価相当額の受贈益があったものとして課税されると考えられます（法令119①四）。

(iii) 個人株主　個人株主は当該有利発行に基づいた新株予約権について，譲渡制限やその他特別の条件が付されているなどの一定の条件を満たす場合には，当該新株予約権の付与時には課税されず，その行使の日における株式価額から新株予約権の行使価額を控除した金額についての課税が行われます（所法36，所令84①五）。このような条件を満たさない新株予約権の取得が行われた場

合には，法人株主による有価証券の無償取得と同様に，個人株主に対する新株予約権の付与時において課税が行われると考えられます。

(2) **信託型（直接型）ライツプラン**〔図表2参照〕

　(a) **内　　容**　信託型（直接型）ライツプランは，平時において，対象会社があらかじめ信託銀行に金銭の信託を設定し，受託者としての信託銀行に対して無償で新株予約権を発行するものです。有事においては，受託者たる信託銀行は新株予約権を交付することになります。信託型（直接型）ライツプランの場合には，信託銀行に対して新株予約権を事前に割り当てることになるため株主割当ては行えず，有利発行を前提とすれば，株主総会の特別決議が必要となります。なお，前述の事前警告型ライツプランと同様に課税関係の検討においては，差別的行使条件及び譲渡制限が付されている新株予約権を無償で割り当てる場合を前提とします。なお，新株予約権の管理を委ねられている信託銀行が自ら新株予約権を他の第三者に譲渡したり，自らが行使して発行会社の株主になることができる可能性の有無は課税上の取扱いに重大な影響を及ぼすので，類型化にあたっては通常の場合を想定し，信託契約においてこのようなことができない定めがあることを前提としています。

　(b) **課税関係**　信託型（直接型）のライツプランは，事前警告型のライツプランと異なり平時における新株予約権が発行されていますので，この新株予約権の発行時点における課税関係が問題となります。一般的に信託は，信託財産に帰せられる収入及び支出については，受益者が特定されていない場合は信託の委託者自身が信託財産を保有するものとみなして法人税の規定が適用されます（法法12①二）。信託型（直接型）のライツプランは，信託財産たる新株予約権の委託者は発行会社であり，受益者は有事における株主となるため，信託設定時点では確定していません。したがって，信託の発行会社が新株予約権を保有するのと同様の課税関係となり，発行会社が外部に新株予約権を発行していない状況と変わらず，結局，課税上の取扱いは原則として事前警告型ライツプランと同様となります。

図表2 信託型（直接型）ライツプランに係る税務上の取扱い（第二類型）

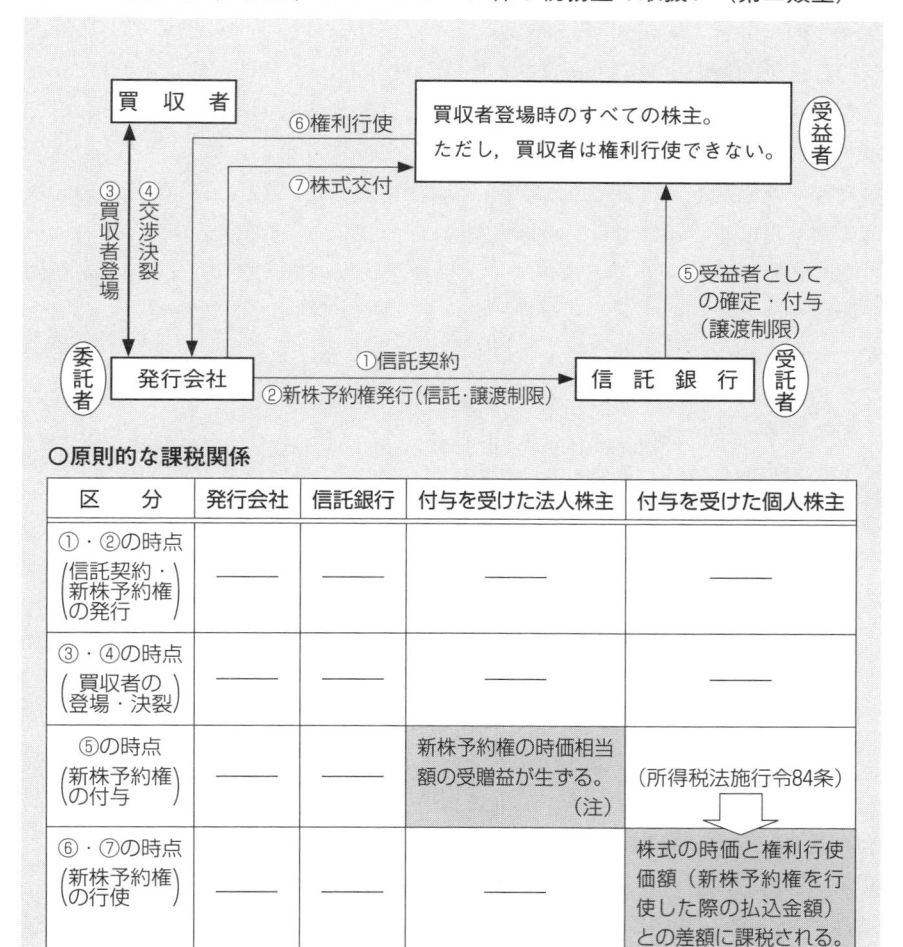

［図：買収者、発行会社（委託者）、信託銀行（受益者）、買収者登場時のすべての株主（受益者。ただし、買収者は権利行使できない）の関係図］

- ①信託契約
- ②新株予約権発行（信託・譲渡制限）
- ③買収者登場
- ④交渉決裂
- ⑤受益者としての確定・付与（譲渡制限）
- ⑥権利行使
- ⑦株式交付

○原則的な課税関係

区　分	発行会社	信託銀行	付与を受けた法人株主	付与を受けた個人株主
①・②の時点 （信託契約・ 新株予約権 の発行）	―	―	―	―
③・④の時点 （買収者の 登場・決裂）	―	―	―	―
⑤の時点 （新株予約権 の付与）	―	―	新株予約権の時価相当額の受贈益が生ずる。（注）	（所得税法施行令84条） ⬇
⑥・⑦の時点 （新株予約権 の行使）	―	―	―	株式の時価と権利行使価額（新株予約権を行使した際の払込金額）との差額に課税される。

(注) 新株予約権を所有している場合に、消却等があったときには、付与を受けた法人において帳簿価額相当額の雑損が生ずる。その消却等が受贈益の生じた事業年度と同一事業年度である場合には、結果として、課税関係は生じない。

【出典】「新株予約権を用いた敵対的買収防衛策に関する原則的な課税関係について」（平成17年4月28日、国税庁）

(3) 信託型（SPC型）ライツプラン〔図表3参照〕

（a）内　　容　　信託型（SPC型）ライツプランは，平時において，発行された新株予約権の信託のみを目的とする会社（SPC）に新株予約権を割り当て，SPC が引き受けた新株予約権を信託銀行に信託するものです。有事においては，受託者たる信託銀行は，新株予約権を交付することになります。信託型（SPC型）の場合も，信託型（直接型）と同様に，SPC に対して新株予約権を事前に割り当てることになるため株主割当は行えず，有利発行を前提とすれば株主総会の特別決議が必要となります。新株予約権の管理者である SPC が新株予約権を他の第三者に譲渡したり，自らが行使して発行会社の株主になることができる可能性の有無は課税上の取扱いに重大な影響を及ぼします。したがって，類型化にあたっては通常の場合を想定し，信託契約においてこのようなことができない定めがあることを前提とします。

（b）課税関係　　信託型（SPC型）のライツプランは，信託型（直接型）のライツプランと異なり，発行会社と信託銀行との間に法律上独立した SPC が介在することを踏まえて，課税関係の検討を行う必要があります。

①平時における課税関係

（i）発行会社　　事前警告型ライツプランと同様に，新株予約権の有利発行が行われたとしても発行会社には課税関係が生じません。

（ii）SPC　　平時において SPC に発行された新株予約権は，SPC が無償取得した時点において，将来に起こるであろう経済的利益を基礎として算定された価額に対して法人税法22条（法令119①四）に基づく受贈益課税が行われます。もちろん，SPC が適切な時価に相当する価額を払い込めば課税関係は生じません。経済的利益の算定は非常に困難ですが，当該買収防衛策の実現可能性，SPC の受益を制限する契約内容等を総合的に勘案した上で当該税務上の評価額を算定する必要があります。

（iii）信託銀行　　信託銀行は信託の受託者にすぎないため，信託銀行自体が納税主体とはなりません。

②有事における課税関係

（i）発行会社　　信託型（SPC型）の場合には，平時において既に新株予約権の発行が行われており，有事において新株予約権の保有者が SPC から有事

図表3　信託型（SPC型）ライツプランに係る税務上の取扱い（第三類型）

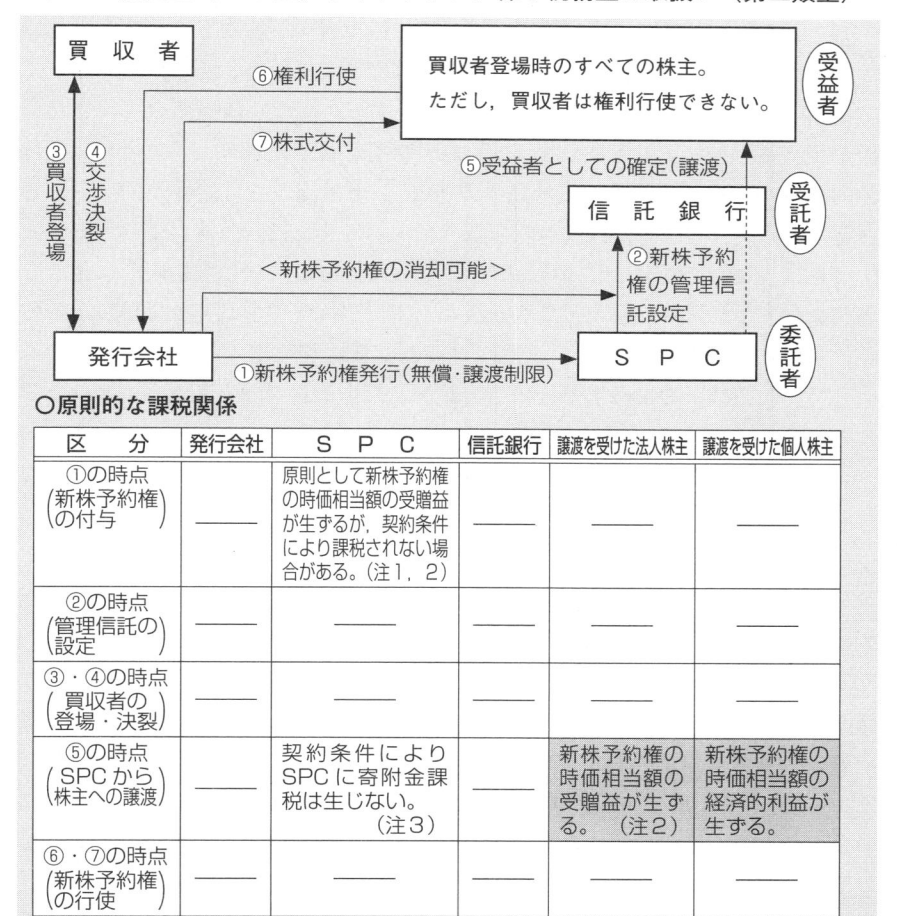

```
買収者 ←―⑥権利行使―――→ 買収者登場時のすべての株主。  受益者
  ↑         ⑦株式交付――→ ただし，買収者は権利行使できない。
  │                              ↑
  │③買収者登場 ④交渉決裂         ⑤受益者としての確定（譲渡）
  │                              │
  │                           信託銀行　受託者
  ↓                              ↑
                                 │②新株予約権の
          ＜新株予約権の消却可能＞　管理信託設定
                                 │
  発行会社 ――①新株予約権発行（無償・譲渡制限）――→ SPC　委託者
```

○原則的な課税関係

区分	発行会社	SPC	信託銀行	譲渡を受けた法人株主	譲渡を受けた個人株主
①の時点 （新株予約権の付与）	―	原則として新株予約権の時価相当額の受贈益が生ずるが，契約条件により課税されない場合がある。（注1，2）	―	―	―
②の時点 （管理信託の設定）	―	―	―	―	―
③・④の時点 （買収者の登場・決裂）	―	―	―	―	―
⑤の時点 （SPCから株主への譲渡）	―	契約条件によりSPCに寄附金課税は生じない。（注3）	―	新株予約権の時価相当額の受贈益が生ずる。（注2）	新株予約権の時価相当額の経済的利益が生ずる。
⑥・⑦の時点 （新株予約権の行使）	―	―	―	―	―

(注)1．新株予約権の時価算定にあたり，発行会社とSPCとの契約において，SPCが新株予約権を他の第三者に譲渡することが実質できない契約である等の価格マイナス要因等により，結果として，①の時点での時価が限りなくゼロに近くなる場合があり得る。
　　2．新株予約権を所有している場合に，消却等があったときには，SPC又は譲渡を受けた法人において帳簿価額相当額の雑損が生ずる。その消却等が受贈益の生じた事業年度と同一事業年度である場合には，結果として，課税関係は生じない。
　　3．⑤の時点の時価と①の時点の時価との差額が譲渡損と認識されるとともに，⑤の時点の時価が費用・損失と認識されることから，結果として，①の時点の受贈益に見合う費用・損失が生ずる。

【出典】「新株予約権を用いた敵対的買収防衛策に関する原則的な課税関係について」（平成17年4月28日，国税庁）

における株主に代わっただけなので，特に課税関係は生じません。

(ii) SPC　有事における株主に対して無償で新株予約権を交付する場合には，その時点における新株予約権の時価相当額により譲渡したものとみなして，時価相当額からその時点のSPCにおける新株予約権の帳簿価額を控除した金額が譲渡益として認識されます（法法22）。ライツプランの導入時点における契約内容等が新株予約権の譲渡等によりSPCが受益できる可能性が排除されるなど，その義務の履行が強制される状況にある場合には，譲渡により本来受領すべき譲渡対価を受領しなかったことによって生じた損失は契約履行に伴う合理的な損失として寄附金として取り扱われず，課税所得の計算上は損金として認められます。したがって，通常は，SPCで新株予約権の付与時において計上していた新株予約権の帳簿価額相当額が純損失として計上されることになると考えられます。

(iii) 信託銀行　信託銀行は，平時と同様に信託の受託者にすぎないため課税関係は生じません。

(iv) 法人株主　SPCから株主への無償譲渡であっても，発行会社から有利発行を受けるのと同様に無償による資産の取得によって，新株予約権の時価相当額の受贈益があったものとして課税されると考えられます（法令119①四）。

(v) 個人株主　所得税法上は法人から個人への低廉譲渡があった場合には，譲渡時点における時価と実際の譲渡価額の差額について課税が行われます。事前警告型や信託型（直接型）のように発行法人から当該新株予約権が付与されたとして，新株予約権の付与時には課税されず，その行使の日における株式価額から新株予約権の行使価額を控除した金額についての課税が行われるような特別な規定はありません。

(4) **新類型ライツプラン**〔図表4参照〕

(a) **内　　容**　基本となる前述の3類型は，買収者を含めた全株主に差別的行使条件を付した新株予約権を交付した上で買収者が権利行使とともに新株予約権を譲渡することを否定するものを想定していました。つまり，このような前提においては必ず買収者から株主への経済的価値の移転が起こるので，3類型のすべてについて基本的には課税関係が発生するということが整理の根拠となっていました。しかし，実際の事例では権利行使は制限するものの買収者

Q4-4-1 敵対的買収防衛策 191

図表4　新株予約権を用いた敵対的買収防衛策（ライツプラン）の【新類型】に係る税務上の取扱い（有事）

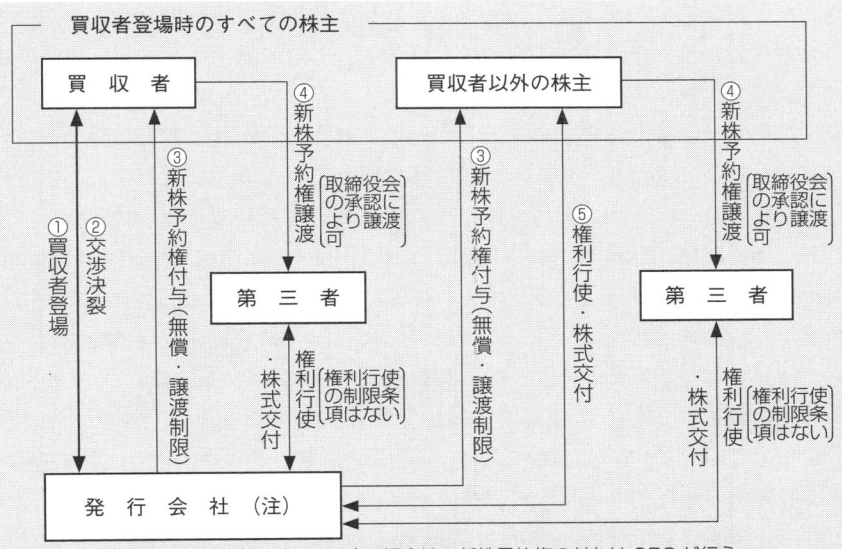

```
┌─────────────── 買収者登場時のすべての株主 ───────────────┐
│                                                              │
│  ┌──────────┐                          ┌──────────────┐     │
│  │ 買 収 者 │                          │ 買収者以外の株主 │     │
│  └──────────┘                          └──────────────┘     │
└──────────────────────────────────────────────────────────────┘
     │ ↑      ③新株予約権付与  ④新株予約権譲渡  ③新株予約権付与  ④新株予約権譲渡
     │ │      （無償・譲渡制限）（取締役会の承認 （無償・譲渡制限）（取締役会の承認
     ①買収者登場 ②交渉決裂                により譲渡）              により譲渡）
     │ │              │           │           │    ⑤権利行使  │
     │ │              ↓           ↓           ↓    ・株式交付 ↓
     │ │         ┌─────────┐                  ┌─────────┐
     │ │         │ 第 三 者 │                  │ 第 三 者 │
     │ │         └─────────┘                  └─────────┘
     │ │            │権利行使  権利行使の      │権利行使  権利行使の
     │ │            │・株式交付 制限条項はない  │・株式交付 制限条項はない
     ↓ │            ↓                          ↓
  ┌─────────────────────────────────────────────────────┐
  │              発 行 会 社 （注）                      │
  └─────────────────────────────────────────────────────┘
```

（注）　信託型ライツプラン（SPC型）の場合は，新株予約権の付与はSPCが行う。

○上記【新類型】に係る原則的な課税関係（注1）

区　　分	発行会社	付与を受けた法人株主・個人株主	
①・②の時点 （買収者の 登場・決裂）	──	──	
③・④の時点 （新株予約権 の付与）	──	──	
④の時点 （新株予約権 の一部譲渡）	──	保有したままの株主	譲渡した株主
		──	（注2）
⑤の時点 （新株予約権 の行使）	──	──	

（注）1．当該課税関係は，平成17年7月7日付の経済産業省資料「ライツプランの新類型について」中の【新類型】に掲げる各要件を基に整理したものである。なお，「平時の課税関係」及び同資料中の「【4月28日における類型】についての課税関係」は，平成17年4月28日付の国税庁資料に示した課税関係となる。
　　　2．新株予約権を第三者に譲渡した株主に対しては，譲渡益に係る課税関係が生ずる。

【出典】「新株予約権を用いた敵対的買収防衛策の【新類型】に関する原則的な課税関係について」（平成17年7月7日，国税庁）

の譲渡可能性を完全に否定するものばかりではありませんでした。つまり，買収者も新株予約権の売却により第三者に新株予約権を譲渡して資金回収を行い，当該第三者が権利を行使することで，株主間における経済価値の移転は生じないことになり課税関係に差異が生じてきます。そこで，①新株予約権を譲渡するには取締役会等の承認を要する旨が定められているが買収者を排除する規定が存在しない，②買収者から新株予約権を譲り受けた者が権利行使を制限されていない，という2つの要件を満たすものが新類型として整理されました。

　(b)　**課税関係**　基本となる3類型と課税関係が異なるのは，株主についての課税関係のみです。事前警告型，信託型（直接型）においては，一律に同じ価値を持つ新株予約権が株主に割り当てられ，株主間における経済的価値の移転が存在しないと考えられ，一般的な株主割当てと経済的には同等ですので法人株主，個人株主ともに課税関係は生じないことになります。また，信託型（SPC型）においては，SPCから株主へ新株予約権が譲渡されても，株主間の経済的価値の移転がない状況では株主が新株予約権を受領する場合に株主が受領する経済的価値は0円となり，時価が0円の新株予約権の無償譲渡を受けたものとして法人株主，個人株主ともに課税関係は生じないことになります。

〔野田　幸嗣〕

コラム ―新株予約権を使った企業買収手法―

　新株予約権を使った企業買収手法は，株式取得による子会社化のデメリットである支配権獲得段階での多額の資金負担を要する点を解消する手法です。既発行株式の取得による方法や第三者割当増資による方法のような株式取得による子会社化の手法に比べ，新株予約権を使った買収手法は株式の代金の一部を支払うだけで経営権を取得でき，さらに，買収の効果を見てから実際に新株予約権を行使するか否か検討すればよいのですから，買収資金投下のリスク回避が可能となり買収企業にとっては大変有利な手法です。

○ウォルマートによる西友買収の実例

　西友の平成14年3月14日開催の取締役会において米国 Wal-Mart Stores, Inc.（以下，ウォルマート社という）との包括業務提携の覚書締結及び第三者割当てによる新株式発行に関して決議をしました。包括業務提携は，西友・ウォルマート社両社の相互協力による販売手法・商品調達・IT戦略・新店の共同開発等からなる業務提携と，新株予約権の割当て等による資本提携とからなります。新株予約権の割当てによる資本提携は，「将来にわたって段階的に当社の発行済株式総数に対して最大66.7％の割合まで普通株式を所有することが可能となる新株を引き受ける権利をウォルマート社の子会社に与える」ことがその内容となっています。

〈西友がウォルマート社の子会社に割り当てた新株予約権の概要〉

新株予約権の回号	累積取得議決権割合	行使期限
1st	33.4%	平成14年12月末
2nd	50.1%	平成17年12月末
3rd	66.7%	平成19年12月末

＊　手法は平成14年4月1日施行の改正商法（当時）に基づく新株予約権を割当発行。行使価額は270円を基準とし，平成15年1月から毎年5％ずつ上方修正。

　このスキームでは，最終の新株予約権行使後において株主総会の特別決議をクリアできる株式数を取得できる新株予約権を付与していることと，段階的に行使期限を定めて商法上（当時）重要な意味を持つ議決権比率を付与する新株予約権を発行することにより，資本面及び事業面による提携を段階的に強化しつつ，スポンサーのリスク回避策を確保している点が特徴です。

〔平野　敦士〕

第5章

計 算 等

第1節　会計帳簿等
第2節　資本金の額等
第3節　剰余金の配当等

第1節　会計帳簿等

Q.5-1-1　貸借対照表と損益計算書の表示変更内容

会社法施行による貸借対照表と損益計算書の表示変更内容について教えてください。

> **Point**
> ■会社法に基づく貸借対照表と損益計算書の表示方法は，財務諸表等規則の取扱いに合わせる形で改正された。
> ■会社法では，親会社株式取得事由の拡大・建設利息の廃止などの実態的な法の改正に伴い，表示区分の見直しが行われた。
> ■貸借対照表の資本の部は，純資産の部と改称し，表示方法の見直しが行われた。
> ■損益計算書の最終行は，当期未処分利益から当期純利益へと変更された。

1　貸借対照表と損益計算書の表示方法の財務諸表等規則への統一化

旧商法時代には，商法上求められる計算書類の表示方法と証券取引法上求められる財務諸表の表示方法とが次頁の図表1のように異なっており，実務上，組替え処理が必要とされていました。

そこで，会社法施行に伴い，会社法に基づく貸借対照表と損益計算書の表示方法が財務諸表等規則の取扱いに合わせる形で改正されました。

2　実態的な法の改正に伴う表示区分の見直し

(1)　親会社株式

(a)　**親会社株式の取得事由の拡大**　旧商法において，親会社株式の取得は，株式交換・株式移転・会社の分割・合併又は会社の営業の全部の譲受けや，会社の権利の実行にあたりその目的を達するために必要なときに限定されていました（旧商211ノ2①）。そして，親会社株式を取得した子会社は，相当の時期に

図表1　旧商法上の計算書類と証券取引法上の財務諸表における表示方法の異同

		旧商法（旧商法施行規則）	証券取引法（財務諸表等規則）
1	関係会社等に対する科目の別掲	有価証券報告書提出会社のみ関係会社に対する投資について区分掲記が必要，それ以外の会社は親会社株式及び子会社株式のみ区分掲記が必要とされていた（旧商規58，73①）。	関係会社に対する投資について区分掲記が必要。
2	1株当たり純資産額の開示	1株当たり純資産額の開示は，求められていなかった。	1株当たり純資産額の開示が求められている。
3	損益計算書の表示区分	損益計算書は経常損益の部と特別損益の部に区分し，経常損益の部は営業損益の部と営業外損益の部に区分する必要があった（旧商規94）。	売上高，売上原価，販売費及び一般管理費，営業収益，営業外収益，特別利益及び特別損失に分類して表示し，利益においては売上総損益，営業損益，経常損益，税引前当期純損益，当期純損益に区分表示する必要がある。
4	営業損益の表示	売上原価と販売費及び一般管理費の合計額を営業費として表示する必要があった（旧商規96）。	売上高から売上原価を差し引いた金額を売上総利益として表示する必要がある。
5	有価証券の評価差額	株式等評価差額金として処理された。	その他有価証券評価差額金として処理される。
6	2期比較方式	単年度の貸借対照表及び損益計算書を記載するものとされた。	2期比較の形式で貸借対照表及び損益計算書を記載する。

（注）会社法では上記6を除き，財務諸表等規則の取扱いに合わせる形で，改正がなされた。

親会社株式を処分することが要求されていました（旧商211ノ2②）。

　また，親会社株式の処分時期について早期処分が想定されているため，会社が保有する親会社株式は流動資産の部に計上されていました。

　会社法においても，親会社株式の取得は原則として禁止とし（会135①），相当の時期に親会社株式を処分することが要求されています（会135③）。但し，旧商法で認められていた取得事由のほかに，次の取得事由が認められています。

　① 三角合併等の対価として取得する場合——吸収合併消滅株式会社等の株主に対して交付する金銭の全部又は一部が存続会社の親会社株式である三

角合併を行うために，その存続会社が親会社株式を取得する場合には，交付する株式の総数を超えない範囲で親会社株式を取得することができます（会800①）。取得した親会社株式を合併の効力発生日までは保有することが認められています（会800②）。

② 親会社が連結配当規制適用会社である場合，他の子会社から取得する場合——親会社が連結配当規制適用会社である場合には，分配可能額の計算上，子会社が保有する親会社株式は控除項目として算入され社外流出の危険性はないので，他の子会社から親会社株式を取得することを認めています（会規23十二）。

①の場合には1年以上も先に予定されている組織再編行為に備えて親会社株式を取得することもありえますし，②の場合には相当の時期の処分規制を厳格に適用する必要がないことから，会社法の下では貸借対照表日後1年を超えて親会社株式を保有することも制度的に考えられます。

(b) **親会社株式の表示**　会社法では親会社株式は貸借対照表において区分掲記しているものを除き，関係会社株式に含めて表示することとされています（計規2③二十三）。親会社株式の各表示区分別の金額は注記事項とされ，流動資産の部，固定資産の部ごとの金額を注記することとされました（計規134九）。

(2) **建設利息の廃止**

旧商法では，建設利息として計上した金額の繰延資産への計上を認めていました（旧商施41）。建設利息とは，開業後利益が生じていない段階で利益配当を認めることにより，開業後利益の出ない事業において資金調達を容易にすることを目的とする制度です。建設利息の本質は利益配当ではなく，出資の払戻しであるとするのが通説で，理論的根拠が乏しく実例が少ないことから廃止すべきとの意見が従前から主張されてきました。

そこで，会社法においては，建設利息の規定は廃止されました。

③ 貸借対照表の資本の部から純資産の部への改称，表示方法の見直し

(1) はじめに

会社法では貸借対照表の資本の部を純資産の部へ改称し，企業会計基準第5

号「貸借対照表の純資産の部の表示に関する会計基準」及び企業会計基準適用指針第8号「貸借対照表の純資産の部の表示に関する適用指針」に従い，表示方法の整理を行っています。貸借対照表の純資産の部のひな型は**Q5-1-8**に掲載していますが，ここでは会社法施行にあたり新設もしくは改正された処理について解説します。

(2) **自己新株予約権**

 (a) **自己新株予約権の意義**　自己新株予約権について，旧商法において規定はありませんでしたが，会社法では規定を創設しました（会236①七，273〜276）。自己新株予約権とは，会社が有する自己の新株予約権をいいます（会規2②四十五，会255①）。

 (b) **自己新株予約権の表示方法**　自己新株予約権の額は，原則として新株予約権から直接控除して表示しますが，新株予約権の間接控除項目として表示することも認められます（計規117）。

 (c) **自己新株予約権の会計処理**

① 取得時の処理──自己新株予約権の取得取引は，新株予約権者との損益取引であることから，自己新株予約権の取得原価は，取得した自己新株予約権の時価に取得時における付随費用を加算して処理します（実務対応報告第16号Q2A1）。

② 決算時における処理──決算時において，自己新株予約権について下記の事由が発生した場合には，自己新株予約権の評価替えを行い，差額を損失処理する必要があります（実務対応報告第16号Q2A2）。

　イ．自己新株予約権の帳簿価額が対応する新株予約権の帳簿価額を超える場合において，当該自己新株予約権の時価が著しく下落し，回復するとは認められないときは時価との差額（但し，自己新株予約権の時価が，対応する新株予約権の帳簿価額を下回るときは，当該自己新株予約権の帳簿価額と当該新株予約権の帳簿価額との差額）を当期の損失として計上します。

　ロ．自己新株予約権が処分されないものと認められるときは，当該自己新株予約権の帳簿価額と対応する新株予約権の帳簿価額との差額を当期の損失として処理します。

図表2　繰延ヘッジ損益の税効果会計の適用

	税効果会計の適用区分	会計処理
繰延ヘッジ損失	将来減算一時差異	繰延税金資産の回収可能性を検討した上で，繰延税金資産を認識する。 ヘッジ期間が長期にわたる場合には，監査委員会報告66号「繰延税金資産の回収可能性の判断に関する監査上の取扱い」における例示区分に従って，繰延ヘッジ損失の回収可能性の判断に影響を与える可能性がある。
繰延ヘッジ利益	将来加算一時差異	繰延税金負債を認識する。

(3)　新たに純資産の部に計上されることとなった項目に対する税効果会計の適用

　(a)　**繰延ヘッジ損益**　繰延ヘッジ損益の税効果会計の適用については，繰延ヘッジ損益が純資産の部に計上されることとなったため，その他有価証券評価差額と同様に処理し，税効果会計調整後の金額で表示します。具体的には，**図表2**のとおりです（適用指針第8号17）。

　(b)　**新株予約権及び少数株主持分**　新株予約権については貸借対照表上の負債ではなく権利行使の有無が確定するまではその性格が確定しないものであり（適用指針第8号18），少数株主持分については，課税所得の計算に影響しない項目なので税効果会計の対象とはならないことになっています（適用指針第8号19）。但し，ストック・オプションに係る一定の要件を満たす新株予約権については，平成18年度税制改正により損金算入が認められましたので，税効果会計の対象になるものと考えられます（法法54①）。

4　損益計算書の変更事項

(1)　未処分利益計算の廃止

　会社法においては，期中における剰余金の変動は株主資本等変動計算書において開示されることとなったことから，損益計算書において未処分利益を計算する必要性がなくなりました。そこで，損益計算書の末尾は原則として当期純利益としました（計規125）。

(2) 企業結合会計基準適用に伴う影響

平成18年5月1日以降に行った組織再編行為に対して企業結合会計基準又は事業分離会計基準が適用されました。これら会計基準の損益計算書に与える影響のうち主なものは「のれん」又は「負ののれん」の償却です。のれんの償却額の表示は販売費及び一般管理費，負ののれんの償却額の表示は営業外収益にそれぞれ計上するものとされました（適用指針第10号302）。また，のれんの減損損失は原則として特別損失に計上するものとされました（減損会計基準四2）。

従前の組織再編行為により計上された営業権と，会社法での組織再編行為により計上されたのれん又は負ののれんとは性格が若干異なりますが，その償却額の損益計算書計上区分の変更が今後の組織再編行為に関する意思決定に与える影響は大きいと予想されます。

(3) 役員賞与の会計処理変更に伴う影響

会社法施行日以後に終了する事業年度から，役員賞与は従前の利益処分方式から費用処理する方法に変更されました（会計基準第4号3）。役員賞与を費用処理する方法には引当経理する方法と未払経理する方法とがあり，それぞれのケースに応じて適用されます（Q5-1-6参照）。

(4) 包括利益

なお，会社計算規則126条によれば，損益計算書において包括利益に関する事項を表示することができるとされています。将来，包括主義に関する会計基準が整備された場合に備えて会社計算規則でも受入れ可能な規定としたものです。包括利益とは，企業がその事業活動によって生み出した最終的なもうけである当期純利益に，保有株や不動産など資産の時価の変動に絡む損益を加減した利益を指します。日本では現在，包括利益に関する会計慣行がないことから，包括利益が表示されるケースはほとんどないと考えられます。

〔平野　敦士〕

Q.5-1-2 会計処理の基本的な考え方

会社法における会計処理の基本的な考え方について教えてください。

> **Point**
> ■会社法431条及び会社計算規則3条により，一般に公正妥当と認められる企業会計の基準その他の企業会計の慣行をしん酌する旨定められており，会社法では会計処理の概略を定める位置づけとなっている。
> ■会社法施行による資産負債の評価原則の大きな変更はない。
> ■会社計算規則5条及び6条で，資産負債の評価原則が規定され，将来における会計基準変更の受入れ可能な規定振りとなっている。

1 法　　源

(1) **会社法431条**

　会社法431条では，「株式会社の会計は，一般に公正妥当と認められる企業会計の慣行に従う」ものとし，会社法では資産負債の評価を概括的に決めているにすぎません。特定の会計処理についてどのように処理すべきかは，一般に公正妥当な会計慣行に委ねられ，一般の企業が従うべき企業会計原則をはじめ，企業の属する業界ごとに定められている会計慣行に委ねられることとなります。また，「中小企業の会計に関する指針」（平成17年8月1日，日本税理士会連合会，日本公認会計士協会，日本商工会議所，企業会計基準委員会）もまた，中小会社に属する株式会社にとっては，「一般に公正妥当と認められる企業会計の慣行」と扱われるものと解されます。

(2) **会社計算規則3条**

　他方，会社計算規則3条では「一般に公正妥当と認められる企業会計の基準その他の企業会計の慣行をしん酌しなければならない」と規定しています。会社法において独自の計算規定を置いている分配可能額（会461），資本金の額（会445①）などの計算についての規律や，会社法において作成が求められている貸借対照表・損益計算書等の計算書類について，会社計算規則では最小限の規定

を置くのみで，その用語の解釈や規定の適用については企業会計の慣行をしん酌しなければならないとしています。

2 会計処理

(1) 資産評価

資産の評価については，会社計算規則5条で以下のように規定しています。

	内　　容	関連企業会計の基準その他の慣行
取得原価主義 (計規5①)	資産評価の原則を表明している。本省令又は法令に別段の定めがない限り，資産については会計帳簿に取得原価を付さなければならない。ここでいう取得原価とは一般に公正妥当と認められた企業会計の基準その他の慣行（会431，計規3）により，資産の取得又は製造のために要した金額を指す。	企業会計原則 原価計算基準
償　却 (計規5②)	減価償却資産について，相当の償却をしなければならない。相当の償却の計算要素である残存価額や耐用年数は企業会計の基準その他の慣行（会431，計規3）に委ねられる。	企業会計原則
強制評価減 (計規5③一)	事業年度末日における時価が，その時の取得原価よりも著しく低い資産については強制評価減を実施しなければならない。但し，時価の回復可能性がある場合を除く。会社法においては，資産の種類に限定を加えていないことから，企業会計の基準その他の慣行（会431，計規3）に委ねられる。	企業会計原則 市場価格のない株式については「金融商品に係る会計基準」
減損損失 (計規5③二)	事業年度末日において予測することができない減損が生じた資産又は減損損失を計上すべき資産について，相当の減額をなす必要がある。	企業会計原則 固定資産の減損に係る会計基準
貸倒引当金 (計規5④)	取立不能のおそれのある債権については，貸倒引当金の設定等を行う必要がある。	企業会計原則
償却原価法 (計規5⑤)	債権について，その取得価額が債権金額と異なる場合には，差額相当分を規則的に利息に加減する償却原価法の採用を容認している。	企業会計原則 金融商品に関する会計基準
低価法 (計規5⑥一)	事業年度末日における時価がその時の取得原価よりも低い場合における低価法の適用の容認。	企業会計原則
時価法 (計規5⑥二)	市場価格のある資産についての時価法の容認。上場デリバティブ取引により生じた正味債権や売買目的	企業会計原則 金融商品に関する会

項　目	内　容	関連企業会計の基準 その他の慣行
	有価証券などについて時価評価が認められる。	計基準
その他の評価 (計規5⑥三)	会社計算規則5条6項1号及び2号に掲げる資産のほか，事業年度末日においてその時の時価又は適正な価額を付することが適当な資産について，当該価額を付することの容認。相対の非上場デリバティブ取引による正味の債権などについても時価を付することが認められる。	企業会計原則 金融商品に関する会計基準

(2) 負債評価

負債の評価については，会社計算規則6条で以下のように規定しています。

項　目	内　容	関連企業会計の基準 そ　の　他　の　慣　行
原則的処理 (計規6①)	負債については，原則として債務額を付さなければならない。	企業会計原則
引当金の評価 (計規6②一)	将来の費用又は損失の発生に備えて，その合理的な見積額のうち当該事業年度の負担に属する金額を費用又は損失として繰り入れることにより計上すべき引当金の計上の容認。債務性引当金だけでなく，収益控除性の引当金も含まれる。また，株主に対する役務提供であっても引当金計上の対象になる旨，注意的に規定している。	企業会計原則
払込を受けた金額が債務額と異なる社債 (計規6②二)	払込を受けた金額が債務額と異なる社債について，債務額でなく払込を受けた金額に差額を社債の償還期間にわたって適正に配分した適正な価額を付することを容認。現行の企業会計原則では，当該差額を繰延資産である社債発行差金に計上することとなっているが，将来利息見合部分を増減していく償却原価法的な処理を採用できる余地を残している。	企業会計原則 金融商品に係る会計基準
その他の場合 (計規6②三)	会社計算規則6条2項1号及び2号に掲げる資産のほか，事業年度末日においてその時の時価又は適正な価額を付することが適当な負債について，時価又は適正な価額を付することが容認される。 デリバティブ取引による正味債務について時価評価が可能である。 また，企業組織再編の際に発生した「負ののれん」も償却後の残高を負債の部に計上することができる。	企業会計原則 金融商品に係る会計基準 企業結合に係る会計基準

〔平野　敦士〕

Q.5-1-3 決算手続

会社法における決算手続について，旧商法から変更になった点を教えてください。

> **Point**
> ■会社法では，旧商法と異なり定時株主総会日との関連で計算書類の提出期限が定められず，会社独自で定めることができる。
> ■旧商法では取締役会で承認された後，計算書類を会計監査人や監査役，監査委員が監査していたが，会社法では会計監査人等が監査した後，取締役会で承認される。
> ■会計監査人の監査対象であった営業報告書及び附属明細書の「会計に関する部分」は，個別注記表・連結注記表やその附属明細書に整理され，事業報告及びその附属明細書は監査の対象ではなくなった。

1 決算スケジュール

(1) 旧商法の決算スケジュール

旧商法における決算スケジュールは，定時株主総会から起算して大会社であれば8週間前に計算書類を会計監査人及び監査役会に提出しなければならないと規定し（旧商特12①），その附属明細書については計算書類の提出日から3週間以内に会計監査人及び監査役会に提出しなければならないと規定していました（旧商特12②）。

会計監査人による監査報告書は計算書類受領後4週間以内に監査役会及び取締役に提出し（旧商特13①），監査役会による監査報告書は会計監査人による監査報告書受領後1週間以内に取締役に提出するとともに，その謄本を会計監査人に送付しなければならないとされていました（旧商特14②）。

このように旧商法では，定時株主総会から起算した日程による詳細な決算手続が規定されており，決算早期開示が求められる背景にあって，硬直的な決算スケジュールの規定の仕方に対しては批判がありました。

(2) 会社法での決算スケジュール

会社法では、旧商法の硬直的な決算スケジュールの規定の仕方に対してメスを入れ、定時株主総会日を基準とすることなく、計算書類の会計監査人や監査役会への提出期限を会社独自に設定できるようにしました。

＜機関設計別の決算スケジュール＞

なお、以下の表においては、次の略称を用いる。
・ケースA＝会計監査人設置会社
・ケースB＝会計監査人設置会社以外の監査役設置会社又は監査役会設置会社
・ケースC＝ケースA・B以外の会社

○計算書類及びその附属明細書

提出期限	ケースA	ケースB	ケースC
特に規定なし	計算書類等を作成した取締役は計算書類を監査役及び会計監査人へ提出（会436②）	計算書類等を作成した取締役は監査役へ提出（会436①）	株式会社は各事業年度の計算書類及び附属明細書を作成（会435②）
	計算書類等を作成した取締役は附属明細書を監査役及び会計監査人へ提出（会436②）	計算書類等を作成した取締役は附属明細書を監査役へ提出（会436①）	―
次に掲げる日の一番遅い日 ①計算書類の全部を受領した日から4週間を経過した日 ②計算書類の附属明細書を受領した日から1週間を経過した日 ③特定取締役、特定監査役及び会計監査人の間で合意により定めた日があるときはその日	会計監査人は特定監査役及び特定取締役へ会計監査報告の内容を通知*1（計規158）	特定監査役は特定取締役へ監査報告内容を通知*1（計規152）	―
次に掲げる日の一番遅い日 ①会計監査報告を受領した日から1週間を経過した日 ②特定取締役、特定監査役の間で合意により定めた日があるときはその日	特定監査役は特定取締役及び会計監査人へ監査報告の内容を通知*1（計規160）	―	―
日付の指定はない	取締役会設置会社は計算書類及び附属明細書を取締役会で承認（会436③）		

株主総会日の2週間前まで（ケースB，Cにおいて，公開会社でない株式会社では特例がある）*2	株主総会招集通知の発送（会299） 取締役会設置会社は計算書類及び附属明細書を株主に提供（会437）
株主総会日	計算書類を株主総会に提出又は提供（会438①） 計算書類の内容を報告（会438③，439）	計算書類を株主総会に提出（会438①） 計算書類の承認（会438②）

*1　通知方法については規定が存しないので書面によることも電磁的方法によることも可。
*2　公開会社でない株式会社の特例……1週間前まで（当該株式会社が取締役会設置会社以外の株式会社である場合，これを下回る期間を定款で定めた場合はその期間）。

○事業報告及びその附属明細書

提出期限	ケースA	ケースB
特に規定なし	取締役は事業報告及びその附属明細書を監査役に提出（会436②）	取締役は事業報告及びその附属明細書を監査役に提出（会436①）
次に掲げる日の一番遅い日 ①事業報告を受領した日から4週間を経過した日 ②事業報告の附属明細書を受領した日から1週間を経過した日 ③特定取締役及び特定監査役の間で合意により定めた日があるときはその日	特定監査役は特定取締役へ監査報告の内容を通知（計規160）	
日付の指定はない	取締役会設置会社は事業報告及びその附属明細書を取締役会で承認（会436③）	
株主総会日の2週間前まで（ケースB，Cにおいて，公開会社でない株式会社では特例がある）*3, *4	株主総会招集通知の発送（会299）取締役会設置会社は事業報告及びその附属明細書を株主に提供（会437）	
株主総会日	事業報告及びその附属明細書を株主総会に提出又は提供（会438①） 事業報告の内容を報告（会438③，439）	事業報告を株主総会に提出（会438①） 事業報告の内容を報告（会438③）

*3　ケースCの会社については，前掲「○計算書類及びその附属明細書」において説明している。
*4　監査役の権限を会計監査に限定している株式会社の場合，その会社の監査役は事業報告及びその附属明細書に対する監査権限はない。

○連結計算書類

提出期限	ケースA（注）
特に規定なし	取締役は連結計算書類を監査役及び会計監査人へ提供（計規153）
連結計算書類の全部を受領した日から4週間を経過した日又は，特定取締役，特定監査役及び会計監査人の間で合意により定めた日があるときはその日	会計監査人は特定監査役及び特定取締役へ会計監査報告の内容を通知（計規158①三）
会計監査報告を受領した日から1週間を経過した日又は，特定取締役及び特定監査役の間で合意により定めた日があるときはその日	特定監査役は特定取締役及び会計監査人へ監査報告の内容を通知（計規160①二）
日付の指定はない	取締役会設置会社は計算書類及び事業報告並びに連結計算書類を取締役会で承認（会436③，444⑤）
株主総会日の2週間前まで	株主総会招集通知の発送（会299）取締役会設置会社は連結計算書類を株主に提供（会444⑥）
株主総会日	連結計算書類の内容を報告（会444⑦）

（注）連結計算書類を作成することができるのは，会計監査人設置会社のみである（Q5-1-13参照）。

2 監査の順序

　上記①で説明したように，旧商法では計算書類等については取締役会で承認してから，会計監査人及び監査役会に計算書類を提出し，会計監査人及び監査役会がこれに監査をすることとなっていました。この規定だと，いったん取締役会で承認を受けた計算書類等が監査の結果，不適法である場合には，改めて修正後の計算書類を取締役会の承認に掛けなければならない実務上の問題点がありました。軽微な修正については代表取締役に修正を一任する旨の特約を付けて取締役会の承認をとる実務が通常でしたが，重大な瑕疵の場合には問題が残りました。

　旧商法で存した実務上の問題を解決するため，会社法では計算書類等については会計監査人及び監査役会の監査を受けた後，取締役会の承認をとる方法に変更されました。

また、会計監査報告の通知期限までに通知がなされなかった場合には、その通知期限となっている日に各計算書類は会計監査報告を受けたものとみなされることとなりました（計規158③）。この場合、計算書類に無限定適正意見が付されたとみなされるわけでなく、計算書類の確定には株主総会決議が必要となります。

☞「財団法人日本監査役協会による『監査役（会）監査報告のひな型』」
http://www.kansa.or.jp/siryou/elibrary/el_001_060929.html

3 監査の対象となる書類

旧商法では、会計監査人の監査対象は計算書類及び附属明細書とされていました。営業報告書及び附属明細書について監査の対象とした「会計に関する部分」の範囲については、旧商法での実務では会計監査人が監査役会と協議し、「会計に関する部分の確認書」を取り交わすことなどによって、明確化してきました。

会社法では、計算書類と附属明細書の体系を会計監査人の責任の明確化の観点から再構成しました。具体的には旧商法での営業報告書と附属明細書の内容に関する会計監査人の責任範囲の部分については、個別注記表や貸借対照表、損益計算書、その附属明細書に記載させるとともに、会計監査人の責任範囲外の部分については事業報告及びその附属明細書に記載させることとしました。

4 過年度事項に関する監査

会計監査人が当該事業年度の計算書類を監査する場合、過年度事項が会計方針の変更その他正当な理由により当該事業年度より前の事業年度に係る定時総会において承認又は報告したものと異なるものに修正されているときは、当該修正事項も監査しなければなりません（計規154③）。

この規定は、いったん適法に確定した過年度の計算書類を会計方針の変更により修正し、かつ、修正を加えた過年度事項を前提に当期の計算書類が作成されている場合において、過年度事項についても監査対象となる旨規定したものです。

〔平野　敦士〕

Q.5-1-4 繰延資産の会計処理

繰延資産の会計処理についての公正な会計慣行を教えてください。

> **Point**
> ■繰延資産の会計処理については,旧商法と異なり,会社法では繰延資産として計上できる項目を列挙せず,具体的な償却方法や償却期間の定めもない。
> ■会社法下での繰延資産の会計処理は,公正な会計慣行に委ねられる。
> ■繰延資産についての公正な会計慣行として,企業会計基準委員会より企業会計基準が公表された。

1 旧商法下での繰延資産の会計処理

　繰延資産とは,将来の期間に影響する特定の費用を次期以降の期間に配分して処理するために経過的に資産の部に計上されたものをいいます。将来の期間に影響する特定の費用とは,既に対価の支払が完了し又は支払義務が確定し,これに対応する役務の提供を受けたにもかかわらず,その効果が将来にわたって発現するものと期待される費用です。繰延資産は効果の発現に着目して将来の収益に対応させて費用計上するため,資産に計上された擬制資産です。
　繰延資産は換価価値のない擬制資産であることから配当可能利益の算定の観点から,旧商法では旧商法施行規則において繰延資産として処理することができる項目を限定列挙し,具体的な償却方法や償却期間が規定されていました。

2 会社法での繰延資産の会計処理

(1) 会社計算規則と公正妥当基準

　会社法においては,「繰延資産として計上することが適当である……もの」と規定するだけで(計規106③五),旧商法と異なり,具体的な償却方法や償却期間は規定していません。会社計算規則3条では,「この省令の用語の解釈及び規定の適用に関しては,一般に公正妥当と認められる企業会計の基準(以下,公正妥当基準という)その他の企業会計の慣行をしん酌しなければならない」と

していることから，繰延資産の会計処理は公正妥当基準により処理されることになります。繰延資産処理についての公正妥当基準とされるものには，実務対応報告第19号「繰延資産の会計処理に関する当面の取扱い」があります。

(2) 実務対応報告での扱い

実務対応報告第19号では，①繰延資産の概念については企業会計原則注解［注5］に示されている考え方を踏襲する，②繰延資産の項目は原則として旧商法施行規則において限定列挙されていた項目とする（但し，会社法において廃止された建設利息を除く。Q5-1-1参照）こととされました。その趣旨は，繰延資産の部に計上した金額は剰余金の分配可能額から控除されることから（計規186一），旧商法の取扱いから範囲を拡張するのが適切でないと判断されたからです。

また，旧商法において繰延資産と扱われた社債発行差金については，企業会計基準第10号「金融商品に関する会計基準」において，国際会計基準の取扱いに合わせる趣旨で社債金額から控除する会計処理が定められました。企業会計基準第10号では社債の券面金額と社債引受額との差額については，償却原価法により評価し，社債金額から控除するものとされました。償却原価法とは，社債の券面金額と社債引受額との差額の償却について社債の表面金利と合わせて評価することによって実質金利が一定となるように償却する方法です。

この結果，実務対応報告では以下に掲げた5項目を繰延資産として取り扱っています。

① 株式交付費
② 社債発行費等（新株予約権発行費を含む）
③ 創立費
④ 開業費
⑤ 開発費

これらの項目についての会計処理をまとめたのが次頁の**図表1**です。

(3) 繰延資産に係る会計処理方法の継続性

同一の繰延資産項目については，原則として各事業年度を通じ同一の方法の適用が要請される継続性の原則が適用されます。また，異なる繰延資産の項目についてはその性質が類似すると認められる場合を除き，繰延資産項目ごとに適用する会計処理を選択することができます。

図表1　繰延資産項目ごとの会計処理

	定　義	原則的処理	例外的処理	償却方法（注1）
株式交付費	株式募集のための広告費，金融機関の手数料，証券会社の取扱手数料，目論見書，株券等の印刷費，変更登記の登録免許税，その他株式の交付のために直接支出した金額。株式の分割や無償割当てなどに係る費用は支出時に費用（販売費及び一般管理費）処理のみ	支出時に費用（営業外費用）として処理	繰延資産に計上できる（注2）	株式交付のときから3年以内のその効果の及ぶ期間にわたって定額法により償却
社債発行費等	社債募集のための広告費，金融機関の手数料，証券会社の取扱手数料，目論見書，社債券等の印刷費，社債の登記の登録免許税，その他社債の交付のために直接支出した金額	支出時に費用（営業外費用）として処理	繰延資産に計上することができる	原則として利息法により償却。継続適用を条件として定額法償却も可
創立費	会社の負担に帰すべき設立費用，例えば，定款及び諸規則作成のための費用，株式募集のための広告費，目論見書，株券等の印刷費，創立事務所の賃借料，設立事務に使用する使用人の給料，金融機関の取扱手数料，発起人が受ける報酬で定款に記載して創立総会の承認を受けた金額並びに設立登記の登録免許税等	支出時に費用（営業外費用）として処理	繰延資産に計上することができる	会社成立のときから5年以内のその効果が及ぶ期間にわたって定額法償却
開業費	土地，建物等の賃借料，広告宣伝費，通信交通費，事務用消耗品費，支払利子，使用人の給料，保険料，電気・ガス・水道料等で，会社成立後営業開始までに支出した開業準備のための費用	支出時に費用（営業外費用）として処理	繰延資産に計上することができる。支出時に費用（販売費及び一般管理費）として処理	会社成立のときから5年以内のその効果が及ぶ期間にわたって定額法償却（注3）
開発費	新技術又は新経営組織の採用，資源の開発，市場の開拓等のため支出した費用，生産能率向上又は生産計画の変更等により設備の大幅な配置換えを行った場合等の費用。経常費の性格を有するものや「試験研究費等に係る会計基準」の対象となる研究費については支出時に一括費用処理が必要	支出時に費用（売上原価又は販売費及び一般管理費）として処理	繰延資産に計上することができる	支出のとき又は支出の事業年度から5年以内のその効果がおよぶ期間にわたって定額法により償却（注3）

（注1）　繰延資産に計上した場合におけるその償却方法である。
（注2）　企業規模拡大のためにする資金調達のための財務活動に係る株式交付費のケースに限る。
（注3）　支出の効果が期待されなくなった場合には，未償却残高を一時に償却する必要がある（適用指針第6号68）。

同一の繰延資産項目に関する継続性の取扱いは次のとおりとなります。
- イ．同一の資産項目について会計処理が前事業年度にも行われている場合において，当該事業年度の会計処理が前事業年度の会計処理と異なる場合には会計処理の変更として取り扱います。但し，一定の場合には新たな会計事実の発生とすることもできます。この場合には，会計処理の変更に準じて会計処理方法を変更した場合に記載されている事項と同様の事項及び会計方針の変更として取り扱わなかった理由を追加情報として注記することが求められます。
- ロ．同一の資産項目について会計処理が前事業年度にも行われていない場合には会計処理の変更として取り扱いません。

(4) **経過措置**
① 実務対応報告を適用する事業年度の直前の事業年度（以下，適用直前事業年度という）の貸借対照表に計上されていた社債発行差金を除く繰延資産の償却に関する会計処理（当該繰延資産の償却額の損益計算書の計上区分に関する事項を除く）については，適用直前事業年度の会計処理を継続して適用するものとします。

② 適用直前事業年度の貸借対照表に新株発行費が計上されている場合には，当該新株発行費の償却が終了するまでの間，新株発行費の科目をもって表示することができます。但し，本実務対応報告の適用後に，新株の発行又は自己株式の処分に係る費用を株式交付費として繰延資産に計上する場合は，新株発行費として繰延資産に計上している額を株式交付費に振り替えます。

③ 適用直前事業年度の貸借対照表に社債発行差金が計上されている場合には，以下のように取り扱うものとします。
- イ．当該社債発行差金の償却に関する会計処理は，適用直前事業年度の会計処理を継続して適用します。但し，当該社債発行差金の償却額は，社債利息に含めて表示します。
- ロ．当該社債発行差金は，社債から控除して表示します。

〔平野　敦士〕

Q.5-1-5　会社法と法人税法の純資産の部の考え方の相違

会社法と法人税法における純資産の部の考え方の相違点について教えてください。

> **Point**
> ■会社法においては，株主に対して分配してよいかどうかの観点から，純資産の部の勘定科目を区分している。
> ■法人税法においては，純資産の部を株主が法人に拠出した資本金等の額と，法人税が課税された利益積立金に区分している。

1　会社法における純資産の部

(1)　会社法における純資産の部の考え方

　会社法における純資産の部は，「株主資本」「評価・換算差額等」「新株予約権」に大別されます（計規108①）。株主資本は株主に対して分配してよいかどうかの観点から，資本金（会445①），準備金（会445④），剰余金（会446）から構成されるものとしています。

　従前の資本の部の構成と比較すると，従前の資本の部は株主に帰属する純資産と，包括利益概念による純資産とに統合され，他方，新株予約権があらたに負債の部から異動して，一新しました。

　そして，株式会社はいつでも，かつ，目的を限定せずに株主総会の決議によって純資産の部の計数を異動させることができるものとされました。

　他方，会社法では債権者保護より拘束すべきものという観点から資本準備金と利益準備金は準備金と総称されています（会445④）。資本準備金は会社へ株主が拠出した資本を源泉とする準備金であり，利益準備金は会社が事業活動によって得た資本を源泉とする準備金である旨，概念的に区別されています。

(2)　会社法による改正点

　純資産の部における会社法と旧商法を対比すると次頁の**図表1**のとおりです。

図表1　旧商法と会社法における「純資産の部」の対比

	旧商法	会社法
貸借対照表区分の名称	資本の部（旧商規88）	純資産の部（計規108）
純資産の部の構成	資本金 資本剰余金 利益剰余金 （旧商規88） ＊会社法での株主資本に相当するものである	株主資本 評価・換算差額等 新株予約権 （計規108）
資本金計上の基準金額	発行価額基準（旧商284ノ2①）	払込金額基準（会445①）
設立費用等の処理	繰延資産に計上（旧商規74）	資本金等に計上すべき払込額から控除することも可能となった（計規74①）
資本金の限度額	発行価額の2分の1以上（旧商284ノ2②）	払込金額等の2分の1以上（会445②）
資本金の減少 — 減少額の限度	資本金1,000万円まで	限度はない
資本金の減少 — 減少目的	欠損填補・払戻し目的に限定	目的は限定されない（会447）
資本金の減少 — 減資効力発生日	—	新たに決議事項となった（会447①三）
準備金の積立て	利益処分として支出した額の10分の1以上，中間配当の場合には10分の1を資本の4分の1を限度として利益準備金を積み立てる（旧商288）	剰余金の配当の10分の1以上，資本の4分の1を限度。資本剰余金を原資とした配当には資本準備金を，利益剰余金を原資とした配当には利益準備金を積み立てる（会445④，計規45）
準備金の減少 — 取崩限度	資本の4分の1となるような残高を限度	なし（会448）
準備金の減少 — 減少効力発生日	—	新たに決議事項となった（会448①三）
準備金の減少 — 減少目的	欠損填補・払戻し目的に限定	目的は限定されない（会448）
利益準備金の資本組入れ	可能（旧商293ノ3）	不可能（計規48①）
減少準備金の振替先	—	資本準備金は資本金，その他資本剰余金，利益準備金はその他利益剰余金（計規49, 51）

2 法人税法における純資産の部の見方

(1) 法人税法上の純資産の部

　法人税法上，会社の純資産の部のうち株式資本に相当する部分は，次のように資本金等の額（法法２十六）と利益積立金額（法法２十八）とからなるものとしています。

$$法人税法上の純資産＝資本金等の額＋利益積立金額$$

　資本金等の額は，株主が法人に対して拠出したものを指し，利益積立金額は法人税の課税済みであって株主に未分配の留保所得を指します。このように，法人税法上は，純資産の部を株主拠出資本と課税済留保利益とに区分することによって，二重課税の防止や法人の清算段階における課税漏れの防止を目的としています。

(2) 資本金等の額

　資本金等の額の定義は法人税法２条16号で規定されており，連結納税の場合を除いて示すと「法人が株主等から出資を受けた金額として政令で定める金額をいう」とされています。これを受けて，法人税法施行令８条では，

$$資本金等の額＝資本金＋（１号から14号）－（15号から21号）$$

としています。

　法人税法施行令８条１号から14号は資本剰余金に相当する金額で，15号から21号は帳簿価額修正損等組織再編等にあたって資本剰余金に相当しない金額を指します。

　平成18年度税制改正前は，現在の規定である「資本金等の額」は「資本等の金額」と規定され資本の金額又は出資の金額と資本積立金の合計額（旧法法２十六）と定義されていました。旧法人税法においては資本金について独自の定

義規定を置かず、資本積立金は旧法人税法2条17号において定義づけられ、両者の合計額として規定されていました。資本金について独自の定義規定を置かなかった結果、企業組織再編において資本積立金のマイナスという概念までも登場しました。

改正後は、会社法において資本の部の科目を期中において株主総会決議で自由に変動させることができることから、資本金と資本積立金を別建てで定義することは放棄して資本金と資本積立金とを統合した資本金等の額を定義規定に置きました。

そして、法人税申告書の別表五（一）Ⅱ「資本積立金に関する明細書」の様式についても、「資本金又は出資金」の増減項目を加え、利益処分による増減欄を削除するとともに、名称を変更し、別表五（一）Ⅱ「資本金等の額の計算に関する明細書」として再出発しました。また、種類株式の多様化に対応して、新たに別表五（一）付表「種類資本金額の計算に関する明細書」を作成して、種類株式に係る資本金の額を適正に把握することとしました。

「種類資本金額の計算に関する明細書」は今後、予想される財産評価基本通達における種類株式の評価の精緻化に備えての地ならしもしくは種類株式を使った課税回避策に課税当局が対抗するための資料集めと目されています。

(3) **利益積立金額**

利益積立金額の定義は法人税法2条18号で規定されており、連結納税の場合を除いて示すと「法人の所得の金額で留保している金額として政令で定める金額をいう」とされています。これを受けて、法人税法施行令9条において詳細に規定されています。

〔平野　敦士〕

Q.5-1-6　役員賞与の会計処理方法

役員賞与の会計処理方法が変更になったと聞きましたが，内容について教えてください。

> **Point**
> ■会社法施行日以後終了する事業年度の中間会計期間から，すなわち平成18年5月期の中間財務諸表から役員賞与は発生した会計期間の費用として処理することとなる。

1　会社法の変更点

(1) 役員報酬等

　役員賞与と役員報酬は同一の手続で支給されることになりました。

　旧商法では，役員報酬は職務執行の対価と考えられていた一方，役員賞与については株主総会での利益処分の一環と考えられていました。会社法では，役員賞与は役員報酬と並んで，職務執行の対価として株式会社から受ける財産上の利益の供与であることが明確に定義されました（会361，379，387）。改正により，①報酬，②賞与，③その他の職務執行の対価として取締役が株式会社から受ける財産上の利益は，いずれも取締役への「報酬等」に整理されました。

(2) 決定事項

　報酬等に関しては，定款に定めている場合を除いて，株主総会の決議で下記の事項を定めることとされます（会361①）。

　（ⅰ）　報酬等のうち額が確定しているものについては，その額
　（ⅱ）　報酬等のうち額が確定していないものについては，その具体的な算定方法
　（ⅲ）　報酬等のうち金銭でないものについては，その具体的な内容

　但し，委員会設置会社では，取締役，会計参与及び執行役等の報酬等の内容は報酬委員会が決定します（会404③，409）。

(3) 利益処分案が廃止

会社法では，旧商法の利益処分案（旧商281①四）が廃止され，利益処分案の承認に相当する株主総会決議の手続もなくなりました（旧商281，283）。役員報酬と役員賞与とが同じ手続で決定されることとなったため，会計処理方法についても役員報酬と同様に費用として処理することとなりました。

役員賞与の会計処理に関しては，「役員賞与の会計処理に関する当面の取扱い」（実務対応報告第13号）により発生時の費用処理を原則としつつも，利益処分による会計処理を認めていました。しかし，会社法の成立に伴い実務対応報告第13号が廃止され，役員賞与を費用処理せず未処分利益の減少項目として会計処理する方式が認められなくなりました。利益処分計算書の代わりに導入された株主資本等変動計算書のひな型（後出Q5-1-8②(2)参照）にも役員賞与の項目はありません。

② 具体的な仕訳例

(1) 引当経理が必要なケース

役員賞与の経理処理については，支給時に「役員賞与」勘定で経費処理するのが原則です。従来までの慣例に従い，仮に，事業年度終了後に開催される株主総会で役員賞与の支給を決議する場合では，原則として損益計算書上でその決議される金額又は支給見込額を引当計上する必要があります。

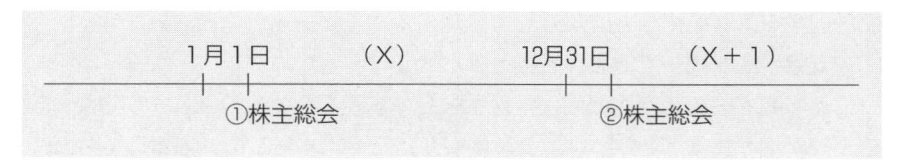

```
   1月1日      (X)      12月31日    (X+1)
─────┼──────────────┼───────────
   ①株主総会              ②株主総会
```

（X）事業年度の役員賞与の金額を①の株主総会で決定する場合，（X）事業年度で支給するときの会計処理は以下のとおりです。

〔仕　訳〕

| （借）　役員賞与 | ×× | （貸）　現預金 | ×× |

（X）事業年度の役員賞与の金額を②の株主総会で決定する場合，（X＋1）事業年度で支給するまで会計処理は以下のとおりです。

〔仕　訳〕

【期末時】	（借）	役員賞与	××	（貸）	役員賞与引当金	××
【決議時】	（借）	役員賞与引当金	××	（貸）	未払役員賞与	××
【支給時】	（借）	未払役員賞与	××	（貸）	現預金	××

(2) 未払経理が認められるケース

また，子会社が支給する役員賞与のように，株主総会の決議はなくても実質的に確定債務と認められる場合，未払経理が認められます。

なお，役員賞与の会計処理方法の変更に伴い，役員賞与を費用処理することとなった場合，会計基準の変更に伴う会計方針の変更に該当します。

3　役員賞与を利益処分と考えることが不適切な会計上の理由

(1) いずれも職務執行の対価である

会社の利益は職務執行の成果として得られ，役員報酬も役員賞与も職務執行の対価であることから同じ性格をもつと考えられます。また，両者の性格が異なると考えた場合でも，最近の業績連動制など支給の内容や水準によって役員報酬と役員賞与を区別することが困難です。むしろ経済実態からすれば，両者を区別するよりいずれも費用として処理することが適当と考えられます。

(2) 支給手続が同一である

役員報酬も役員賞与もともに，株主総会の決議を経て支給されますので，支給手続が同一です（企業会計基準委員会（ASBJ）実務対応報告第13号「役員賞与の会計処理に関する当面の取扱い」，企業会計基準第4号「役員賞与に関する会計基準」より）。

4　税務上の問題点

(1) 従来の役員報酬・退職金の扱い

会社法の成立に伴い，役員に対して支給する給与の税務上の取扱いも大幅に変わりました。これまで役員に対する給与は，役員報酬，賞与，そして退職給与に大別されていました。そして，役員報酬及び退職給与は不相当に高額な金

額を除いて，損金算入が認められていました。

(2) 従来の役員賞与の扱い

賞与については，原則として損金算入が認められていませんでした。例外的に，役員又は使用人に対する臨時的な給与のうち，他に定期の給与を受けていない者に対して継続的に毎年所定の時期に定額を支給する旨の定めに基づいて支給されるものについては，損金算入が認められていました。但し，この場合でも利益に一定の割合を乗ずる方法により算定されることとなっているものについては損金への算入が認められていませんでした（旧法法35④）。

(3) 現行の税制

会社法の成立を反映させ，役員に対する報酬・賞与は，いずれも給与と規定されました。但し，役員給与は，下記のいずれかに該当する場合を除き損金の額に算入されません。従来の役員賞与については，恣意性を排除する目的から事前確定届出給与の要件を満たす場合に限り損金算入が認められます。

(a) **定期同額給与**　その支給時期が1月以下の一定の期間ごとであり，かつ，当該事業年度の各支給時期における支給額が同額である給与その他これに準ずるものとして政令で定める給与。

(b) **事前確定届出給与**　その役員の職務について，所定の時期に確定額を支給する旨の定めに基づいて支給する給与。以下の①又は②のいずれか早い日までに，納税地の所轄税務署長にその定めの内容に関する届出をする義務があります。

① 職務執行開始の日
② 事業年度開始の日の属する会計期間開始の日から3月を経過する日
（保険会社にあっては，その会計期間開始の日から4月を経過する日）

平成19年度税制改正により，届出期限が株主総会の日から1月を経過する日となるほか，同族会社以外の法人については定期同額給与を受けていない役員に対して支給する給与について届出が不要になる予定です。

(c) **利益連動給与**　内国法人がその業務執行役員に対して支給する利益連動給与で，その算定方法が有価証券報告書に掲載されたその事業年度の利益に関する指標を基礎としているなどの要件を満たすもの。但し，同族会社に該当する場合を除きます。

〔佐藤　増彦〕

Q.5-1-7　繰延ヘッジ損益

会社法施行により繰延ヘッジ損益の貸借対照表記載区分が変わったそうですが，教えてください。

> **Point**
> ■繰延ヘッジ損益の貸借対照表記載区分は，旧商法時代の資産の部又は負債の部から，会社法においては純資産の部に変更となった。
> ■貸借対照表記載区分の変更に伴い，繰延ヘッジ損益は税効果会計の対象となった。計上金額が異なるので注意が必要である。

1　繰延ヘッジ損益の会計処理

(1)　ヘッジ会計の意義

　ヘッジ会計とは，ヘッジ取引のうち一定の要件を満たすものについて，ヘッジ対象に係る損益とヘッジ手段に係る損益を同一の会計期間に認識し，ヘッジの効果を会計に反映させるための会計処理をいいます。

　ヘッジ会計が適用されるヘッジ対象は，相場変動等による損失の可能性がある資産又は負債で，当該資産又は負債に係る相場変動等が評価に反映されていないもの，相場変動等が評価に反映されているが評価差額が損益として処理されないものもしくは当該資産又は負債に係るキャッシュ・フローが固定されその変動が回避されるものです。なお，ヘッジ対象には，予定取引により発生が見込まれる資産又は負債も含まれます。

(2)　繰延ヘッジ損益

　ヘッジ会計は，時価評価されているヘッジ手段に係る損益又は評価差額を，原則として，ヘッジ対象に係る損益が認識されるまで繰り延べる方法によります。繰延ヘッジ損益とは，ヘッジ会計においてヘッジ対象が時価評価される場合において，ヘッジ対象に係る損益が認識されるまで，繰り延べて貸借対照表に計上される損益ないし評価差額を指します。

2 繰延ヘッジ損益の貸借対照表における表示

(1) 旧商法における処理

繰延ヘッジ損益は、「金融商品会計に関する実務指針」（日本公認会計士協会会計制度委員会報告第14号）の規定に従い、貸借対照表記載区分が定められ、繰延ヘッジ損失は資産、繰延ヘッジ利益は負債として表示されていました。

(2) 会社法における処理

(a) 表示区分の変更 会社法では、貸借対照表の資産性・負債性について厳密に規定し、これらに該当しないものを純資産の部に計上することとしました（Q5-1-5参照）。その結果、繰延ヘッジ損益は貸借対照表の「純資産の部」の1区分である「評価・換算差額等」の1項目として表示されることとなりました（計規108⑦二、会計基準第5号8）。

(b) 税効果会計の適用 繰延ヘッジ損益を貸借対照表の資産の部又は負債の部に計上していた旧商法の時代には、繰延ヘッジ損益について税効果会計の適用を考慮する必要はありませんでした。会社法では、繰延ヘッジ損益をその他有価証券差額金と同様、貸借対照表の純資産の部に計上することとなりましたので、税効果会計の適用をする必要があります。

設 例

ヘッジ会計を適用しているデリバティブ取引に係る繰延ヘッジ利益が500百万円である。実効税率は40％とする。

〔旧商法の処理〕

資産の部	負債の部	
	繰延ヘッジ利益	500
	資本の部	

〔会社法の処理〕

資産の部	負債の部	
	繰延税金負債	200[*1]
	純資産の部 　評価・換算差額等 　　繰延ヘッジ利益	300

*1 500×40％（法定実効税率）＝200

〔平野　敦士〕

Q.5-1-8　株主資本等変動計算書

利益処分案に代わって作成されることとなった株主資本等変動計算書について教えてください。

> **Point**
> 利益処分案と株主資本等変動計算書とでは次の点で大きく異なる。
> ■時点。利益処分案が決算日後においてなされた利益処分の内容を対象とするのに対し，株主資本等変動計算書は１事業年度を対象とする。
> ■対象項目。利益処分案が未処分利益の増減を対象とするのに対し，株主資本等変動計算書は純資産の部に属する科目の増減を対象とする。

1　計算書類の枠組みの変更

(1) 総　説

　旧商法における計算書類は，貸借対照表，損益計算書，営業報告書及び利益処分案（又は損失処理案。以下，利益処分案等という），附属明細書でしたが（旧商281①），会社法においては貸借対照表，損益計算書，株主資本等変動計算書及び個別注記表とされています（会435①，計規91①）。旧商法における利益処分案等に代わるものとして，対象となる時点及び項目を変更して会社法において新たに作成が求められる計算書類が株主資本等変動計算書です。

(2) **貸借対照表の資本の部の見直しにより純資産の部へ**

　会社法における計算書類では，貸借対照表における資本の部の表示区分が見直され，純資産の部と改称されています（計規105①）。純資産の部には，株主資本及び株主資本以外の項目である評価・換算差額等・新株予約権に区分され，次頁の**図表１**に掲げるような科目が計上されます（計規108①一）。

2　株主資本等変動計算書の概要

(1) 総　説

　株主資本等変動計算書とは，貸借対照表の純資産の部の１会計期間における

図表1　純資産の部ひな型

```
純資産の部
 Ⅰ　株主資本
  1　資本金
  2　資本剰余金
   (1)　資本準備金
   (2)　その他資本剰余金
                    資本剰余金合計
  3　利益剰余金
   (1)　利益準備金
   (2)　その他利益剰余金
       別途積立金
       繰越利益剰余金
                    利益剰余金合計
  4　自己株式
                    株主資本合計
 Ⅱ　評価・換算差額等
  1　その他有価証券評価差額金
  2　繰延ヘッジ損益
  3　土地再評価差額金
                  評価・換算差額等合計
 Ⅲ　新株予約権
  1　新株予約権
  2　自己新株予約権
                    新株予約権合計
                    純資産合計
```

(注)　計規108及び会計基準第5号に基づき作成。

変動額のうち，主として株主に帰属する部分である株主資本の各項目の変動事由を報告するために作成する計算書類です（会計基準第6号1）。株主資本等変動計算書において，剰余金の変動が表示されることになったことに伴い，損益計算書末尾の未処分利益の計算区分は廃止され，損益計算書の末尾は原則として当期純利益又は当期純損失となり（計規125①②），附属明細書の「資本金・資本剰余金並びに利益準備金及び任意積立金の増減」も廃止されることになりました。

(2) 株主資本等変動計算書のひな型

会社計算規則で株主資本等変動計算書の作成が求められていることから、企業会計基準委員会から「株主資本等変動計算書に関する会計基準」（以下、会計基準第6号という）及び「株主資本等変動計算書に関する会計基準の適用指針」（以下、適用指針第9号という）が公表されています。これらに基づいて作成した株主資本等変動計算書が下記の2様式です。会社計算規則127条を参照ください。

〈株主資本等変動計算書のひな型〉

(1) 純資産の各項目を横に並べる様式例

	株主資本									評価・換算差額等（*2）			
		資本剰余金			利益剰余金								
	資本金	資本準備金	その他資本剰余金	資本剰余金合計（*3）	利益準備金	その他利益剰余金（*1）		利益剰余金合計（*3）	自己株式	株主資本合計	その他有価証券評価差額金	評価・換算差額等合計（*3）	新株予約権	純資産合計（*3）
						××積立金	繰越利益剰余金							
期末残高	×××	×××	×××	×××	×××	×××	×××	×××	△×××	×××	×××	×××	×××	×××
当期変動額（*4）														
新株の発行	×××	×××		×××						×××				×××
剰余金の配当							△P	△×××		△×××				△×××
剰余金の配当に伴う利益準備金の積立て					×××		△×××							×××
当期純利益							Q	×××		×××				×××
自己株式の処分									×××	×××	×××			×××
×××××														
株主資本以外の項目の当期変動額（純額）											(*5)×××	×××	(*5)×××	×××
当期変動額合計	×××	×××	－	×××	×××	－	×××	×××		×××				
当期末残高	A	B	C	D	E	F	G	H	△I	J	K	L	M	N

*1 その他利益剰余金については、その内訳項目の前期末残高、当期変動額及び当期末残高の各金額を注記により開示することができる。この場合、その他利益剰余金の前期末残高、当期変動額及び当期末残高の各合計額を株主資本等変動計算書に記載する。
*2 評価・換算差額等については、その内訳項目の前期末残高、当期変動額及び当期末残高の各金額を注記により開示することができる。この場合、評価・換算差額等の前期末残高、当期変動額及び当期末残高の各合計額を株主資本等変動計算書に記載する。
*3 各合計欄の記載は省略することができる。
*4 株主資本の各項目の変動事由及びその金額の記載は、概ね貸借対照表における表示の順序による。
*5 株主資本以外の各項目は、当期変動額を純額で記載することに代えて、変動事由ごとにその金額を株主資本等変動計算書又は注記により表示することができる。また、変動事由ごとにその金額を株主資本等変動計算書に記載する場合には、概ね株主資本の各項目に関係する変動事由の次に記載する。

(注) A～Qの金額は、それぞれ貸借対照表、損益計算書の各「項目」の金額と一致し、また、Pの金額は、配当金支払額の例の「配当金の総額の計」と一致することになる。

Q5-1-8 株主資本等変動計算書　227

(2) 純資産の各項目を縦に並べる様式例

株主資本			
資本金	前期末残高		×××
	当期変動額	新株の発行	×××
	当期末残高		A
資本剰余金			
資本準備金	前期末残高		×××
	当期変動額	新株の発行	×××
	当期末残高		B
その他資本剰余金	前期末残高及び当期末残高		C
資本剰余金合計（＊3）	前期末残高		×××
	当期変動額		×××
	当期末残高		D
利益剰余金			
利益準備金	前期末残高		×××
	当期変動額	剰余金の配当に伴う積立て	×××
	当期末残高		E
その他利益剰余金（＊1）			
××積立金	前期末残高及び当期末残高		F
繰越利益剰余金	前期末残高		×××
	当期変動額	剰余金の配当	△P
		剰余金の配当に伴う利益準備金の積立て	△×××
		当期純利益	Q
		当期末残高	G
利益剰余金合計（＊3）	前期末残高		×××
	当期変動額		×××
	当期末残高		H
自己株式	前期末残高		△×××
	当期変動額	自己株式の処分	×××
	当期末残高		△I
株主資本合計	前期末残高		×××
	当期変動額		×××
	当期末残高		J
評価・換算差額等（＊2）			
その他有価証券評価差額金	前期末残高		×××
	当期変動額（純額）（＊4）		×××
	当期末残高		K
評価・換算差額等合計（＊3）	前期末残高		×××
	当期変動額		×××
	当期末残高		L
新株予約権	前期末残高		×××
	当期変動額（純額）（＊4）		×××
	当期末残高		M
純資産合計（＊3）	前期末残高		×××
	当期変動額		×××
	当期末残高		N

＊1　その他利益剰余金については，その内訳項目の前期末残高，当期変動額及び当期末残高の各金額を注記により開示することができる。この場合，その他利益剰余金の前期末残高，当期変動額及び当期末残高の各合計額を株主資本等変動計算書に記載する。
＊2　評価・換算差額等については，その内訳項目の前期末残高，当期変動額及び当期末残高の各金額を注記により開示することができる。この場合，評価・換算差額等の前期末残高，当期変動額及び当期末残高の各合計額を株主資本等変動計算書に記載する。
＊3　各合計欄の記載は省略することができる。
＊4　株主資本以外の各項目は，変動事由ごとにその金額を記載することができる。この場合，株主資本等変動計算書又は注記により表示することができる。
（注1）　期中における変動がない場合には，「前期末残高及び当期末残高」のみを表示することができる。（但し，その他利益剰余金又はその内訳科目である繰越利益剰余金の変動事由として表示する当期純利益については，省略できないことに留意する。）
（注2）　A～Qの金額は，それぞれ貸借対照表，損益計算書の各「項目」の金額と一致することになる。また，Pの金額は，配当金支払額の例の「配当金の総額の計」と一致することになる。

【出典】　(1)，(2)ともに中小企業の会計に関する指針「株主資本等変動計算書の例示」（平成17年8月1日，日本税理士連合会・日本公認会計士協会・日本商工会議所・企業会計基準委員会［順不同］）。

(3) 株主資本等変動計算書の特徴

旧商法で作成が求められていた利益処分案等と，会社法で作成が求められる株主資本等変動計算書の相違は，下記のとおりです。

(a) **対象となる時点**　利益処分案等は決算日後においてなされた利益処分の変動を対象としていましたが，株主資本等変動計算書は1事業年度を報告の対象としています。言い換えると，利益処分案等が決算日後のことを扱っていたのに対し，株主資本等変動計算書は決算日を終期とする1事業年度が対象です。

(b) **対象となる項目**　利益処分案等が未処分利益の増減を対象としていたのに対し，株主資本等変動計算書は純資産の部に属する全科目の増減を対象にしています。

(4) 個別注記表の記載事項

株主資本等変動計算書に係る個別注記表の記載事項は，**図表2**のとおりです。

図表2　株主資本等変動計算書に関する注記事項

原　則	特　例
①事業年度の末日における発行済株式の数	種類株式発行株式会社にあっては，種類ごとの発行済株式の数
②事業年度の末日における自己株式の数	種類株式発行株式会社にあっては，種類ごとの自己株式の数
③事業年度中に行った剰余金の配当[*1]に関する次の事項その他の事項 　イ．配当財産が金銭である場合には，当該金銭の総額 　ロ．配当財産が金銭以外の財産である場合には当該財産の帳簿価額[*2]の総額	―
④事業年度の末日において，当該株式会社が発行している新株予約権[*3]の目的となる当該株式会社の株式の数	種類株式発行株式会社にあっては，種類ごとの数

*1　当該事業年度の末日後に行う剰余金の配当のうち，剰余金の配当を受ける者を定めるための基準日（会124①）が当該事業年度中のものを含む。
*2　当該剰余金の配当をした日においてその時価を付した場合には，当該時価を付した後の帳簿価額。
*3　新株予約権を行使できる期間の初日が到来していないものを除く。
☞企業会計基準第6号「株主資本等変動計算書に関する会計基準」。

(5) **社員資本等変動計算書**
　持分会社において株主資本等変動計算書に相当するものが，社員資本等変動計算書です。合名会社・合資会社にあっては作成すると定めた場合に，合同会社にあっては強制的に作成しなければならないとされています（計規103①）。

(6) **税務上の積立金の取扱い**
　(a)　**問題の所在**　　会社法においては利益処分案等に相当する規定はなくなりました。圧縮記帳においては直接減額方式と利益処分方式による圧縮積立金の積立てが経理要件として従来認められてきました。会社法において，利益処分を前提として損金算入が認められた税務上の積立金の取扱いが問題となります。

　(b)　**会計処理**　　適用指針第9号25なお書によれば，税法上の積立金は会社法の下では法人税等の税額計算を含む決算手続として会計処理することとされています。会社法においても，この取引を定時株式総会の決議なしで行える剰余金の処分としました（計規181）。具体的には，当期末の個別貸借対照表に税法上の積立金の積立て及び取崩しを反映させるとともに，個別株主資本等変動計算書に税法上の積立金の積立て及び取崩しを記載し，株主総会又は取締役会で当該財務諸表を承認することとなります。したがって，会社法における税法上の積立金の処理は，旧商法における処理に比べ1期早くなります。

　また，平成18年度税制改正により，決算確定の日までに行われた剰余金の処分の形式で行われた税務上の積立金の積立てが損金算入することが認められるようになりました（法法42，法令80）。この場合には個別株主資本等変動計算書に，税法上の積立金の積立て及び取崩しを注記します。

　(c)　**会社法での処理**　　会社法においても，旧商法の場合と同様，株式会社の剰余金の処分は株主総会の決議によりなされるのが原則です（会452）。会社計算規則181条2項では，株主総会決議を経ないで剰余金の項目に係る額を増加又は減少できることが規定されており，税法上の積立金の積立て及び取崩しがこれに該当します。この規定を適用して税法上の積立金の積立て及び取崩しについて法人税等の税額計算を含む決算手続として会計処理することが可能になります。

〔平野　敦士〕

Q.5-1-9　附属明細書

会社法において附属明細書が大幅に変更になったそうですが，概要について教えてください。

> **Point**
> ■会社法では，附属明細書は計算書類に係る附属明細書と，事業報告に係る附属明細書とあり，前者は会計監査人の監査対象となるが，後者は会計監査人の監査対象とならない。
> ■附属明細書の記載項目は，事業報告や個別注記表に移行した結果，大幅に減少した。
> ■会社法施行前から引き続き作成すべき附属明細書の項目は，旧商法における記載項目とほぼ同一である。

1　附属明細書の改正

(1)　附属明細書の性格の変遷

　旧商法における附属明細書は貸借対照表，損益計算書及び営業報告書の記載を補足する重要な事項を記載する単一の書類でした（旧商規106①）。旧商法における附属明細書のうち，会計に関する部分は会計監査人の監査対象とされていました（旧商特13②二）。

　会社法の附属明細書では会計に関する事項とそれ以外の項目に峻別して整理し，計算書類に係る附属明細書（計規145）と事業報告に係る附属明細書に分けて作成することとされました。後者は，会計以外の事項を記載する書類ですので，会計監査の対象となっていません（会346②）。

(2)　附属明細書新旧比較

　附属明細書について，旧商法と会社法とで記載内容を比較し，会社法では何処に記載されることとなったのかを示すと，次頁の**表**のとおりです。

	旧商法	会社法
①	会計方針の変更の理由	個別注記表へ移行
②	資本金などの増減	株主資本等変動計算書へ移行
③	社債及び借入金の増減	—
④	固定資産の明細	有形固定資産及び無形固定資産の明細（＊）
⑤	担保権の明細	個別注記表へ移行
⑥	保証債務の明細	個別注記表へ移行
⑦	引当金の明細	引当金の明細（＊）
⑧	支配株主に対する債権債務の明細	関連当事者の注記として再編
⑨	各子会社が有する計算書類作成会社の株式の数	関連当事者の注記として再編
⑩	子会社に対する出資及び債権の明細	関連当事者の注記として再編
⑪	取締役等又は支配株主との間の取引及び第三者との間の取引で会社と取締役等又は支配株主との利益が相反するものの明細	事業報告の附属明細書に移行
⑫	取締役及び監査役に支払った報酬	事業報告に移行
⑬	担保として取得している自己株式及び親会社株式の明細	—
⑭	リース，割賦購入資産のうち所有権が留保されているものの明細	—
⑮	議決権割合が4分の1超である他の会社に対する出資の明細	—
⑯	子会社との取引の明細及び債権債務の増減	関連当事者の注記として再編
⑰	取締役，監査役の兼務の状況の明細	事業報告の附属明細書に移行
⑱	販売費及び一般管理費の明細	販売費及び一般管理費の明細（＊）
⑲	—	関連当事者の注記のうち省略した事項（＊）

（＊）後述の2(2)「計算書類に係る附属明細書のひな型」を参照。

2 計算書類に係る附属明細書

(1) 記載内容

計算書類に係る附属明細書には、**下表の区分による項目**を記載するほか、株式会社の貸借対照表、損益計算書、株主資本等変動計算書及び個別注記表の内容を補足する重要な項目を表示しなければならないとされています（計規145）。

記載内容	会社の形態別		
	一般	非公開会社	会計監査人非設置会社で公開会社
①有形固定資産及び無形固定資産の明細	○	○	○
②引当金の明細	○	○	○
③販売費及び一般管理費の明細	○	○	○
④関連当事者との取引に関する注記のうち省略した事項	○	×	○

　会計監査人非設置会社において関連当事者との取引に関する注記の一部の省略が認められ（Q4-1-10参照、計規140）、非公開会社では関連当事者との取引に関する附属明細書の作成が不要とされています（計規145）が、会計監査人非設置会社でも公開会社にあっては、計算書類に係る附属明細書において④の記載が必要となります。

(2) **計算書類に係る附属明細書のひな型**

　日本公認会計士協会では会計制度委員会研究報告第9号「附属明細書のひな型」を例示しています。以下に、要点を紹介します（巻末資料参照）。

① 有形固定資産及び無形固定資産の明細。

イ．帳簿価額による記載

区分		資産の種類	期首帳簿価額	当期増加額	当期減少額	当期償却額	期末帳簿価額	減価償却累計額	期末取得原価
資産	有形固定								
		計							
資産	無形固定								
		計							

ロ．取得原価による記載

区分	資産の種類	期首残高	当期増加額	当期減少額	期末残高	期末減価償却累計額又は償却累計額	当期償却額	差引期末帳簿価額
資産	有形固定							
	計							
資産	無形固定							
	計							

(注)1．帳簿価額による記載又は取得原価による記載を選択する。
(注)2．投資その他の資産の増減については会社法では記載が求められていない。
(注)3．減損損失について合算間接控除方式を採用している場合には，減損損失累計額が含まれている旨の注記が必要である。

② 引当金の明細――旧商法時代と同じ記載。
③ 販売費及び一般管理費の明細――旧商法時代と同じ記載。
④ 関連当事者との取引に関する注記のうち省略した事項――ひな型は用意されていません。

3 事業報告に係る附属明細書

　事業報告の附属明細書は，事業報告の内容を補足する重要な事項を内容とし，公開会社の場合には次に掲げる事項を事業報告の附属明細書の内容としなければならないとされています（会規128）。

① 他の会社の業務執行取締役，執行役，業務を執行する社員等を兼ねる会社役員（会計参与を除く）についての兼務の状況の明細（当該他の会社の事業が当該株式会社の事業と同一の部類のものであるときはその旨を含む）。
② 第三者との取引であって，当該株式会社と会社役員又は支配株主との利益が相反するものの明細。

　なお，これらの記載は旧商法における附属明細書において，「取締役，監査役の兼務の状況の明細」「取締役等又は支配株主との間の取引及び第三者との間の取引で会社と取締役等又は支配株主との利益が相反するものの明細」とされていた項目の記載事項とほぼ同じです。　　　　　　　　　　　〔平野　敦士〕

Q.5-1-10　事業報告

会社法においては旧商法時代の営業報告書に代わって事業報告の作成が求められるようになったそうですが、その概要について教えてください。

> **Point**
> ■会社法では営業報告書の代わりに事業報告の作成が求められるようになった。事業報告は会計監査人の監査対象外である。
> ■事業報告については、すべての株式会社に共通する記載事項のほか、会社区分ごとに記載内容の特則が設けられている。

1　計算書類の体系の変更

(1)　旧商法における計算書類等の問題点と会社法による変更内容

　旧商法における計算書類等は、①貸借対照表、②損益計算書、③営業報告書、④利益処分案（又は損失処理案）、⑤附属明細書でした。

　旧商法においては、剰余金の計算を網羅的に示す決算書が必要であったこと、営業報告書が会計監査人の監査対象であったことから制約された記述に止まらざるをえなかったこと、附属明細書の記載内容が実情に適合したものではなかったこと、などの問題点がありました。

　会社法では、期中において配当を自由に行えるようになったことなどから上記③に代えて事業報告及びその附属明細書、④に代えて株主資本等変動計算書が作成されることになりました。その結果、会社法での計算書類等は、(i)貸借対照表、(ii)損益計算書、(iii)個別注記表、(iv)株主資本等変動計算書、(v)(i)～(iv)の附属明細書、(vi)事業報告、(vii)事業報告の附属明細書になります。

(2)　事業報告の監査

　旧商法時代には営業報告書及び附属明細書のうち、会計に関する部分は会計監査人の監査対象でした。これに対し、事業報告及びその附属明細書は、会計監査人の監査対象から外れ、監査役（委員会設置会社にあっては監査委員会）のみが監査を行うこととなりました（会436）。

2 事業報告の記載パターンの考え方

(1) 概　要

　事業報告の記載事項は，すべての株式会社に共通の記載事項があるほか（会規118。これについては③(1)で詳述します），次の会社区分ごとに特則を設け，それぞれ記載事項を規定しています（会規119以下。これについては③(2)で詳述します）。

　① 公開会社
　② 会計監査人設置会社
　③ 会計参与設置会社
　④ 株式会社の支配に関する基本方針を定めた株式会社

　なお，会計に関する事項は，計算書類等に記載されるため事業報告に記載する必要はありません。

(2) 判定時点

　会社区分の判定の時期は，事業年度の末日です（会規119等）。期中において会社区分が変更になった場合でも，あくまで事業年度の末日において判定することに注意が必要です。

3 事業報告の記載事項

(1) すべての株式会社に共通する記載事項

　すべての株式会社の事業報告では，以下の事項を記載する必要があります（会規118）。

　(a) 株式会社の状況に関する重要な事項（計算書類及びその附属明細書並びに連結計算書類の内容となる事項を除く）（会規118一）　ここに記載すべき事項には，具体的な必要的開示事項は定められていません。

　(b) 業務の適正を確保するための内部統制システムの整備に関する決議又は決定があった場合の当該決議又は決定の内容（会規118二）　この内容は，大会社（会2六）である取締役会設置会社（会2七）や委員会設置会社（会2十二）では義務づけられていますが（会362⑤，362④六，416④），それ以外の株式会社であっても任意に当該決議又は決定を行うことができます。いずれの場合であっても，当該決議又は決定をすれば，その内容の概要を事業報告に記載する必要

があります。内部統制システムの内容は、会社法施行規則において、取締役が構築する内部統制と監査役を補助する体制の２種類に整理されています。

① 取締役が構築する内部統制（会規100①）——取締役の職務の執行に係る情報の保存及び管理に関する体制
  ・損失の危険の管理に関する規程その他の体制
  ・取締役の職務の執行が効率的に行われることを確保するための体制
  ・使用人の職務の執行が法令及び定款に適合することを確保するための体制
  ・当該株式会社並びにその親会社及び子会社からなる企業集団における業務の適正を確保するための体制

② 監査役を補助する体制（会規100③）——監査役設置会社である場合には、上記①に加えて下記の事項も必要です。
  ・監査役がその職務を補助すべき使用人を置くことを求めた場合における当該使用人に関する事項
  ・使用人の取締役からの独立性に関する事項
  ・取締役及び使用人が監査役に報告するための体制その他監査役への報告に関する体制
  ・その他監査役の監査が実効的に行われることを確保するための体制

(2) **会社区分による特則**

(a) **公開会社の特則**　　公開会社（会２五）では、次頁以下の**図表１**に示した事項を記載する必要があります（会規119）。但し、「株式会社の現況に関する事項」については、株式会社が連結計算書類を作成している場合には、「当該株式会社及びその子会社からなる企業集団の現況に関する事項」とすることができます（会規120②）。

なお、会社役員には、直前の定時株主総会の終結の日の翌日以降に在任していたものであって、当該事業年度の末日までに退任したものを含みます（会規119二括弧書）。

図表1　公開会社に必要な記載事項

	記載事項	摘要
株式会社の現況に関する事項（会規120）	事業年度末日における主要な事業の内容，主要な営業所及び工場並びに使用人の状況	
	事業年度末日において主要な借入先があるときは，借入先及び借入額	*1
	事業年度における事業の経過及びその成果	
	事業年度における次の事項についての状況 ・資金調達 ・設備投資 ・事業の譲渡，吸収分割又は新設分割 ・他の会社の事業の譲受け ・他の会社の株式その他の持分又は新株予約権等の取得又は処分（*12） ・吸収合併又は吸収分割による他の法人等の事業に関する権利義務の承継	
	直前3事業年度の財産及び損益の状況	*2, 3
	重要な親会社及び子会社の状況	
	対処すべき課題	
	上記のほか，株式会社の現況に関する重要な事項	
会社役員に関する事項（会規121）	会社役員の氏名（会計参与にあっては，氏名又は名称）	
	会社役員の地位及び担当	
	会社役員が他の法人等の代表者その他これに類する者であるときは，その重要な事実	
	当該事業年度に係る取締役，会計参与，監査役又は執行役ごとの報酬等の総額	*7
	各会社役員の報酬等の額又はその算定方法に係る決定に関する方針を定めているときは，当該方針の決定の方法及びその方針の内容の概要	*4, 5
	事業年度中に辞任した又は解任された会社役員については，次の事項 ・会社役員の氏名（会計参与にあっては，氏名又は名称） ・会計参与又は監査役（以下，会計参与等という）が，会計参与等の選任にあたって意見があるときは，その意見の内容 ・会計参与等を辞任した者が，辞任にあたって述べる理由があるときは，その理由	*5
	会社役員の重要な兼職の状況	*6
	監査役又は監査委員が財務及び会計に関する相当の知見を有しているものであるときは，その事実	*5
	このほか，会社役員に関する重要な事項	

株式に関する事項（会規1-22）	事業年度の末日において発行済株式の総数の10分の1以上の株式を有する株主の氏名又は名称及び当該株主の有する当該株式会社の株式の数	＊8
	このほか，株式会社の株式に関する重要な事項	＊9
新株予約権等に関する事項（会規1-23）	事業年度末日において株式会社の会社役員が当該株式会社の新株予約権等を有しているときは，次に掲げる者の区分ごとに当該新株予約権等の内容の概要及び新株予約権等を有する者の人数 ・株式会社の取締役（社外役員を除き，執行役を含む） ・株式会社の社外取締役（社外役員に限る） ・株式会社の取締役（執行役を含む）以外の会社役員	＊10
	事業年度中に次に掲げる者に対して株式会社が交付した新株予約権等があるときは，次に掲げる者の区分ごとの当該新株予約権の内容の概要及び交付した者の人数 ・株式会社の使用人（使用人兼務役員を除く） ・株式会社の子会社の役員及び使用人（株式会社の会社役員又は使用人兼務役員除く）	＊11
	このほか，株式会社の新株予約権等に関する重要な事項	

＊1　旧商法の時代に求められていた「主要な借入先が有する計算書類作成会社の株式の数」は削除。
＊2　連結財務諸表作成会社の場合，会社法では連結計算書類に係るもののみ記載となる。
＊3　会計方針変更に伴う過年度の業績推移の遡及的修正の余地を規定した条文がある（会規120③）。
＊4　委員会設置会社以外の株式会社では省略可（会規121ただし書）。報酬等には賞与も含まれる（会361）。
＊5　必ずしも監査役の資格要件として求めているものではないが，財務及び会計に関する相当な知見を開示させることによって，これらを保持した人物の選任が促進されると期待される。
＊6　旧商法では，附属明細書記載事項。
＊7　旧商法では役員について定款に責任免除の定めを置いている場合にのみ記載の対象とされていたが，すべての公開会社に記載を拡大した。
＊8　開示すべき大株主の範囲に旧商法時代と比べて若干の変動がある。
＊9　事業年度末における発行済株式の数や，事業年度中における取得・処分・失効手続をした自己株式及び決算期末に保有する自己株式については，株主資本等変動計算書の注記事項となる（計規136二）。
＊10　旧商法と異なり，事業年度末において会社役員が新株予約権等を保有している場合には，開示が必要である。
＊11　旧商法と異なり，個人別開示は必要ない。
＊12　「処分」についても，その「取得」と同様に開示事項とする。

(b) **社外役員を設けた株式会社の特則**　社外役員を設けた株式会社では，下の**図表2**に示した事項を記載する必要があります（会規124）。これらはすべて新設の開示項目です。

(c) **会計参与設置会社の特則**　会計参与設置会社の場合には，会計参与と当該株式会社が責任限定契約（会427①）を締結しているときは，当該契約の概要を事業報告の内容として記載する必要があります（会規125）。責任限定契約の締結により会計参与の職務の適正性が損なわれないようにするための措置をとっている場合，その内容も含みます。

図表2　社外役員を設けた株式会社に必要な記載事項

記載事項	摘要
社外役員が，他の会社の業務執行取締役，執行役，業務を執行する社員等又は使用人であるときは，その事実及び当該株式会社と当該他の会社との関係	
社外役員が他の株式会社の社外役員を兼任しているときはその事実	
社外役員が，当該株式会社又は当該株式会社の特定関係事業者の業務執行取締役，執行役，業務を執行する社員等又は使用人の配偶者，三親等内の親族その他これに準ずる者であることを当該株式会社が知っているときは，その事実	＊1
各社外役員の当該事業年度における主な活動状況（次に掲げる事項を含む） ・取締役会への出席状況 ・取締役会における発言状況 ・社外役員の意見により株式会社の事業の方針等に係る決定が変更された場合におけるその内容 ・当該株式会社において法令又は定款に違反する事実等がある場合における各社外役員が当該事実の発生の予防のために行った行為及び当該事実の発生後の対応として行った行為の概要	
社外役員と当該株式会社との間で責任限定契約（会427①）を締結しているときは，当該契約の内容の概要	
当該事業年度に係る社外役員の報酬等の総額	＊2
社外役員が，当該株式会社の親会社又は当該親会社の子会社から当該事業年度において役員として報酬等を受け取っているときは，当該報酬等の総額	＊3
社外役員について上記に掲げる事項の内容に対して当該社外役員の意見があるときは，その意見の内容	

＊1　特定関係事業者とは，親会社・親会社（当該株式会社に親会社がない場合にあっては，当該株式会社）の子会社及び関連会社，主要な取引先をいう。
＊2　社外取締役と社外監査役に区分する必要はない。
＊3　社外役員であった期間に受けたものに限る。

図表3　会計監査人設置会社に必要な記載事項

記載事項	摘要
会計監査人の氏名又は名称	
当該事業年度に係る各会計監査人の報酬等の額	＊1
会計監査人に対して非監査業務の対価を支払っているときは，その非監査業務の内容	＊1
会計監査人の解任又は不再任の決定の方針	＊1
会計監査人が業務停止の処分を受け，その停止期間を経過しない者であるときは，当該処分に係る事項	
会計監査人が過去2年間に業務停止の処分を受けた者である場合における当該処分に係る事項のうち，当該株式会社が事業報告の内容とすることが適切であるものと判断した事項	
会計監査人と当該株式会社との間で，責任限定契約（会427①）を締結しているときは，当該契約の内容の概要（責任限定契約の締結により当該会計監査人の職務の適正性が損なわれないようにするための措置を採っている場合にはその内容も含む）	
株式会社が連結計算書類の作成義務がある場合には，次の事項 ・当該株式会社及びその子会社が会計監査人に支払うべき金銭その他の財産上の利益の合計額（当該事業年度に係る連結損益計算書に計上すべきものに限定） ・当該株式会社の会計監査人以外の公認会計士等が当該株式会社の子会社の計算書類及び連結計算書類の監査をしているときはその事実	＊2
当該事業年度中に辞任した又は解任された会計監査人があるときは，当該会計監査人の氏名又は名称，解任の理由，解任又は辞任についての会計監査人の意見，辞任の理由	
剰余金の配当などを取締役会が決定する旨の定款の定めがあるときは，当該定款の定めにより取締役会に与えられた権限の行使に関する方針	

＊1　事業年度の末日において公開会社でない場合には，記載する必要はない。
＊2　会計監査人と業務提携関係にある海外会計事務所も該当する。

(d)　**会計監査人設置会社の特則**　　会計監査人設置会社の場合には，**図表3**に示した一定の事項を事業報告の内容として記載する必要があります（会規126）。

(e)　**株式会社の支配に関する基本方針を定めている場合の特則**　　株式会社が当該株式会社の財務及び事業の方針の決定を支配する者の在り方に関する基本方針（以下，基本方針という）を定めている場合には，以下の事項を事業報告の内容として記載しなければならないこととされています（会規127）。会社法

施行規則127条は，基本方針を定めた場合に，企業買収防衛策を含む所要の事項を事業報告に記載することによって株主に開示させることを目的としています。

① 基本方針の内容（会規127一）
② 当該株式会社の財産の有効な利用，適切な企業集団の形成その他の基本方針の実現に資する特別な取組み（会規127二イ）
③ 基本方針に照らして不適切な者によって当該株式会社の財務及び事業の方針の決定が支配されることを防止するための取組み（会規127二ロ）
④ ②及び③の取組みにつき，次の要件への該当性に関する当該株式会社の取締役の判断及び判断の理由
　（ⅰ）当該取組みが基本方針に沿うものであること（会規127三イ）
　（ⅱ）当該取組みが当該株式会社の株主の共同の利益を損なうものではないこと（会規127三ロ）
　（ⅲ）当該取組みが当該株式会社の会社役員の地位の維持を目的とするものではないこと（会規127三ハ）

①については，株式会社の財務及び事業の方針の決定を支配する者の在り方に関する基本方針を指します。具体的には中長期的視点に基づいた会社の経営方針や株式を公開していることの意義などを記載することが多いと思われます。

②については，具体的には遊休資産の活用・処分に関する方針などを記載します。

③については，事前警告型ライツプランなどの狭義の買収防衛策のほか，安定株主作りなどの広義の買収防衛策を記載することになります。

④については，上記②及び③で記載した取組みが，単なる取締役等の地位の保身のために利用されて全体としての株主価値を毀損させることになりかねないことから記載が求められています。

〔平野　敦士〕

Q.5-1-11 個別注記表

会社法で新たに作成が求められた個別注記表について教えてください。

> **Point**
> ■会社法では注記事項が整理され，個別注記表という新しい計算書類として位置づけられた。
> ■旧商法時代に比べ，新たに注記事項とされた項目と，廃止された項目とがある。
> ■個別注記表は，会計監査人を設置しているか否か，公開会社であるか否かによって開示すべき内容が異なる。
> ■個別注記表は必ずしも1表にまとめた形式でまとめる必要はなく，旧商法における場合と同様，貸借対照表・損益計算書・株主資本等変動計算書の末尾にそれぞれ記載することも認められる。

1 個別注記表の全体像

(1) 意　義

　会社法では注記事項が整理され，個別注記表という新しい計算書類としてまとめられました（計規91①）。旧商法時代は，貸借対照表及び損益計算書の注記事項として扱われていましたが，会社法では貸借対照表や損益計算書と並列の関係にある計算書類とされました。

　個別注記表は用語のイメージからは1表にまとめた計算書類のような印象を受けますが，必ずしも1表にまとめた形式でまとめる必要はありません。旧商法における場合と同様，貸借対照表・損益計算書・株主資本等変動計算書の末尾の脚注としてそれぞれ記載することも認められます。

(2) 機関設計別の個別注記表の項目の相違

　会社法での個別注記表においては，会社が採用する機関設計の相違により注記項目が異なるところに特徴があります（計規129）。次頁の**図表1**は，会社の機関設計別の注記項目の比較です。

図表1　会社の機関設計別注記項目

注記項目	会計監査人設置会社	会計監査人非設置会社	
		非公開会社	公開会社
(1)継続企業の前提に関する注記*	○	—	—
(2)重要な会計方針に係る事項に関する注記*	○	○	○
(3)貸借対照表に関する注記	○	—	○
(4)損益計算書に関する注記	○	—	○
(5)株主資本等変動計算書に関する注記*	○	○	○
(6)税効果会計に関する注記*	○	—	○
(7)リースにより使用する固定資産に関する注記*	○	—	○
(8)関連当事者との取引に関する注記*	○	—	○
(9)1株当たり情報に関する注記	○	—	○
(10)重要な後発事象に関する注記	○	—	○
(11)連結配当規制適用会社に関する注記*	連結配当規制適用会社のみ記載	—	—
(12)その他の注記	○	○	○

＊＝会社法施行に伴い新設された注記事項
○＝注記が必要である
—＝注記が不要である

(3) 新設事項

図表1のうち，＊で示した項目は，会社法の施行に伴い，新設された注記項目です。それは次の3つに大別されます。

(a) 新制度設置に伴い新設された注記項目
　① 株主資本等変動計算書に関する注記
　② 連結配当規制適用会社に関する注記

(b) 従前注記すべき会計慣行にあったが，明文化した注記項目
　① 継続企業の前提に関する注記
　② 税効果会計に関する注記
　③ リースにより使用する固定資産に関する注記

(c) 附属明細書や営業報告書の記載事項から整理された注記項目
　① 関連当事者との取引に関する注記
　② 重要な会計方針に係る事項に関する注記

2 個別注記表の個別論点

(1) **継続企業の前提に関する注記**

　この注記事項は，旧商法の時代には商法施行規則に明文化されていませんでしたが，監査委員会報告第77号「追加情報の注記」に基づき，注記することが会計慣行となっていました。

　会社法では，当該会社の事業年度末日において，財務指標の悪化の傾向，重要な債務の不履行等財政破綻の可能性その他会社が将来にわたって事業を継続するとの前提に重要な疑義を抱かせる事象又は状況が存在する場合には，会社計算規則131条各号に掲げる事項の注記が必要となりました。但し，この注記事項は，会計監査人設置会社のみに必要とされている点，注意が必要です。

　また，「事業継続の前提に重要な疑義を抱かせる事象又は状況」の想定する財政破綻に至るまでの期間ですが，特に定まった期間があるわけではありません。

(2) **重要な会計方針に係る事項に関する注記**

　旧商法施行規則では，重要な会計方針は注記事項とし，重要な会計方針の変更の理由につき，附属明細書の記載事項としていました。

　会社法では，重要な会計方針だけでなく，重要な会計方針を変更した場合にもその旨，変更の理由及びその変更が計算書類に与える影響と，表示方法の変更の内容を個別注記表に記載するものとされました（計規132）。

(3) **貸借対照表に関する注記**

　貸借対照表に関する注記事項は，次頁の**図表2**のとおりです（計規134）。

(4) **損益計算書に関する注記**

　旧商法では，損益計算書注記として，「支配株主又は子会社との取引」及び「1株当たり当期純利益」の開示が定められていました。

　会社法では，前者については財務諸表等規則と同様，関係会社概念に基づく開示に変更され（計規135），また，後者については「1株当たり情報に関する注記」の区分に記載することとされました（後出(9)「1株当たり情報に関する注記」参照）。

図表2　貸借対照表に関する注記事項

注記事項	改正点等コメント
担保に供されている資産に係る事項	旧商法で附属明細書の記載事項とされていた担保権の明細の一部も含めて，注記事項とされた。
資産に係る引当金を直接控除した場合の資産項目別の減価償却累計額	特になし。
減価償却累計額を直接控除している場合の資産項目別の減価償却累計額	特になし。
減損損失累計額を減価償却累計額に含めている場合における含めている旨	減損会計基準では減損損失累計額を減価償却累計額に含めることを認めているが，その場合には注記が必要。
保証債務に係る事項	旧商法で附属明細書の記載事項とされていた保証債務の明細の開示内容の一部も含めて，注記事項とされた。
関係会社に対する金銭債権又は金銭債務	旧商法では，有価証券報告書提出会社においては関係会社概念に基づく債権債務の開示，それ以外の会社では親会社及び子会社に対する債権債務の開示が求められていた。会社法では，関係会社概念に統一して表示することとした。
取締役，監査役及び執行役に対する金銭債権	特になし。
取締役，監査役及び執行役に対する金銭債務	特になし。
親会社株式の各表示区分別の金額	会社法では，関係会社株式及び関係会社出資金を別掲することが求められている（計規113①）。親会社は関係会社に含まれ，さらに親会社株式は流動資産だけでなく固定資産の表示区分に計上されることもありうることとされたので，親会社株式の各表示区分別の金額は注記事項とされた。

(5)　**株主資本等変動計算書に関する注記**

　株主資本等変動計算書に関する注記事項は，Q5-1-8の**図表2**のとおりです（計規136）。

(6)　**税効果会計に関する注記**

　重要な繰延税金資産及び繰延税金負債の発生の主な原因を定性的に開示します（計規138）。

図表3　関連当事者との取引に関する注記事項

注記項目	摘要
1．名称，及び各関連当事者の議決権総数に占める株式会社が有する議決権の数の割合，当該株式会社の議決権総数に占める当該関連当事者が有する議決権の割合	
2．当該会社と当該各関連当事者との関係	
3．取引の内容	（＊）
4．取引の種類	（＊）
5．取引の種類別の取引金額	（＊）
6．取引により発生した債権又は債務に係る主な項目別の当該事業年度の末日における残高	
7．取引条件の変更があったときは，その旨，変更の理由及び当該変更が計算書類に与えている影響の内容	（＊）

（＊）会計監査人非設置会社で省略可能なものとされているが，省略した注記内容は附属明細書の記載事項である（計規145）。

☞企業会計基準第11号「関連当事者の開示に関する会計基準」，企業会計基準適用指針第13号「関連当事者の開示に関する会計基準の適用指針」，監査基準委員会報告第34号「関連当事者の監査」。

(7) **リースにより使用する固定資産に関する注記**

旧商法施行規則66条における注記と変更はありません（計規139）。

(8) **関連当事者との取引に関する注記**

旧商法の附属明細書に記載されていた「支配株主，子会社及び役員との間の取引の明細又は債権債務の明細」などの開示事項が，取引対象者の範囲を財務諸表等規則に平仄を合わせる形で，図表3のとおり整備されました（計規140）。

(9) **1株当たり情報に関する注記**

旧商法時代において損益計算書の注記事項であった1株当たり当期純損益に加え，1株当たり純資産も，会社法においては注記事項としました（計規141）。

☞企業会計基準第2号「1株当たり当期純利益に関する会計基準」，企業会計基準適用指針第4号「1株当たり当期純利益に関する会計基準の適用指針」。

(10) **重要な後発事象に関する注記**

株式会社の事業年度の末日後，当該株式会社の翌事業年度以降の財産又は損益に重要な影響を及ぼす事象が発生した場合には，重要な後発事象に関する注記を行う必要があります（計規142）。

単体ベースでの後発事象は，旧商法下では営業報告書の記載事項でしたが（旧商規154），会社法では会計に関する事項が含まれる後発事象は個別注記表に移されることとなりました。

(11) 連結配当規制適用会社に関する注記

会社法では，連結計算書類を作成している株式会社（Q5-1-13参照）は連結配当規制を受けることを選択することができます。連結配当規制とは，分配可能額の算定にあたり連結配当規制適用会社の株主資本等の金額から連結ベースの株主資本等の額を控除して，子会社及び関連会社の財務内容の悪化を分配可能額に反映させることをいいます（Q5-3-2参照）。

連結配当規制適用会社を選択すると，①子会社間における親会社株式の取得が自由になる（会規23十二），②簿価債務超過の子会社を消滅会社とする組織再編をする場合に株主総会における説明義務の適用がない（会796③，会規195③〜⑤）等の柔軟な運営ができるメリットがあります。

株式会社が連結配当規制の規定の適用を選択した場合には，当該事業年度の末日が最終事業年度の末日となる時後，連結配当規制適用会社となる旨の注記が必要です（計規143）。

(12) その他の注記

その他貸借対照表，損益計算書及び株主資本等変動計算書により会社の財産及び損益の状態を正確に判断するため必要な事項の開示が必要です（計規144）。この注記は財務諸表等規則における追加情報の注記に相当します。

〔平野　敦士〕

Q.5-1-12　1株当たり情報の算定方法

1株当たり情報の算定方法について教えてください。

> **Point**
> ■注記表では，1株当たり情報に関する注記の表示が義務づけられている（計規129①九）。
> ■1株当たり情報には，①1株当たり純資産額，②1株当たり当期純利益金額又は当期純損失金額についての2つの注記情報がある（計規141①②）。

1株当たり情報は2種類あります。それぞれの注記情報の算定方法については，企業会計基準委員会が設定した，企業会計基準第2号「1株当たり当期純利益に関する会計基準」（以下，会計基準第2号という）と，この会計基準を適用する参考指針である企業会計基準適用指針第4号「1株当たり当期純利益に関する会計基準の適用指針」（以下，適用指針第4号という）で定められています。

1　1株当たり純資産額

1株当たり純資産額は，普通株主にとっての企業の財政状態を示すことを開示の目的としています（適用指針第4号58）。したがって，1株当たりの純資産額は，次の算式（適用指針第4号34）のとおり，普通株式に係る期末の純資産額を自己株式数控除後の期末の普通株式の発行済株式数で除して算定します。

$$1株当たり純資産の額 = \frac{普通株式に係る期末の純資産額}{期末の普通株式の発行済株式数 - 自己株式数}$$

算式中の普通株式には「普通株式と同等の株式」を含みます。具体的には，配当優先株以外の株式で，普通株式の配当請求権と異なる内容の配当請求権に基づく金額を，あらかじめ定められた方法により算定できない株式は普通株式と同等の株式に含まれます（適用指針第4号8）。算式の分子にあたる，普通株式に係る期末の純資産額は，次の算式（適用指針第4号35）により求められます。

貸借対照表の純資産の部の合計額	××××
－新株式申込証拠金	××××
－自己株式申込証拠金	××××
－普通株式よりも配当請求権又は残余財産分配請求権が優先的な株式の払込金額（当該優先的な株式に係る資本金及び資本剰余金の合計額）	××××
－普通株主以外に対するその会計期間に係る剰余金の配当	××××
－新株予約権	××××
－少数株主持分（連結財務諸表の場合）	××××
普通株式に係る期末の純資産額	××××

　貸借対照表の純資産の部の合計額と，1株当たり純資産の額の計算の基礎となる純資産額とは差額が生じますので，これを明らかにするために，算定上の基礎となる，①差額の主要な内訳，及び②算定に用いられた期末の普通株式数の種類別内訳を注記することが望ましいとされます（適用指針第4号40）。

2　1株当たり当期純利益

　1株当たり当期純利益は，普通株主にとっての1会計期間の企業成果を示すことを開示の目的とする指標です（会計基準第2号3）。したがって，1株当たりの当期純利益は，次の算式（会計基準第2号12）のとおり，普通株式に係る当期純利益を普通株式の期中平均株式数で除して算定します。

$$1株当たり当期純利益 = \frac{普通株式に係る当期純利益}{普通株式の期中平均株式数}$$

　当期純損失が生じる場合には，上記算式の当期純利益は当期純損失と読み替えます。1株当たり純資産の額と同様に普通株主に関する情報開示を目的としますので，上記算式の分子は，損益計算書上の当期純利益から剰余金の配当に関連する項目で，優先配当額のような普通株主に帰属しない金額を控除して算定します（会計基準第2号14）。したがって，1株当たり当期純利益の基礎となる当期純利益は，損益計算書上の当期純利益とは異なります。また，分母の期中平均株式数は，期中平均発行済株式数から期中平均自己株式数を控除して算定します。

〔佐藤　増彦〕

Q.5-1-13　連結計算書類

会社法施行に伴う連結計算書類の変更点を教えてください。

> **Point**
> ■連結計算書類を作成する株式会社の範囲が変更になり，大会社でなくても会計監査人設置会社であれば，連結計算書類を任意に作成することが可能になった。
> ■連結計算書類の範囲が広くなり，新たに連結株主資本等変動計算書と連結注記表が加わった。
> ■連結貸借対照表の計上区分が変更となり，資本の部が純資産の部に変更となった。
> ■連結損益計算書の様式が変更になった。

1　連結計算書類の作成要件の緩和

　旧商法では，原則として大会社に連結計算書類の作成が義務づけられ（旧商特19の2），経過措置により，そのうちの有価証券報告書提出会社のみに連結計算書類の作成が義務づけられていました（平成14年法44号附則9）。したがって，いくら株式公開会社であり有価証券報告書提出会社であっても，大会社でなければ連結計算書類を作成することはできませんでした。

　会社法では，連結計算書類の作成要件を見直し，会計監査人設置会社であれば会社規模に関係なく連結計算書類を作成することが認められるようになりました（会444①）。但し，連結計算書類の作成が義務づけられるのは，旧商法時代と同様，大会社かつ有価証券報告書提出会社である株式会社のみです（会444③）。

　したがって，旧商法において連結計算書類の作成が義務づけられなかった，大会社に該当しない会社で株式公開会社については，会計監査人を設置することにより，連結計算書類の任意作成が可能となりました。

2 連結計算書類の体系の変更

会社法の施行に伴い，連結計算書類の体系は，**図表1**のように変更されました（会444①，計規93）。

図表1　連結計算書類の体系の変更

旧商法	会社法
・連結貸借対照表 ・連結損益計算書	・連結貸借対照表 ・連結損益計算書 ・連結株主資本等変動計算書 ・連結注記表

　会社法で新たに加わった連結計算書類は，連結株主資本等変動計算書と連結注記表です。連結株主資本等変動計算書は，単体の決算書である計算書類と同様，企業集団の純資産の変動を示すための決算書として新たに作成が求められることとなった連結計算書類です（Q5-1-8参照）。

　連結注記表は，連結貸借対照表・連結損益計算書・連結株主資本等変動計算書の内容に係る注記事項を独立して記載するものとして新たに作成が求められた連結計算書類です。もっとも，連結注記表については単体の個別注記表と同様(Q5-1-11参照)，独立した表形式による必要はなく，連結貸借対照表・連結損益計算書・連結株主資本等変動計算書への脚注方式によることも認められます。

3 連結計算書類の作成手続

　連結計算書類の作成手続は，取締役会設置会社と非取締役会設置会社とでは，以下のように異なります。

(1) 取締役会設置会社の場合

　取締役会設置会社では，取締役が連結計算書類を作成し，監査役（委員会設置会社にあっては監査委員会）及び会計監査人の監査を受け（会444④），取締役会の承認を受ける必要があります（会444⑤）。取締役会の承認を受けた連結計算書類は，招集通知に添付の上（会444⑥），定時株主総会において報告しなければならないことになっています（会444⑦）。

　旧商法では取締役会の承認後，監査役及び会計監査人による監査があったのに

対し，会社法では監査役及び会計監査人による監査があった後に，取締役会の承認を受けることとなり，連結計算書類の作成手順が旧商法に比べ逆転しています。

(2) 非取締役会設置会社の場合

非取締役会設置会社では，取締役が連結計算書類を作成し，監査役（委員会設置会社にあっては監査委員会）及び会計監査人の監査を受け（会444④），定時株主総会において報告しなければなりません（会444⑦）。

取締役会設置会社の場合と異なるのは，取締役会による承認の有無と，招集通知への連結計算書類の添付の要否です。前者については，非取締役会設置会社では取締役会がないことから当然のことです。後者については非取締役会設置会社に対する規律が有限会社法制に範をおいたところから，有限会社法制に取扱いを揃えたものと解されます。

4 連結計算書類の様式の変更

(1) 連結貸借対照表

連結貸借対照表は，会社計算規則104条～117条及び企業会計基準第5号「貸借対照表の純資産の部の表示に関する会計基準」に従って，作成する必要があります（平成18年11月現在）。旧商法との相違点は，①区分の名称が「資本の部」から「純資産の部」へ変更され，区分の範囲も変わった点（計規108①二）と，②連結財務諸表に準じた方法に変更になった点です。

	旧商法	会社法
区分の名称	資本の部	純資産の部
区分の範囲	資本金 資本剰余金 利益剰余金 その他の項目	株主資本 評価・換算差額等 新株予約権 少数株主持分

(a) 純資産の部の記載方法

① 株主資本——会社法では区分の名称及び範囲の変更がなされました。旧商法における「資本の部」は，会社法における「株主資本」に相当します。

② 評価・換算差額等——単体の計算書類と同様（Q5-1-7参照），繰延ヘッジ損益及び為替換算調整勘定の計上区分は旧商法の連結貸借対照表の資産の部又は負債の部から，純資産の部へ変更となりました（会計基準第5号

23)。これに伴い，次の２点に注意が必要です。
- 繰延ヘッジ損益について税効果会計を適用すること。
- 資本連結の際に親会社の投資勘定と相殺されるべき子会社の資本勘定には繰延ヘッジ損益が含まれることとなったこと。

③　新株予約権──単体の計算書類と同様（Q5-1-1参照），新株予約権は旧商法の連結貸借対照表の負債の部から，純資産の部へ変更となりました（会計基準第5号22(1)）。

④　少数株主持分──旧商法の連結貸借対照表の負債の部と資本の部の中間区分である少数株主持分の部から，純資産の部へ変更となりました（会計基準第5号22(2)）。この趣旨は，純資産会計基準が独立した中間区分を設けないとしたことを大前提とした上で，負債概念を純化させて純資産の概念を再構成した点にあります。

(b) 連結財務諸表等規則に準じた方法への変更　旧商法では，子会社概念について議決権比率基準の採用など，必ずしも有価証券報告書の作成基準である連結財務諸表規則と合致するものではなく，事務が煩雑となる結果を招いていました。会社法では基本的には連結財務諸表規則の取扱いに準じた処理を採用して，事務の合理化を図りました。

(2) **連結損益計算書**

単体の損益計算書と同様，有価証券報告書における処理にあわせ，連結財務諸表規則に準じた方法へ変更しました。具体的には，単体の損益計算書でも説明したように，旧商法では損益計算書は経常損益の部と特別損益の部に区分し，経常損益の部は営業損益の部と営業外損益の部に区分する必要がありましたが，会社法ではその区分は必要でなく利益においては売上総損益，営業損益，経常損益，税引前当期純損益，当期純損益に区分表示することとなりました。

また，会計基準の国際的調和に備えるため包括利益に関する規定を連結損益計算書におきました（計規126）。包括利益とは，企業がその事業活動によって生み出した最終的なもうけである当期純利益に，保有株や不動産など資産の時価の変動に絡む損益を加えた利益を指します。日本では現在，包括利益に関する会計慣行がないことから，包括利益が表示されるケースはほとんどないと考えられます。

〔平野　敦士〕

Q.5-1-14　連結注記表

会社法で新たに作成が要求されることとなった連結注記表について教えてください。

> **Point**
> ■連結注記表では，個別計算書類に係る個別注記表に比べ注記内容が簡略化されている。
> ■連結注記表では，個別注記表と同様，独立した1表とする必要はなく，脚注方式で記載することも可能である。

1　連結注記表の記載体系

連結注記表においては，個別注記表に比べて，損益計算書に関する注記，税効果会計に関する注記，リースにより使用する固定資産に関する注記，関連当事者との取引に関する注記及び連結配当規制適用会社に関する注記が省略され，2の(1)～(7)の記載が求められています（計規129②三）。

このうち，(1)，(2)及び(4)は会社法で新たに注記事項として追加された項目です。(1)については旧商法施行規則では特に定めがありませんでしたが，「追加情報の注記」（監査委員会報告第77号）に基づき注記事項とする会計慣行が既に確立されていました。

連結注記表も個別注記表と同様，独立した1表とする必要はなく，脚注方式で記載することも可能です（計規89③）。

2　連結注記表の個別記載項目

(1) 継続企業の前提に関する注記（計規131）

事業年度末日において，財務指標の悪化の傾向，重要な債務の不履行等財政破綻の可能性その他会社が将来にわたって事業を継続するとの前提に重要な疑義を抱かせる事象又は状況が存在する場合，以下の項目について注記します。

● 当該事象又は状況が存在する旨及びその内容

- 継続企業の前提に関する重要な疑義の存在の有無
- 当該事象又は状況を解消又は大幅に改善するための経営者の対応及び経営計画
- 当該重要な疑義の影響の連結計算書類への反映の有無

(2) **連結計算書類の作成のための基本となる重要な事項に関する注記**（計規133）

　(a) **連結計算書類の作成のための基本となる重要な事項に係る注記**　以下の項目について注記します。

- 連結範囲に関する事項
  - イ．連結子会社の数及び主要な連結子会社の名称
  - ロ．非連結子会社がある場合
    - 主要な非連結子会社の名称
    - 非連結子会社を連結の範囲から除いた理由
  - ハ．議決権の過半数を自己の計算において所有している会社等を子会社としなかったときは，当該会社等の名称及び子会社としなかった理由
  - ニ．下記の理由により連結の範囲から除かれた子会社の財産又は損益に関する事項であって，当該企業集団の財産及び損益の状態の判断に影響を与えると認められる重要なものがあるときは，その内容
    - 財務及び事業の方針を決定する機関（株主総会その他これに準ずる機関）に対する支配が一時的であると認められる子会社
    - 連結の範囲に含めることにより当該会社の利害関係人の判断を著しく誤らせるおそれがあると認められる子会社

- 持分法の適用に関する事項
  - イ．持分法を適用した非連結子会社又は関連会社の数及びこれらのうち主要な会社等の名称
  - ロ．持分法を適用しない非連結子会社又は関連会社がある場合
    - 当該非連結子会社又は関連会社のうち主要な会社等の名称
    - 当該非連結子会社又は関連会社を持分法の対象から除いた理由
  - ハ．議決権の20/100以上，50/100以下を自己の計算において所有している会社等を関連会社としなかったときは，当該会社等の名称及び関連会社

としなかった理由
    ニ．持分法の適用の手続について特に示す必要があると認められる事項がある場合には，その内容
  ● 会計処理基準に関する事項
    イ．重要な資産の評価基準及び評価方法
    ロ．重要な減価償却資産の減価償却の方法
    ハ．重要な引当金の計上基準
    ニ．その他連結計算書類の作成のための重要な事項
  ● 連結子会社の資産及び負債の評価に関する事項

(b) **会計方針の変更に係る注記**　連結計算書類作成のための基本となる重要な事項を変更した場合は，以下の項目について，連結計算書類作成のための基本となる重要な事項に関する注記として記載します。但し，重要性の乏しいものを除くことができます。
  ● 連結の範囲又は持分法適用の範囲を変更したときは，その旨及び変更の理由
  ● 会計処理の原則又は手続を変更したときは，その旨，変更の理由及び当該変更が連結計算書類に与えている影響の内容
  ● 表示方法を変更したときは，その内容

(3) **連結貸借対照表に関する注記**（計規134）
以下の項目について注記します。
  ● 資産が担保に供されている場合
    イ．資産が担保に供されていること
    ロ．イの資産の内容及びその金額
    ハ．担保に係る債務の金額
  ● 資産に係る引当金を直接控除した場合，各資産の資産項目別の引当金の金額（一括して注記することが適当な場合，各資産について流動資産，有形固定資産，無形固定資産，投資その他の資産又は繰延資産ごとに一括した引当金の金額）
  ● 資産に係る減価償却累計額を直接控除した場合，各資産の資産科目別の減価償却累計額（一括して注記することが適当な場合，各資産について一括した減価償却累計額）
  ● 資産に係る減損損失累計額を連結貸借対照表において減価償却累計額に合

算して減価償却累計額をもって表示した場合，減価償却累計額に減損損失累計額が含まれている旨
- 保証債務，手形遡求債務，重要な係争事件に係る損害賠償義務その他これらに準ずる債務（負債の部に計上したものを除きます）があるときは，当該債務の内容及び金額

(4) **連結株主資本等変動計算書に関する注記**（計規137，会計基準第6号9及び適用指針第9号13）

以下の項目について注記します。
- 連結会計年度末日における会社の発行済株式の総数（種類株式発行会社にあっては，種類ごとの発行済株式の総数）
- 連結会計年度中に行った剰余金の配当に関する次に掲げる事項その他の事項
  イ．配当財産が金銭である場合，当該金銭の総額
  ロ．配当財産が金銭以外の財産である場合，当該財産の帳簿価額の総額
- 連結会計年度末日における会社が発行している新株予約権の目的となる会社の株式の数（種類株式発行会社にあっては，種類及び種類ごとの数）

(5) **1株当たり情報に関する注記**（計規141）

以下の項目について注記します。
- 1株当たり純資産額
- 1株当たり当期純利益又は当期純損失金額

(6) **重要な後発事象に関する注記**（計規142②）

事業年度末日後，連結会社並びに持分法が適用される非連結子会社及び関連会社の翌事業年度以降の財産又は損益に重要な影響を及ぼす事象が発生した場合における当該事象を注記します。なお，当該会社の事業年度の末日と異なる日を事業年度の末日とする子会社及び関連会社については，当該子会社及び関連会社の事業年度の末日後に発生した場合における当該事象を注記します。

(7) **その他の注記**（計規144）

上記のほか，連結貸借対照表，連結損益計算書及び連結株主資本等変動計算書により企業集団の財産又は損益の状態を正確に判断するために必要な事項を注記します。

〔平野　敦士〕

Q.5-1-15 会計帳簿の作成と保存

会計帳簿の作成と保存の義務について教えてください。

> **Point**
> ■会社は正確な会計帳簿を適時作成し，会計帳簿の閉鎖のときから10年間保存する義務がある。

1 会計帳簿とは

会計帳簿は，会社の計算書類及びその附属明細書を作成する際の基となる帳簿です（計規91③）。

旧商法では「会計帳簿」（旧商32①）と，類似する用語に「会計ノ帳簿」（旧商293ノ6），そして「会計の帳簿」（旧商特7①一）とがありました。もともと，これらの用語の定義に明確な違いはなく，その意味する内容が同じなのかそれとも異なるのか解釈が分かれていました。

また，会計帳簿の範囲についても一義的ではなく，広義説・狭義説があります。

会社法では，「会計帳簿」の明確な定義づけは行わずに，表現の統一化を図りつつ意味内容については各規定の趣旨に照らして解釈されるべきと考えられています。

会計帳簿に該当するものとしないものの具体例としては，次のものが挙げられます。

会計帳簿に該当するもの	会計帳簿に該当しないもの
・総勘定元帳（すべての勘定科目の取引について一覧にした帳簿） ・補助元帳（売上帳・仕入帳・手形帳など） ・補助簿（現金出納帳・固定資産管理台帳など）	・法人税申告書 ・納品書，請求書，領収書などの原始証憑 ・貸借対照表，損益計算書，株主資本等変動計算書，個別注記表

旧商法では，会計帳簿は，商業帳簿の一類型として貸借対照表とともに規定されていましたが（旧商32），会社法では，「商業帳簿」の用語が廃止され，「会計帳簿等」の中で「会計帳簿」と「計算書類等」に整理されました。なお，計算書類等の中には貸借対照表のほかにも旧商法では加えられていなかった損益計算書が含まれますし，「利益の処分又は損失の処理に関する議案」に代えて株主資本等変動計算書が新たに規定されました。

2 会計帳簿の正確性と適時性

株式会社は，適時に，正確な会計帳簿を書面又は電磁的記録をもって作成しなければなりません（会432，計規4②）。旧商法では，会計帳簿には，整然かつ明瞭な記載又は記録が求められていましたが（旧商33），会社法では，「適時性」と「正確性」が求められます。

「適時性」は適切な時期に会計帳簿を作成することにより，人為的な係数調整を防止する目的があります。例えば，現金など網羅性の確保が困難な項目について，1年に1度まとめて記帳するのは，適時性を欠きます。適時性の観点からは取引が発生した都度，速やかに記帳していくことが求められます。

「正確性」は，正確な会計帳簿から作成される計算書類の適正性の担保と，これによる利害関係の調整をする上で非常に重要です。会計帳簿の正確性を確保するためには，①適切な証拠資料に基づいて記帳すること，②記帳された数値の計算が正確であること，が求められます。

正確な会計帳簿を作成するために，会計の基準もしくは指針が必要となります。会社が作成すべき会計帳簿に付すべき，資産，負債及び純資産の価額その他会計帳簿の作成に関する事項については，会社計算規則第2編の定めによりますが（計規4①），同規則の用語解釈及び規定の適用に関しては，一般に公正妥当と認められる企業会計の基準その他の企業会計の慣行をしん酌しなければなりません（計規3）。

「企業会計の慣行」に該当するものとしては企業会計原則のほか，(i)企業会計基準委員会から公表される「企業会計基準」，(ii)その詳細規定あるいは補足補完規定である「企業会計基準適用指針」，(iii)「実務対応報告」，(iv)中小企業のための会計基準として公表された「中小企業の会計に関する指針」が挙げられ

ます。したがって，会社法の会計に関しては，計算規則ばかりでなく，こうした会計慣行の規定の理解が重要になります。

3 保存期間

会計帳簿及びその事業に関する重要な資料は，会計帳簿の閉鎖のときから10年間保存しなければなりません（会432②）。

事業に関する重要な資料には，会計帳簿を作成する上で用いられた，預金通帳，納品書・請求書・領収書等の原始証憑が該当します。

4 閲覧請求権——株式会社と特例有限会社の違い

(1) 株式会社の場合

総株主の議決権の100分の3以上の議決権を有する株主，又は議決権がなくても発行済株式の100分の3以上の数の株式を有する株主は，請求の理由を明らかにすれば，営業時間内はいつでも次に掲げる閲覧等の請求ができます（この閲覧等の請求権を「会計帳簿の閲覧請求権」とここでは呼称します）。

---

① 会計帳簿又はこれに関する資料が書面をもって作成されているとき
　→書面の閲覧又は謄写の請求（会433①一）
② 会計帳簿又はこれに関する資料が電磁的記録をもって作成されているとき
　→電磁的記録に記録された事項を法務省令で定める方法により表示したものの閲覧又は謄写の請求（会433①二）

上記「100分の3」の割合は，定款に定めを置くことによって，引き下げることも可能です。また，会計帳簿の閲覧請求権は，少数株主権の1つですので，議決権要件あるいは持株要件を単独の株主で満たす必要はありません。複数の株主の合計が100分の3以上を満たした場合にも，会計帳簿の閲覧請求権の行使は可能です。また，この閲覧請求権は株主総会での議決権行使が前提となるわけではありませんので，議決権のない株主にも行使が認められています。

会計帳簿の閲覧請求に対して，株式会社はこれを拒むことはできません。但し，次の場合には拒否することができます（会433②）。

　イ．請求者がその権利の確保又は行使に関する調査以外の目的で請求を行っ

たとき
ロ．請求者がその株式会社の業務の遂行を妨げ，株主の共同の利益を害する目的で請求を行ったとき
ハ．請求者がその株式会社の業務と実質的に競争関係にある事業を営み，又はこれに従事するものであるとき
ニ．請求者が会計帳簿又はこれに関する資料の閲覧又は謄写によって知り得た事実を，利益を得て第三者に通報するため請求したとき
ホ．請求者が過去2年以内において，会計帳簿又はこれに関する資料の閲覧又は謄写によって知り得た事実を，利益を得て第三者に通報したことがあるものであるとき

　また，株式会社の親会社社員は，親会社による子会社を利用した不正などが行われていないかを調査するため，その権利を行使するため必要があるときは裁判所の許可を得て会計帳簿の閲覧等を請求することができます（会433③）。但し，親会社社員が上記イ～ホの理由を根拠に閲覧請求をした場合は，裁判所はその請求を許可しません（会433④）。

(2) 特例有限会社の場合

　特例有限会社については，会計帳簿の閲覧請求権は，株式会社より制限された内容となっています。整備法により，旧有限会社法の規律が実質的に維持されているからです。

　前述(1)のとおり，株式会社では，100分の3以上の議決権，又は株式を有していれば会計帳簿の閲覧請求が可能であるのに対し，特例有限会社では，総株主の議決権の10分の1以上の議決権を有する必要があります。親会社の社員に該当する場合でも，その親会社の総株主の議決権の10分の1以上を有する社員に限り，裁判所の許可を得て閲覧の請求を行うことが可能となります（整備法26①）。

〔佐藤　増彦〕

Q.5-1-16　計算書類の備置きと閲覧について

計算書類の備置期間について教えてください。

> **Point**
> ■株式会社の本店の計算書類の備置期間は，定時株主総会の日の1週間前の日から5年間である。また，臨時計算書類については，書類を作成した日から5年間である（会442①）。

1　備置きの義務

　株式会社の本店に備え置がなければならない計算書類は，各事業年度の計算書類のほか，事業報告並びにその附属明細書です。さらに，監査役設置会社の場合には「監査報告」が，会計監査人設置会社の場合には「会計監査報告」が，備置書類に含まれます。支店については，計算書類等の写しを定時株主総会の日の1週間前の日から3年間，備え置かなければなりません。

　株主総会の決議の省略（会319）の場合には，書面又は電磁的記録による同意だけで総会自体が開催されずに決議がされてしまいますので，備置期間は決議省略となる議案の提案があった日から起算して3年間です（会442②一）。臨時計算書類についても，支店の場合は作成した日から3年間の備置義務があります。

	本　店	支　店
計算書類等	・定時総会の日の1週間前の日から5年間 ・原本を備え置く	・定時株主総会の日の1週間前の日から3年間 ・写しを備え置く
臨時計算書類	・作成日から5年間 ・原本を備え置く	・作成日から3年間 ・写しを備え置く

2　閲覧及び交付について

　株主及び債権者は，株式会社の営業時間内は，計算書類等の閲覧又は交付を請求することができます（会442③）。閲覧請求の対象となる計算書類は，次のとおりです。

①　計算書類等の書面又は当該書面の写しの閲覧請求
②　計算書類等の書面の謄本又は抄本の交付請求
③　計算書類等の電磁的記録に記録された事項を法務省令で定める方法により表示したものの閲覧請求
④　計算書類等の電磁的記録に記録された事項を電磁的方法であって株式会社の定めたものにより提供することの請求又はその事項を記載した書面の交付請求

　上記の②又は④に掲げる請求をするには，株式会社の定めた費用を支払わなければなりません（会442③柱書）。株式会社の親会社社員は，必要があるときには裁判所の許可を得て，子会社の計算書類等について上記の閲覧・交付の請求をすることができます。この場合も，②又は④に掲げる請求をするには，その会社の定めた費用を支払う必要があります（会442④）。

３　会計参与設置会社の場合

　会計参与は，株式会社とは別に計算書類等を備え置く義務があります（会378）。備置期間は，各事業年度に係る計算書類及びその附属明細書並びに会計参与報告については，定時株主総会の１週間前の日から５年間，臨時計算書類及び会計参与報告については，臨時計算書類を作成した日から５年間です。例外的に，会社成立の日における貸借対照表及び連結貸借対照表については，会計参与報告の作成義務はありますが，備置き及び開示の義務はありません。

　会計参与が計算書類等を備え置く場所は，会計参与報告等備置場所です（会規103）。会計参与報告等備置場所は，公認会計士もしくは監査法人又は税理士もしくは税理士法人の事務所となります。会計参与が税理士又は税理士法人の補助者であるときには，従事する税理士事務所又は所属する税理士法人の事務所が備置場所となります。会計参与設置会社の株主及び債権者は，会社の営業時間内は，いつでも株式会社に対し閲覧・交付請求ができます。但し，会計参与の業務時間外（会規104）については，会計参与が請求に応じることが困難なため，会計参与は閲覧・交付の請求を拒絶することができます（会378②）。

〔佐藤　増彦〕

Q.5-1-17 決算公告について

計算書類の公告について教えてください。

> **Point**
> ■株式会社は，旧商法と同様に会社法制下でも定時株主総会の終結後遅滞なく，決算公告をする義務がある（会440①，旧商283④）。
> ■公告の対象となる計算書類は原則として貸借対照表だけであるが，大会社にあっては貸借対照表及び損益計算書の公告が求められる。

1 公告方法は3つ

株式会社の公告方法として，①官報に掲載する方法，②時事に関する事項を掲載する日刊新聞紙に掲載する方法，そして③電子公告による方法のいずれかを定款で定めることになります（会939①）。定款で特に定めがない場合は官報に掲載する方法によります（会939④）。

電子公告による場合の掲載期間は，定時株主総会の終結の日後5年間を経過する日までの間とされています（会940①二）。また，電子公告による場合，事故その他やむをえない事由によって電子公告をすることが不可能な場合への対策として，上記①又は②を定めることができます（会939③）。

貸借対照表及び損益計算書の全部を公告する場合には，その事業年度の個別注記表に表示した注記事項も明らかにしなければなりません（計規164）。会社計算規則129条に列挙されている注記表への注記項目のうち，公告の対象となる注記事項，省略が可能な注記事項は，次頁の**図表1**のとおりです。

損益計算書の公告をしない場合には，当期純損益金額を明らかにしなければなりません（計規170，164①八）。また，注記表への掲載が義務化されていない項目については，公告についても省略可能となりますので，例えば会計監査人設置会社のような場合では，次頁の**図表2**のように，決算公告に要する注記事項がさらに限定されます。

図表1　公告の対象となる注記事項と省略が可能な注記事項

	注記事項
省略不可	・継続企業の前提に関する注記（計規131） ・重要な会計方針に係る事項に関する注記（計規132） ・貸借対照表に関する注記（計規134） ・税効果会計に関する注記（計規138） ・関連当事者との取引に関する注記（計規140） ・1株当たり情報に関する注記（計規141） ・重要な後発事象に関する注記（計規142） ・当期純損益金額（損益計算書を公告しない場合）
省略可能	・損益計算書に関する注記（計規135） ・株主資本等変動計算書に関する注記（計規136） ・リースにより使用する固定資産に関する注記（計規139） ・連結配当規制適用会社に関する注記（計規143） ・当期純損益金額（損益計算書を公告する場合） ・その他の注記（計規144）

図表2　会社形態の別等による必要注記項目の具体例

	注記が必要な項目
会計監査人設置会社以外の株式会社（公開会社を除く）	・重要な会計方針に係る事項に関する注記（計規132） ・株主資本等変動計算書に関する注記（計規136） ・その他の注記（計規144）
会計監査人設置会社以外の公開会社	・重要な会計方針に係る事項に関する注記（計規132） ・貸借対照表等に関する注記（計規134） ・損益計算書に関する注記（計規135） ・株主資本等変動計算書に関する注記（計規136） ・税効果会計に関する注記（計規138） ・リースにより使用する固定資産に関する注記（計規139） ・関連当事者との取引に関する注記（計規140） ・1株当たり情報に関する注記（計規141） ・重要な後発事象に関する注記（計規142） ・連結配当規制適用会社に関する注記（計規143）
連結注記表	・継続企業の前提に関する注記（計規131） ・重要な会計方針に係る事項に関する注記（計規132） ・貸借対照表等に関する注記（計規134） ・株主資本等変動計算書に関する注記（計規136） ・1株当たり情報に関する注記（計規141） ・重要な後発事象に関する注記（計規142） ・その他の注記（計規144）
持分会社	・重要な会計方針に係る事項に関する注記（計規132） ・その他の注記（計規144）

2 要旨の公告

　株式会社が，官報に掲載する方法，又は時事に関する事項を掲載する日刊新聞紙に掲載する方法での公告を選択する場合には，貸借対照表の要旨を公告すれば足ります（大会社は損益計算書の要旨も必要）（会440②）。インターネット上の自動公衆送信装置（いわゆるウェブサーバ）上での公告は，原則どおり貸借対照表（大会社の場合，貸借対照表及び損益計算書）の公告が義務づけられています。

　要旨に求められる表示内容は公開会社か非公開会社かの基準により規律され，公開会社の方がより詳細な区分が求められます。貸借対照表又は損益計算書の要旨は，日本語表示が原則とされ，日本語以外の言語で表示することが不当でない場合は，その言語で表示することもできます（計規173）。要旨での金額の表示の単位は100万円単位又は10億円単位が原則ですが，会社の財産又は損益の状態を的確に判断できなくなるおそれがあるときは適切な単位での表示が求められます（計規172①②）。

(1) 貸借対照表の要旨

　貸借対照表の要旨は，資産，負債，純資産の各部に区分しなければなりません（計規166）。会社法では「資本の部」が「純資産の部」と名称変更されました。

　資産の部は，流動資産，固定資産，繰延資産の各項目に区分しなければならず，必要に応じて適当な項目に細分することができます（計規167①②）。公開会社の場合は，さらに固定資産に係る項目について，有形固定資産，無形固定資産，投資その他の資産の項目に区分することが求められます（計規167③）。

　負債の部は，流動負債，固定負債の各項目に区分しなければならず，負債に係る引当金がある場合には，その引当金はそれぞれ他の負債と区分する必要があります。また，必要に応じて適当な項目に細分することができます（計規168①～③）。資産の部，負債の部の各項目とも公開会社の場合，会社の財産の状態を明らかにするために重要な適宜の項目に細分することが求められます（計規167④，168④）。

　純資産の部は，株主資本，評価・換算差額等，新株予約権の各項目に区分しなければならず，株主資本に係る項目は，さらに次のとおり細分が求められます（計規169）。

```
純資産の部
 Ⅰ 株主資本
   1 資本金
   2 新株式申込証拠金
   3 資本剰余金
    (1) 資本準備金
    (2) その他資本剰余金……【適当な名称を付した項目に細分化可能】
   4 利益剰余金
    (1) 利益準備金
    (2) その他利益剰余金……【適当な名称を付した項目に細分化可能】
   5 自己株式……【控除項目】
   6 自己株式申込証拠金
 Ⅱ 評価・換算差額等
   1 その他有価証券評価差額金
   2 繰延ヘッジ損益
   3 土地再評価差額金
 Ⅲ 新株予約権
```

(2) 損益計算書の要旨

損益計算書の要旨については、次の8項目に区分しなければなりません（計規171①）。要旨の各項目は、適当な項目に細分することができます（計規171④）。また、会社の損益の状態を明らかにするため必要があるときは、重要な適宜の項目に細分しなければなりません（計規171⑤）。

```
① 売上高
② 売上原価
③ 売上総利益金額又は売上総損失金額
④ 販売費及び一般管理費
⑤ 営業外収益  ⎫ 金額が重要でないときは、差額を「営業外損益」と表示可能
⑥ 営業外費用  ⎭ （計規171②）
⑦ 特別利益   ⎫ 金額が重要でないときは、差額を「特別損益」と表示可能
⑧ 特別損失   ⎭ （計規171③）
```

各項目の差額で計算される金額は，利益が生じるか損失が生じるかによりそれぞれ次のとおり表示します（計規171⑦）。

例えば，売上高から売上原価を差し引いた売上総損益金額がプラスであれば売上総利益金額ですし，マイナスになれば売上総損失金額です。損益金額が「0」の場合は「××利益」と表示されます。

また，表示名の「金額」については省略することができ，例えば売上総利益金額については「売上総利益」と表示することができると解されています。

算　式	条　件	表示名
売上高－売上原価	売上総損益金額≧0	売上総利益金額
	売上総損益金額＜0	売上総損失金額
売上総損益金額－販売費及び一般管理費	営業損益金額≧0	営業利益金額
	営業損益金額＜0	営業損失金額
営業損益金額－営業外損益	経常損益金額≧0	経常利益金額
	経常損益金額＜0	経常損失金額
経常損益金額－特別損益	税引前当期純損益金額≧0	税引前当期純利益金額
	税引前当期純損益金額＜0	税引前当期純損失金額
税引前当期純損益金額－法人税等±法人税等調整額	当期純損益金額≧0	当期純利益金額
	当期純損益金額＜0	当期純損失金額

3　特例有限会社の場合

旧商法では，有限会社には決算公告義務が課せられていませんでした。会社法施行後も特例有限会社は，会社法440条の適用がないため計算書類の公告義務はありません（整備法28）。取締役の任期が決められていないことと合わせ，特例有限会社の大きな特色になっています。

但し，株式会社に商号変更した場合には（整備法45），変更以降は公告義務が課せられます。

これらをまとめると次頁の**図表3**のとおりとなります。

図表3　旧商法と会社法における公告義務内容及び公告方法の異同

公告義務内容及び公告方法	旧商法	会社法
	株式会社	会社の類型を問わず
	定款の必要的記載事項 ・官報 ・日刊新聞紙 ・電子公告	定款の任意的記載事項 ・定款に公告方法についての記載がない会社は官報
	合名会社，合資会社，有限会社	特例有限会社
	公告方法の限定は，合併等の場合を除きなし。	従前どおり，決算公告の義務なし。

4　不適正意見がある場合等の公告

会計監査人設置会社が計算書類の公告をする場合に，以下の各ケースでは，その旨を公告する義務があります（計規176）。

① 会計監査人が存しない場合
② 会計監査人が会計監査報告の内容を期限までに通知せずに，みなし規定により会計監査人の監査を受けた場合
③ 会計監査報告に不適正意見がある場合
④ 会計監査報告に会計監査人の意見がない場合

会計監査人の不適正意見がある決算書でも会社法上は決算を確定させることができます。こうした背景がある場合は決算公告で明らかにするという趣旨です。

〔佐藤　増彦〕

Q.5-1-18 臨時計算書類について

臨時計算書類制度について教えてください。

> **Point**
> ■会社法で，臨時計算書類が創設された。剰余金の分配が事業年度内に何回でもできるようになり，分配可能額の算定が重要性を増したために設けられた制度である。
> ■期中において剰余金の分配を行う場合であっても，分配可能額があれば，臨時計算書類を作成する必要がない。

1 臨時株主総会決議で配当が可能

会社法では，臨時株主総会の決議で株主への剰余金の配当ができるようになりました（会453，454）。会計監査人設置会社については，定款の定めにより取締役会が剰余金の配当等を決定することができます（会459①）。

取締役会設置会社については，これまでどおり1事業年度の途中に1回に限り取締役会の決議で中間配当をすることができます（会454⑤）。また，剰余金の配当等を取締役会が決定する旨の定款の定めをおく場合にも（会459①），定時株主総会以外で剰余金の配当を決議することができます。

臨時株主総会の決議による配当についても，これまでどおり「中間配当」の呼称を用いることは可能です。

2 臨時計算書類とは

株主への剰余金の分配可能額を計算する目的で作成するのが，臨時計算書類です。臨時計算書類は，最終事業年度の直後の事業年度に属する一定の日における当該株式会社の財産の状況を把握するために作成することができます（会441①，会規2②五十四）。最終事業年度の直後の事業年度に属する一定の日を臨時決算日といい（会441①，会規2②五十三），臨時計算書類の作成に係る期間を臨時会計年度といいます。より具体的には，次図のとおりその事業年度の前事業

年度の末日の翌日から臨時決算日までの期間を指します（計規92①）。

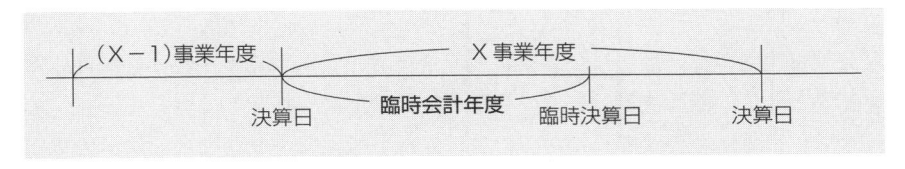

```
|――(X－1)事業年度――|――――X事業年度――――――|
              決算日 ―臨時会計年度― 臨時決算日    決算日
```

　会社設立後最初の事業年度のように，前事業年度がない場合でも，会社成立の日から最初の事業年度が終結するまでの間について，臨時計算書類を作成できます（計規92③）。

　臨時計算書類は，臨時会計年度に係る会計帳簿に基づいて作成しなければならず（計規92②），次の2諸表で構成されます（会441①一, 二）。

① 臨時決算日における貸借対照表
② 臨時決算日の属する事業年度の初日から臨時決算日までの期間に係る損益計算書

　臨時計算書類は，前事業年度の確定した決算に基づく剰余金を基準に算定します。前事業年度の計算書類が確定しない期間については，臨時計算書類を作成することができません。

　臨時計算書類を作成して分配可能額の計算をすることにより，臨時決算日までの期間損益と同日までに自己株式を処分した場合の対価額，さらに設立時又は成立後の株式の交付に伴う義務が履行された場合に増加するその他資本剰余金を分配可能額に加えることができます（会461②二イロ，計規44，184）。

③ 作成と監査

　臨時計算書類の作成及び監査は，事業年度に係る計算書類と同様の規律を受け，計算書類規則の規定に従います。ただ，会社法では計算規則で会計基準を特段定めずに，一般に公正妥当と認められる企業会計の慣行に従うことになっています（会431）。

　臨時計算書類は，あくまでも作成することができる書類ですので，その作成は任意であり，作成義務を負うものではありません。期中において剰余金の分配を行う場合であっても分配可能額があれば，作成するメリットはありません。

4　分配可能額の算定と欠損填補責任

　分配可能額の算定は，最終事業年度の貸借対照表から算出される分配可能額を基礎として，臨時決算日までの分配可能額の増減を加味して行います。
　なお，臨時計算書類で算出するのは，分配可能額であり剰余金額についてはこの書類を作成しても期中増減しません。
　剰余金の配当後，期末の分配可能額に欠損が生じた場合には，業務執行者は，填補責任を負います（会465①十）。分配可能額の限度一杯で配当をした場合に，当期に損失が発生する場合などでは，分配可能額がマイナスになり業務執行者が責任を負うケースが想定されます。
　但し，業務執行者がその職務を行うことについて注意を怠らなかったことを証明した場合は除かれます。したがって，臨時計算書類を適切に作成して，分配可能額を算定している場合では，過失がないものと認定される可能性が高くなると指摘されています。

5　特例有限会社の場合

　有限会社も，旧来は利益処分の一環で1営業年度に1回だけ利益の配当が認められていました（有44）。
　特例有限会社については，会社法の規律が適用されることから，株式会社と同様に，分配可能額の範囲内であれば1年に何回でも剰余金の配当を行うことができるようになりました。

6　臨時計算書類の承認手続

　監査役設置会社又は会計監査人設置会社においては，臨時計算書類は，監査役又は会計監査人の監査を受けなければなりません（会441②）。また，取締役会設置会社においては，取締役会の承認を受けなければなりません（会441③）。さらに，例外を除き株主総会の承認を受ける必要もあります（会441④）。これらをまとめると，次頁の**図表1**のようになります。

図表1　臨時計算書類承認に必要な手続

	監査役設置会社又は会計監査人設置会社	取締役会設置会社	左記のいずれにも該当しない会社
監査役又は会計監査人の監査	○	—	—
取締役会の承認	—	○	—
株主総会の承認	○	○	○

(注)　○＝必要，―＝不要

7　株主総会の承認手続が不要な場合

　例外的に臨時計算書類が法令又は定款に従って作成され，株式会社の財産及び損益の状況を正しく表示しているものとして承認するための規定（承認特則規定）をすべて満たす場合には，株主総会の承認は不要となります（会441④ただし書，計規163）。この規定は，以下の5項目からなります。

① 　臨時計算書類についての会計監査報告の内容に無限定適正意見が含まれていること（計規163一，154①二イ）。
② 　会計監査報告に係る監査役，監査役会又は監査委員会の監査報告の内容に，会計監査人の監査の方法又は結果を相当でないと認める意見がないこと（計規163二）。但し，監査役会設置会社にあっては，会社計算規則156条1項の規定により作成した監査役会の監査報告に限ります。
③ 　会社計算規則156条2項後段又は157条1項後段の規定により1号の会計監査報告に係る監査役会又は監査委員会の監査報告に付記された内容が相当でないと認める意見でないこと（計規163三）。
④ 　承認特則規定に規定する計算関係書類が，監査報告を通知すべき日までに内容を通知しなかったために監査を受けたものとみなされた場合以外（計規163四）。
⑤ 　取締役を設置していること（計規163五）。

8　備置き及び閲覧と公告義務

　臨時計算書類は，計算書類等の備置き及び閲覧等の適用を受けます。臨時計

算書類を作成した日から5年間の本店備置きの義務があります。定時株主総会で承認される計算書類等の場合は，総会の日の1週間前の日を起算日として5年間の備置期間です。監査役又は会計監査人の監査を受けた場合は，監査報告又は会計報告も一緒に備え置く必要があります（会442①二）。

臨時計算書類の支店備置期間は，作成した日から3年間です（会442②二）。通常の計算書類は，定時株主総会の1週間前の日から3年間です。

なお，会社法440条により，公告の義務を負うのは定時株主総会に関する計算書類となっていますので，臨時計算書類については公告の義務は負いません。

以上の関係を表にしますと，次のとおりとなります。

	臨時計算書類	左記以外の計算書類等
本店備置期間	作成した日から5年間	総会の日の1週間前から5年間
支店備置期間	作成した日から3年間	総会の日の1週間前から3年間
公告の義務	なし	あり

9 臨時計算書類の作成基準について

株式会社の会計は，「一般に公正妥当と認められる企業会計の慣行に従うもの」（会431）とされています。しかし，臨時計算書類の作成については，これまで制度自体が存在しなかったことから，慣行といえる会計自体が存在していませんでした。平成18年11月に，日本公認会計士協会（会計制度委員会）から会計制度委員会研究報告第12号「臨時計算書類の作成基準について」（以下，作成基準という）が出されています。会計基準が作成されましたので今後は，この作成基準に従って，臨時計算書類の作成をすることになります。

(a) **臨時計算書類の構成** 作成基準が示す臨時計算書類の構成には，株主資本等変動計算書及び個別注記表は含まれません。しかしながら，臨時計算書類が会計監査人の監査対象となることを踏まえ，(i)継続企業の前提に関する注記，(ii)重要な会計方針に係る事項（会計方針の変更を含む）に関する注記，(iii)重要な偶発事象に関する注記，そして(iv)重要な後発事象に関する注記については，会社法で要請されるものではありませんが，参考情報として取り扱うこととされます。

(b) **費用配分の基準に簡便処理を認める**　作成基準では，臨時計算書類の作成目的を各事業年度の計算書類と同様に情報開示目的と利害調整目的と捉え，年度決算に適用される会計処理の原則及び手続に準拠した作成を原則においています。しかしながら，実務上は年度決算のような処理を実施できない場合があるために，例外的な処理の採用を認めています。

　結論として，臨時計算書類の作成にあたっては，実績主義に基づき，臨時会計年度を1会計期間とみなして，「中間財務諸表作成基準」に準じた計算書類を作成することになります。中間財務諸表作成基準では，年度決算書に比べ費用配分の一部について簡便な処理が認められています。

〈簡便処理の具体例〉

- 棚卸高について，適切な帳簿棚卸記録を前提に実地棚卸を省略し，前事業年度の実地棚卸高を基礎とした合理的な方法による算定を認める。
- 減価償却について定率法を採用している場合に，事業年度ベースでの償却費を期間按分する方法による償却費計上を認める。
- 退職給付費用について，事業年度の合理的な見積額を期間按分する方法を認める。
- 法人税等の計算については，原則として，臨時会計年度を1会計期間とみなして，臨時会計年度を含む事業年度の法人税，住民税及び事業税の計算に適用される税率に基づき，年度決算と同様に税効果会計を適用して計算する。

　例外的に，臨時会計年度を含む事業年度の税引前当期純利益に対する税効果会計適用後の実効税率を合理的に見積もり，臨時会計年度の税引前純利益にその見積実効税率を乗じて計算する方法によることを認める。

(c) **臨時決算が複数回行われる場合**　臨時決算が複数回行われる場合，決算手続の方法として，次の2つの方法が考えられます。
　① 積上げ方式──それまでの臨時計算書類の会計情報を積み上げる方式
　② 累計方式──それまでの臨時計算書類の会計情報を洗替えする方式
　会社法では，分配可能額は洗替えによって算定されますので，累計方式を採用すると考えられています。

また複数回，臨時決算が行われる場合，それまでの臨時会計年度を含む事業年度全体を対象として改めて決算をするために，前回までの臨時決算の会計数値と異なる金額が計上されるケースが想定されます。

　例えば，棚卸資産の評価基準に低価法を採用する場合，前の臨時決算時点では評価損が計上されても，2回目以降の臨時決算時点において，時価が回復していれば，評価損が計上されないことになります。臨時決算と年度決算の関係においても同様の指摘ができます。

(d) **臨時決算の表示**　臨時貸借対照表及び臨時損益計算書の表示については，臨時計算書類の表示について計算規則の規定に関して異なる取扱いがないために，原則として各事業年度に係る貸借対照表及び損益計算書に準じて記載するものとします。表示科目についても，継続性の原則の観点から前事業年度の決算書の表示科目と原則として同一の科目を用いることが要請されます。但し，分配可能額の算定に影響がない科目については，簡便な表示方法も認められると考えられています。

〔佐藤　増彦〕

Q.5-1-19　会社法施行後最初に開催する株主総会に係る経過措置

会社法施行後最初に開催する株主総会に係る株主総会参考書類や事業報告に関する経過措置について教えてください。

> **Point**
> ■会社法施行後最初に開催する株主総会に係る株主総会参考書類や事業報告については，経過措置が設けられ，その一部の不適用が認められている。

1　株主総会参考書類に関する経過措置

会社法施行規則では，次に掲げる規定（これらの規定を95条において準用する場合を含む）は，会社法の施行後最初に開催する株主総会に係る株主総会参考書類については，適用しないこととされています（会規附則5）。

① 74条3項及び4項〔取締役の選任に関する議案〕
② 75条4号〔会計参与の選任に関する議案〕
③ 76条3項及び4項〔監査役の選任に関する議案〕
④ 77条5号から7号まで〔会計監査人に関する議案〕
⑤ 82条3項〔取締役の報酬等に関する議案〕

2　事業報告に関する経過措置

次に掲げる規定は，会社法施行規則の施行後最初に到来する事業年度の末日に係る事業報告であって，会社法の施行後最初に開催する株主総会において報告すべきものについては，適用しないこととされています（会規附則6）。

① 118条2号〔内部統制の整備についての決定の内容〕
② 121条7号〔役員の重要な兼職の状況〕及び8号〔監査役の財務会計に関する知見〕
③ 124条〔社外役員〕
④ 125条〔会計参与〕
⑤ 126条3号から7号まで〔会計監査人〕
⑥ 127条〔買収防衛策〕

〔平野　敦士〕

第2節　資本金の額等

Q.5-2-1　株主資本

純資産の部の株主資本の内容について教えてください。

> **Point**
> ■会社法では，分配可能額を算定することを目的として，株主資本を資本金，準備金，剰余金の3つに区分している。
> ■会計計算規則では，資本金，資本準備金，その他資本剰余金，利益準備金，その他利益剰余金に区分し，資本剰余金と利益剰余金の混同を禁止している。
> ■分配可能額の算定にあたっては，最終事業年度末日の剰余金の額と最終事業年度の末日後における剰余金の額を把握する必要がある。

1　株主資本

　会社法では，分配可能額を算定する観点から，株主資本を，大きく資本金（会445①），準備金（会445②～④），剰余金（会446）に区別しています。会社計算規則では，株主資本を，資本金（計規48），資本準備金（計規49），その他資本剰余金（計規50），利益準備金（計規51），その他利益剰余金（計規52）に区分しています。会社法においても，資本剰余金と利益剰余金の混同は禁止されています。

　貸借対照表における純資産の部における株主資本に係る項目についても，資本金，新株式申込証拠金，資本剰余金，利益剰余金，自己株式及び自己株式申込証拠金に区分したうえで（計規108②），資本剰余金を資本準備金及びその他資本剰余金に（計規108④），利益剰余金を利益準備金及びその他利益剰余金に区分しています（計規108⑤）。さらに，その他資本剰余金及びその他利益剰余金は適当な科目に細分することができるとしています（計規108⑥）。

　個別貸借対照表及び連結貸借対照表における純資産の部は，次頁の**図表1**のとおりです。

図表1　個別貸借対照表及び連結貸借対照表における純資産の部

【個別貸借対照表】	【連結貸借対照表】
純資産の部	純資産の部
Ⅰ　株主資本	Ⅰ　株主資本
1　資本金	1　資本金
2　新株式申込証拠金	2　新株式申込証拠金
3　資本剰余金	3　資本剰余金
(1)　資本準備金	
(2)　その他資本剰余金	
資本剰余金合計	
4　利益剰余金	4　利益剰余金
(1)　利益準備金	
(2)　その他利益剰余金	
××積立金	
繰越利益剰余金	
利益剰余金合計	
5　自己株式	5　自己株式
6　自己株式申込証拠金	6　自己株式申込証拠金
株主資本合計	株主資本合計
Ⅱ　評価・換算差額等	Ⅱ　評価・換算差額等
1　その他有価証券評価差額金	1　その他有価証券評価差額金
2　繰延ヘッジ損益	2　繰延ヘッジ損益
3　土地再評価差額金	3　土地再評価差額金
	4　為替換算調整勘定
評価・換算差額等合計	評価・換算差額等合計
Ⅲ　新株予約権	Ⅲ　新株予約権
	Ⅳ　少数株主持分
純資産合計	純資産合計

2 資本金の額及び準備金の額

(1) 設立及び株式の発行における資本金及び資本準備金の組入れ

設立時及び株式の発行時において，株主となる者から払い込まれた金銭の額及び給付を受けた金銭以外の財産の額の合計額は，原則として，全額資本金に計上します（会445①）。但し，払い込まれた金銭の額及び給付を受けた金銭以外の財産の額の合計額の2分の1以上は資本金として計上しなければなりませんが，それ以外の額を資本準備金として計上することもできます（会445②③）。

旧商法では，資本金に組み入れるべき額は発行価額を基準としていましたが，会社法では原則として，払込価額を基準としていることに留意が必要です。何をもって払い込まれた金銭の額及び給付を受けた金銭以外の財産の額とするかは，会社計算規則で定められており，これを資本金等増加限度額といいます（計規36）。

(a) 設立時の資本金等増加限度額 株式会社の設立に際しての資本金等増加限度額は，次の算式のとおりです。

設立時の資本金等増加限度額＝（①＋②＋③－④）

① 払込みを受けた金銭の金額（計規74①一イ）
② 給付を受けた金銭以外の財産の価額（計規74①一ロ）
③ 財産の払込み又は給付をした者における当該払込み又は給付の直前の帳簿価額の合計額（計規74①一ハ）
④ 設立に要した費用のうち，資本金及び資本準備金の額として計上すべき額から減ずるべき額と定めた額（計規74①二）

---

③は，企業結合会計基準及び事業分離等会計基準における共通支配下の取引など，財産の帳簿価額としてその財産の払込み又は給付をした者におけるその払込み又は給付の直前の帳簿価額を付すべき場合に対応するものです。

④は，仮に会計基準が設立費用の控除を認めた場合に備えたいわゆる待受け規定です。現在の取扱いは，設立費用の控除を認めていません（計規附則11五）。したがって，現在のところ④に該当するものはありません。

(b) **募集株式発行時の資本金等増加限度額**　募集株式の発行に際しての資本金等増加限度額は，次の算式のとおりです。

募集株式発行時の資本金等増加限度額＝(①＋②＋③－④)×⑤－⑥

① 払込みを受けた金銭の金額（計規37①一イ）
② 給付を受けた金銭以外の財産の価額（計規37①一ロ）
③ 財産の払込み又は給付をした者における当該払込み又は給付の直前の帳簿価額の合計額（計規37①一ハ）
④ 募集株式の交付に係る費用のうち，資本金等増加限度額から減ずるべき額と定めた額（計規37①二）
⑤ 株式発行割合＝$\dfrac{発行する株式の数}{発行する株式の数＋処分する自己株式の数}$
⑥ 会社計算規則37条1項3号の額

---

③は，企業結合会計基準及び事業分離等会計基準における共通支配下の取引など，財産の帳簿価額としてその財産の払込み又は給付をした者におけるその払込み又は給付の直前の帳簿価額を付すべき場合に対応するものです。

④は，仮に会計基準が募集株式の交付に係る費用の控除を認めた場合に備えたいわゆる待受け規定です。現在の取扱いは，募集株式の交付に係る費用の控除を認めていません（計規附則11一）。したがって，現在のところ④に該当するものはありません。

会社法は，株式の発行と自己株式の処分をまとめて募集株式の発行と位置づけて規定しています。⑤は，株式の発行と自己株式の処分を同時に行った場合に，資本金等増加限度額を比例的に算定するために株式発行割合を求めるものです。払い込まれた財産の価額に株式発行割合を乗じた額，つまり，株式の発行に対応する部分が，資本金等増加限度額となります。「自己株式及び準備金の額の減少等に関する会計基準の適用指針」（適用指針第2号11設例1）に従って処理します。⑥は，自己株式の処分について自己株式処分差損が生じた場合の規定です。

(2) **剰余金の配当における資本準備金及び利益準備金の組入れ**

　剰余金の配当をする場合には，資本準備金と利益準備金の合計額が資本金の額の4分の1（これを基準資本金額といいます）未満の場合には，4分の1に達するまで，剰余金の配当により減少する剰余金の額の10分の1を資本準備金又は利益準備金として計上しなければなりません（会445④，計規45）。配当原資に応じて準備金を計上するものとし，その他資本剰余金を原資として配当をする場合には資本準備金に（計規45①），その他利益剰余金を原資として配当をする場合には利益準備金に計上します（計規45②）。その他資本剰余金，その他利益剰余金を原資として同時に配当した場合には，資本準備金，利益準備金に計上すべき額は，それぞれ按分して計算します。

　剰余金の配当による準備金の増加は，剰余金の配当による剰余金の減少額の10分の1が限度ですが，10分の1以上を準備金とすることもできると解されています。この場合には，その超える額について会社法451条による準備金の額の増加の決議が必要です。また，基準資本金額以上の準備金の積立てをしたい場合にも，会社法451条による準備金の額の増加の決議があれば可能と解されています。

(3) **組織再編における資本金等の組入れ**

　合併，吸収分割，新設分割，株式交換又は株式移転に際して，資本金，資本準備金，利益準備金として計上すべき額については，会社計算規則で定められています（会445⑤）（**第6章参照**）。

3　剰余金の額

(1) **会社法における剰余金の意義**

　会社法における剰余金の額は，(a)資本金の額等の計数の変動における剰余金の額の減少限度額，(b)分配可能額の計算の基礎となる額という2点において，重要となります。

　(a)　**資本金の額等の計数の変動における剰余金の額の減少限度額**　会社法では，一定の手続により，資本金，準備金，剰余金の計数を変動することができます。剰余金の額を減少させることにより，資本金又は準備金を増加させることも可能です。この意味において，剰余金の額が重要となります（**Q5-2-3参照**）。

(b) **分配可能額の計算の基礎となる額**　分配可能額の計算においても，剰余金の額が計算の基礎の額となるという意味で，剰余金の額が重要となります（Q5-3-2参照）。

(2) **最終事業年度末日の剰余金の額**

　剰余金の額は，原則として，最終事業年度末日のその他資本剰余金の額及びその他利益剰余金の額の合計額となります（会446一，計規177）。

　なお，会社法446条1号では，資産の額（イ）に自己株式の帳簿価額の合計額（ロ）を加えた額から，負債の額（ハ）及び資本金及び準備金の額の合計額（ニ）を差し引くと規定しています。これは，従来の伝統的な配当可能利益に対する考え方を尊重したものですが，さらに控除される法務省令で定める各勘定科目に計上した額の合計額（ホ）を定めた会社計算規則177条では，資産の額及び自己株式の帳簿価額の合計額（1号）を控除し，負債の額及び資本金及び準備金の額の合計額（2号）を足し戻していることから，結局のところ，剰余金の額は，最終事業年度の末日におけるその他資本剰余金（3号）とその他利益剰余金（4号）の合計額となります。

(3) **最終事業年度の末日後における剰余金の額**

　剰余金の額には，最終事業年度の末日後に生じた剰余金の変動を反映させることとしています。具体的には，以下の(a)～(e)の剰余金の変動を加減算します。

(a) **自己株式の処分**　最終事業年度末日後に自己株式を処分した場合の自己株式処分差損益は，その他資本剰余金の額を増減させます（会446二）。

(b) **資本金の額等の計数の変動**

①資本金の額の減少及び準備金の額の減少

　最終事業年度の末日後に資本金の額及び準備金の額を取り崩し，剰余金の額とした場合には，資本金の額及び準備金の額の取崩額だけ，剰余金の額が増加します（会446三，四）。

②資本金の額及び準備金の額の増加

　最終事業年度の末日後に剰余金の額を資本金の額及び準備金の額に組み入れた場合には，資本金の額及び準備金の額への組入額だけ，剰余金の額が減少します（会446七，計規178①一）。

(c) **自己株式の消却**　最終事業年度の末日後に，自己株式を消却した場合

には，消却の対象となった自己株式の帳簿価額の額だけ，その他資本剰余金の額が減少します（会446五）。

　(d) **剰余金の配当**　　最終事業年度の末日後に剰余金の配当をした場合には，配当財産の帳簿価額の総額及び準備金として計上すべき額の剰余金の額が減少します（会446六，七，計規178①二）。

　(e) **吸収型再編受入行為**　　最終事業年度の末日後に吸収型再編受入行為を行った場合には，剰余金の額が増減します（会446七，計規178①三，四）。

(4) **その他資本剰余金及びその他利益剰余金の増減要因**
　(a) **その他資本剰余金**　　その他資本剰余金は，例えば次の場合に増減します。

①自己株式の処分差損益

　自己株式を処分した場合には，自己株式の対価の額と処分の対象となった自己株式の帳簿価額とに差額が生じます。正の値であれば自己株式処分差益，負の値であれば自己株式処分差損といいます。自己株式処分差益となった場合には，その他資本剰余金を増額させます（会計基準第1号5，9，計規37②一等）。自己株式処分差損となった場合には，その他資本剰余金から減額します（会計基準第1号6，10，計規37②一等）。会計期間末においてその他資本剰余金が負の値となった場合には，その他資本剰余金を「0」とし，その負の値をその他利益剰余金（繰越利益剰余金）から減額します（会計基準第1号12，計規50③，52③）（Q2-2-1参照）。

②自己株式の消却損

　自己株式を消却した場合には，消却の対象となった自己株式の帳簿価額を，その他資本剰余金から減額します（会446五，計規47②③，会計基準第1号11）。会計期間末において，その他資本剰余金が負の値となった場合には，その他資本剰余金を「0」とし，その負の値をその他利益剰余金（繰越利益剰余金）から減額します（会計基準第1号12，計規50③，52③）。

③資本金の額の減少及び資本準備金の額の減少

　会社法では，一定の手続により，資本金の額，準備金の額，剰余金の額の計数を変動することができます。資本金の額又は資本準備金の額を取り崩し，その他資本剰余金の額とすることもできます（計規48②，49②，50①一，二）。

④資本金の額の増加及び資本準備金の額の増加

会社法では，一定の手続により，資本金，準備金，剰余金の計数を変動することができます。その他資本剰余金の額を資本金の額又は資本準備金の額に組み入れることもできます（計規48①二，49①二，50②一，二）。

⑤その他資本剰余金を原資とする剰余金の配当

その他資本剰余金を原資として配当を行う場合には，原則として，配当財産の帳簿価額の総額（会454①一）だけ，その他資本剰余金の額が減少します（会446六イ，計規46一イ）。

但し，現物配当を行う場合には，配当財産の帳簿価額の総額に次の加減算が必要です。(i)現物配当を望まない株主が金銭分配請求権を行使し，金銭を交付した場合には（会454④一），配当財産の帳簿価額の総額から金銭分配請求権を行使した株主に割り当てた配当財産の帳簿価額の総額を控除し，金銭分配請求権を行使した株主に交付した金銭の額の合計額（会446六ロ）を加算します。(ii)一定数未満の数の株式を有する株主に対して配当財産の割当てをせず金銭を交付した場合には（会454④二，456），その基準に満たない数の株式を有する株主に交付した金銭の額の合計額（会446六ハ）を加算します。

また，その他資本剰余金を原資とする配当に伴い，減少するその他資本剰余金の10分の1を資本準備金として計上しなければならない場合には（会445④），計上すべき資本準備金（計規45①二）もその他資本剰余金の額を減少させます（会446七，計規46一ロ）。

⑥組織再編時における引継ぎ・引受け等

合併，分割に際しての消滅会社，分割会社からのその他資本剰余金を引き継ぐ場合には，その額だけその他資本剰余金が増減します（計規61①三ロ，66①三等）。

(b) **その他利益剰余金**　その他利益剰余金は，例えば次の場合に増減します。

①当期純損益

当期純利益はその他利益剰余金を増加させ（計規52①二），当期純損失はその他利益剰余金を減少させます（計規52②二）。

②利益準備金の増加又は減少

　会社法では，一定の手続により，利益準備金，その他利益剰余金の計数を変動することができます。利益準備金の額を取り崩し，その他利益剰余金の額とすることもできます。また，その他利益剰余金を利益準備金の額に組み入れることもできます。利益準備金の取崩しはその他利益剰余金を増加させ（計規51②，52①一），利益準備金への積立てはその他利益剰余金を減少させます（計規51①，52②一）。

③その他利益剰余金を原資とする剰余金の配当

　その他利益剰余金を原資として配当を行う場合には，原則として，配当財産の帳簿価額の総額（会454①一）だけ，その他利益剰余金の額が減少します（会446六イ，計規46二イ）。但し，現物配当を行う場合には，配当財産の帳簿価額の総額に加減算が必要なのは，その他資本剰余金を原資とする配当と同様です（3(4)(a)⑤参照）。

　また，その他利益剰余金を原資とする配当に伴い，減少するその他利益剰余金の10分の1を利益準備金として計上しなければならない場合には（会445④），計上すべき利益準備金（計規45②二）もその他利益剰余金の額を減少させます（会446七，計規46二ロ）。

④組織再編時における引継ぎ・引受け等

　合併，分割に際しての相手方会社からのその他利益剰余金を引き継ぐ場合，債務超過部分を引き受ける場合には，その額だけその他利益剰余金が増減します（計規61①五ロ，66①五，59①五ロ，64①五ロ，69①五ロ等）。

⑤その他資本剰余金を減少させると負の値となってしまう場合

　その他資本剰余金を減少させるとその他資本剰余金の残高が負の値となってしまう場合には，会社法上は，負の値のその他資本剰余金を認めていないため，その他資本剰余金を「0」とし，その他利益剰余金を減少させます。この場合にも，その他利益剰余金が減少します（計規52③，50③）。

〔大野　貴史〕

Q.5-2-2　資本金等の額の増加及び減少

資本金等の額の増加及び減少の手続について教えてください。

> **Point**
> ■資本金・準備金の減少は，債権者保護手続が必要である。
> ■資本金の減少は，株主総会の特別決議，準備金・剰余金の減少は株主総会の普通決議が必要である。
> ■資本と利益の混同は禁止されている。

1　資本金の額等の増加及び減少（会447〜452）

(1) 概　要

資本金の額等の増加及び減少の概要は，次のとおりです。

振替元	振替先	株主保護		決議方法	債権者保護
減少	増加	会社法	計算規則		会社法
資本準備金	資本金	448	48①一，49②	原則：株主総会普通決議 例外：取締役会決議	—
その他資本剰余金		450	48①二，50②一	株主総会普通決議	
資本金	資本準備金	447	48②，49①一	原則：株主総会特別決議 例外：株主総会普通決議	449
	その他資本剰余金		48②，50①一		
その他資本剰余金	資本準備金	451	49①二，50②二	株主総会普通決議	—
その他利益剰余金	利益準備金		51①，52②		
資本準備金	その他資本剰余金	448	49②，50①二	原則：株主総会普通決議 例外：取締役会決議	449
利益準備金	その他利益剰余金		51②，52①一		
剰余金の振替		452		株主総会普通決議	—

2 資本金の額の増加（いわゆる無償増資）

(1) 資本準備金の資本金組入れ

(a) **概　　要**　株式会社は，資本準備金を資本金に組み入れることができます（会448①，計規48①一，49②）。

(b) **株主保護手続**　資本準備金を資本金に組み入れるには，株主総会の普通決議が必要です（会448①）。株主総会の決議は，定時株主総会に限定されず，臨時株主総会によることもできます。

株主総会の決議事項は，(i)減少する準備金の額，(ii)減少する準備金の額の全部又は一部を資本金とする旨及び資本金とする額，(iii)効力発生日です。但し，減少する準備金の額は，その効力発生日における準備金の額を超えることはできません（会448②）。いいかえれば，株主総会決議時点における資本準備金の額ではなく，効力発生時点における準備金の額を基準として，資本準備金の額を減少することができます。

なお，準備金の額の減少と同時に増資を行う場合において，増資による準備金の額の増加額よりも準備金の減少額が上回らなければ，取締役会の決議（取締役会を設置していなければ取締役の決定）によることができます（会448③）。

(c) **債権者保護手続**　減少する資本準備金の全部を資本金に組み入れる場合には，債権者の担保となる会社財産（資本金）の減少を伴わないことから，債権者の利害に影響を与えないため，特段の手続は必要ありません（会449①）。

(2) その他資本剰余金の資本金組入れ

(a) **概　　要**　株式会社は，その他資本剰余金を資本金に組み入れることができます（会450①，計規48①二，50②一）。

(b) **株主保護手続**　その他資本剰余金の資本金組入れは，株主への剰余金の配当等の財源となる分配可能額を減少させることから，株主に影響を与えるため，株主総会の決議が必要です（会450②）。株主総会の決議は，定時株主総会に限定されず，臨時株主総会によることもできます。

株主総会での決議事項は，(i)減少するその他資本剰余金の額，(ii)効力発生日です（会450①）。但し，減少するその他資本剰余金の額は，効力発生日におけるその他剰余金の額が限度です（会450③）。

一方，その他利益剰余金の額を減少して資本金の額を増加することはできず，旧商法293条ノ2の規定による利益の資本組入れは廃止されています。利益剰余金と資本剰余金を混同させないとの趣旨によるものです。

　(c) **債権者保護手続**　その他資本剰余金の資本金組入れは，債権者の担保となる会社財産（資本金又は準備金）の減少を伴わないことから，債権者の利害に影響を与えないため，特段の手続は必要ありません。

③ 資本金の額の減少（いわゆる無償減資）

(1) 概　要

　株式会社は資本金の額を取り崩し，資本準備金又はその他資本剰余金に振り替えることができます（会447①，計規48②，49①一，50①一）。

　なお，旧商法では，減資は，有償減資と無償減資に分類されていました。会社法では，資本金の減少は計数の変更にすぎず，無償減資は資本金の額の減少のみ，有償減資は，資本金の額の減少＋剰余金の配当，つまり，資本金の額からその他資本剰余金の額に振り替えた上で剰余金の配当を行うと整理されています。

(2) 株主保護手続

　資本金の額を減少する場合には，原則として，株主総会の決議が必要です（会447①）。定時株主総会に限定されず，臨時株主総会によることもできます。資本金の額の減少は株主の利害に重大な影響を与えるため，株主総会の決議要件は，原則として特別決議です（会309②九）。特別決議とは，株主総会において議決権を行使することができる株主の議決権の過半数（3分の1以上の割合を定款で定めた場合は，その割合以上）を有する株主が出席し，出席した株主の議決権の3分の2以上（これを上回る割合を定款で定めた場合は，その割合以上）の賛成によって決議する方法です。

　株主総会での決議事項は，(i)減少する資本金の額，(ii)減少する資本金の額の全部又は一部を資本準備金とする場合にはその旨及びその額，(iii)効力発生日です（会447①）。

　減少する資本金の額は，その効力発生日における資本金の額を超えることはできないとされています（会447②）。すなわち，資本金の額を「0」まで減少

することが許容されるとともに、株主総会決議時点における資本金の額ではなく、効力発生時点における資本金の額を基準として、資本金の額を減少することができます。

原則として、効力発生日に資本金の減少の効力が発生しますが、効力発生日までに債権者保護手続が完了していない場合には、債権者保護手続が完了した日に資本金の減少の効力が発生します（会449⑥）。効力発生日以前であれば、いつでも株主総会決議で定めた効力発生日を変更することができます（会449⑦）。

なお、決議要件の特例として、次の2つがあります。

(a) **欠損填補目的の資本金の額の減少** 欠損填補を行う目的で資本金の額を減少する場合には、定時株主総会の決議によるもので、かつ、欠損填補後に分配可能額が生じなければ、普通決議によることができます（会309②九イロ、会規68）。

(b) **資本金の額の減少と同時に増資を行う場合** 資本金の額の減少と同時に増資を行う場合において、増資による資本金の額の増加額よりも資本金の額の減少額が上回らなければ、取締役会の決議（取締役会を設置していなければ、取締役の決定）によることができます（会447③）。事業再生の側面において、減資と新たなスポンサーによる第三者割当増資が同時に行われる場合もあります。このような場合に、減資を取締役会の決議限りにすることにより迅速に実行できるようにするものです。

(3) **債権者保護手続**

資本金の額を減少する場合には、債権者にとって、債権の担保となるべき会社財産（資本金）が減少することから、債権者保護手続が必要です。

(a) **公告及び催告** 債権者保護手続は、公告と催告の2つです。

株式会社は、(i)資本金の額の減少の内容、(ii)計算書類に関する事項、(iii)債権者が一定の期間内（1ヵ月以上の期間内）に異議を申し述べることができる旨を官報に公告し、かつ、知れている債権者には、各別に催告をします（会449②）。なお、公告を、官報に加えて、会社が定款で定めた公告方法である時事に関する事項を掲載する日刊新聞紙に掲載をした場合又は電子公告をした場合には、債権者への各別の催告を要しません（会449③）。

また、(ii)の計算書類に関する事項として公告すべき事項は、次の**表**のとおり

会社の公告の方法		計算書類に関する事項として公告すべき事項	計算規則180条
最終事業年度に係る貸借対照表又はその要旨につき公告をしている場合	官報	官報の日付及び公告が掲載されている頁	1号イ
	時事に関する事項を掲載する日刊新聞紙	日刊新聞紙の名称，日付及び公告が掲載されている頁	1号ロ
	電子公告	電子公告に係る登記アドレス	1号ハ
最終事業年度に係る貸借対照表につきインターネットによる開示をしている場合		インターネットのアドレスに関する登記事項	2号
最終事業年度に係る有価証券報告書を提出している場合		最終事業年度に係る有価証券報告書を提出している旨	3号
特例有限会社		特例有限会社である旨	4号
最終事業年度がない場合		最終事業年度がない旨	5号
上記以外		最終事業年度に係る貸借対照表の要旨の内容	6号

です（計規180）。

　(b)　**債権者の異議申述**　債権者は，会社に対し，前述の①(iii)の異議申述期間内に，資本金の額の減少について異議を述べることができます（会449①）。期間内に異議を述べなかったときは，その債権者は，当該資本金の額の減少について承認をしたものとみなされます（会449④）。期間内に異議を述べたときは，会社は，その債権者に対し，弁済するか，相当の担保を提供するか，又はその債権者に弁済を受けさせることを目的として信託会社等に相当の財産を信託しなければなりません。但し，資本金の額の減少をしてもその債権者を害するおそれがないときは，その必要はありません（会449⑤）。

　資本金の額の減少は，株主総会決議等で定めた効力発生日に効力が生じます（会449⑥，447①三，448①三）。但し，債権者保護手続が終了していなければ，資本金の額の減少の効力は生じません。あらかじめ定めた効力発生日までに債権者保護手続が終了しないような場合には，効力発生日以前に，あらかじめ定めた効力発生日を変更することになります（会449⑦）。

(4)　**登記手続**
　資本金の減少の効力が発生すると，登記事項である「資本金の額」が変動す

るため，本店所在地において，2週間以内に変更登記が必要です（会915①，911③五）。登記申請書の添付書類は，以下のとおりです。

　(a)　**議事録等**
　①　株主総会の議事録（商登46）
　②　資本金の額の減少を定時株主総会において決議する場合に，減少する資本金の額が定時株主総会の日における欠損の額を超えないときで，株主総会の決議を普通決議によった場合（3 2①参照）には，一定の欠損の額が存在することを証する書面（商規61⑤）
　③　株式の発行と同時に資本金の額を減少する場合に，その資本金の額の減少の効力発生日後の資本金の額が効力発生日前の資本金の額を下回らないときで，取締役会の決議（取締役の決定）によった場合（3 2②参照）には，取締役の過半数の一致を証する書面又は取締役会の議事録

　(b)　**公告及び催告**（次のいずれか）（商登70）
　①　公告及び催告の写し
　②　公告を官報のほか時事に関する事項を掲載する日刊新聞紙又は電子公告によった場合には，これらの方法による公告をしたことを証する書面

　(c)　**異議を述べた債権者がいる場合**（次のいずれか）（商登70）
　①　その債権者に対し弁済し，もしくは，相当の担保を提供し，又はその債権者に弁済を受けさせることを目的として相当の財産を信託したことを証する書面
　②　その資本金の額の減少をしてもその債権者を害するおそれがないことを証する書面

(5) 無効及び取消しがあった場合の資本金の額の減少

　資本金の額は，会社法447条の規定による場合に限り，減少するものとされます。したがって，新株の発行・自己株式の処分・会社の吸収合併・吸収分割・株式交換の無効の訴えに係る請求を認容する判決が確定した場合であっても，資本金の額は減少しません（計規48②一～三）。株式と資本金との関係は切り離されていると考えるためです。また，設立時発行株式又は募集株式の引受けに係る意思表示その他の株式の発行又は自己株式の処分に係る意思表示が無効とされ，又は取り消された場合であっても，それは，単なる株式引受人と会

社との間の事情にすぎないため、資本金の額を減少することはできません（計規48②四）。このような無効・取消しがあった場合に、無効・取消しの対象となる株式を有する者に会社が金銭等を交付することになりますが、この場合には、交付した金銭等の額の資本金の額を減少するのではなく、その他資本剰余金の額又はその他利益剰余金の額を減少することになります。

4　剰余金の準備金への組入れ

　株式会社は、その他資本剰余金を資本準備金に組み入れることができます（会451①、計規49①二、50②二）。また、その他利益剰余金を利益準備金に組み入れることができます（会451①、計規51①、52②一）。

　剰余金を減少して、準備金の額を増加するには、株主総会の決議によります（会451②）。株主総会で、(i)減少する剰余金の額、(ii)効力発生日を定めます（会451①）。但し、減少する剰余金の額は、効力発生日における剰余金の額が限度です（会451③）。

5　準備金の取崩しによる剰余金の増加

(1) 概　要

　株式会社は資本準備金の額を取り崩し、その他資本剰余金を増加させることができます（会448①、計規49②、50①二）。資本準備金の取崩しによる剰余金の増加は、減少の法的手続が完了したときに、その他資本剰余金に計上します（会計基準第1号20）。

　また、利益準備金の額を取り崩し、その他利益剰余金を増加することができます（会448①、計規51②、52①一）。会社法では、旧商法293条ノ3の規定による準備金の資本組入れは廃止されています。利益と資本を混同させないとの趣旨です。利益準備金の減少の法的手続が完了したときに、その他利益剰余金（繰越利益剰余金）に計上します（会計基準第1号21）。

(2) 株主保護手続

　準備金の額を減少する場合には、原則として、株主総会の決議が必要です（会448①）。定時株主総会に限られず、臨時株主総会によることもできます。

　株主総会では、(i)減少する準備金の額、(ii)効力発生日を定めることになりま

す。但し、減少する準備金の額は、その効力発生日における準備金の額を超えることができないのは、資本金の額を減少する場合と同様です（会448②）。すなわち、株主総会決議時点における準備金の額ではなく、効力発生時点における準備金の額を基準として、準備金の額を減少できます。

監査役会設置会社又は委員会設置会社で、会計監査人設置会社であり、かつ、取締役の任期が1年以内としている会社であれば、一定の場合における準備金の減少についての株主総会決議事項（会448①一～三）を取締役会で定めることができるとの定めを定款に置くことができます（会459①二）。一定の場合における準備金の減少とは、減少する準備金の額が欠損の額を超えない場合、つまり、準備金を減少させて剰余金を増加させることにより定時株主総会の日における分配可能額が正の値にならない場合（会449①二、計規179）をいいます。この場合の決議は、取締役会決議によることになります。

また、株式の発行と同時に準備金の額を減少する場合に、株式の発行による準備金の額の増加額よりも準備金の額の減少額が上回らなければ、取締役会の決議（取締役会を設置していない会社は、取締役の決定）によることができるのも、資本金の額を減少する場合と同様です（会448③）。

(3) 債権者保護手続

準備金の額を減少する場合には、債権者保護手続が必要なのは、資本金の額の減少の場合と同様です。但し、定時株主総会の決議による準備金の額の減少で、かつ、準備金の額の減少を行った後に分配可能額が正の値にならない場合には、債権者保護手続は不要です（会449①、計規179）。

具体的な手続は、3(3)を参照ください。

6 剰余金の処分

株式会社は株主総会の決議によって、損失の処理、任意積立金の積立てなど、剰余金の処分をすることができます（会452）。これらは、剰余金を構成する各科目の間の計数を変更するのみで、会社の財産の流出を伴うものではありません。

この場合には、(i)増加する剰余金の項目、(ii)減少する剰余金の項目、(iii)処分する各剰余金の項目に係る額を、株主総会の決議で定めます（会452後段、計規

181①)。

　なお，剰余金の額の増加又は減少には，株主総会の決議を経ずになされる場合もあります。(ⅰ)法令又は定款の規定により剰余金の項目に係る額の増加又は減少をすべき場合，(ⅱ)株主総会の決議によりある剰余金の項目に係る額の増加又は減少をさせた場合にその決議の定めるところに従い，株主総会の決議を経ないで剰余金の項目に係る額の減少又は増加をすべき場合です（計規181②)。

〔大野　貴史〕

Q.5-2-3 税務上の資本金等の額

税務上の株主資本の取扱いについて教えてください。

> **Point**
> ■法人税法では,「資本金等の額」と「利益積立金額」に区分している。
> ■自己の株式を取得した場合は,「取得資本金額」を基準として,「資本金等の額」「利益積立金額」を減少する。
> ■資本の払戻し等をした場合は,「減資資本金額」を基準として,「資本金等の額」「利益積立金額」を減少する。

1 税務上の株主資本

(1) 資本金等の額と利益積立金額

会社法では,純資産の部は,株主資本,評価・換算差額等,新株予約権で構成され,さらに,株主資本は,資本金,資本剰余金,利益剰余金に区分されています。一方,法人税法では,株主資本に相当する金額を資本金等の額と利益積立金額とに区分しています。

法人が株主から出資を受けた金額を資本金等の額といいます(法法2十六,法令8)。会社法のように資本金と資本剰余金を区別することなく,一括して,資本金等の額と定めています。法人の所得の金額で留保している金額を利益積立金額といいます(法法2十八,法令9)。

(2) 資本金等の額

(a) **資本金等の額** 資本金等の額は,法人が株主から出資を受けた金額をいいます(法法2十六)。具体的には,次の算式による金額です(法令8)。

　　　資本金の額(貸借対照表に資本金として表示される金額)
　　＋前事業年度までの資本金の額以外の資本金等の額の加算額及び減算額
　　＋当該事業年度の資本金の額以外の資本金等の額の加算額及び減算額

(b) 資本金の額以外の資本金等の額の加算額及び減算額 資本金の額以外の資本金等の額の加算額及び減算額のうち，主なものは，以下のとおりです。

	項目・根拠条文	額
加算額	株式を発行する場合又は，既に発行され保有していた自己の株式を譲渡する場合（法令8①一）	下記の合計額のうち資本金として計上しなかった額 ・払い込まれた金銭の額 ・給付を受けた金銭以外の資産の価額 ・その他の対価の額
	新株予約権の行使によりその行使した者に自己の株式を交付した場合（法令8①二）	下記の合計額のうち資本金として計上しなかった額 ・行使に際して払い込まれた金銭の額及び給付を受けた金銭以外の資産の価額 ・行使の直前の新株予約権の帳簿価額
	取得条項付新株予約権についての取得事由の発生による取得の対価として自己の株式を交付した場合（法令8①三）	取得の直前の取得条項付新株予約権の帳簿価額のうち，資本金として計上しなかった金額
	資本金の額を減少した場合（法令8①十三）	減少した金額
減算額	準備金の額・剰余金の額を減少して資本金の額を増加した場合（法令8①十五）	増加した金額
	資本の払戻し等（法令8①十九）	減資資本金額（＊1）
	自己の株式の取得等 （法令8①二十，二十一） イ．みなし配当が生じる場合 ロ．みなし配当が生じない場合	取得資本金額（＊2） その対価の額に相当する金額

(＊1) 減資資本金額＝資本の払戻し等の直前の資本金等の額×イ／ロ
  イ．資本の払戻し等により減少した資本剰余金の額
  ロ．資本の払戻し等の日の属する事業年度の前事業年度終了時の資産の帳簿価額から負債の帳簿価額を控除した金額
(＊2) 取得資本金額＝自己株式の取得等の直前の資本金等の額×イ／ロ
  イ．自己株式の取得等に係る株式の数
  ロ．自己株式の取得等の直前の発行済株式（自己が有する自己の株式を除く）の総数

(3) 利益積立金額

(a) 利益積立金額 利益積立金額は，法人の所得の金額で留保している金額をいいます（法法２十八）。具体的には，次の算式による金額です（法令９）。

> 前事業年度までの利益積立金額の加算額及び減算額
> ＋当該事業年度の利益積立金額の加算額及び減算額

(b) 利益積立金額の増加額及び減少額 利益積立金額の増加額及び減少額のうち，主なものは，以下のとおりです。

	項目・根拠条文	額
加算額	（法令９①一～四）	所得の金額 ＋受取配当等の益金不算入の規定により所得の金額の計算上益金の額に算入されない金額 ＋欠損金の繰越控除額 －欠損金額 ＋還付を受け又は充当される法人税等の額 －法人税及び道府県民税及び市町村民税として納付することとなる金額
減算額	剰余金の配当等 （法令９①五）	株主に交付した金銭の額及び金銭以外の資産の価額の合計額
	資本の払戻し等 （法令９①七）	株主に交付した金銭の額及び金銭以外の資産の価額の合計額が，減資資本金額を超える場合におけるその超える部分の金額
	自己の株式の取得等 （法令９①八）	株主に交付した金銭の額及び金銭以外の資産の価額の合計額が，取得資本金額を超える場合におけるその超える部分の金額

〔大野　貴史〕

第3節　剰余金の配当等

Q.5-3-1　剰余金の配当等の法務

株式会社の配当に関する規制について教えてください。

> **Point**
> ■株主総会決議により，期中いつでも剰余金の配当を行うことができる。
> ■剰余金の配当は分配可能額を基準とした分配規制が行われる。この額を超えて剰余金の配当を行った場合には，その配当を受けた者とその配当行為を行った者は一定の弁済責任を負う。
> ■現物配当を行うことが可能となっている。

1　剰余金の配当と分配規制

(1)　旧商法における配当

　旧商法において株式会社の配当は，委員会等設置会社を除き定時株主総会における利益処分決議による期末配当（旧商281①四，283①，234）と，定款の定めを前提とした取締役会決議による期中に1回の中間配当（旧商293の5）の年2回しか行うことができませんでした。

(2)　会社法における配当

　(a)　**剰余金の配当**　　会社法では，利益剰余金だけでなく資本剰余金も配当原資となる剰余金と位置づけ，剰余金の配当という新たな概念を取り入れた上で，株式会社は株主総会の決議があれば期中いつでも剰余金の配当を行うことが認められました（会453，454）。

　さらに，株式会社は，以下の要件を満たせば，取締役会決議により期中いつでも剰余金の配当を行うこともできます（会459）。旧商法の委員会等設置会社でしか認められなかった取締役会決議による配当が，会社法では，委員会設置会社以外の会社にも認められたことになります。

　　①　監査役会設置会社であること

② 会計監査人設置会社であること
③ 最終事業年度の計算書類が法令及び定款に従い，株式会社の財産及び損益の状況を正しく表示しているものとして，会社計算規則183条に定める要件を満たしていること
④ 取締役の任期が1年以内であること
⑤ 定款に剰余金の処分を取締役会の決議で行える旨を定めること

①，②の要件は③の要件の前提条件となるものです。③の要件では最終事業年度の計算書類に会計監査人の適正意見が付され，かつ，監査役会の監査報告として会計監査人の監査の方法又は結果を相当でないと認める意見や監査役の付記がないことを求めることで，債権者保護の観点から配当の前提となる決算書の適正性を要求しています。④は取締役の任期を1年以内と限定することで剰余金の配当等について取締役会の裁量が大きくなりすぎないように一定の歯止めをかける趣旨です。なお，取締役会決議による剰余金の配当を行う会社法459条1項の定めを置いた会社は，事業報告に「取締役会に与えられた権限の行使に関する方針」を記載しなければなりません（会規126①十）。

(b) **中間配当** 取締役会設置会社は，定款の定めを置くことで取締役会決議により期中1回限りの中間配当を行うことができるのは旧商法における取扱いと変わっていません（会454⑤）。

2 配当制限と違法配当の責任

会社法は期中複数回の配当が行われることを前提としていますので，旧商法における配当規制とは異なり，期中における剰余金の変動も考慮した分配可能額による分配規制を設けています（会461）（Q5-3-2参照）。分配可能額を超えて配当を行った場合には，配当を受け取った者及びその配当決議に一定の関与をした取締役及び執行役は連帯して会社に対して交付を受けた金銭等の帳簿価額に相当する金銭を支払う義務を負います（会462①六，計規187①八）。但し，その一定の関与をした取締役及び執行役については，その職務を行うについて注意を怠らなかったことを証明したときには，その金銭を払い込む義務を負いません（会462②）。また，総株主の同意があれば，その一定の関与をした取締役及び執行役の金銭を払い込む義務は，その配当総額のうち分配可能額を超える部

分までとすることができます（会462③）。

3 剰余金の配当を行った場合の準備金の積立て

剰余金の配当を行う場合には，株式会社は剰余金の配当の原資となる剰余金の額に10分の1を乗じて得た額を資本準備金又は利益準備金として計上します（会445④）。但し，資本準備金と利益準備金の合計額が基準資本金額（資本金の額に4分の1を乗じた金額のことをいいます）以上である場合には準備金の積立てを必要としない点については，旧商法の規制と同様です（旧商288，計規45①一，②一）。

なお，資本準備金と利益準備金の合計額が基準資本金額を下回る場合には，資本剰余金を原資とする配当については資本準備金に，利益剰余金を原資とする配当については利益準備金に，その配当の原資に応じて積み立てるという点は旧商法と異なるところです（計規45①二，②二）。

4 現物配当

旧商法では現物配当についての明確な規定はありませんでした。会社法では配当財産について柔軟化が行われ，金銭以外の財産の配当が認められることになりました（会454①）。現物配当は株主の利益を害するおそれがありますので，原則として株主総会の特別決議が必要となります（会454④，309②十）。但し，金銭分配請求権（配当の対象となる現物財産に代えて金銭を交付することを株式会社に対して請求する権利をいいます）を株主に与える場合には，株主の利益を害することになりませんので金銭の配当と同様に株主総会による普通決議でよいとされています（会309②十括弧書）。

〔野田　幸嗣〕

Q.5-3-2　分配可能額の計算

分配可能額の計算規定が非常に難解です。計算構造をわかりやすく教えてください。

> **Point**
> ■分配可能額の算定に関する規定は，剰余金の変動そのものを定めた規定（会446）と，もっぱら政策的配慮による分配可能額固有の変動事由を定めた規定（会461②）の2つに分かれる。
> ■分配可能額の算定にあたっては，上述の2つの規定の役割分担を頭に入れた上で，最終事業年度末日の貸借対照表の計数から計算を始めて事業年度末日後の剰余金及び分配可能額の変動を調整するという流れを追って計算すれば理解がしやすくなる。

1　分配可能額の計算の概要

　分配可能額は，剰余金の額にもっぱら政策的な理由から一定の計数を加減算して計算される会社法固有の概念です（会461）。分配可能額の計算は，①剰余金の変動による分配可能額の調整項目，②分配可能額の算定における固有の調整項目という2つの項目に分解して流れを追っていくと理解がしやすくなります。①は会計上のその他資本剰余金及びその他利益剰余金の合計額である剰余金の変動による分配可能額の調整項目であり，当然に分配可能額を構成するものです。②は分配可能額の算定にあたり，もっぱら政策的な配慮から分配可能額を調整するため会社法において特別に規定された項目です。この分類を前提に最終事業年度末日の個別貸借対照表を出発点に，最終事業年度末日後の①及び②の調整を行えば分配可能額を算定することができます。この計算過程を次頁の**図表1**にそって説明します。

2　分配可能額の計算の詳細

(1)　最終事業年度末日の貸借対照表による分配可能額の計算

図表1　分配可能額の計算過程

	最終事業年度末日の貸借対照表による分配可能額の計算	最終事業年度末日後の分配可能額の変動要因		
		分配可能額が変動しない項目		分配可能額が変動する項目
		ⓐ自己株式の消却	ⓑ自己株式の処分	
剰余金の変動項目	(a)剰余金の額 　(+)その他資本剰余金 　(+)その他利益剰余金	(-)消却自己株式の帳簿価額	(+)自己株式の処分差益 (-)自己株式の処分差損	(c)資本金・準備金と剰余金の間の計数の変動 　(+)資本金の減少,(-)資本金の増加 　(+)準備金の減少,(-)準備金の増加 (d)剰余金の配当 　(-)剰余金の分配額,(-)準備金の積立額 (e)吸収型再編による剰余金の変動 　(+)吸収型再編受入行為前後の剰余金増加額
固有の調整項目	(b)(-)自己株式の帳簿価額 (c)(-)のれん等調整額 (d)(-)その他有価証券評価差額金の差損額 (e)(-)土地再評価差額金の差損額 (f)(-)300万円基準不足額 (g)(-)連単剰余金差損額	(-)消却自己株式の帳簿価額	(+)処分自己株式の帳簿価額 (-)処分自己株式の対価額	(f)自己株式の取得 　(-)取得自己株式の帳簿価額 (g)臨時決算 　(+)期間利益 　(-)期間損失 　(+)期間自己株式対価額

　分配可能額は最終事業年度末日における貸借対照表の計数から計算を開始します。具体的な分配可能額の調整項目は，以下のとおりです。
　(a)　剰余金の額（会446①一，461②一，計規177①三，四）　剰余金の額は最終事業年度末日の貸借対照表における，その他資本剰余金及びその他利益剰余金の合計額です。会計の観点からも当然に分配可能額を構成するものです。
　(b)　自己株式の帳簿価額（会461②三）　最終事業年度末日の貸借対照表における自己株式の帳簿価額です。分配可能額の計算上は期末における自己株式の帳簿価額を減額することになります。
　(c)　のれん等調整額（会461②六，計規186一）　のれん等調整額は，のれんの2分の1と繰延資産の合計額で，債権者保護の観点から政策的に分配可能額から除かれます。具体的には，以下の場合において算定された金額が分配可能額から減額されます（次頁の**図表2**参照）（Q6-2-5参照）。
　(イ)　のれん等調整額が資本金・資本準備金の合計額以下の場合　のれん等調整額として分配可能額から減額すべき金額は「0」となります（計規186一イ）。

図表2 のれん等調整額と分配可能額から減額する金額の関係

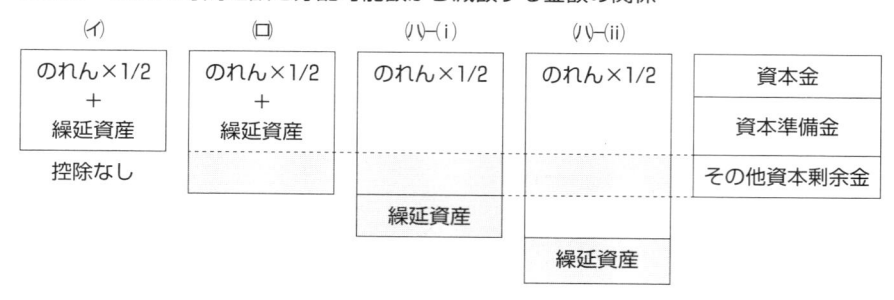

(イ)	(ロ)	(ハ)-(i)	(ハ)-(ii)	
のれん×1/2 + 繰延資産	のれん×1/2 + 繰延資産	のれん×1/2	のれん×1/2	資本金
				資本準備金
控除なし				その他資本剰余金
		繰延資産		
			繰延資産	

(ロ) **のれん等調整額が資本金・資本準備金・その他資本剰余金の合計額以下の場合** のれん等調整額から資本金・資本準備金の額を減じた額,すなわち「のれん等調整額」－「資本金・資本準備金の額」を分配可能額から減額します（計規186一ロ）。

(ハ) **のれん等調整額が資本金・資本準備金・その他資本剰余金の合計額を超える場合** これらはさらに次の2つの場合に分かれます。

(i) **のれんの2分の1が資本金・資本準備金・その他資本剰余金の合計額以下の場合** 上記(ロ)と同様,のれん等調整額から資本金・資本準備金の額を減じた額,すなわち「のれん等調整額」－「資本金・資本準備金の額」を分配可能額から減額します。

(ii) **のれんの2分の1が資本金・資本準備金・その他資本剰余金の合計額を超える場合** 分配可能額からその他資本剰余金の額及び繰延資産の額が控除されます（計規186一ハ）。

(d) **その他有価証券評価差額金の差損額**（会461②六,計規186二） その他有価証券評価差額金は,旧商法の取扱いと同様に,差損額について分配可能額から減額されます。なお,旧商法では売買目的有価証券の差益額については,配当可能利益から減額が行われていましたが,会社法では会計上の適正な評価として,毎期時価評価を強制し評価損益が計上されている点を考慮して,減額は行われないこととなります。

(e) **土地再評価差額金の差損額**（会461②六,計規186三） 土地再評価差額金の差損額も,その他有価証券評価差額金の差損額と同様に,分配可能額の計算

上減額されることとなります。

(f) 300万円基準不足額（会461②六，計規186六イロハ）　300万円から資本金，資本準備金，利益準備金，新株予約権，評価・換算差額等（差益がある場合のみ）を控除した金額が分配可能額から減額されます。この規定は旧有限会社における最低資本金に達する金額までは，剰余金の配当による社外流出を制限することで，会社財産の確保を図る趣旨で置かれたものです。なお，この金額が「０」未満である場合には減額する必要はありません。

(g) 連単剰余金差損額（計規186四）　連結配当規制を適用することを定めた会社（計規２③七十二）に適用される基準で，株主資本の額からその他有価証券評価差損額，土地再評価差損額とのれん等調整額を控除した額について，連結貸借対照表と個別貸借対照表で比較し連結ベースの金額が小さい場合には，その差額を分配可能額から減額します（前掲図表１ではこの金額を連単剰余金差損額と記載しています）。なお，連結配当規制適用会社は一定の注記が要請されています（計規143条）（Ｑ5-1-11参照）。

(2) 最終事業年度末日後の分配可能額の変動要因

(a) 自己株式の消却（会446①五，461②一，三）　最終事業年度末日後に自己株式の消却を行った場合，自己株式消却損として剰余金の額は減少しますが，分配可能額の算定上計算から除くこととしている自己株式の帳簿価額がなくなりますので，分配可能額への影響はありません。

(b) 自己株式の処分（会446①二，461②三，四）　最終事業年度末日後に自己株式の処分を行った場合には，自己株式の帳簿価額と自己株式の対価の額の差額は自己株式処分差額として剰余金を構成します。したがって，自己株式の処分を行えば剰余金が増減し，分配可能額は変動するのが理論的です。しかし，会社法では，自己株式の対価額については，通常の決算か臨時決算を経ない限り，分配可能額に組み入れないこととしています（会461②四）。分配可能額の計算上は自己株式の対価の額を減額し自己株式の帳簿価額を増額させることで，剰余金の増加分と相殺するという回りくどい計算を行いますが，結局は分配可能額への影響はありません。

(c) 資本金・準備金と剰余金の間の計数の変動（会446①三，四，461②一，計規178①一）　最終事業年度末日後に資本金・資本準備金を資本剰余金に振り替

える場合，又は資本剰余金を資本金・資本準備金に振り替える場合には，剰余金が変動しますので，分配可能額が増減します。

　(d)　**剰余金の配当**（会446①六，七，461②一，計規178①二）　　最終事業年度末日後に剰余金の配当を行った場合には，当該配当財産の帳簿価額とそれに応じて計上する準備金の額だけ剰余金が減少しますので，分配可能額が減少します。

　(e)　**吸収型再編による剰余金の変動**（会461②一，計規178①四）　　吸収合併・吸収分割・株式交換を行った場合には，「企業結合に係る会計基準」等に従って，組織再編行為後の剰余金が決定します。このような，最終事業年度末日後に行われた吸収型組織再編行為による会社の剰余金の変動も分配可能額に影響することになります。この際に自己株式を対価とする吸収型の組織再編行為が行われた場合には，前述の自己株式の処分の規定は適用されず自己株式の対価についても分配可能額に組み入れられることになります。

　(f)　**自己株式の取得**（会461②三）　　最終事業年度末日後に自己株式を取得した場合には，自己株式の取得価額について分配可能額から減額します。これは，分配可能額の算定特有の分配可能額の調整項目に該当します。

　(g)　**臨時決算**（会461②二イロ，計規184）　　臨時決算（会441）を行うことにより，その期間内の純利益・純損失及び自己株式の処分に係る自己株式対価額を分配可能額に組み入れることができます（Q5-1-18参照）。臨時決算の手続を行ったとしても，分配可能額が変動するのみで剰余金は変動しないことに注意が必要です。なお，臨時決算を行った期中における剰余金の分配を行う場合の分配可能額は，分配可能額の算定特有の調整項目であった，のれん等調整額，その他有価証券評価差損額，土地再評価差額金差損額については，臨時計算書類の貸借対照表の数字をもとに算定されることになります。

〔野田　幸嗣〕

Q.5-3-3　剰余金の配当を行った会社の会計処理

株式会社が剰余金の配当を行った場合の会計処理及び開示について教えてください。

> **Point**
> ■剰余金の配当に関する株主総会決議等の内容に基づき減少する配当原資の区分に応じて資本剰余金，利益剰余金の減少を認識する。
> ■株主資本等変動計算書に剰余金の配当として変動する資本の計数を表示し，株主資本等変動計算書に，剰余金の配当に関する注記の開示を行う。
> ■現物配当を行った法人は，原則として，現物財産を評価替えして評価損益を計上した上で，時価によりその他資本剰余金又はその他利益剰余金を減額する。

1　株主資本等変動計算書における開示の必要性

(1) 旧商法における利益処分計算書及び連結剰余金計算書における開示

旧商法において個別財務諸表では中間配当を含めた当期未処分利益（又は当期未処理損失）の計算が個別損益計算書の末尾で表示され，当期未処分利益について株主総会における利益処分（又は損失処理）の結果を受けて利益処分計算書が作成されてきました。また，連結財務諸表では，資本剰余金及び利益剰余金の変動を表すものとして連結剰余金計算書が作成されてきました。

(2) 会社法における株主資本等変動計算書における開示

会社法では，定時株主総会における利益処分がなくなり，株式会社は株主総会又は取締役会の決議により剰余金の配当等をいつでも行うことができるようになりました。今後は期中において株主資本の計数が頻繁に変動することが予想され，貸借対照表，損益計算書のみでは，資本金，準備金及び剰余金の数値の連続性を把握するのが困難になります。このような状況及び国際的な会計慣行を踏まえて株主資本等変動計算書を作成することが会社法上義務づけられました。これに合わせて損益計算書末尾の当期未処分利益計算は表示しないこととされています（Q5-1-1参照）。

(a) **剰余金の配当が行われた場合** 株式会社は剰余金の配当があった場合には、株主資本等変動計算書の中で剰余金の変動事由及び当期変動額を開示します。その他資本剰余金の配当を行った場合には、その他資本剰余金の減少額とそれによって積み立てる資本準備金の増加額を計上します。その他利益剰余金の配当を行った場合には、その他利益剰余金の減少額とそれに応じて積み立てる利益準備金の増加額を計上します（会445④、計規45）。

(b) **分割型会社分割が行われた場合** 分割型の会社分割については、会社法上、分社型会社分割プラス株式の現物配当として取り扱っている点が考慮され、株主資本等変動計算書の変動事由の表示方法として、剰余金の配当として記載する方法と分割型の会社分割による減少として記載する方法のいずれかを選択することができます。なお、株主資本等変動計算書に関する注記として配当に関する事項の注記が行われますが、分割型の会社分割を行った際に剰余金の減少を剰余金の配当として記載せず分割型の会社分割による減少として記載する場合であっても、配当に関する事項の注記は必要となります。連結株主資本等変動計算書を作成している会社は個別株主資本等変動計算書における配当に関する事項の注記を省略することができます（計規136三、137二）。

2 株主資本等変動計算書に関する注記

株主資本等変動計算書には配当に関する事項として以下の内容を注記する必要があります（**図表1参照**）。

① 配当財産が金銭の場合には、株式の種類ごとの配当総額、1株当たり配当額、基準日及び効力発生日
② 配当財産が金銭以外の場合（分割型の会社分割を含む）には、株式の種類ごとに配当財産の種類並びに配当財産の帳簿価額（配当の効力発生日における時価をもって純資産を減少させる場合には、当該時価により評価した後の帳簿価額）、1株当たり配当額、基準日及び効力発生日
③ 基準日が当期に属する配当のうち、配当の効力発生日が翌期となるものについては、配当の原資及び①又は②に準ずる事項

③については、決算日後に剰余金の配当が決議され、当該剰余金の配当の効力発生日（会454①三）が決算日後に生じる場合には、翌期の株主資本が減少す

図表1　配当に関する事項の注記例

連結株主資本等変動計算書に関する注記

　以下の注記例は，剰余金の配当決議を株主総会（中間配当は取締役会）で決議する会社（X08年3月期）を想定している。なお(2)の場合については，剰余金を配当する会社は，取締役会等の会社の意思決定機関で定められた配当の原資（資本剰余金又は利益剰余金）を記載する。

配当に関する事項
(1) 配当金支払額
　（例1：文章による方法）
　　① X07年6月X日の定時株主総会において，次のとおり決議している。
　　　・普通株式の配当に関する事項
　　　　(イ)　配当金の総額‥‥‥‥‥‥‥‥‥‥‥‥‥‥‥‥‥‥　33百万円
　　　　(ロ)　1株当たり配当額‥‥‥‥‥‥‥‥‥‥‥‥‥‥‥‥　10円
　　　　(ハ)　基準日‥‥‥‥‥‥‥‥‥‥‥‥‥‥‥‥‥‥‥‥　X07年3月31日
　　　　(ニ)　効力発生日‥‥‥‥‥‥‥‥‥‥‥‥‥‥‥‥‥‥　X07年7月X日
　　　・A種株式の配当に関する事項
　　　　(イ)　配当金の総額‥‥‥‥‥‥‥‥‥‥‥‥‥‥‥‥‥‥　67百万円
　　　　(ロ)　1株当たり配当額‥‥‥‥‥‥‥‥‥‥‥‥‥‥‥‥　20円
　　　　(ハ)　基準日‥‥‥‥‥‥‥‥‥‥‥‥‥‥‥‥‥‥‥‥　X07年3月31日
　　　　(ニ)　効力発生日‥‥‥‥‥‥‥‥‥‥‥‥‥‥‥‥‥‥　X07年7月X日
　　② X07年12月X日の取締役会において，次のとおり決議している。
　　　・普通株式の配当に関する事項
　　　　(イ)　配当金の総額‥‥‥‥‥‥‥‥‥‥‥‥‥‥‥‥‥‥　33百万円
　　　　(ロ)　1株当たり配当額‥‥‥‥‥‥‥‥‥‥‥‥‥‥‥‥　10円
　　　　(ハ)　基準日‥‥‥‥‥‥‥‥‥‥‥‥‥‥‥‥‥‥‥‥　X07年9月30日
　　　　(ニ)　効力発生日‥‥‥‥‥‥‥‥‥‥‥‥‥‥‥‥‥‥　X08年1月X日
　（例2：表による方法）

決議	株式の種類	配当金の総額	1株当たり配当額	基準日	効力発生日
X07年6月X日 定時株主総会	普通株式	33百万円	10円	X07年3月31日	X07年7月X日
	A種株式	67百万円	20円	X07年3月31日	X07年7月X日
X07年12月X日 取締役会	普通株式	33百万円	10円	X07年9月30日	X08年1月X日

(2) **基準日が当期に属する配当のうち，配当の効力発生日が翌期となるもの**
　　X08年6月X日開催の定時株主総会において，次のとおり決議している。
　　・普通株式の配当に関する事項
　　　(イ)　配当金の総額‥‥‥‥‥‥‥‥‥‥‥‥‥‥‥‥‥‥　50百万円
　　　(ロ)　配当の原資‥‥‥‥‥‥‥‥‥‥‥‥‥‥‥‥‥‥‥　利益剰余金
　　　(ハ)　1株当たり配当額‥‥‥‥‥‥‥‥‥‥‥‥‥‥‥‥　15円
　　　(ニ)　基準日‥‥‥‥‥‥‥‥‥‥‥‥‥‥‥‥‥‥‥‥　X08年3月31日
　　　(ホ)　効力発生日‥‥‥‥‥‥‥‥‥‥‥‥‥‥‥‥‥‥　X08年7月X日
　　・A種株式の配当に関する事項
　　　(イ)　配当金の総額‥‥‥‥‥‥‥‥‥‥‥‥‥‥‥‥‥‥　100百万円
　　　(ロ)　配当の原資‥‥‥‥‥‥‥‥‥‥‥‥‥‥‥‥‥‥‥　利益剰余金
　　　(ハ)　1株当たり配当額‥‥‥‥‥‥‥‥‥‥‥‥‥‥‥‥　30円
　　　(ニ)　基準日‥‥‥‥‥‥‥‥‥‥‥‥‥‥‥‥‥‥‥‥　X08年3月31日
　　　(ホ)　効力発生日‥‥‥‥‥‥‥‥‥‥‥‥‥‥‥‥‥‥　X08年7月X日

【出典】企業会計基準委員会（ASBJ）：株主資本等変動計算書に関する会計基準の適用指針の注記

ることになり，開示後発事象としての性格を有することになります。決算日を配当基準日とする剰余金の配当を決算日後に決議するような場合が典型例で，旧商法における配当実務を考慮すればこのような決議を行う会社が多いものと考えられます。したがって，このような配当の重要性や税制にも配慮して，配当の効力発生日が決算日後であっても，配当基準日が当期に属する場合には，金額の重要性にかかわらず株主資本等変動計算書の注記事項として取り扱うこととなっています。

③ 株式会社が現物配当を行った場合の会計処理

(1) 現物配当の原則的な会計処理

株式会社が現物配当を行った場合には，配当の効力発生日（会454①三）における配当財産の時価と適正な帳簿価額との差額を配当の効力発生日の属する期の評価損益として配当財産の種類等に応じた表示区分に計上します。その上で，配当財産の評価替後の適正な帳簿価額で，取締役会等の意思決定機関で決議された配当原資に応じて，その他資本剰余金又はその他利益剰余金を減額することになります。これは，金銭以外の財産をもって会社を清算した場合，投資の回収の結果を示すよう分配前に清算損益を計上することが適切であると考えられることから，金銭以外の財産をもって配当した場合には，原則として，分配前に損益を計上し，配当財産の時価をもって，その他資本剰余金又はその他利益剰余金（繰越利益剰余金）を減額することが適切であると考えられるからです。

(2) 現物配当の例外的な会計処理

以下の場合には，簿価で現物の払戻しがあったものとして会計処理を行います。このような簿価による配当の考え方は国際的な会計基準との整合性もとれています。

(a) **分割型の会社分割（按分型）を行う場合**　事業分離日に生じた分割承継会社株式の株式数に応じて比例的に配当する按分型の分割型分割には分割会社自体が単に分かれただけという考え方がこれまで一般的でした。したがって，評価損益を計上しないことが適切であると考えられています。

(b) **保有する子会社株式のすべてを株式数に応じて比例的に配当する場合**
保有している子会社株式のすべての株式数に応じて比例的に配当する場合も(a)

と同様の考え方が可能であり，評価損益を計上しないことが適切であると考えられています。

(c) **企業集団内の企業へ配当する場合** 企業集団内の企業へ配当する場合には，企業結合会計における共通支配下の取引との整合性をとって評価損益を計上しません。

(d) **市場価格がないことなどにより公正な評価額を合理的に算定することが困難と認められる場合** 市場価格がないことなどにより，公正な評価額を合理的に算定することが困難と認められるような場合は，損益を計上しないことが適切だからです。

〔野田　幸嗣〕

Q.5-3-4 剰余金の配当を受け取った側の会計処理

株主がその他資本剰余金から配当を受け取った場合及び現物配当を受け取った場合の会計処理について教えてください。

> **Point**
> ■株主がその他資本剰余金からの配当を受けた場合には，原則として配当受領額を配当の対象となる有価証券の帳簿価額から減額する。
> ■配当で受領する財産が金銭以外である場合は，原則として配当原資にかかわらず株式が実質的に交換されたとして会計処理を行う。

1 その他資本剰余金を原資とする金銭の配当を受けた場合

(1) 配当の対象となる有価証券が売買目的有価証券である場合

配当を受けた株主側では配当の原資にかかわらず配当受領額を受取配当金（売買目的有価証券運用損益）として処理することとしています。売買目的有価証券は期末に時価評価され評価差額が損益計算書に計上されている場合には，配当に伴う価値の低下が期末時価に既に反映されているからです（適用指針第3号4）。

(2) 配当の対象となる有価証券が売買目的有価証券ではない場合

その他資本剰余金は，資本金及び資本準備金の減少により生じた剰余金や自己株式処分差益等から構成されており，その内容は通常，株主からの払込資本といえます。したがって，その他資本剰余金の処分により配当を受けた場合には，基本的には出資の払戻しの性格をもつことから，それらの配当を受けた株主側では配当受領額を有価証券の帳簿価額から減額することとされています（適用指針第3号3）。

(3) (2)の例外処理

本来であれば，配当を受領した側の会計処理は支払側の配当原資によって決まるわけではなく，受け取った金銭が投資成果の受取りか投資の払戻しかで実質的に判断すべきものです。したがって，支払の原資がその他資本剰余金であ

っても配当受領額を収益として計上することが明らかに合理的である場合には受取配当金に計上できます。具体的には、①配当の対象となる時価のある有価証券を時価まで減損処理した期における配当、②配当の対象となる有価証券が優先株式であって、払込額による償還が約定されており一定の時期に償還されることが確実に見込まれる場合の当該優先株式に係る配当が挙げられます。このような処理が認められるのは、①については、売買目的有価証券のケースと同様に配当に伴う有価証券の価値の低下が期末時価に反映されていること、②については、優先株式の中には債券に近い性格をもつものもあり、このような場合には受取利息と同様に収益として計上することが可能と考えられていることが理由です（適用指針第3号5）。

(4) 配当の原資が明らかでない場合の会計処理

　配当の原資が明らかでない場合は、まず受取配当金として処理し、その後、その配当がその他資本剰余金の処分によるものであることが明らかになった時点で修正の処理を行います。配当する会社に資本剰余金と利益剰余金の双方がある場合は、一般に利益剰余金を優先的に配当の原資としていると考えられることと、事務負担への配慮によるものです（適用指針第3号6）。

2 配当財産が金銭以外である場合

　株主が金銭以外の財産の分配を受けた場合は、分配した会社側の原資に従って会計処理を区別する考え方はとっていません。企業結合会計では株主が被結合企業の株式と明らかに異なる資産を対価として受け取る場合には、通常、投資が清算されたとみなされます。金銭以外の財産を配当として受け取った場合には、むしろ交換等の一般的な会計処理の考え方に準じて、会計処理することが適当であるとの理由から、原則として、これまで保有していた株式が実質的に交換されたものとみなして、被結合企業の株主に係る会計処理に準じて行うものとしています（会計基準第7号52）。具体的には、株主が受け取った金銭以外の財産を時価により計上し、その受け取った金銭以外の財産の時価とこれまで保有していた株式のうち分配を受ける直前の株式の帳簿価額を合理的に按分して算定した額との差額を交換損益として認識します。

〔野田　幸嗣〕

Q.5-3-5　剰余金の配当を行った側の税務

剰余金の配当を行った側の税務上の取扱いを教えてください。

> **Point**
> ■剰余金の配当の決議における配当原資に応じて課税関係が整理された。
> ■会社が現物配当を行う場合には，原則として配当財産の譲渡損益を認識することになる。
> ■剰余金の配当等により利益積立金が減額されるのは従来の配当基準日ではなく剰余金の配当等の効力発生日となる。

1　剰余金の配当の課税関係

　旧商法における資本準備金の取崩しによって生じたその他資本剰余金を原資とする配当については，利益処分による配当という行為自体に着目して，その払戻金額の全額を会社側では利益積立金の減少とし，配当受領側では配当課税を行ってきました（法基通3-1-7の5）。

　会社法では，株主総会決議等により期中いつでも剰余金の配当を行うことが可能となり，定時株主総会における利益処分という考え方がなくなりました。税務もこれに合わせる形で，これまでの利益処分という行為に着目した課税関係の分類を改め，その配当原資に着目して課税関係を整理する考え方に変更しています。

　会社が利益剰余金からの配当を行った場合には，配当を行った会社側ではその利益積立金を減額し，法人株主が受け取った利益剰余金からの配当は受取配当金の益金不算入の対象となります（法法23①一）。

　会社が資本剰余金から配当を行った場合には，資本剰余金の配当の直前の資本金等の額に税務上の簿価純資産に占めるその配当財産の価額を資本金等の額から控除し（法令8①十九），資本金等の額から控除しなかった残額を利益積立金から減額します（法令9①五）。資本の払戻しに準じてみなし配当課税（法法24①三）と有価証券の譲渡損益課税（法法61の2①⑫）が行われます。

このように，剰余金の配当を行った場合税務上はその配当原資に応じて課税関係が異なることになります。なお，資本剰余金から配当を行った場合には以下のような計算を行うことになります（法令8①十九，119の9①，23①三）。

設 例

資本剰余金から100の配当を行った場合（直前の資本金等の額200，簿価純資産の額400）。

〔税務仕訳〕

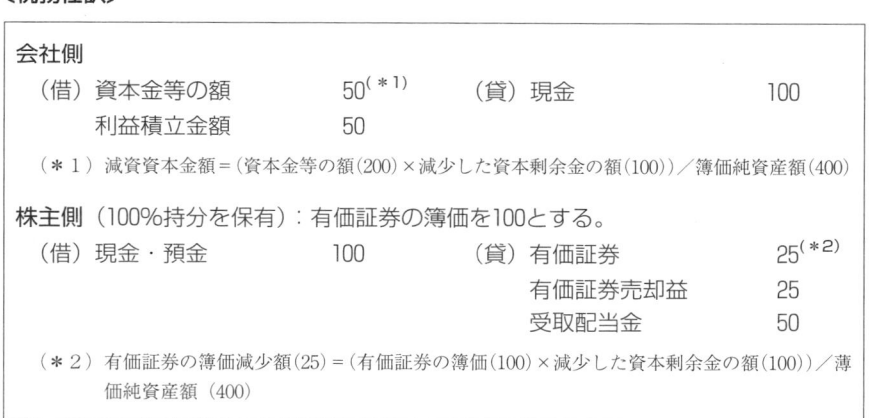

会社側

（借）資本金等の額　　　50 $^{(*1)}$　　　（貸）現金　　　　　　　100
　　　利益積立金額　　　50

（＊1）減資資本金額＝（資本金等の額(200)×減少した資本剰余金の額(100)）／簿価純資産額(400)

株主側（100％持分を保有）：有価証券の簿価を100とする。

（借）現金・預金　　　　100　　　　　　（貸）有価証券　　　　　25 $^{(*2)}$
　　　　　　　　　　　　　　　　　　　　　　有価証券売却益　　　25
　　　　　　　　　　　　　　　　　　　　　　受取配当金　　　　　50

（＊2）有価証券の簿価減少額(25)＝（有価証券の簿価(100)×減少した資本剰余金の額(100)）／簿価純資産額(400)

〔旧商法と会社法の配当の課税関係〕

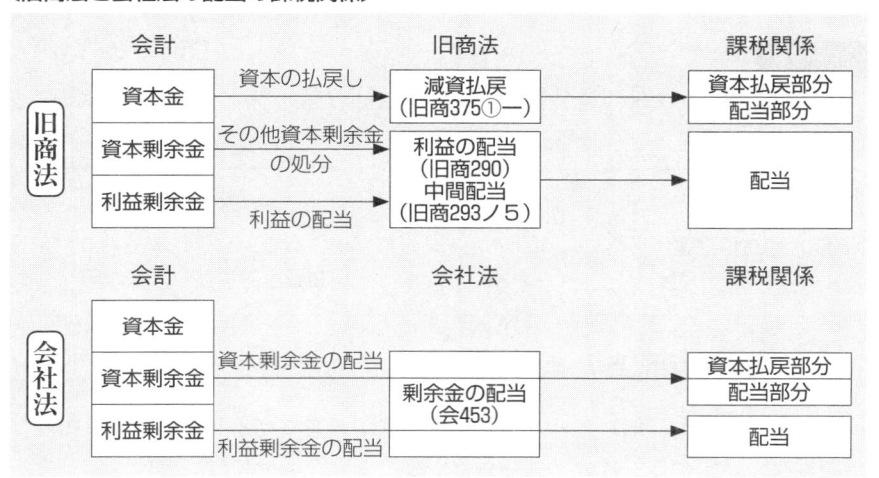

	会計		旧商法	課税関係
旧商法	資本金	資本の払戻し	減資払戻（旧商375①一）	資本払戻部分 / 配当部分
	資本剰余金	その他資本剰余金の処分	利益の配当（旧商290）中間配当（旧商293ノ5）	配当
	利益剰余金	利益の配当		

	会計		会社法	課税関係
会社法	資本金			
	資本剰余金	資本剰余金の配当	剰余金の配当（会453）	資本払戻部分 / 配当部分
	利益剰余金	利益剰余金の配当		配当

2 現物配当を行った場合の税務上の取扱い

現物配当に関する課税の考え方は会計の考え方と異なります。会計処理の場合のように配当財産の評価替えを行った後の時価によって利益配当額とするのではなく、税務上は、その配当の帳簿価額又は取得価額が利益配当額とされます。時価と帳簿価額又は取得価額との差額はその資産の譲渡損益として認識した上で利益の配当がなされたとして処理されることになります。その資産が配当の基準日の属する事業年度終了の日後に取得したものである場合には、その取得価額を利益配当額とします。

会社法では分割型分割は「分社型分割＋子会社株式の現物配当」、もしくは、「分社型分割＋分割承継会社の株式を対価とした全部取得条項付種類株式の取得」として整理されましたが（会758八、760七、763十二、765①八）、税務上は分割型分割の組織再編税制の規定は一部改正がなされた上で残っています（法法2十二の十一、十二）。単なる子会社株式の配当（兄弟会社の形成）については、現状は組織再編税制の対象外となっていますので、原則どおり譲渡損益を認識する必要があります。現物配当を行った法人はその支払に源泉徴収義務が課されますが（所法181）、現物財産による配当を行う場合には、源泉徴収税額相当額の現金配当も同時に決議しなければ、源泉徴収を行えない点に注意する必要があります。

設 例
現物資産の簿価を50、時価を100として利益積立金からの配当を行った場合。
〔税務仕訳〕

会社側			
（借）利益積立金	100	（貸）現物資産	50
		現物資産譲渡益	50

3 剰余金の配当の流出時期

従来は、税務上、配当等による利益積立金が減額される時点について明確な規定はなく、定時株主総会で利益処分が可決された場合には、その基準日であ

る事業年度末で配当が支払われたものとして処理が行われてきました。会社法では，配当は期中いつでも行うことが可能となり自己株式の取得も定時株主総会の決議に限られなくなりました。したがって税務上は，会社法の成立に合わせて，利益積立金を減額するのは配当の基準日ではなく剰余金の配当等の効力が生ずる日とされました（法令9①五）。同様に，現物配当について，その資産の譲渡損益を認識するのは，その剰余金の配当の効力が生ずる日となります。

定時株主総会の配当決議により，その配当額を留保金額から控除していた同族会社の留保金課税は，現在の実務を踏襲できるように，その特定同族会社の課税留保金額の計算において，その配当の基準日の属する事業年度に支払われたものとみなすことになっています（法法67④）。ここで，この規定の対象となる配当は，配当の決議の日がその配当の基準日の属する事業年度終了の日からその配当の基準日の属する事業年度の決算確定日までの期間内であるものとされています。このみなし規定の適用関係について課税当局から指摘を受けないように，株主資本等変動計算書の配当に関する注記において配当基準日及び効力発生日等について適切な開示を行う必要があります。なお，旧商法時代の利益処分による利益積立金の積立てなどについても同様の規定がおかれています。

配当を受領する側の配当の計算期間についても改正が行われています。これまで，受取配当金，所得税額控除等の計算については配当計算期間による判定を行ってきました（旧法法23③，旧法令140の2②）。会社法が成立し，このような配当計算期間が存在しなくなったことから，受取配当金，所得税額控除等の計算について前回の基準日から今回の基準日までの期間による判定に変更されました（法法23③，法令140の2②）。

特定同族会社の留保金課税の計算では，これまでは定時株主総会の配当決議により，その配当額を留保金額から控除してきました。このような現在の実務を踏襲することができるように，一定の配当については特定同族会社の留保金課税の計算においてその配当の基準日の属する事業年度において支払われたものとみなす規定が置かれています（法法67④）。

〔野田　幸嗣〕

第6章

組織再編等

第1節　法　　　務
第2節　会　　　計①──企業結合会計基準
第3節　会　　　計②──事業分離等会計基準
第4節　会　　　計③──ケース別解説
第5節　税　　　務

第1節 法　務

Q.6-1-1　組織再編の法務

組織再編の法務の概要を教えてください。

> **Point**
> ■組織再編のためには，組織再編契約書又は組織再編計画書の作成が必要である。
> ■組織再編契約書又は組織再編計画書には，対価に関する事項など，組織再編の重要事項を規定する。

1　組織再編の種類

　会社法は，組織再編として，①合併，②会社分割，並びに，③株式交換及び株式移転を規定しています。
　合併とは，2つ以上の会社が，契約をもって，合併により解散・消滅する会社（消滅会社）の権利義務の全部を存続会社（吸収合併）又は新設会社（新設合併）に一般承継させる行為です（会2二十七，二十八，748）。
　会社分割とは，会社が，その事業に関して有する権利義務の全部又は一部を，分割後他の会社（承継会社）又は分割により設立する会社（設立会社）に一般承継させる行為です（会2二十九，三十，757）。
　株式交換とは，ある会社（完全子会社となる会社）と，他の会社（完全親会社となる会社）との契約により，完全子会社となる会社の株主の有する発行済株式の全部を完全親会社となる会社に取得させ，これにより完全親子会社関係を創設する行為です（会2三十一，767）。
　株式移転とは，既存の会社（完全子会社となる会社）の株主の有する発行済株式の全部を，新たに設立する他の会社（完全親会社となる会社）に取得させ，これにより完全親子会社関係を創設する行為です（会2三十二，772）。
　すべての組織再編を通じて，権利義務を承継させる会社を「引渡会社」，承

継する会社を「受取会社」と理解するのが，わかりやすい捉え方です（浜田道代「新会社法における組織再編」商事法務1744号42頁）。

2 組織再編の長所・短所

　組織再編は，組織法的な行為であるため，権利義務の移転は一般承継（包括承継）であり，個別の権利移転行為は不要です。この点，取引行為である事業譲渡では，債務引受けのために債権者の個別同意や，また，労働（雇用）契約の承継のために労働者の同意が必要であるなど手続が煩雑です。また，設立した子会社に現物出資する場合には裁判所の選任する検査役による調査が必要ですが（会28一，33，199①三，207），会社分割では不要です。

　他方で，組織再編においては，当事者が認識していない相手方当事者の偶発債務（不法行為債務など）も承継しますので，買収監査（デュー・デリジェンス）が十分でない場合にはリスクがあります。また，まとまりのある事業の一部の権利義務を除外して承継することは，原則としてできません。

3 組織再編契約・組織再編計画の内容

　組織再編には，その内容を定める合併契約等の組織再編契約（合併，株式交換，吸収分割の場合），又は新設分割計画などの組織再編計画（新設分割又は株式移転の場合）の作成が必要です（会748以下，757以下，767以下，772以下）。組織再編契約・組織再編計画には，組織再編後の会社の商号・住所，組織再編の効力発生日のほか，引渡会社の株主又は引渡会社に対して受取会社が交付する対価の内容及び数等を規定します（会749，751，753，755，758，760，763，765，768，770，773）。引渡会社の株主又は引渡会社は，引渡会社の資産及び負債を引き渡し，その対価として株式や金銭等の交付を受けるものと考えられるので，対価に関する規定が最重要です。

　このほか，会社が新設される場合（新設合併，新設分割，及び株式移転）には，発行可能株式総数，会社の定款記載事項及び取締役の定め等も必要です（会753，755，763，765，773）。特に，会社分割では，承継される権利義務の特定が必要かつ重要です（会758二，760二）。

〔南　繁樹〕

Q.6-1-2 組織再編の手続

組織再編の手続について教えてください。

> **Point**
> ■組織再編の種類を問わず共通する手続は，①事前開示，②契約・計画の株主総会における承認の手続，③反対株主の株式買取請求権，④債権者の異議申述手続，及び，⑤事後開示である。

1 組織再編の手続規定

組織再編の手続は，既存の会社同士か，新たに会社が設立されるかで，2グループに分類されています。

(1) 既存の会社同士の組織再編の場合

第1グループは，吸収合併，吸収分割及び株式交換です（会782以下）。これらは，組織再編後に会社が新設されません。会社法は，このグループを「吸収合併等」と称します（会782①）。これは，さらに，2つに分けられます。

第1のまとまりは，吸収合併消滅会社，吸収分割会社，及び株式交換完全子会社で，おおまかにいえば組織再編によって権利義務を移転する側，すなわち，「引渡会社」に関する規定です（Q6-1-1①参照）。

第2のまとまりは，吸収合併存続会社，吸収分割承継会社，及び株式交換完全親会社で，おおまかにいえば組織再編によって権利義務を受け入れる側，すなわち，「受取会社」に関する規定です（Q6-1-1①参照）。

(2) 会社が新たに設立される組織再編の場合

第2グループは，新設合併，新設分割及び株式移転です（会803以下）。これらは組織再編後に会社が新設される場合です。会社法はこのグループを「新設合併等」と称します（会804④）。これは，さらに，2つに分けられます。

第1のまとまりは，新設合併消滅会社，新設分割会社，及び株式移転完全子会社で，おおまかにいえば，会社を新設する組織再編によって権利義務を移転する側，すなわち，「引渡会社」に関する規定です。

第2のまとまりは，新設合併設立会社，新設分割設立会社，及び株式移転設立完全親会社で，おおまかにいえば，会社を新設する組織再編において設立される会社，すなわち，新設される「受取会社」に関する規定です。

2 すべての組織再編に共通する手続

　設立会社等を除くいずれのまとまりにおいても，①事前開示（書面備置・閲覧），②契約・計画の株主総会における承認（あるいは，承認を要しない例外），③反対株主の株式買取請求権，④債権者の異議申述，及び，⑤事後開示（書面備置・閲覧）の手続が規定されています。なお，設立会社等は，事後開示のみが要求されるにすぎません（会815）。

　日程を立てる際は，組織再編の効力発生日を前提に，株主総会の日を踏まえ，招集通知の発送（株主総会の日の2週間前までに発送。会299①），債権者への公告及び各別の催告（効力発生日の1ヵ月以上前に開始。会789，793②，799，802②，810，813②），事前開示（原則として，株主総会の日の2週間前の日から）の日程を決定します（会782②，794②，803②）。また，受取会社が対価（存続会社の株式等）を交付する引渡会社株主を確定する日（通常，効力発生日又はその前日）や，株券発行会社における株券・新株予約権証書の提出期間（1ヵ月）の公告及び通知（会219①六～八，商登80九，81九，会293①三～七，商登80十，81十）を行う日も，重要です。

3 組織再編の種類によって異なる手続

　組織再編の種類によって異なる主要な手続は，以下の3点です。

　第1に，組織再編において消滅する会社の場合，新株予約権買取請求権に関する規定が付加されます（会787，788，808，809）。

　第2に，会社を新設しない組織再編における受取会社においては，三角合併などのために，親会社株式の取得に関する規定があります（会800）。

　第3に，新設分割会社に関し，新設分割設立会社の株式を剰余金の配当等（いわゆるスピン・オフ）として株主に交付する，いわゆる人的分割（分割型分割）については，財源規制が適用されません（会812，763十二，765①）。

〔南　　繁樹〕

Q.6-1-3　M&Aの種類と利用方法

M&Aにはどのような種類があって，どのような場合に利用されますか。

> **Point**
> ■ M&Aには，第三者間の買収とグループ内再編がある。両者の間では，会計や税務において大きな差異がある。
> ■ M&Aには，取引行為によるものと，組織的行為によるものがある。両者の間では，法的手続において大きな差異がある。

1　M&Aの意義

M&Aは，merger and acquisitionを略したもので，合併や買収を意味します。M&Aは多種多様ですが，以下のような視点で整理できます。

2　第三者間の買収とグループ内再編

M&Aには，第三者との間で行われるものと，グループ内で行われるものとがあります。例えば，平成12年に，第一勧業銀行，富士銀行と日本興業銀行が共同株式移転によって，みずほホールディングスを設立し統合したのは，第三者間によるM&Aです。これに対し，平成14年に，持株会社にぶら下がっていた3行を会社分割と合併により，みずほコーポレート銀行とみずほ銀行などに再編成したのは，グループ内再編です。

第三者間の買収とグループ内再編には，以下のような相違があります。

(1) **第三者間の買収**

第三者間の買収では，買収者が被買収会社（対象会社，ターゲット）に対して交付する対価を金銭にするか，株式にするかが問題です。金銭を対価にする場合，上場企業の買収であれば公開買付け（証取27の2以下）によって過半数の株式を買い付けることにより被買収会社の支配権を獲得することが目的となります。非上場企業の買収の場合，多くは過半数を所有しているオーナーからの株式取得となります。さらに，金銭を対価とする場合でも，会社の一部の事業を

買い取る場合や，偶発債務を回避するためには，事業譲渡が考えられます。

これに対し，株式を対価とする場合には，買収会社と対象会社（ターゲット）の間で，合併，吸収分割，株式交換，共同株式移転などの組織再編行為を行うことが考えられます。この場合，買収会社は，対象会社（の事業の一部）を取得し，対象会社の株主（又は対象会社自身）に買収会社株式を交付します。

第三者間の買収では，株式取得の場合には株式の売り手において，事業譲渡の場合には譲渡会社において，実現した含み益への課税が生じます。これらの税コストは，買収金額にも影響します。但し，第三者間の買収でも，組織再編として行う場合等には，被買収会社と，その株主のいずれについての課税も避けることが可能です。しかし，そのためには共同事業を行うための適格組織再編（又は適格現物出資・適格事後設立）に該当しなければなりませんので，適格要件に該当するように慎重な検討が必要です。

第三者間のM&Aにおける連結会計上の扱いについて，金銭を対価とする株式取得による買収は，支配獲得時に資本連結を行い，対象会社（子会社）の資産と負債を時価評価します。対価を株式とする場合には「取得」又は「持分の結合」として取り扱われます。「取得」とされる場合には，連結と同様に，被取得企業（対象会社）の資産・負債を時価評価し，時価評価による評価益は純資産（株主資本）を構成することになります（Q6-2-2参照）。「持分の結合」の場合には，結合する両社の資産・負債は簿価で承継され，純資産の部も両社の純資産の部を単純に足し合わせたものになります（Q6-2-7参照）。

(2) グループ内再編

グループ内再編とは，グループ内においてある会社の事業部門を独立した会社として切り出したり，他の会社の事業部門に統合したりすることです。

グループ内再編では，適格組織再編を利用すれば課税は発生しにくいようになっています。もちろん，具体的な場合に応じて，課税が発生することのないように注意をする必要があります。反面，グループ内再編によってグループ内のある会社の所得と他の会社の損失とを相殺することや，グループ内再編により含み損資産の損失を実現することによる課税所得の圧縮は制限されており，安易な節税は許されません。

会計上は，グループ内再編の場合，共通支配下の取引として取り扱われます

(Q6-2-9参照)。この場合，再編の対象となる会社の資産・負債は簿価で承継されます。グループ内再編の前後によって経済的実態には変化がないので，財務報告の内容も変動がないようにするとの考えによるものです。

3 取引行為と組織的行為

(1) 取引行為

M&Aには，売買，すなわち取引行為として行われるものと，会社法上の組織的行為として行われるものとに分類されます。

取引行為によるM&Aには事業譲渡があります。事業譲渡において，会社が有している資産・負債のすべて，あるいは一事業部門の資産・負債のすべてを売買の対象とする場合には，個々の資産・負債の譲渡とは区別されるM&A取引です。しかし，個々の権利義務の移転の手続は煩雑です。会社法上も，事業譲渡については手続的な規制が設けられています（会467）。また，事業全体を取引の対象とする場合には，会計上，個々の資産の収益力を超えた「のれん」（税務上は，非適格組織再編における資産調整勘定及び差額負債調整勘定，Q6-5-6参照）が計上されます（計規11～29）。

株式譲渡も取引行為です。この場合，企業価値を表章した株式を取引の対象とするので，手続は容易です。但し，対象会社の偶発債務により，株式の価値が買収者の想定する価値を下回るリスクがあります。

会計上は，事業譲渡は，実質に着目して企業結合・分離会計基準の対象となり，第三者間取引か，グループ内再編かで区別されます。

税務上は，事業譲渡は売買であり，原則として，個々の資産・負債の譲渡（損益取引）として処理されます（適格現物出資・適格事後設立の例外があります）。

(2) 組織的行為

これに対し，合併，会社分割や株式交換・株式移転は，会社法に規定された手続に則って行われ，会社全部又は特定の事業に関する権利義務が，相手方の会社（買収者）に一般承継されます。このため，買収者は被買収会社の偶発債務を承継するリスクがあります。これらの組織再編は，会社の基礎的変更であるため，株主総会等の機関決定を要します。株主にとっては投資対象が変貌するため，株式買取請求権が与えられます。債権者にとっては債務者である会社

の責任財産の範囲が変更されるため，債権者を保護するための異議申述手続が設けられています。

　会計上は，企業結合会計基準が適用され，第三者間の場合は「取得」「持分の結合」のいずれかの処理となり，グループ内再編の場合には「共通支配下の取引」として処理されます（**本章第２節**参照）。税務上は，組織再編税制が適用されます。非適格の場合，被合併法人等においては資産・負債の譲渡損益課税，株主にはみなし配当課税及び株式譲渡損益課税が生じます。適格組織再編の場合，いずれも繰り延べられ，当面の課税は回避されます（**本章第３節**参照）。

4　会社全部の買収と一部の買収

　会社全部を対象とする買収の場合，合併や株式交換・株式移転が考えられます。また，株式全部の譲渡や，株式の全部を対象とした公開買付けも，会社全体の支配権獲得を目的としています。また，事業譲渡も会社の事業全部を対象として行うことが可能です（会467①一）。

　これに対し，会社の事業全体の中の一部を対象とする場合には，会社分割や事業譲渡によることになります（会757，763五，765①五，467①二）。

5　統合と支配

　２つの会社が合併する場合や，共同株式移転により持株会社を設立する場合には，「統合」と呼ばれるように，実際上，双方対等の関係を構築しやすいことがあります。特に，共同株式移転は，統合する各会社の独立性が法的にも維持されます。もっとも，合併や共同株式移転であっても，会計上は「持分の結合」として対等の扱いをする場合は限定されています。多くの場合，一方が他方を支配する関係とみなされて「取得」の処理となります。

　これに対し，株式交換による買収の場合，完全親会社・完全子会社関係が構築されるので，支配・被支配の関係が明瞭になるのが通常です。会計上も「取得」の処理となることがほとんどと思われます。金銭による株式取得の場合も，被買収会社が子会社化されることが多いので，支配という色彩が明瞭と思われます。会計上は，親会社支配下にある子会社は連結の対象になります。

〔南　　繁樹〕

Q.6-1-4 ゴーイング・プライベートによるスクィーズ・アウト

ゴーイング・プライベートによるMBOの問題点について教えてください。

> **Point**
> ■ゴーイング・プライベートはMBO（マネジメント・バイアウト）などの手法を用いて非公開化することである。
> ■スクィーズ・アウトされた少数株主の利益を図る必要がある。
> ■金銭交付による株式交換を使ったスクィーズ・アウト策は，税法では非適格組織再編として移転資産に係るキャピタルゲインに課税される。

1 ゴーイング・プライベートとは

(1) ゴーイング・プライベートの意義

株式を株式市場に公開している会社は，有価証券報告書による財務内容の詳細な開示を求められ，必ずしも会社に友好的でない投資家の視線に晒されることが多くなります。その結果，長期的な視点に立った施策が打てずに，近視眼的な施策に走りがちとなり，株式公開は企業運営の障害となると感じる経営者が増えてきました。

ゴーイング・プライベートとは，株式を公開しているこのような企業がMBO（マネジメント・バイアウト）などの手法を用いて非公開企業となることを指します。非公開企業はそのまま事業運営するか，再上場することにより金融投資家の投資回収を図ります。

(2) ゴーイング・プライベートの手法

(a) **株式公開買付けの実施**　上場廃止をしようと目論む会社の経営陣が，金融投資家と共同して自社株式を買収するMBOを実施します。自社の経営陣の100％保有会社あるいは金融投資家の100％保有会社が公開買付者として株式公開買付けを行い，流通している株式の全部の取得を目指します。

(b) **産業活力再生法に基づく金銭交付による株式交換等を使ったフォロー**
流通している株式の全部の取得ができないときに備えて，産業活力再生法（以下，

産活法という）に基づく事業再構築計画又は経営資源再活用計画の認定を受け，金銭交付による株式交換又は合併を行うことにより，流通している株式の全部の取得が未遂に終わったときのフォローを実施します。会社法施行により解禁された組織再編の対価の柔軟化により，産活法に基づく上記計画の認定を受けることなく金銭交付による株式交換又は合併を行うことが可能になりました。

2 ゴーイング・プライベートの事例

ゴーイング・プライベートを実施した事例として，ワールド（平17・7・25公表）とポッカコーポレーション（平17・8・22公表）の2例を**下表**にまとめます。

	ワールド	ポッカコーポレーション
公開買付者	ワールド社長の100％保有会社の100％子会社	金融投資家が組成する運営ファンドの100％保有会社
資本金	1000万円	1000万円
公開買付価格	発表前6ヵ月間の最終売買値段の平均に25.6％のプレミアムを加えた価格	発表前1ヵ月間の最終売買値段の平均に23.7％のプレミアムを加えた価格
買付価格の算定報告	アーンストアンドヤングトランザクションアドバイザリーサービス㈱，デロイトトーマツ FAS ㈱	中央青山監査法人
産活法に基づく事業再構築計画又は経営資源再活用計画の認定	金銭交付による簡易株式交換，合併を使った全株式取得	金銭交付による簡易株式交換，合併を使った全株式取得
産活法の利用が困難な場合のフォロー	—	株式移転による株式取得
会社と株式の公開買付者との合併	公開買付者を存続会社として合併の可能性あり	株式移転により株式取得した場合には，新会社を存続会社として合併の可能性あり
公開買付開始公告日	平成17年7月27日	平成17年8月23日
公開買付期間	平成17年7月27日～9月1日	平成17年8月23日～9月20日

3 ゴーイング・プライベートによるスクィーズ・アウト策の問題点

(1) 法務上の問題点

　ゴーイング・プライベートの実施により，自らの上場企業を非公開化したい経営者は金融投資家の資金を得てファンドを組成し，市場に流通している株式をMBOなどの手法を用いて買い取ります。金融投資家による投資の出口戦略としては，再上場によるキャピタルゲイン取得が考えられます。

　出口戦略とは，投下資金の回収策を指します。

　再上場による投資の出口戦略を考えているのであれば，経営者が保有する株式についても再上場の際に多大なキャピタルゲインが発生する可能性があります。ゴーイング・プライベートの実施により経営者に巨額のキャピタルゲインの発生が予想されるということは，公正な価格に比して対価が低過ぎることが考えられます（Q6-1-6参照）。これに対して，株主は，株式買取請求権の行使，あるいは特別利害関係人の議決権行使による著しく不当な決議がなされたとして取消を求めること（会831①三），略式組織再編であれば差止請求（会784②二）で対抗することなどが考えられます。

(2) 税務上の問題点

　ゴーイング・プライベートの実施に際して，税制適格要件を満たした組織再編は適格組織再編として移転資産に係るキャピタルゲイン課税を繰り延べることが認められ，それ以外は非適格組織再編として移転資産に係るキャピタルゲインを認識することとされています。

　少数株主から株式を取得する際には，金銭交付による株式交換又は合併を行いますが，この場合の株式交換又は合併は，組織再編の対価として合併法人等の株式以外の資産が交付されるので非適格組織再編として移転資産に係るキャピタルゲインを認識することになります。ゴーイング・プライベートの対象となる会社に含み資産が多ければ，組織再編に伴う課税は多大なものとなります。

〔平野　敦士〕

Q.6-1-5 キャッシュ・アウト・マージャー

会社法において新設されたキャッシュ・アウト・マージャーについて教えてください。

> **Point**
> ■キャッシュ・アウト・マージャーとは，合併消滅会社の株主に対して金銭のみを交付する合併のことをいう。
> ■キャッシュ・アウト・マージャーでは，少数株主の承諾なしに株主総会の特別決議でその少数株主を追い出すことができる。
> ■キャッシュ・アウト・マージャーは非適格合併である。
> ■キャッシュ・アウト・マージャーでは，反対株主の株式買取請求の手続に留意する必要がある。

1 キャッシュ・アウト・マージャーの意義

キャッシュ・アウト・マージャーとは，合併消滅会社の株主に対して合併の対価として金銭のみを交付する合併のことをいいます。旧商法においては，合併の対価として合併存続会社の株式を交付することを原則とし，例外として合併消滅会社の最終事業年度における配当金に相当する合併交付金や合併比率の調整金を交付できるにすぎませんでした。

会社法においては，吸収合併について合併対価の柔軟化が図られ，合併消滅会社の株主に対して合併存続会社の株式以外の資産の交付が認められ，合併の対価として金銭のみを交付することが認められるようになりました（会749①二ホ）。

なお，新設合併においては消滅会社の株主に対して合併の対価として交付できるモノは，吸収合併の場合と異なり，社債又は新株予約権を指す「社債等」が認められるにすぎず，金銭の交付による合併が認められているわけではないことに注意する必要があります（会753①六，八）。

2 キャッシュ・アウト・マージャーの効果

1で説明したように、キャッシュ・アウト・マージャーは吸収合併に限定されます。このことから、キャッシュ・アウト・マージャーでは、次のような効果が生じます。

(1) 合併当事会社の一部の解散・消滅

合併により、合併当事会社のうち吸収合併存続会社を除く会社が解散します。合併においては一般の解散の場合と異なり清算手続はとられず、吸収合併存続会社における合併の登記により合併の効力が生じます（会749①六、751①七）。

(2) 吸収合併消滅会社の株主に対する金銭の交付及び吸収合併消滅会社の株主の権利消滅

合併により、合併契約書（会749①二ホ、751①三ロ、四）に従い、吸収合併消滅会社の株主に対し、合併の対価として金銭のみが交付されます。金銭のみが交付されると吸収合併消滅会社の株主は株主としての権利を失います。吸収合併消滅会社の株主の中に排除したい株主が存するとき、合併に乗じて当該株主を排除することもこのスキームでは可能です。

(3) 吸収合併存続会社による吸収合併消滅会社の権利義務の承継

合併により吸収合併存続会社は、吸収合併消滅会社の権利義務を承継します（会750①、752①）。

3 キャッシュ・アウト・マージャーの法的手続

(1) 合併契約書の作成

合併にあたっては、合併契約書を作成する必要があります（会749、751）。キャッシュ・アウト・マージャーの合併契約書の法定の記載事項は、図表1のとおりです。

(2) 開示書面の作成

(1)で作成した合併契約書及び会社法施行規則182条～184条に規定する事前開示書面は、原則として株主総会の2週間前の日から合併の効力発生日の6ヵ月経過する日までの間、本店に備え置き、株主や債権者の閲覧・謄写に応じなければなりません（会782、794）。会社法施行規則182条～184条に規定する事前開示書面では、吸収合併の対価の相当性と、吸収合併の対価が金銭である旨等の

図表1　合併契約書の法定記載事項

法定の記載事項	根拠条文
商号及び住所	会749①一
交付する金銭の額・その算定方法	会749①二ホ
吸収合併消滅株式会社の株主又は吸収合併消滅持分会社の社員に対する金銭の割当てに関する事項	会749①三
消滅会社が新株予約権を発行している場合の交付金銭の額又はその算定方法	会749①四ハ
上記，消滅会社が新株予約権を発行している場合の吸収合併存続株式会社の新株予約権又は金銭の割当てに関する事項	会749①五
吸収合併の効力発生日	会749①六
吸収合併消滅株式会社が種類株式発行会社であるときにおける，種類株式ごとの異なる取扱い	会749②

開示が求められます。

(3) 株主総会の承認

　吸収合併存続会社及び吸収合併消滅会社は，それぞれ合併の効力発生日の前日までに合併契約書について，原則として株主総会の特別決議（会309②十二）による承認を受けなければなりません（会783①，795①）。持分会社の場合は，総社員の同意が必要です（会793①，802①）。

　存続会社の取締役は，合併差損が生じるなど一定の場合には株主総会においてその旨，説明する必要があります（会795）。

　なお，特別支配会社との合併の場合には，略式組織再編に該当し株主総会の承認決議が不要とされます（会784①本文）。特別支配会社とは，ある株式会社の議決権の90％以上を支配している親会社をいいます（会468①）。

　反対に，存続会社が消滅会社の株主に交付する合併対価が存続会社の純資産の5分の1以下の簡易組織再編の場合において，存続会社での株主総会決議が不要とされます（会796③本文）。旧商法下での簡易組織再編は5％基準であったのが，大幅に要件が緩和されました（旧商413ノ3）。

(4) 反対株主の株式買取請求権

　反対株主が株式買取請求権を行使しようとするときは，効力発生日（会749①六，751①七）の20日前から起算して効力発生日の前日までに行使しなければなりません。そのため，合併存続会社は株主に対し，効力発生の20日前までに吸収合併をする旨，相手方となる会社の商号及び住所を通知する必要があります（会785③⑤，797③⑤）。但し，吸収合併存続会社が公開会社である場合や株主総会で承認を得た場合には，株主への通知に代えて公告によることができます（会785④，797④）。

　詳しい解説は，Ｑ１-１-８を参照ください。

(5) 新株予約権買取請求権

　合併消滅会社が新株予約権を発行している場合には，新株予約権者に新株予約権買取請求権が認められます（会787）。合併消滅会社が発行している新株予約権は合併の効力発生により消滅することから（会750④），新株予約権者にその対価として，合併存続会社の新株予約権又は金銭を交付することとしました（会749①五）。この対価の定めに不服のある新株予約権者に対し，新株予約権の経済価値を保障するため，公正な価格による買取請求を認めました（会社法で新設規定）。

(6) 合併に反対の会社債権者の異議申述

　吸収合併に反対の債権者には合併に反対の異議申述権が認められている関係で（会789①，793②，799①，802②），吸収合併存続会社は吸収合併をする旨，相手方の商号及び住所，会社法施行規則188条に掲げる事項，異議を述べることができる期間などを官報公告し，かつ，知れたる債権者には個別催告をしなければなりません（会789②，799②）。但し，一定の場合には知れたる債権者に対する個別催告を省略することができます（会789③，799③）。

(7) 合併の効力発生

　合併の効力発生日に合併の効果が生じます（会749①六，751①七）。合併の効果については，先に説明した2「キャッシュ・アウト・マージャーの効果」の項を参照してください。吸収合併の効力発生日から２週間以内に本店所在地で吸収合併消滅会社は解散登記を，吸収合併存続会社は変更登記をそれぞれ行う必要があります（会921）。

(8) **合併無効の訴え**

会社法では合併の効力発生日後6ヵ月を経過する日までは，株主・持分会社の社員・破産管財人・合併を承認しなかった債権者に合併無効の訴えの提起権が認められています（会828）。

(9) **施行時期**

なお，合併対価の柔軟化の規定に関する部分の施行は，会社法の他の部分の施行時期よりも1年遅れ，平成19年5月1日からとなります（会附則4）。

4 キャッシュ・アウト・マージャーの税務（Q6-5-6参照）

キャッシュ・アウト・マージャーでは，合併消滅会社の株主に対して金銭のみを交付するので適格合併に関する対価要件を満たさず，非適格合併となります（法法2十二の八）。

したがって，吸収合併存続法人では合併に際し受け入れた資産を時価にて受け入れ，吸収合併存続法人では時価で資産を移転したものとして移転資産に係るキャピタルゲイン課税がなされます。他方，消滅法人の株主に対しては，みなし配当課税されます（所法25①一，法法24①一）。

〔平野　敦士〕

Q.6-1-6　少数株主排除(スクィーズ・アウト)に関する法的問題点

現金合併（キャッシュ・アウト・マージャー）等の手法で少数株主を排除すること（スクィーズ・アウト）に法的問題はありませんか。

> **Point**
> ■現金合併により少数株主を排除した場合，著しく不当な決議として，株主総会が取り消されるリスクがある。
> ■但し，会社法で対価の柔軟化が認められた以上，著しく不当と判断される場合は限定される。

1　問題の所在

　会社法により，合併等の組織再編において消滅会社等（合併における消滅会社，会社分割における分割会社，株式交換における完全子会社）の株主に対して交付する対価が，存続会社等（合併における存続会社，会社分割における承継会社，株式交換における完全親会社）の株式のみならず，現金とすることが可能となりました（会749①二ホ，751①三ロ，758四ホ，760五ロ，768①二ホ，770①三ロ）。これにより，存続会社等から消滅会社等の株主に対して現金を対価として交付する合併又は株式交換等により，消滅会社等の少数株主を排除することが可能となりました。特に，現金を対価とする合併をキャッシュ・アウト・マージャーといいます（以下では，合併を前提に論じます）。米国では，少数株主の排除を，「絞り出す」ことに着目して，スクィーズ・アウトと称します。例えば，上場会社の買収や，いわゆるゴーイング・プライベート（非公開化）においては，株式市場において流通している株式を公開買付け（証取27の2）によって買い集めますが，5～10％程度の株式は残るのが通常です。対象会社を完全子会社化する際には，残留した少数株主を排除することが必要になります。

　しかし，本来，株式は株主が所有する財産であり，株主は株式を現金化せずに保有し続ける自由を有しているはずです。そこで，対価を支払うとしても，株主の意思に反して株式の所有権を奪うことが許されるかが問題になります。

2 株主総会の決議取消し

　合併に際しては，存続会社と消滅会社との間で合併契約を締結し，当該合併契約を存続会社及び消滅会社の双方の株主総会において特別決議をもって承認することが必要です（会783①，795①，309②十二）。かかる消滅会社の株主総会において，大株主である存続会社が当該合併に賛成する旨の議決権を行使することとなりますが，かかる合併により消滅会社の少数株主を排除することになるので，存続会社による議決権の行使が「特別の利害関係を有する者が議決権を行使したことによって，著しく不当な決議がされた」として，株主総会決議の取消事由（会831①三）となるかが問題となります。

3 従来の議論

(1) 株式併合

　株式併合（会180①）につき，学説上，株式併合が，少数株主への株式の割当てを1株未満の端数にすること（会235①）により少数株主を会社経営から追い出す目的で利用され，多数派の賛成によりその特別決議が成立した場合は，上記取消事由に該当すると解されています（江頭憲治郎「株式会社法」（有斐閣，2006年）262頁，前田庸「会社法入門〔第11版〕」（有斐閣，2006年）122頁（会社法第831条第1項第3号の類推適用），商法における株式併合に関する原田晃治ほか「株式制度の見直しに係る平成13年改正商法の解説」商事法務1608号（旧商法247条第1項第3号の類推適用））。上記学説は，極端な併合比率により大株主以外の大部分の株主が端数（会社法制定前は端株）となってしまう点を捉えて多数決の濫用であると考え，そのような決議は取消事由となりうると解していたものと思われます。

(2) 清算型・端数処理型の組織再編

　株式併合のほか少数株主排除の手法として，対価の柔軟化に関する規定の施行（平成19年5月1日に施行が予定されています（会附則4））前においては，大別して「清算型」と「端数処理型」といわれる手法が利用されてきました。

　(a) 清算型　「清算型」では，対象会社が株式移転を行うことにより，少数株主を新設された完全親会社の株主にした上で，完全親会社の唯一の資産である対象会社の全株式を売却して現金化し，完全親会社を解散してその株主

（少数株主を含む）に現金を交付することで少数株主を排除します。この例として，ジョンソンコントロールズによる池田物産の買収，コンパスグループによる西洋フードシステムの買収，アボットによる北陸製薬の買収があります（松古樹美「最近の組織再編の潮流にみるM＆A関連法制の現状と課題〔下〕」商事法務1653号19頁）。

　（b）　端数処理型　「端数処理型」では，公開買付者と対象会社が合併又は株式交換を行います。その際，少数株主に割り当てられる株式が1株に満たないような端数となるような合併比率又は株式交換比率を定めます。例えば，公開買付後の残留株主のうち，買収者（大株主）以外で最多数の株式を有する者の保有株数が1,000株であった場合，消滅会社株式1,001株に存続会社株式1株を割り当てる株式交換を行えば，少数株主の保有株式はすべて1株未満の端数となります。その結果，当該端数の合計数に相当する数の株式は競売（又はこれに代えて裁判所の許可を得て行う競売以外の方法によって売却）され，端数に応じて少数株主に競売（又は任意売却）により得られた代金が交付されます（会234①七，②～⑤）。なお，裁判所の許可による任意売却の場合，会社（完全親会社）が，売却する株式の全部又は一部を買い取ることができます（同④）。この例として，スクェア・エニックス（SWEX）が，公開買付けによりタイトーの普通株式の93.7％の株式を取得した後，タイトーの普通株式1株につきSWEXの普通株式0.00004株（タイトーの普通株式25,000株につきSWEXの普通株式1株）を割り当てる合併（合併期日平成18年3月31日）を行った事例があります。

(3)　適法性の判断基準

　このような手法による少数株主排除につき，以下の要素が適法性の判断の基礎になるといわれてきました（藤縄憲一「企業再編における実務上の課題と取組み〔下〕」商事法務1656号83頁，武井一浩「子会社公開・非公開化戦略と法的諸問題」判タ1122号53頁）。

　（a）　大株主の議決権比率
　（b）　正当な事業目的がある完全子会社化といえるか
　（c）　正当な対価が支払われているか
　（d）　支配株式を取得する過程・手続が正当であったか
　（e）　少数株主に対する十分な情報開示

　以下，上記(a)～(e)の各要素を，検討します。

(a) **議決権比率**　実務的には，従前から上場会社においては議決権比率が90％以上である場合，商法上利用可能な手段を組み合わせて少数株主を排除することは，少数株主が保有する株式について適正な対価が支払われる機会が与えられている限り，株主権の濫用とはならないとの見解が主張されていました（藤縄・前掲83頁）。上記論文は，「少数株主排除が行われた過去の例では，特定株主の議決権比率が90％以上である場合が多く，90％まで集めればまず安心という感覚が存在しているようである」とし，以下の理由を指摘しています。

① 90％もの株式を集めた事実から買付価格の妥当性を説明しやすいこと。
② 特別決議の3分の2の，残りの3分の1の3分の2が88.89％であるから，90％を取っておけばもうよいのではないかという感覚論。
③ 特定株主が90％の株式を取得した場合には，上場廃止となることから，現金化の道を失った株主に現金を配る手段として少数株主排除を行うことの説明がしやすいこと。
④ 少数株主排除を明文で認めている諸国においては概ね90％以上の賛成が必要とされていること。

この見解は，実務上も支持されており，少数株主排除の事例では，多くが90％以上の議決権を取得した後に行われています。

(b) **正当な事業目的**　少数株主排除の目的で組織再編を行う場合においては，正当な事業目的を必要とする見解が多数です（藤縄憲一＝田中信隆「新会社法の実務上の要点(7)組織再編行為」商事法務1724号18頁，弥永真生『『会社法の現代化』で変わるM&A実務」ビジネス法務2004年8月号31頁）。

上場していると，迅速な意思決定ができず，また，新製品の開発や財務情報など競合他社との競争上知られたくない情報の開示が要求されます（有価証券報告書（証取24①），半期報告書（同24の5①），臨時報告書（同④），適時開示（東京証券取引所適時開示規則等））。また，短期的な成長を要求されることから，長期的成長のための研究開発投資が難しくなることもありえます。これらを避けるために非公開化により上場廃止することは，正当な目的があると解されます。

さらに，主要株主等（大株主上位10名，役員及び自己株式）の持株比率が上場廃止基準に抵触するようなレベル（90％超）に達している場合（東京証券取引所・株券上場廃止基準第2条(2)a(b)等）には，証券取引法の継続開示義務の負担（株主が25

名未満にならないと中断されません（証取24①ただし書，証取令4②三，開示府令16②））や株主総会の運営コスト（株主総会招集通知の発送，株主総会運営）等を免れるために少数株主を完全に排除することには正当な目的があるといえます（藤縄＝田中・前掲18頁）。

　（c）　**公正な対価**　　組織再編行為においては「公正な」対価が要求されています（株式買取請求権に関する会社法785条1項参照）。当初の公開買付けにおいて公正な対価が交付されることは，後の少数株主排除のために合併に関し取消事由が生じるリスクを回避するために必要と解されます。なぜならば，将来の上場廃止及び少数株主排除が想定される公開買付けの場合，事実上公開買付けに応じなければその後の処分が困難になることが想定されるので，株主は応募を迫られるといえ，自由意思に基づく通常の売買とは同一には論じられず，当初から公正な対価の提供が必要であると解されるからです。

　なお，税との関係につき，締め出される株主の不利益（課税が前倒しになる，処分益と他の損失との相殺をはかれるタイミングで売却することを不可能にするなど）を考慮に入れたプレミアムが提供されなくてよいのか，という点について問題を提起する見解もあります（弥永・前掲32頁）。

　（d）　**支配株式取得の過程・手続の正当性**　　株主総会における多数決の濫用については，支配株式取得の過程・手続の正当性も考慮要素となります。この点，支配株式取得のため公開買付けをする場合には，それが強圧的なものでないか（株主の選択の自由を奪うものとなっていないか）という点に留意する必要があります。

　この点，公開買付けにあたっては，公開買付届出書の「買付け等の目的」欄において，（応募株券が買付予定数以上である限り）予定株式数を超過して応募された株券もすべて買い付けるものとした上で，公開買付後に少数株主排除を予定している旨を記載し，その際の対価の内容（金銭）及び価額（金額）も記載するときには，株主に買付価格が公正かどうかに基づく判断の機会を与えることになるので，いわゆる強圧的二段階買収との批判は回避することができると思われます。

　（e）　**少数株主に対する十分な情報開示**　　公開買付届出書の記載があるとしても，買収者（特に，経営陣が買付人となるマネジメント・バイアウト（MBO）の場合）

と少数株主とは大きな情報格差があることからすれば，十分な情報開示に留意する必要があります。

この点，証券取引法改正により，公開買付届出書における開示がより詳細に要求されることになりました（平成18年12月13日施行）。例えば，公開買付けを実施した後の経営方針・株主としての行動方針等（株券等の追加取得の予定の有無，上場廃止となる見込みの有無等を含む）について，より具体的な記載が求められています（開示府令第2号様式・記載上の注意(5)(6)）。特に，MBO及び親会社による子会社株式の公開買付けについては，経営陣等が買付者となり，株主との関係において経営陣等の利益相反が問題となることがあり得ることから，買付価格の算定に際し，評価書，意見書その他これに類するものを第三者から取得し，それを参考として価格の算定をしている場合には，公開買付届出書に当該評価書又は意見書等の写しの添付を求めることとされました（開示府令13①八）。

これらによって株主に対して公開買付に応じるか否かの選択を適切に与えたものと評価される限り，手続の公正さは担保されるといえます。

(4) 適法性についてのまとめ

上記(a)～(e)の要件が充足される場合には，多数決の濫用とみなされる可能性を小さくすることが可能です。

4 産業活力再生法による少数株主排除

産業活力再生法（以下，産活法という）が導入された後は，少数株主排除は同法12条の9第1項に基づく現金合併又は現金株式交換が多く利用されてきました。ワールド，ポッカ及びすかいらーくの非公開化（ゴーイング・プライベート）によるMBOは，いずれも同法を利用しています（Q6-1-4参照）。同条は，会社法の施行後も，対価の柔軟化に関する規定が施行（平成19年5月1日予定）されるまでは効力を有します（整備法450⑦，449）。

産活法に基づく少数株主排除についても上記のような株主総会決議取消しのリスクは存在します。しかし，産活法では法律の明文により現金交付による合併等が認められている以上，同法に定める手続，すなわち，「事業再構築計画」，「共同事業再編計画」又は「経営資源再活用計画」について主務大臣による認定（産活法3，5，6），及び現金交付による合併に関する主務大臣の認定（産活

法12の9）を経た場合には，現金合併について法律が正当性を付与していると解されます。さらに，立法担当者の解説において支配株主の優越的地位の濫用であることが明らかである場合には主務大臣の認定が行われない可能性がある旨が明示されており（若月一泰「産業活力再生法の改正の概要」商事法務1661号9頁），主務大臣による認定自体が取引の正当性を支える一要素となり得る旨が指摘されています（内間裕ほか「ゴーイング・プライベートの法的手法と留意点」商事法務1675号88頁）。

5 会社法における少数株主排除の方法

　会社法においては，金銭を対価とする組織再編によって少数株主排除をはかることが可能となりましたが，金銭を対価とする再編は，税務上は非適格として譲渡損益課税又は時価評価課税を生じます。これを避けるために，上述した清算型・端数処理型も，活用の余地が残っています。また，全部取得条項付種類株式を活用する方法もあります（Q6-5-7参照）。

6 会社法におけるキャッシュ・アウト・マージャーの適法性

　では，対価の柔軟化が認められた会社法において，現金交付合併等の手法によって少数株主を排除する場合に法的リスクはないでしょうか。

(1) 存続会社が対象会社の議決権の90％以上を取得している場合

　この場合には，上述のとおり，旧商法時代でも株主権の濫用とは評価されにくいと考えられてきました。現金交付合併が正面から認められた会社法においては，いっそう強く，少数株主排除も適法と推定されるものと考えられます。

　手続的にも，存続会社が消滅会社の総株主の議決権の90％（定款で加重が可能です）以上を直接又は間接に所有している場合には，存続会社は消滅会社の「特別支配会社」とされ（会468①，会規136），略式組織再編が利用できることから，被支配会社である消滅会社においては株主総会による承認が省略できます（会784①）。したがって，株主総会決議取消の訴え（会831①三）を提起することが制度上不可能となっています。

　その代わりとして，少数株主には合併に対する差止請求権が認められています。その要件は，①当該合併が法令もしくは定款に違反する場合，又は②当該

合併の対価の定め方が合併の当事者である各会社の財産の状況その他の事情に照らして著しく不当である場合のいずれかであって、消滅会社の株主が不利益を受けるおそれがあるとき、とされています（会784②）。また、株式買取請求権も認められています（会785①, ②二）。

(2) 存続会社が対象会社の議決権の90％以上を取得していない場合

　この場合でも、議決権の3分の2を取得していれば、会社法の文言上は合併契約の承認の特別決議により少数株主排除が可能です。このとき、消滅会社の株主総会決議が著しく不当な決議であるとして取り消されうるでしょうか。

　やはり現金交付合併が明文上認められている以上、「著しく不当」と判断することには慎重でなければならないものと解されます（江頭・前掲786頁）。特に、反対株主には株式買取請求権という救済が与えられることからも（会785①, ②一）、そのようにいえます。但し、この点「上場廃止基準に抵触する可能性が低い状態であって、市場での株式の取引も活発であり株式にそれなりの流動性が認められる場合には、不当との評価を受ける可能性が残る」との指摘があります（長島・大野・常松法律事務所編「アドバンス新会社法〔第2版〕」（商事法務、2006年）776頁）。株式の流動性に関しては、東京証券取引所では、主要株主等（大株主上位10名、役員及び自己株式）の持株比率が75％超となる場合には、1年間の猶予期間を経て上場廃止になります（東京証券取引所・株券上場廃止基準第2条(2)a(a)等）。会社法においては、従来の実務における90％基準に拘泥する必要はなくなるとしても、買付けに応じた株主の数が例えば70％程度に過ぎないなど、比較的少ない場合には、買付価格の公正さに疑問が生じ、また、市場での流通に対する株主の期待が高いと認められます。したがって、現金合併が正面から認められたとはいえ、上場廃止基準への抵触の有無や実際の取引高、その他上述の(b)〜(e)に関する事情を慎重に考慮することは、なお必要と思われます。

〔南　繁樹〕

Q.6-1-7　三角合併の法的問題点

三角合併についての法的問題点について教えてください。

> **Point**
> ■三角合併についての決議要件は法務省令で定められるが，未定である。特別決議に加えて，外国親会社の株式を対価とする場合には，株主数で半数以上の賛成を要求すべきであるとの案が出されている。
> ■外国親会社の株式を対価とする場合には，日本の株主に対する開示の必要性が問題となる。

1　三角合併の意義

　会社法の制定に際し，対価の柔軟化が1つの目玉とされました。対価の柔軟化とは，合併においては，存続会社から消滅会社の株主に対して交付される対価が存続会社の株式に限られず，金銭や社債など柔軟に選択できるものとされたことをいいます（会749①二ホ，751①三ロ）。対価の柔軟化には，2つの主要な利用方法があります。1つは現金交付合併（キャッシュ・アウト・マージャー）による少数株主の締め出し（スクィーズ・アウト）です（Q6-1-4，6-1-5，6-1-6参照）。もう1つが三角合併です。

　三角合併とは，買収者が子会社を設立し，その子会社が親会社である買収者の株式を対価として被買収会社（以下，対象会社という）と合併するものです。この場合，買収者は現金の代わりに自社の株式を発行すればよいので，現金流出が避けられます。このため，株式時価総額の大きい欧米企業が技術や市場を得るために日本企業を買収することが容易になります。それゆえ，対価の柔軟化により外資系企業による日本企業の買収が促進されるとの懸念が経済界や政界に広がり，対価の柔軟化の部分の施行は1年延期され（会附則4），平成19年5月1日施行となりました。

2 三角合併に関する法整備の現状

(1) 外国法人が親会社である三角合併の決議要件

　三角合併については，その決議要件が本稿執筆時点（平成18年12月31日）において，未だに定まっていません。吸収合併については，存続会社及び消滅会社の双方において出席株主の議決権の3分の2以上の賛成による特別決議が要求されているところ（会783①，795①，309②十二），外国法人である親会社株式を対価とする場合には，さらに，株主数において半数以上の賛成を要求すべきとする議論があるからです。すなわち，会社法施行規則186条を改正して，同条に規定される会社法783条3項の「譲渡制限株式等」に外国法人である親会社株式を含めるものとし，その結果，会社法309条3項2号の特殊決議を必要とするものです。「株主数の半数以上」の要件は厳しく，外国企業による日本企業買収のために三角合併を用いることは事実上不可能となります。この点に関し，米国・欧州の政府・産業界からの反発が報道されています（日本経済新聞平成18年10月29日号朝刊参照）。

(2) 外国法人が親会社である三角合併における株主による売却機会

　外国法人である親会社の株式を対価とする三角合併において，存続会社の株主に外国法人である親会社の株式を交付した場合，存続会社株主はいきなり外国会社の株主となるため，売却機会の確保が問題となります。実際には外国証券取引所において上場している会社の場合がほとんどと思われますが，言語も手続も異なるので，慣れない株主が多いものと思われます。

　なお，将来，その株式を譲渡した場合の譲渡所得についても，現行法を前提とする限り，個人の場合の申告不要制度（証券会社に特定口座を設定し，納税者が源泉徴収の選択をした場合，証券会社による源泉徴収によって納税が完了し，申告を不要とする制度。措置法37の11の3～37の11の5）は利用できます（措置法37の11①，措置令25の9①二）。また，上場されている外国法人の株式（外国有価証券市場において売買されている株式等）についても分離課税（所得税15％・地方税5％）の対象となり（措置法37の10①②，地法附則35の2①⑨（平成19年4月1日以降は⑥）），平成19年12月31日（平成20年12月31日まで延長予定）までに譲渡した上場株式等の場合の軽減税率（所得税7％・住民税3％）は適用されます（措置法37の11①，地法附則35の2の3①④）。

(3) 外国法人が親会社である三角合併における開示

　消滅会社の株主は、外国法人である親会社の株主となることから、外国語の開示書類を受け取ることになります。言語の問題に加え会計基準が異なることから、適切な投資判断が可能か問題があります。このような懸念から、国内において上場した場合に限り、特別決議のみでの三角合併を認めるとの案も出されているようです（前掲日本経済新聞参照）。この点に関連し、米国預託証券（ADR）にならい、日本市場でも外国会社の預託証券の上場制度を導入しようとの声もあるようです。

　国内上場が義務づけられない場合であっても、その外国親会社の株式が居住者である株主に割り当てられることから、開示の必要性が問題です。この点、親会社株式の割当時点における開示については、外国法人である親会社の株式の消滅会社株主に対する交付が、証券取引法上の「募集」又は「売出し」に該当するとして、有価証券届出書の提出が必要であるかが問題となります（証取2③④）。この点、現行法では、「合併、株式交換又は株式移転により株式を発行する場合」には「募集」に該当しないとされており（企業内容開示ガイドライン2-4④）、これに準じて、三角合併の場合にも「募集」又は「売出し」には該当せず、有価証券届出書の提出は不要であるとする見解が有力です（藤縄憲一＝田中信隆「新会社法の実務上の要点(7)組織再編行為」商事法務1724号26頁、大石篤史「三角合併を利用したクロスボーダーのM&A―税制の課題を中心に―」（租税研究2006年6月号98頁））。なお、有価証券通知書の提出は必要です（開示府令6）。

　また、株式の流通市場に関する継続開示については、株主が500名以上であれば有価証券報告書・半期報告書等の開示義務が課せられるところ（証取24①四、証取令3の6②）、この義務は外国会社の発行する株式には適用されません（証取令3の4）。したがって、外国会社が、日本の会社との間で三角合併を行った場合、直ちには日本法に基づく開示は要求されないことになります。もちろん、その外国会社の設立準拠法である会社法による開示のほか、その外国会社の株式が上場されている国の証券取引法に基づく開示につき、インターネットによるアクセスが可能な場合もあると思われます。例えば、米国の証券市場に上場した会社については、「エドガー」という開示システムにおいて提出された書類を閲覧することが可能です（http://www.sec.gov/edgar.shtml）。

もっとも，米国の証券取引法上は，「募集」(offer) に関してSEC（証券及び取引所委員会）への登録が義務づけられており，合併などによる株式の交付も「募集」に該当するものとされています（米国1933年証券法第5条・規則145）。この登録義務は，外国会社であっても米国株主（U. S. holder）が（10％超の株主を除いた）総株主の10％以下でない限り免除されません（同規則802）。これにならえば，外国会社であっても，一定数ないし一定割合の株主が日本の居住者である場合には，日本の証券取引法に基づく継続開示義務を課すことが考えられます（以上に関し，藤縄ほか・前掲26頁参照）。

　このほか，合併の手続における会社法上の開示として，親会社に関する情報をどの程度開示させるべきかが問題となります（田中信隆「持株会社の再編に活かす『三角合併』の実務」旬刊経理情報1089号12頁）。

(4) 子会社による親会社株式の取得

　子会社の親会社株式の取得資金が，親会社による増資引受け又は貸付けによる場合，仮装払込みでないかが問題となります（田中・前掲12頁）。

3 三角合併と友好的買収・敵対的買収

　三角合併は，（通常の合併と同様に）合併当事会社同士の合併契約が必要です（会748）。したがって，三角合併を友好的買収に用いることは可能ですが，対象会社の取締役会が賛同しない，いわゆる敵対的買収に用いることはできないのでしょうか。この点，取締役会が賛同せずとも，（上述のような特殊決議が要求されないことを前提にすれば）3分の2以上の議決権を有する株主が賛同すれば三角合併は可能です。そこで，まず，公開買付けによって対象会社の議決権の3分の2以上の株式を取得した上で，三角合併を行うことが可能です。もっとも，議決権の3分の2の取得のために現金による公開買付けを行う場合には，現金の対価を要しないという三角合併の長所を十分に活かすものではありません。あるいは，取締役会の反対にもかかわらず，委任状合戦によって議決権の3分の2の賛成を得ることも考えられるところです。

〔南　繁樹〕

第2節　会　　計①──企業結合会計基準

Q.6-2-1　企業結合会計のフレームワーク

組織再編のうち，企業結合会計のフレームワークについて教えてください。

> **Point**
> ■消滅法人から承継する資産の引継価額について，旧商法で容認されていた時価以下主義によることはできなくなった。
> ■会社法では，企業結合の類型を対価要件，議決権比率要件，議決権比率要件以外の支配要件の観点から，取得，持分の結合，共同支配企業の形成，共通支配下の取引に区分し，会計処理を規定している。
> ■取得の場合にはパーチェス法，持分の結合及び共同支配企業の形成の場合には持分プーリング法又は持分プーリング法に準ずる方法を適用する。共通支配下の取引の場合は，少数株主との取引部分について時価を基礎として処理する方法を適用する。

1　旧商法下での企業結合会計の処理

　旧商法下では組織再編に関する会計基準等が存在せず，組織再編に際しての資産・負債の受入価額については，商法会計の一般原則である時価以下主義（旧商34）に従いさえすれば，比較的裁量度の高い処理を採用することができました。このため組織再編を行うことによって，企業が抱える含み損失を合併差益等と相殺することが可能となり，恣意的な会計処理の妥当性について疑問の声が上がっていました。

2　会社法での企業結合会計の処理

　こうした批判に対応して，企業会計審議会より「企業結合に係る会計基準」が，企業会計基準委員会（ASBJ）より「事業分離等に関する会計基準」「企業結合会計基準及び事業分離等会計基準に関する適用指針」が公表され，平成18

年4月1日以後開始する事業年度から適用されました。また，会社法が施行され，これら会計基準及びそれらの適用指針を受けた「会社計算規則」(平成18年2月7日法務省令第13号，最終改正平成18年12月22日) が平成18年5月1日より施行されました。

企業結合会計基準では，**次頁**以下のフローチャートにより企業結合の類型を4つに分け，それぞれの類型に応じた会計処理を定めています。

企業結合の類型と会計処理については，**下表**のとおりです。

〈企業結合の類型と会計処理〉

企業結合の類型	会計処理		
取　　　得	パーチェス法		
持分の結合	合併，株式交換，株式移転	持分プーリング法	
	会社分割，現物出資等	持分プーリング法に準じた方法	
共同支配企業の形成	持分プーリング法に準じた方法		
共通支配下の取引等	連結財務諸表との整合性を重要視した処理 (1)　共通支配下の取引部分 ○個別財務諸表上の会計処理		
		企業集団内を移転する資産及び負債の評価	原則として移転前に付された適正な帳簿価額
		移転された資産及び負債の差額処理	資本処理
		移転資産等の対価として取得した株式の取得原価の算定	移転資産等の適正な簿価純資産額
	○連結財務諸表上の会計処理 　内部取引として消去 (2)　少数株主との取引部分 ○個別財務諸表上の会計処理		
		子会社株式の取得原価の算定	追加取得時における子会社株式の時価とその対価となる財の時価のうち，より高い信頼性を持って測定可能な時価で算定
	○連結財務諸表上の会計処理 　連結原則に準じて処理		

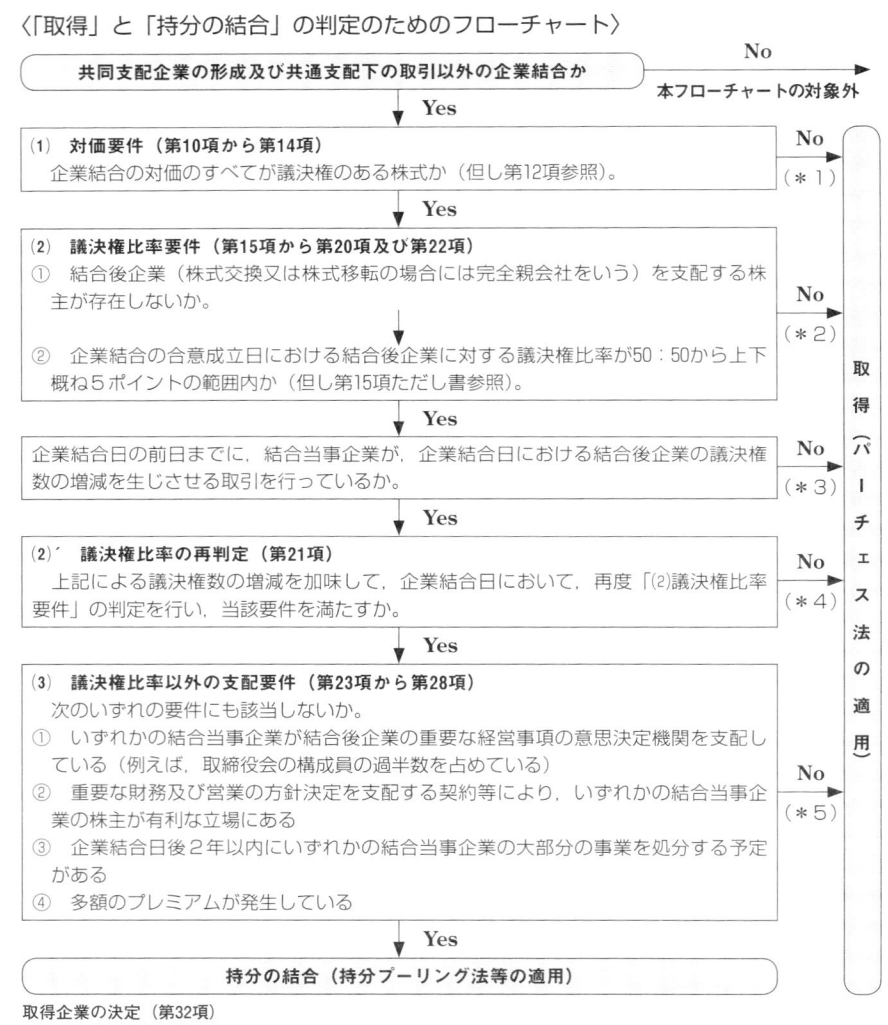

〈「取得」と「持分の結合」の判定のためのフローチャート〉

```
共同支配企業の形成及び共通支配下の取引以外の企業結合か ──No──→ 本フローチャートの対象外
              │Yes
              ↓
(1) 対価要件（第10項から第14項）
  企業結合の対価のすべてが議決権のある株式か（但し第12項参照）。 ──No(*1)──→
              │Yes
              ↓
(2) 議決権比率要件（第15項から第20項及び第22項）
  ① 結合後企業（株式交換又は株式移転の場合には完全親会社をいう）を支配する株主が存在しないか。
  ② 企業結合の合意成立日における結合後企業に対する議決権比率が50：50から上下概ね5ポイントの範囲内か（但し第15項ただし書参照）。 ──No(*2)──→
              │Yes
              ↓
企業結合日の前日までに、結合当事企業が、企業結合日における結合後企業の議決権数の増減を生じさせる取引を行っているか。 ──No(*3)──→
              │Yes
              ↓
(2)' 議決権比率の再判定（第21項）
  上記による議決権数の増減を加味して、企業結合日において、再度「(2)議決権比率要件」の判定を行い、当該要件を満たすか。 ──No(*4)──→
              │Yes
              ↓
(3) 議決権比率以外の支配要件（第23項から第28項）
  次のいずれの要件にも該当しないか。
  ① いずれかの結合当事企業が結合後企業の重要な経営事項の意思決定機関を支配している（例えば、取締役会の構成員の過半数を占めている）
  ② 重要な財務及び営業の方針決定を支配する契約等により、いずれかの結合当事企業の株主が有利な立場にある
  ③ 企業結合日後2年以内にいずれかの結合当事企業の大部分の事業を処分する予定がある
  ④ 多額のプレミアムが発生している                                              ──No(*5)──→
              │Yes
              ↓
     持分の結合（持分プーリング法等の適用）
```

（右側のNo分岐はすべて「取得（パーチェス法の適用）」へ）

取得企業の決定（第32項）
　次の企業を取得企業とする。
（＊1）　対価を支出した企業
（＊2）　企業結合前から支配されていた企業（子会社など）
（＊3）　議決権比率が大きい企業
（＊4）　（＊2）又は（＊3）と同様
（＊5）　支配を獲得した企業（①～④の複数の要件を満たさなかった場合には総合的に判断）

【出典】企業会計基準適用指針第10号「企業結合会計基準及び事業分離等会計基準に関する適用指針」
　　　　（平成18年12月22日、企業会計基準委員会）

〈「共同支配企業の形成」に該当するか否かを判定するフローチャート〉

```
          ┌─────────────────────────────────────┐    No
          │           企業結合か                  │─────────→ 本フローチャートの対象外
          └─────────────────────────────────────┘
                          │ Yes
                          ▼
(1) 独立企業要件（第177項）
  共同支配企業を共同で支配する企業（共同支配投資企業）は，複数の独立した企業    No
  から構成されている。                                                    ─────→ ┐
                          │ Yes                                                  │
                          ▼                                                      │
(2) 契約要件（第178項）                                                          │
  共同支配投資企業は，次の事項を規定した共同支配となる契約等を締結（文書化）し，   │
  かつ，その実態が伴っている（第176項も参照）。                              No  │ 取
  ① 共同支配企業の事業目的，及び当該事業遂行における各共同支配投資企業の重要 ──→ │ 得
     な役割分担                                                                  │（
  ② 共同支配企業の経営方針及び財務に係る重要な経営事項の決定は，すべての共同   │ パ
     支配投資企業の同意が必要である旨（但し第179項参照）                         │ ー
                          │ Yes                                                  │ チ
                          ▼                                                      │ ェ
(3) 対価要件（第180項）                                                          │ ス
  共同支配投資企業に支払われた対価のすべてが，（原則として）議決権のある株式（重 │ 法
  要な経営事項に関する議決権が制限されていない株式）である。なお，投資企業の中に，No │ の
  一般の投資企業（＊）が含まれる場合には共同支配企業の議決権の過半数を共同支配 ──→│ 適
  投資企業が保有している（第176項）。                                            │ 用
                          │ Yes                                                  │）
                          ▼                                                      │ ・
(4) その他の支配要件（第181項）                                                  │ 持
  次のいずれの要件にも該当しない。                                               │ 分
  ① いずれかの共同支配投資企業が共同支配企業の重要な経営事項の意思決定機関を   │ の
     支配している（例えば，取締役会の構成員の過半数を占めている）             No │ 結
  ② 重要な財務及び営業の方針決定を支配する契約等により，いずれかの共同支配投 ──→│ 合
     資企業が有利な立場にある                                                    │（
  ③ 企業結合日後2年以内にいずれかの共同支配投資企業の大部分の事業を処分する    │ 持
     予定がある                                                                  │ 分
                          │ Yes                                                  │ プ
                          ▼                                                      │ ー
          ┌─────────────────────────────────────┐                                │ リ
          │      共同支配企業の形成                │                               │ ン
          │ （持分プーリング法に準じた処理方法の適用）│                               │ グ
          └─────────────────────────────────────┘                                │ 法
                                                                                 │ 等
                                                                                 │ の
                                                                                 │ 適
                                                                                 │ 用
                                                                                 │）
                                                                                 │ ・
                                                                                 │ 共
                                                                                 │ 通
                                                                                 │ 支
                                                                                 │ 配
                                                                                 │ 下
                                                                                 │ の
                                                                                 │ 取
                                                                                 │ 引
```

（＊） 結合後企業が共同支配企業と判定されることを前提に，当該共同支配企業に対する投資企業の中に契約要件を満たさない企業が含まれている場合，当該投資企業を一般の投資企業という。

【出典】企業会計基準適用指針第10号「企業結合会計基準及び事業分離等会計基準に関する適用指針」
　　　（平成18年12月22日，企業会計基準委員会）

〔平野　敦士〕

Q.6-2-2　企業結合会計（パーチェス法）

企業結合について「取得」と判定された場合に適用されるパーチェス法の概要を教えてください。

> **Point**
> ■パーチェス法が適用される場合には，まず，取得企業の決定が必要である。取得企業の資産・負債は帳簿価額，被取得企業の資産・負債は時価で評価される。
> ■次に，取得原価の算定・取得原価の配分・取得の対価の測定が必要となる。
> ■被取得企業から受け入れた資産・負債と資本の額との差額として，のれんもしくは負ののれんを計上する。

1　パーチェス法の概説 （適用指針第10号29）

前問のフローチャート（Q6-2-1参照）の結果により，取得と判定された企業結合の会計処理はパーチェス法を適用することになります。パーチェス法は概ね，**図表1**のとおりです。

図表1　パーチェス法の概要

被取得企業のB/S引継ぎ価額

資　産（識別可能分）…① 組織再編時点における時価（市場価格又は合理的に算定された価額）で配分 （Q6-2-4参照）	負　債（識別可能分）…② 組織再編時点における時価（市場価格又は合理的に算定された価額）で配分 （Q6-2-4参照）
のれん…④＝③－（①－②） （計算結果がプラスであれば資産，マイナスであれば負債に計上）（Q6-2-5参照）	資　本…③ 取得の対価（Q6-2-6参照） （交付する金銭等＋株式の時価）

- 20年以内の効果の及ぶ期間で償却。減損処理の対象。
- 増加すべき資本は資本金・資本準備金・その他資本剰余金となる。利益剰余金の引継ぎはない。

2 取得企業の決定 (適用指針第10号32)

　パーチェス法において，取得企業の決定は会計処理の上で重要な意味を持ちます。取得企業の資産・負債は帳簿価額，被取得企業の資産・負債は時価で評価されるので，企業結合当事企業のいずれが取得企業になるのかは結合後の企業の財政状態に大きな影響を与えるからです。

　旧商法下における企業結合の会計処理においては，特に企業結合の会計基準があるわけでもなかったので，法形式を重視して取得企業・被取得企業を決定していました。この会計慣行を奇貨として，経済実態と著しく乖離した法形式を採用することにより，決算対策を講じる企業が後を絶ちませんでした（**Q6-4-4**参照）。

　企業結合会計基準等では，企業結合については法形式よりも経済実態を重視し取得企業・被取得企業を決定することとしました。具体的には，結合当事企業の中からの取得企業の決定は，取得と持分の結合とを識別する基準と整合した形で行うこととされました。従前と異なり，結合当事企業のうち，どちらが取得企業となり資産・負債が帳簿価額引継ぎとされ，また，被取得企業となり資産・負債が時価計上となるかは，企業が自主的に決定できるものでなく，**図表2**のルールに従うことが必要となりました。

図表2　取得企業の判定

取得と判定された要件	取得企業と判定される企業
対価要件	対価を支出した企業
議決権比率要件	議決権比率が大きい企業 但し，結合後企業を支配する株主が企業結合前から存在するときは，企業結合前から当該株主に支配されていた当該企業を取得企業とする。すなわち，株式移転による共同持株会社の設立の形式を採る企業にパーチェス法を適用する場合には，完全子会社の1つを取得企業とする。
意思決定機関や財務面等の議決権比率以外の支配要件	支配を獲得した企業

〔平野　敦士〕

Q.6-2-3 パーチェス法による取得原価の算定方法

パーチェス法によった場合の取得原価の算定方法について教えてください。

> **Point**
> ■取得原価の算定は支払対価により異なる。
> ■取得原価は支払対価となる財の時価と，取得した純資産の時価のうち，より高い信頼性をもって測定可能な時価で算定する。

1 取得原価の算定総説 (適用指針第10号36)

取得企業が決定すれば，次に取得原価の算定に入ります。この場合の取得原価とは，吸収合併により消滅した会社である被取得企業，又は会社分割・事業譲受け・現物出資により承継取得した事業に関わる取得原価を指します。

具体的には，以下の算式により算定します。

$$取得原価 = 取得の対価 + \frac{取得に直接要した支出額のうち}{対価の取得性が認められるもの}$$

2 取得の対価 (適用指針第10号37)

(1) 取得の対価の意義

被取得企業又は取得した事業の取得原価は原則として，取引時点の取得の対価となる財の時価を算定し，それらを合算したものとされます。取得の対価の測定は，「支払対価の財の時価」と「取得した純資産の時価」のうち，より高い信頼性をもって測定可能な時価で算定します。会社法の制定により合併等の対価の柔軟化に対応し，支払対価として金銭等以外の財産を給付した場合も想定した定めとなっています。

取得の対価の測定となるべき「支払対価の財の時価」と「取得した純資産の時価」は一致せず，大きな乖離があるのが通常です。どちらの基準によるのか

により，のれんの金額及び増加する株主資本に影響を与えることから，これら基準の選択のメルクマールである「より高い信頼性をもって測定可能な時価」であるか否かの見極めが重要になります。

(2) **支払対価の種類別取得の対価** （適用指針第10号38〜45）

取得の対価を支払対価の財の時価で算定する場合，支払対価の種類別の時価は次頁の**図表1**のとおりとなります。

(3) **取得が複数の取引により達成された場合の取得対価の算定方法**（適用指針第10号46）

取得が複数の取引により達成された場合の取得原価の算定方法は，個々の交換取引が等価交換取引であることに鑑み，取得企業が被取得企業又は取得した事業に対する支配を獲得するに至った個々の取引ごとに取得の対価となる時価を算定し，これを合算するものとされています。

(4) **条件付取得対価の取扱い**（適用指針第10号47）

条件付取得対価は，(a)将来の業績に依存する条件付取得対価と，(b)特定の株式又は社債の市場価格に依存する条件付取得対価とがあります。あらかじめ定められた将来の特定の事象の発生を停止条件として，取得企業が対価を追加で交付する条項がある場合が条件付取得対価です。具体例としては，将来の株価変動に応じて転換価額が修正される条項のある転換価額修正条項付社債（MSCB）などがこれに該当します。

(a) **将来の業績に依存する条件付取得対価**　企業結合契約合意後の将来の特定事象又は取引の結果に依存して特定事業年度における業績水準に応じて，取得企業が対価を追加で交付する条項のある場合です（追加で交付する対価を条件付取得対価という）。条件付取得対価の交付又は引渡しが確実となり，その時価が合理的に決定可能となった段階で支払対価を追加認識し，のれんもしくは負ののれんを追加的に認識します。

(b) **特定の株式又は社債の市場価格に依存する条件付取得対価**　条件付取得対価の交付又は引渡しが確実となり，その時価が合理的に決定可能となった段階で次の処理を行います。

① 追加で交付可能となった条件付取得対価を，その時点の時価に基づき認識。

図表1　支払対価の種類別の時価

支払対価			時価の算定
取得企業の株式		① 市場価格がある株式の場合	企業結合の主要条件が合意されて公表された日前の合理的な期間における株価×交付株式数 ＊**主要条件**には株式の交換比率が含まれる。 ＊**合理的な期間**とは原則として主要条件が合意されて公表された日の直前数日間とする。ここでいう数日間とは通常5日以内をいう。 ＊**企業結合の主要条件が合意されて公表された日**とは，株式の交換を伴う場合には株式の交換比率が公表された日，会社分割など株式の交換を伴わない場合には交付する株数が公表された日をいう。 ＊**主要条件が合意されて公表された日前の合理的な期間前における株価**と大きく異ならない場合には，当該株式交付日の株価を基礎として算定することができる。この場合，株式交付日とは実務上の便宜を配慮して，企業結合日とすることができる。
	市場価格がない株式	② 取得企業の株式に合理的に算定された価額（注1）があり，かつ，その価額が株式の交換比率の算定基礎として利用されている場合	企業結合の合意公表日までに算定している当該価額×交付株式数 ＊**合理的に算定された価額**には，類似業種比準価額方式による評価額，ＤＣＦ方式が含まれる。 ＊**株式の交換比率**の算定基礎として，複数の交換比率が算定基礎として利用されているときは，これらを加重平均するなど，合理的に算定する。
		③ ②の算定ができない場合で，被取得企業の株式に合理的に算定された価額（注1）があり，かつ，その価額を株式の交換比率の算定基礎としている場合	企業結合の合意公表日までに算定している当該価額×交付株式数（交換比率考慮後） ＊**株式の交換比率**の算定基礎として，複数の交換比率が算定基礎として利用されているときは，これらを加重平均するなど，合理的に算定する。
		④ ③の算定ができない場合	被取得企業から取得した識別可能資産及び負債の企業結合日の時価を基礎とした正味の評価額
現金等			現金等の支出額
自社以外の株式			取得企業の株式の場合に準じて算定

(注1) 株式の交換比率の算定基礎として利用された価額が，被取得企業又は取得した事業の時価や取得の対価となる財の時価として算定されたものではなく，結合当事者企業がお互いに共通の前提の下であくまで適切な交換比率を算定するために事業価値を算定したものである場合には，合理的に算定した価額であるとみなすことはできないことに留意しなければならない。
(注2) 支払対価が取得企業の種類株式の場合には，上記表の支払対価が取得企業の株式の場合に準じて算定し，「種類株式の貸借対照表価額に関する実務上の取扱い」（実務対応報告第10号）を適用して算定することもある。

② 企業結合日現在で交付している株式又は社債をその時点の時価に修正し，当該修正により生じた社債プレミアムの減少額又はディスカウントの増加額を将来にわたって規則的に償却。

3 取得に直接要した支出額のうち，取得の対価性が認められるもの（適用指針第10号48）

　企業結合に直接要した支出額のうち，取得の対価性が認められるものは主として取得原価に含め，それ以外の支出は発生時の事業年度の費用として処理されます（企業結合会計基準三２．(2)④）。企業結合に伴い発生する費用は取得原価に含めずに新株発行費（実務対応報告第19号「繰延資産の会計処理に関する当面の取扱い」では株式交付費という）に含めて処理します（適用指針第10号49）。

(1) 取得に直接要した支出額（適用指針第10号48(1)）

　取得に直接要した支出額とは，企業結合を成立させるために取得企業が外部のアドバイザーに支払った交渉や株式交換等の交換比率等の算定に係る特定の報酬・手数料を指し，社内の人件費等は含まないこととされています。

(2) 取得の対価性が認められるもの（適用指針第10号48(2)）

　現実に契約に至った企業結合に関連する支出額のことをいいます。契約に至らなかった取引や単なる調査に関連する支出額は，取得に直接要した費用であっても取得原価に含めることはできないこととされています。取得に直接要した費用のうち被取得企業が支出した額も，取得企業による支出でないため，取得原価に含めることはできないこととされています。

〔平野　敦士〕

Q.6-2-4 パーチェス法における取得原価の配分方法

パーチェス法における取得原価の配分方法について教えてください。

> **Point**
> ■取得原価は被取得企業から取得した資産又は引き受けた企業結合日における時価を基礎として，個々の資産又は負債に対して配分する。
> ■適用すべき時価は観察可能な市場価格を原則とし，時価がない場合には合理的に算定された価額によるものとする。

1　取得原価の配分方法の原則

(1) **概　　要**（適用指針第10号51）

　パーチェス法により会計処理を行うに際して，被取得企業から取得した資産及び引き受けた負債について，いくらで引き継ぐのかを決定する必要があります。これを取得原価の配分といいます。

(2) **識別可能資産及び負債の範囲**（適用指針第10号52）

　取得原価の配分対象となる資産及び負債の範囲は，被取得企業から取得した資産又は引き受けた負債のうち，企業結合日において識別可能なものが対象となります。識別可能な資産及び負債の範囲は，「被取得企業の企業結合日前の貸借対照表において計上されていたかどうかにかかわらず，企業がそれらに対して対価を支払って取得した場合，原則として，我が国において一般に公正妥当と認められる企業会計の基準の下で認識されるものに限定する」（企業結合会計委見書三3．(3)②）とされています。

(3) **識別可能資産及び負債への取得原価の配分額の算定**（適用指針第10号53）

　取得企業は，被取得企業から取得した資産又は引き受けた負債につき，企業結合日における時価を基礎として，個々の資産又は負債に対して配分します。ここでいう時価とは，独立第三者間取引に基づく公正な評価額をいい，観察可能な市場価格を指します。他方，対象資産に対して観察可能な市場が存在しないケースが大半であることから，公正な評価額を算定することの整合性から企

業が合理的な基礎に基づき見積もった価額も，合理的に算定した時価であると考えられます。以上により，時価は次の2つであるとされます（適用指針第10号53）。

① 観察可能な市場価格
② 観察可能な市場価格がない場合には，合理的に算定した価額

合理的に算定した価額にはコスト・アプローチに基づき算定した原価法，マーケット・アプローチに基づき算定した取引事例比較法，インカム・アプローチに基づき算定した収益還元法や割引将来キャッシュ・フロー法などが代表的です。

2　取得原価の配分方法の特例

(1) **取得原価の算定における簡便的な取扱い**（適用指針第10号54）

[1](3)の取扱いにかかわらず，以下のすべての要件を満たす場合には被取得企業の適正な帳簿価額を基礎として取得原価の配分額を算定することができます。

① 被取得企業が，企業結合日前において，一般に公正妥当と認められる企業会計の基準に従って資産及び負債の適正な帳簿価額を算定していること
② ①の帳簿価額と企業結合日の当該資産又は負債の時価との差異が重要でないと見込まれること

(2) **時価が一義的に定まりにくい資産への配分額の特例**（適用指針第10号55）

取得した資産に大規模工業用地や近郊が開発されていない郊外地のように時価が一義的には定まりにくい資産が含まれ，これを評価することにより，負ののれんが多額に発生することが見込まれる場合には，その金額を当該土地に合理的に配分した評価額も，ここでいう合理的に算定された時価であるとされます。すなわち，時価が一義的には定まりにくい資産が存することにより負ののれんが多額に発生することが見込まれる場合には，評価額から負ののれんの額を控除することが認められます。

この処理が認められる根拠として，斎藤静樹教授は「取得は取得の対価と取得した純資産との交換取引であることを前提とするならば，高い信頼性をもって測定された取得原価総額を，信頼性が高いとは必ずしも言い切れない評価額を基礎として敢えて配分することより，そうしなければ認識されなかった将来

利益の源泉となる多額の負ののれんが計上されてしまう事態の発生を回避できるなど一定の合理性が認められると考えられるから」であるとしています（斎藤静樹編著「逐条解説　企業結合会計基準」（中央経済社，2004年）78頁）。

(3)　**無形資産**（適用指針第10号56～60）

取得した資産に，(a)法律上の権利又は，(b)分離して譲渡可能な無形資産が含まれている場合には，取得原価をその無形資産に配分することができるとされています。このためには，無形資産の独立した価額を合理的に算定できなければなりません。取締役会等の会社の意思決定機関において，無形固定資産の評価に関する多面的かつ合理的な検討を行っている場合には，無形資産の独立した価額を合理的に算定できるものとして，識別可能資産となる無形資産に取得原価を配分することとなります。

一般に公正妥当と認められる企業会計の基準の下で認識される無形資産には，研究開発費等会計基準により認識される市場販売目的のソフトウェア及び自社利用のソフトウェアが含まれます。

(a)　**法律上の権利の範囲**　　法律上の権利は，特定の法律に基づく知的財産権等の権利と，独立第三者と締結した契約で未履行のものが，該当します。

(b)　**分離して譲渡可能な無形資産**　　分離して譲渡可能な無形資産とは，企業又は事業として独立して売買可能なものをいい，取得した資産を譲渡する意思が取得企業にあるか否かにかかわらず，単独で譲渡することが可能であれば要件を満たします。例示としては，顧客リストや特許で保護されていない技術，データベースなどがあげられます。研究開発活動等について企業結合日において開発の最終段階にあると認められる場合には，分離して譲渡可能なものに準じて取り扱うことが認められています。

(4)　**研究開発費への取得原価の配分**（適用指針第10号61）

企業結合により取得した識別可能資産の取得企業における企業結合後の使途が，「研究開発費等に係る会計基準」（平成10年3月13日，企業会計審議会）の定めにより研究開発費として処理すべきものである場合，当該識別可能資産への配分額は研究開発費とし，企業結合年度の一括費用処理が必要であり，特別損失計上はできないこととされています。

(5) **企業結合に係る特定勘定**（適用指針第10号62）

  (a) **適用要件**　取得後短期間で発生することが予測される費用又は損失であって，その発生の可能性が取得の対価の算定に反映している場合には，負債として認識することができます。そのためには，次のすべての要件を満たす必要があります。

  ① 取得後短期間で発生することが予測される費用又は損失
    イ．企業結合日において一般に公正妥当と認められる企業会計の基準の下で認識される識別可能負債でないこと
    ロ．企業結合後5年以内に発生するものであること
    ハ．特定の事象に対応した費用又は損失であること
  ② 取得の対価の算定に反映している──「取得の対価の算定に反映している」とは，企業結合条件の交渉の過程で当該事象に係る金額が対価の算定に反映していたことが契約条項等から明らかな場合をいい，具体的には次のいずれかの要件を満たした場合です。
    イ．当該事象及びその金額が契約条項等で明確にされていること
    ロ．当該事象が契約条項等で明確にされ，当該事象に係る金額が取得の対価の算定にあたり重視された資料に含まれ，当該事象が反映されたことにより，取得の対価が減額されていることが取得企業の取締役会議事録等により確認できること

  なお，株式の交換比率の決定の基礎の大半を株価に依存した場合には，取得の対価の算定に反映している場合に該当しないこととされています。但し，このような場合であっても取得の対価の算定にあたり考慮された事象が企業結合の合意公表日前の株価に反映されていると認められる場合には，取得の対価の算定に反映している場合に該当することとされます。

  (b) **会計処理**　企業結合に係る特定勘定は，負債の部に計上されます。企業結合に係る特定勘定は，認識の対象となった事象が発生した事業年度又は当該事象が発生しないことが明らかになった事業年度に取り崩す必要があります。但し，企業結合日以後，引当金や未払金など他の負債としての認識要件を満たした場合には，企業結合に係る特定勘定から他の適当な負債科目に振り替えることが必要になります。

企業結合に係る特定勘定は，企業結合日後5年以内に全額を取り崩し，原則として特別利益に計上しなければならないとされています。

(6) 退職給付引当金への取得原価の配分（適用指針第10号67）

確定給付制度による退職給付引当金は，企業結合日において，受け入れた制度ごとに退職給付に係る会計基準に基づいて算定した退職給付債務及び年金資産の正味の価額を基礎として取得原価を配分します。したがって，被取得企業における退職給付債務に係る未認識項目を取得企業において引き続き未認識項目（例えば数理計算上の差異など）とすることができず，企業結合日を含む事業年度において一括費用処理しなければならないことに注意が必要です。

被取得企業の退職給付制度について，制度の改定が予定されている場合であっても，退職給付債務に関する測定は，企業結合日における適切な諸条件に基づき行います。

企業結合により，被取得企業の従業員に対する退職一時金や早期割増退職金の支払予定額が取得の対価に反映されているときなど，(5)「企業結合に係る特定勘定」の要件のすべてを満たしている場合には，「企業結合に係る特定勘定」として取得原価の配分の対象とすることができます。

(7) 暫定的な会計処理の確定又は見直し処理（適用指針第10号70）

取得原価の配分は，企業結合日以後1年以内に行わなければならないとされていることから，企業結合日以後最初に迎えた決算において収集可能な資料に基づく暫定的な会計処理が，認容されています。暫定的な会計処理の確定又は見直しが企業結合年度ではなくその翌年において行われた場合には，のれんの償却費等を前期損益修正として処理することになります。

(8) 取得企業の税効果会計（適用指針第10号71～75）

① 繰延税金資産及び繰延税金負債への取得原価の配分——組織再編の形式が，事業を直接取得することとなる合併，会社分割等の場合は，取得企業は，企業結合の日において，被取得企業又は取得した事業から生じる一時差異等に係る税金の額を，将来の事業年度において回収又は支払が見込まれない額を除き，繰延税金資産又は繰延税金負債として計上することとなります。繰延税金資産又は繰延税金負債は「暫定的な会計処理の確定又は見直し処理」(上記(7)参照)の対象とされます。

② 繰延税金資産又は繰延税金負債への取得原価の配分額の確定──企業結合日に認識された繰延税金資産又は繰延税金負債への取得原価の配分額の見直しは，以下の場合となります。
　イ．暫定的な会計処理の対象としていた識別可能資産及び負債の取得原価への配分額の見直しに伴うもの
　ロ．将来年度の課税所得の見積りの変更等による繰延税金資産の回収見込額の修正によるもの
　　企業結合日から1年を経過した日において，企業結合日における繰延税金資産への配分額が確定します。
③ 繰延税金資産の回収可能性──繰延税金資産の回収可能性は，取得企業の収益力に基づく課税所得の十分性等により判断し，企業結合の影響は，企業結合年度から反映させます。
　　将来年度の課税所得の見積額による繰延税金資産の回収可能性を過去の業績等に基づいて判断する場合には，企業結合年度以後，取得した企業又は事業に係る過年度の業績等を取得企業の既存事業に係るものと合算した上で課税所得を見積もります。
④ のれんに対する税効果会計──のれんもしくは負ののれんについては，会社法においてもその取扱いを明確化したことから，**本章第5節**で詳述するように平成18年度税制改正において非適格組織再編により発生したのれんもしくは負ののれんに相当する資産調整勘定，負債調整勘定（退職給与負債調整勘定，短期重要負債調整勘定も含む）の規定を新設しました。しかし，のれんもしくは負ののれんは取得原価の配分残余という性格を有しているため，のれんもしくは負ののれんに対する税効果会計は認識しないこととされています。したがって，税務上，営業権が認識される場合においても，会計上ののれんの当初金額と税務上の営業権の当初金額との差額に対して税効果会計は認識しないことになっています。

〔平野　敦士〕

Q.6-2-5 パーチェス法におけるのれんの処理

パーチェス法におけるのれんの処理について教えてください。

> **Point**
> ■パーチェス法においては，識別可能な資産及び負債と取得の対価である資本勘定との差額として，のれんが認識される。
> ■借方差額のときは資産の部に計上され，貸方差額のときは負債の部に計上される。
> ■のれんは計上後20年以内のその効果が及ぶ期間で，定額法その他合理的な方法により償却し，販売費及び一般管理費もしくは営業外収益（負ののれんの場合）に計上する。
> ■未償却残高は減損会計の対象資産となる。
> ■のれんの残高は，剰余金の分配における財源規制の対象となっている。

1 のれんの計上

企業結合会計基準においては，のれんはパーチェス法が適用される企業結合について，取得企業が被取得企業への企業結合に際して支払った取得の対価と，企業結合により被取得企業から受け入れた識別可能な資産及び負債の時価との差額に基づいて計上されます。企業結合により受け入れた時価純資産の額と，企業結合に際して支払った取得の対価とを比較して，後者が前者よりも大きい場合には，のれんは被取得企業の超過収益力を反映した無形資産たる性格を有しますが，逆の場合には負ののれんとして負債の部に計上されます。

また，持分プーリング法が適用される企業結合においてのれんの計上がなされることはありません。また，旧商法下での「暖簾」とも異なる概念であることに注意が必要です。

2 のれんの償却 (適用指針第10号76〜78)

会社法及び会社計算規則では，のれんの償却についてのルールはなく，償却

すべき資産について一般的に相当の償却をしなければならないと定めているのみです（計規5②）。のれんの償却については，企業会計の基準その他の会計慣行によって定まることとなります（会431，計規3）。

のれんの償却について規定している企業会計の基準は，「企業結合会計基準」及び「企業結合会計基準及び事業分離等会計基準に関する適用指針」であるので，その取扱いを見ていきます。

(1) 償却年数及び償却方法

のれんは，20年以内のその効果が及ぶ期間にわたって，定額法その他の合理的な方法により規則的に償却しなければならないとされています。のれんの償却開始時期は企業結合日とすることを原則とし，みなし結合日によることも認められます。みなし結合日による場合には，会計制度委員会報告第7号「連結財務諸表における資本連結手続に関する実務指針」31項に規定する連結調整勘定に準じて処理することとされます。

のれんの金額に重要性が乏しい場合には，当該のれんが生じた事業年度の費用として処理することができるものとして，重要性の原則の適用を認めています。のれんの償却はその効果の及ぶ期間にわたって計画的・規則的にのれん費用を償却することを目的とするので，重要性の原則の適用を除いて，のれんを企業結合日に全額費用として計上することは認められません。

(2) 償却費の損益計算書計上区分

のれんの償却額は販売費及び一般管理費に計上することとし，減損処理による場合のみ特別損失処理をすることが容認されます。なお，負ののれんの償却額は営業外収益に計上されることとなっています。

従前は，企業結合の際に生じた投資差額の会計処理について，特に定まったルールがあったわけではなかったので，一括償却して特別損失に計上する実務が多く見られました。この会計慣行の下では，企業結合により経常損益を増やして企業実態よりも企業価値を高く見せかけることも可能でした。

新ルールでは，のれんの償却額は販売費及び一般管理費や営業外収益に計上され，一括償却が認められなくなったので，企業結合を実施した場合，企業結合後の各事業年度の経常損益に大きな影響を与えることとなりました。したがって，今後，企業結合を実施するにあたっては企業結合段階において計上すべ

きのれんの金額及び償却額を把握し、被取得企業から得られる営業利益と比較考量した上で組織再編の意思決定を行う必要が高まったといえます。

(3) **関連会社と企業結合したことにより発生したのれんの扱い**

関連会社と企業結合したことにより発生したのれんは、持分法による投資評価額に含まれていた連結調整勘定相当額の未償却残高と区別しないで、企業結合日から新たな償却期間にわたり償却するものとされます。

(4) **のれんの償却期間及び償却方法の選択基準**

のれんの償却期間及び償却方法の選択は、企業結合ごとに取得企業が決定します。

(5) **のれんの減損会計**

のれんの未償却残高は減損処理の対象になります。したがって、企業結合を実施したとき以後の会計実務においては、減損処理の要否の検討が必要です。

特に、次の場合は、企業結合年度においても減損の兆候があると考えられるときがあるとされています。

① 取得原価のうちに、のれんやのれん以外の無形資産に配分された金額が相対的に多額になる場合
② 被取得企業の時価総額を超えて多額のプレミアムが支払われた場合や、オークション又は入札プロセスが存在していた場合

なお、のれんに係る減損損失の損益計算書計上区分は、特別損失です。

3 のれんについての剰余金の分配における財源規制の対象 (Q5-3-2参照)

(1) **分配可能額の意義**

会社法では、株主に対して交付する金銭等の帳簿価額の総額は、その配当等が効力を生じる日における分配可能額を超えてはならないと規定しています(会461①)。旧商法では配当可能利益の算定時点について条文では明示されていませんでしたが(旧商290)、会社法では配当等が効力を生じる日を基準に分配可能額を算定する分配時基準が採用されています。

(2) **分配可能額の機能**

分配可能額による規制が働くのは、次の事項です。

分配可能額による財源規制	会社法条文
株主からの譲渡承認請求を拒絶して自己株式の取得	461①一
会社法156条1項の規定に基づく自己株式の取得	461①二
会社法157条1項による株主同意による自己株式の取得	461①三
会社法173条1項による全部取得条項付株式の取得	461①四
相続人等に対する売渡しの請求(会176①)による自己株式の取得	461①五
会社法197条3項による所在不明株主の株式を買い取る場合	461①六
会社法234条4項による端数株処理のための自己株式の取得	461①七
剰余金の分配	461①八
取得請求権付種類株式の取得	166①
取得条項付種類株式の取得	170⑤

(3) のれんについての分配可能額の計算

　会社法における分配可能額の計算は，剰余金の額を基礎として，自己株式等の調整等を加減して算定します（会461②）。分配可能額の計算にあたってのれん等調整額が剰余金の額からの控除項目とされます（計規186）。のれん等調整額とは，資産の部に計上したのれんの2分の1の額と繰延資産に計上した額との合計額です。

ケース		剰余金の額からの控除額
①のれん等調整額が資本等金額以下である場合		「0」
②のれん等調整額が資本等金額及び最終事業年度末日におけるその他資本剰余金の額の合計額以下である場合（①のケースを除く）		のれん等調整額から資本等金額を減じて得た額
③のれん等調整額が資本等金額及び最終事業年度末日におけるその他資本剰余金の額の合計額を超える場合	最終事業年度末日におけるのれんの額を2で除して得た額が資本等金額及び最終事業年度末日におけるその他資本剰余金の額の合計額以下の場合	のれん等調整額から資本等金額を減じて得た額
	最終事業年度末日におけるのれんの額を2で除して得た額が資本等金額及び最終事業年度末日におけるその他資本剰余金の額の合計額を超える場合	最終事業年度末日におけるその他資本剰余金の額及び繰延資産に計上した額の合計額

（注）資本等金額とは，最終事業年度末日における資本金の額及び準備金の額の合計額をいう。

〔平野　敦士〕

Q.6-2-6 パーチェス法（取得企業の増加資本の額）

パーチェス法を適用した場合の取得企業の増加資本の額について教えてください。

> **Point**
> ■企業結合の対価として取得企業が新株を発行した場合には，払込資本を増加させる。
> ■企業結合の対価として取得企業が自己株式を処分した場合には，募集株式の発行等の手続により自己株式を処分する場合の会計処理に準じて処理する。
> ■企業結合の対価として取得企業が株式又は金銭等以外を対価とする場合には，交付した財産の時価と帳簿価額との差額を損益に計上する。

1 取得企業が新株を発行した場合 （適用指針第10号79）

パーチェス法を適用した場合において取得企業が新株を発行したときには，払込資本を増加させるものとし，利益剰余金を引き継がないものとされます。増加させる払込資本の内訳は，資本金，資本準備金又はその他資本剰余金ですが，資本金をいくら増加させるかは取得企業が決定し，残余は資本準備金又はその他資本剰余金として処理します。増加資本の額は，Q6-2-3で説明した取得の対価の額です。

今後の企業結合においては，利益剰余金の引継ぎが認められる持分プーリング法の適用が認められる事例が限定され，利益剰余金を引き継がないパーチェス法を適用する事例が大半を占めるようになると想定されます。但し，増加させる払込資本のうち，その他資本剰余金は剰余金の分配手続により株主に配当することが可能であるので，株主資本の内訳の決定は重要です。

2 取得企業が自己株式を処分した場合 （適用指針第10号80）

企業結合の対価として，取得企業が自己株式を処分した場合には，自己株式の処分を合併等と単一の取引として会計処理する考え方を採用し，次のように

会計処理することとされています。
① 増加資本の額から処分した自己株式の帳簿価額を控除して自己株式処分差額を算定します。自己株式処分差額は，募集株式等の発行手続により自己株式を処分する際の自己株式処分差額に準じて，資本剰余金として処理されます。
② 取得企業の増加資本の額を被取得企業の識別可能資産及び負債の企業結合日の時価を基礎とした正味の評価額を算定する場合で，支払対価は新株と自己株式からなるときの新株の発行又は自己株式の処分に相当する増加資本の額は，当該正味の評価額を交付した総株数で除し，これに新株の発行数又は処分した自己株式数を乗じて算定する株数プロラタ方式により処理されます。

３ 取得企業が株式又は金銭以外を対価とする場合（適用指針第10号81, 82）

会社法では，吸収合併，吸収分割又は株式交換の場合において，企業結合の対価として金銭その他の財産を交付することができます。

(1) 個別財務諸表における処分差額の取扱い

企業結合の対価として取得企業が株式又は金銭以外を対価とする場合には，取得原価は対価の形態にかかわらず支払対価となる財の時価で算定されることとなります。問題は，交付した財産の時価とその帳簿価額の差額をどのように処理するかですが，適用指針第10号においては資産の処分取引と考え，取得企業の損益として処理することとされました。

(2) 連結財務諸表における処分差額の取扱い

子会社が親会社株式を支払対価として他の企業と企業結合する場合には，企業集団から見ると，親会社が企業結合の対価として自己株式を処分する取引と同様に考えることができます。このため，この取引を連結財務諸表上は資本取引として取り扱うことが相当です。

このような背景から，子会社の個別財務諸表上，損益計算書に計上した親会社株式の処分差額を連結財務諸表上は自己株式処分差額としてその他資本剰余金に振り替えることとされました。

〔平野　敦士〕

Q.6-2-7　持分プーリング法

企業結合が「持分の結合」と判定された場合に適用される持分プーリング法について教えてください。

> **Point**
> ■企業結合が持分の結合と判定された場合には，持分プーリング法を適用する。
> ■持分プーリング法とは，すべての結合当事企業の資産・負債・資本を帳簿価額で引き継ぐ方法である。
> ■パーチェス法と異なり，のれんもしくは負ののれんを計上することはない。
> ■持分プーリング法の適用にあたっては，結合当事企業の会計処理方法を統一するとともに，引継ぎ帳簿価額の修正を行う。
> ■抱合せ株式については，帳簿価額を消滅させる。

1 持分プーリング法の適用場面 (適用指針第10号127)

企業結合が「持分の結合」と判定された場合には，当該企業結合に対して持分プーリング法を適用して会計処理をするものとされています。具体的には，Q6-2-1のフローチャートにより持分の結合と判定された企業結合に対して適用されます。この会計処理は，持分の結合と判定された合併・株式交換・株式移転における結合当事企業に適用されます。

2 持分プーリング法の会計処理

(1) 資産・負債及び資本の引継ぎ (適用指針第10号128，130)

持分プーリング法とは，すべての結合当事企業の資産・負債・資本を，それぞれ適正な帳簿価額で引き継ぐ方法です。適正な帳簿価額とは一般に公正妥当と認められる企業会計に準拠した帳簿価額とされており，結合当事企業の資産又は負債の帳簿価額に会計処理又は評価の誤りがある場合には，引継ぎ前にその修正を行う必要があります。適正な帳簿価額には，時価等をもって貸借対照表価額としている場合の貸借対照表計上額，及び，これに対応する評価・換算

差額等の各内訳科目の額が含まれます。

　パーチェス法では，時価で受入処理された資産・負債と，取得の対価である増加資本との差額でのれんを計上する必要がありましたが，持分プーリング法ではのれんを計上することはありません。

(2) **会計処理の統一**（適用指針第10号141, 142等）

　(a) **会計処理の統一**　　企業結合の結合当事企業間において，会計処理方法に相違がある場合には，統一する必要があります。会計処理の統一は日本公認会計士協会監査委員会報告第56号「親子会社間の会計処理の統一に関する当面の取扱い」に準じて行います。

　なお，退職給付引当金に係る会計基準変更時差異の費用処理年数が結合当事企業間において異なっていたとしても，会計処理の統一が必要とされる「同一の環境下で行われた同一の性質の取引等」には該当せず，会計処理の統一が求められないものとされます。したがって，企業結合後も各結合当事企業が採用していた費用処理年数をそのまま引き継ぐことになります。

　(b) **会計処理を変更するタイミング**　　結合当事企業の会計処理が異なっている場合における会計処理の統一は，次の方法によります。

　① 原則法──会計処理方法の統一は結合後企業が行い，会計処理方法の変更により生じた差額は企業結合年度の損益に計上する方法。結合後企業は企業結合日に会計処理を変更し，変更により生じた差額は特別損益に計上します。

　② 例外法──会計処理方法の統一は各結合当事企業が企業結合計画の中で，企業結合日前に行う方法。この場合の会計処理の変更は，正当な理由に基づく会計方針の変更として取り扱われ，変更に伴う損益等の影響額を適切に開示する必要があります。

(3) **増加資本の会計処理**（適用指針第10号134〜136等）

　(a) **新株を発行した場合**　　企業結合の対価として，存続会社が新株を発行した場合には，企業結合期日の前日における消滅会社の純資産の部を以下のようにそのまま引き継ぎます。

　① 株主資本項目──存続会社は，消滅会社の企業結合期日の前日の資本金，資本準備金，その他資本剰余金，利益準備金及びその他利益剰余金の

内訳科目を，自己株式の処理等を除き，そのまま引き継ぎます。この扱いは，消滅会社の株主資本の合計額がマイナスとなる場合も同様です。

② 株主資本項目以外の項目——存続会社は，消滅会社の企業結合期日の前日の評価・換算差額等及び新株予約権の適正な帳簿価額を引き継ぎます。したがって，消滅会社で計上していたその他有価証券評価差額金や土地再評価差額金の適正な帳簿価額もそのまま引き継ぎます。

(b) **自己株式を処分した場合**　企業結合の対価として，存続会社が自己株式を処分した場合における自己株式処分差額の算定方法は，増加資本の額（消滅会社から引き継ぐ適正な帳簿価額による株主資本の額）から交付した自己株式の帳簿価額を控除した額を，募集株式の発行等の手続により自己株式を処分する場合の自己株式処分差額に準じて処理します。

企業結合の対価として，新株の発行と自己株式の処分とが併用されている場合には，それぞれの株式数に応じて按分して算出します。

(4) **企業結合に要した費用の処理**（適用指針第10号145）

企業結合が持分の結合と判定された場合における企業結合に要した支出額は，発生時の事業年度の費用として処理するものとされています。企業結合に要した支出額には，新株発行費も含まれます。企業結合が取得と判定された場合における企業結合に要した支出額が取得原価として処理されますので，会計処理の差異には注意する必要があります。

(5) **企業結合の連結財務諸表**（適用指針第10号146, 147）

企業結合日の属する結合企業の事業年度の期首（以下，みなし結合日という）に企業結合が行われたものとみなして，連結財務諸表を作成するものとされます。これに対して，結合企業の個別財務諸表では企業結合日に，企業結合の会計処理を行います。

従前の企業結合の連結財務諸表の会計処理では，みなし結合日から企業結合日までの期間まで連結することはありませんでしたが，企業結合会計基準においてはみなし結合日である期首より連結することになるので注意を要します。

(6) **抱合せ株式等の消滅の会計処理**（適用指針第10号139）

(a) **抱合せ株式の会計処理**　存続会社が保有する消滅会社の株式（抱合せ株式）を持っていた場合や，消滅会社の保有する消滅会社の株式は，企業結合

に際して消滅させます。消滅させる際に減額する資本項目は次のとおりです。
  ① 消滅会社から引き継ぐ剰余金──企業結合期日において増加する剰余金（その他資本剰余金又はその他利益剰余金（繰越利益剰余金））から控除します。
  ② 存続会社の剰余金──①で控除できない場合には，存続会社の剰余金（その他資本剰余金又はその他利益剰余金（繰越利益剰余金））から控除します。

 (b) 消滅会社の保有する存続会社の株式の会計処理　消滅会社の保有する存続会社の株式は，消却せずに自己株式として保有することと，消却することの選択適用が認められます。
  ① 自己株式として保有する場合──消滅会社における適正な帳簿価額により，存続会社の株主資本から控除します。
  ② 消却する場合──会計基準第1号12に基づき，減額するその他資本剰余金又はその他利益剰余金（繰越利益剰余金）については，存続会社の取締役会等の意思決定機関で定められた結果に従い，消却手続が完了したとき会計処理します。

(7) 消滅会社の新株予約権者に存続会社の新株予約権等を交付した場合（適用指針第10号140）

　企業結合が持分の結合と判定された場合には，消滅会社の新株予約権の帳簿価額を引き継いだ上で，企業結合期日において以下のように処理します。
  ① 存続会社の新株予約権を交付した場合──存続会社が交付した新株予約権の帳簿価額には，消滅会社から引き継いだ新株予約権の帳簿価額を付します。
  ② 現金を交付した場合──消滅会社から引き継いだ新株予約権の帳簿価額と交付した現金との差額は，新株予約権消却損益等，適切な科目をもって損益に計上します。

〔平野　敦士〕

Q.6-2-8　持分プーリング法に準じた処理方法

企業結合が「共同支配企業の形成」と判定された場合に適用される持分プーリング法に準じた処理方法について教えてください。

> **Point**
> ■企業結合が「共同支配企業の形成」と判定された場合には，持分プーリング法に準じた処理方法が適用される。
> ■この処理方法では，株主資本の内訳の引継方法及び企業結合年度の連結財務諸表の作成方法を除き，持分プーリング法と同一の処理を行う。

1　共同支配企業の形成（適用指針第10号175）

共同支配企業の形成とは，複数の独立した企業が契約等に基づき，共同で支配する企業を形成する企業結合をいいます。共同支配企業の形成に該当する代表的な組織再編は合併，吸収分割，共同新設分割です。企業結合がどの類型の企業結合に該当するかはQ6-2-1のフローチャートにより判定し，次の要件のすべてを満たすものを共同支配企業の形成と呼んでいます。

① 独立企業要件——共同支配投資企業となる投資企業は，複数の独立した企業から構成されていること。
② 契約要件——共同支配投資企業となる投資企業が共同支配となる契約等を締結していること。
③ 対価要件——企業結合に際して支払われた対価のすべてが原則として議決権のある株式であること。
④ その他の支配要件——①〜③以外に支配関係を示す一定の事実が存在しないこと。

2　持分プーリング法に準じた処理方法（適用指針第10号182）

企業結合が共同支配企業の形成と判定された場合には，持分プーリング法に準じた処理方法が適用されます。持分プーリング法に準じた処理方法とは，株

主資本の内訳の引継方法及び企業結合年度の連結財務諸表の作成方法を除き，持分プーリング法と同一の処理を行う会計処理を指します。この処理方法では，資産・負債が企業結合日前日における適正な帳簿価額で引き継がれます。
(1) **株主資本の内訳の引継方法**（適用指針第10号185）
  (a) **株主資本項目**
    イ．原則的会計処理
      存続会社は，消滅会社の企業結合期日の前日の適正な帳簿価額による株主資本の額を払込資本（資本金又は資本剰余金）として処理します。増加すべき払込資本の内訳項目（資本金，資本準備金又はその他資本剰余金）は会社法の規定により決定します。なお，消滅会社の株主資本の額がマイナスの場合には，払込資本を「0」とし，その他利益剰余金のマイナスとして処理します。
    ロ．例外的会計処理
      存続会社は，消滅会社の資本金，資本準備金，その他資本剰余金，利益準備金及びその他利益剰余金の内訳科目を，自己株式の処理を除き，そのまま引き継ぐことができます。
  (b) **株主資本項目以外の項目**　　存続会社は，消滅会社の評価・換算差額等及び新株予約権の適正な帳簿価額を引き継ぎます。
(2) **企業結合年度の連結財務諸表の作成方法**（適用指針第10号190）
  連結財務諸表上，これまで連結していた子会社については，共同支配企業の形成時点の持分法による投資評価額にて共同支配企業株式へ振替処理し，持分法に準じた処理方法を適用します。
  持分法に準じた処理方法とは，共同支配企業の形成にあたり，共同支配企業に対する共同支配投資企業の持分の増加額と，移転した事業に係る共同投資企業の持分の減少額との間に生ずる差額を処理しないことを除き，持分法を適用する方法を指します。したがって，結合当事企業に対する持分の減少額との間に生ずる差額は処理しないため，のれん（又は負ののれん）及び持分変動差額は生じないことになります。当該差額を構成するのれん（又は負ののれん）及び持分変動差額のいずれにも重要性が乏しいと認められる場合には，投資に含め，のれんとして処理するか，もしくは，重要性のある他の金額に含めて処理することも容認されます。

〔平野　敦士〕

Q.6-2-9　共通支配下の取引等の会計処理

　グループ企業内で組織再編を行う際に適用される「共通支配下の取引等」の会計処理について教えてください。

> **Point**
> ■グループ企業内で組織再編を行う際の企業結合の会計処理は，共通支配下の取引と少数株主との取引に分けて定められている。
> ■共通支配下の取引は親会社の立場から見れば企業集団内部の純資産等の移転取引であり，企業結合の前後で当該純資産の帳簿価額が変化しないよう処理される。
> ■少数株主との取引は，企業集団外部である少数株主から持分を取得する取引であるので，のれん（又は負ののれん）の認識を行う。

1　企業集団内取引における企業結合の考え方 （適用指針第10号200）

　企業結合会計基準では，企業集団内取引における企業結合と独立企業間の企業結合と区別して規定しています。企業集団内における企業結合の会計処理は，共通支配下の取引と少数株主との取引が結合されて成り立っているとされます。

2　共通支配下の取引 （適用指針第10号201）

　共通支配下の取引とは，結合当事企業のすべてが，企業結合の前後で同一の企業により最終的に支配され，かつ，その支配が一時的でない場合の企業結合をいいます。ここでは支配の主体となるべき企業の範囲が，共通支配下の取引として扱う範囲が問題とされます。

　共通支配下の取引は，親会社の立場からは企業集団内における純資産等の移転取引として内部取引と考えられます。共通支配下の取引は，個別財務諸表の作成にあたっては連結財務諸表の作成と同様，企業結合の前後で当該純資産等の帳簿価額が相違することにならないよう，企業集団における移転先の企業は移転元の帳簿価額により計上されます。表にまとめると，**図表1**のとおりです。

図表1　共通支配下の取引の会計処理方法

ケース		会計処理
個別財務諸表	企業集団内を移転する資産及び負債の評価	原則として、移転前に付された適正な帳簿価額[*1]
	移転された資産及び負債の差額処理	資本処理
	移転資産等の対価として取得した株式の取得原価の算定	移転資産の適正な簿価純資産
連結財務諸表		内部取引として消去

[*1] 親会社と子会社が企業結合する場合において、子会社の資産及び負債の帳簿価額を連結上修正しているときは、親会社が作成する個別財務諸表においては、連結財務諸表上の修正後の帳簿価額により計上する。

　共通支配下の取引では、過年度において子会社等に資産譲渡を行って連結財務諸表上未実現損益を消去しているケースにおいて当該子会社を吸収合併したケースで特に問題となります。親会社の個別財務諸表上、未実現利益消去後の金額で資産を受け入れ、当該修正に伴う差額は特別損益に計上することになります。

　なお、関連会社との企業結合は親会社及び子会社から形成される企業集団内における企業結合ではないと解されることから、共通支配下の取引には該当しないこととされています。したがって、関連会社との企業結合は、取得、持分の結合、共同支配企業の形成のいずれかに該当するものとされます。

3　少数株主との取引（適用指針第10号437）

　これに対し、少数株主との取引は、企業集団を構成する子会社の株主と、当該子会社を支配している親会社との取引であり、それは企業集団内部の取引ではなく、親会社の立場からは外部取引とされています。少数株主との取引とされる部分についてはのれん（又は負ののれん）を認識することとなります。

　したがって、企業集団内における組織再編のうち、どの範囲までの取引を共通支配下の取引として把握し、どの範囲までの取引を少数株主との取引として把握して会計処理するかは、のれん（又は負ののれん）の認識の重要な論点となっています。グループ内の組織再編であっても、親会社による持分比率が変動するようなケースでは、共通支配下の取引とはされず、少数株主取引とされ、のれん（又は負ののれん）や持分変動差額が計上されるので注意が必要です。

〔平野　敦士〕

第3節　会　　計②──事業分離等会計基準

Q.6-3-1　事業分離等会計基準（分離元企業の会計処理）

事業分離における分離元企業の会計処理について教えてください。

> **Point**
> ■事業分離等会計基準では，分離元企業の会計処理について，事業分離の受取対価の種類及び対価が株式である場合において分離先企業が子会社となるかどうかが重要である。
> ■分離元企業の会計処理について事業分離に係る移転損益を認識するかどうか，移転損益の計上金額，そして受取対価の計上金額が上記により規定されている。

1　事業分離に係る会計基準

　事業分離等会計基準にいう事業分離とは，ある企業を構成する事業を他の企業に移転することをいいます。複数の取引が1つの事業分離を構成している場合には，それらを一体として取り扱うものとされています。
　事業分離等会計基準では，企業結合会計基準に用いられている「持分の継続・非継続」を踏襲し，「投資の継続・清算」という概念により整理することにより分離元企業や結合当事企業の株主も合わせた会計処理を採用しています。

2　事業分離における分離元企業の会計処理

　事業分離により，分離した事業に対する投資が継続しているとみるか，清算されたとみるかによって，分離元企業において移転損益を認識するかどうかを決定します。すなわち，投資の継続・清算していることについて観察可能な要件を定める必要があります。
　事業分離等会計基準では，一般的な売却や交換の際の実現の要件を踏まえて，対価の種類を，投資が継続・清算していることについて観察可能な要件に該当

Q6-3-1 事業分離等会計基準（分離元企業の会計処理）

図表1　受取対価が金銭等の財産のみの場合の移転損益認識

分離先企業	個別財務諸表上 移転損益の認識[*1]	連結財務諸表上 連結上の処理
子会社	○1	＊2
関連会社	○2	＊2
その他（株式保有なし又はその他の投資先）	○2	―

＊1　移転損益の認識（する─○，しない─×）
＊2　移転損益は，連結原則における未実現損益の消去に準じて処理する。
○1　受け取った金銭等の財産の移転前に付された適正な帳簿価額と，移転した事業に係る資産及び負債の移転直前の適正な帳簿価額による純資産額（移転事業に係る株主資本相当額）との差額
○2　受け取った金銭等の財産の時価と，移転した事業に係る資産及び負債の移転直前の適正な帳簿価額による純資産額（移転事業に係る株主資本相当額）との差額

するものとして規定しています。また，企業結合会計基準での共通支配下の取引の会計処理との整合性から，分離先企業が子会社もしくは関連会社か否かをメルクマールとして，分離元企業の会計処理を規定しています。

(1) **受取対価が金銭等の財産のみである場合**

　受取対価が金銭等の財産のみである場合には，分離元企業が事業投資リスクを免れることとなるので，当該事業への投資は清算されたものとみなされ，通常，移転損益の認識がなされます。但し，企業結合会計基準における共通支配下の取引の会計処理の定めとの整合性の観点から，分離先企業が子会社となる場合や，子会社を分離先企業とする場合には，移転損益の認識をせず，移転元企業の帳簿価額により計上するものとされています。

　図表1は，受取対価が金銭等の財産のみの場合の移転損益認識についての会計処理をまとめたものです。

(2) **受取対価が分離先企業の株式のみである場合**

　(a) **事業分離により分離先企業が子会社となる場合**　　事業分離により分離先企業が子会社となる場合には，経済実態として分離元企業における投資が事業分離後もそのまま継続していると考えられるため，分離元企業においては移転損益の認識は行いません。他方，分離元企業の連結財務諸表上，移転した事業に係る親会社持分の増減額について持分変動差額を認識します。

　また，分離元企業が分離先企業を取得するため，連結財務諸表上はパーチェ

ス法を適用し，分離先企業に対して追加投資したとみなされる部分と，これに対応する分離先企業の事業分離直前の資本との間に生ずる差額については，のれん（又は負ののれん）とすることとされます。

　(b)　**事業分離により分離先企業が関連会社となる場合**　　事業分離により分離先企業が関連会社となる場合には，事業分離会計基準では投資が継続しているものとみて移転損益を認識しない処理を採用しています。**図表2**は受取対価が分離先企業の株式のみの場合の移転損益認識についての会計処理をまとめたものです。

(3)　**受取対価が金銭等と結合当事企業の株式である場合**

　受取対価が金銭等と結合当事企業の株式である場合の移転損益認識についての会計処理が，**図表3**です。

(4)　**損益計算書における表示**

　移転損益は，原則として損益計算書の特別損益に計上するものとします。

(5)　**注記事項**

　分離元企業は事業の分離が共通支配下の取引や共同支配企業の形成に該当しない場合，事業分離事業年度における注記事項は次のとおりです。

　①　分離先企業の名称，分離した事業の内容，事業分離を行った主な理由，事業分離日及び法的形式を含む事業分離の概要
　②　実施した会計処理の概要
　③　連結財務諸表における事業の種類別セグメントにおいて，当該分離した事業が含まれていた事業区分の名称
　④　当期の損益計算書に計上されている分離した事業に係る損益の概算額
　⑤　分離先企業の株式を子会社株式又は関連会社株式として保有すること以外で分離元企業の継続的関与があるものの，移転損益を認識した場合，当該継続的関与の主な概要

〔平野　敦士〕

図表2　受取対価が分離先企業の株式のみの場合の移転損益認識

分離先企業		個別財務諸表上 移転損益の認識[*1]	連結財務諸表上 連結上の処理
（事業分離前）	（事業分離後）		
株式保有なし	子会社	×	[*2]
関連会社又はその他投資先			
子会社			
株式保有なし	関連会社	×	[*2]
その他投資先			
関連会社			
その他	その他投資先	○	―

[*1]　移転損益の認識（する―○，しない―×）
[*2]　取得した分離先企業に係る「のれん」と，移転した事業に係る「持分変動差額」を認識する。

図表3　受取対価が金銭等と結合企業の株式である場合の移転損益認識

結合当事企業		個別財務諸表上 交換損益の認識[*1]	連結財務諸表上 連結上の処理
被結合企業	結合後企業		
子会社	子会社	○1	[*2]
	関連会社	○2	
	その他投資先	○3	[*3]
関連会社	子会社又は関連会社	○2	[*2]
	その他投資先	○3	[*3]
その他投資先	子会社又は関連会社	○4	[*2]
	その他投資先		―

[*1]　移転損益の認識（する―○，しない―×）
[*2]　移転損益は，連結原則における未実現損益の消去に準じて処理する。増加した持分に係る「のれん」と減少した持分に係る「持分変動差額」を認識する。
[*3]　個別貸借対照表上の帳簿価額（結合後企業の株式の時価又は被結合企業の株式の時価）をもって評価する。
○1　受け取った金銭等の財産の移転前に付された適正な帳簿価額が，被結合企業の株式に係る適正な帳簿価額を上回る場合の差額
○2　受け取った金銭等の財産の時価が，被結合企業の株式に係る適正な帳簿価額を上回る場合の差額
○3　受け取った金銭等の財産及び被結合企業の株式の時価と，引き換えられた被結合企業の株式の適正な帳簿価額との差額
○4　受け取った金銭等の財産の時価と消減部分の帳簿価額（当該被結合企業の株式の消減直前の帳簿価額を消減部分に対応する金銭等の財産の時価と残存部分である結合企業の株式の時価の比率により按分して，消減部分に配分された金額）との差額

Q.6-3-2　事業分離等会計基準（結合当事企業の株主に係る会計処理）

事業分離の際の結合当事企業の株主に係る会計処理について教えてください。

> **Point**
> ■事業分離の対価として，金銭など被結合企業の株式と明らかに異なる資産を対価として受け取る場合には，投資が清算されたとみなされ，交換差益を認識する。
> ■被結合企業が子会社や関連会社の場合において，当該被結合企業の株主が子会社株式や関連会社株式を対価として受け取る場合には，投資が継続しているとみなされ，交換差益を認識しない。

1　被結合企業の株主に係る会計処理の基本的な考え方

(1) 交換損益を認識するかどうかの判定

　事業分離の際の結合当事企業の株主に係る会計処理については，分離元企業の会計処理と同様，投資の継続・清算の概念に基づき，会計処理が規定されます。被結合企業の株式が，事業分離等によりどのような財と引き換えられたのかが重要となります。

　金銭など被結合企業の株式と明らかに異なる資産を対価として受け取る場合には，投資が清算されたとみなされます。この場合には，被結合企業の株式と引換えに受け取った対価となる財の時価と，被結合企業の株式に係る企業結合直前の適正な帳簿価額との差額を交換差益と認識するとともに，改めて受取対価の時価にて投資を行ったものとされます。

　被結合企業が子会社又は関連会社の場合において，当該被結合企業の株主が，子会社株式や関連会社株式となる結合企業の株式のみを対価として受け取る場合には，被結合企業に対する投資が継続しているものとみなされます。この場合，交換損益を認識せず，被結合企業の株式と引換えに受け取る資産の取得原価は，被結合企業の株式に係る適正な帳簿価額に基づいて算定されます。

(2) 被結合企業の株主において交換損益を認識する際の時価

　この場合の時価の算定には，一般的な交換取引における考え方と同様に，引き渡された被結合企業の株式の時価と取得した結合企業の株式の時価のうち，より高い信頼性をもって測定可能な時価で算定されます。市場価格のある結合企業の株式が受取対価とされる場合には，受取対価となる財の時価は原則として企業結合の合意公表日の合理的な期間における株価を基礎に算定します。

2　被結合企業の株主に係る会計処理

　事業分離の受取対価の種類ごとに被結合企業の株主に係る交換損益認識についての会計処理をまとめたのが，次頁以下の**図表1～3**です。

3　結合企業の株主に係る会計処理

　結合企業の態様と結合後企業の態様ごとに事業分離に係る損益の認識をまとめたのが，後掲の**図表4**です。

4　損益計算書における表示

　交換差益は臨時的に発生するものなので，原則として損益計算書の特別損益に計上します。

5　注記事項

　子会社を結合企業とする株主は結合当事企業の企業結合により，子会社に該当しなくなった場合には，企業結合日の属する連結会計年度において連結財務諸表上，下記の事項を注記する必要があります。
　① 各結合当事企業の名称，その事業の内容，企業結合を行った主な理由，企業結合日及び法的形式を含む企業結合の概要
　② 実施した会計処理の概要
　③ 事業の種類別セグメントにおいて，当該結合企業が含まれていた事業区分の名称
　④ 当期の連結損益計算書に計上されている結合当事企業に係る損益の概算額

⑤ 結合後企業の株式を関連会社株式として保有すること以外で結合当事企業の株主の継続的関与があるものの、交換損益を認識した場合、当該継続関与の主な概要

〔平野　敦士〕

図表1　受取対価が金銭等の財産のみである場合

結合当事企業		個別財務諸表上交換損益の認識[*1]	連結財務諸表上連結上の処理
被結合企業	結合後企業		
子会社	子会社	○1	[*2]
	関連会社	○2	
	その他		―
関連会社	子会社又は関連会社	○2	[*2]
	その他		―
その他投資先	子会社又は関連会社	○2	[*2]
	その他		―

[*1] 交換損益の認識（する―○、しない―×）
[*2] 交換損益は連結原則における未実現損益の消去に準じて処理する。
○1　受け取った金銭等の財産の移転前に付された適正な帳簿価額と被結合企業の株式に係る適正な帳簿価額との差額
○2　受け取った金銭等の財産の時価と被結合企業の株式に係る適正な帳簿価額との差額

図表2　受取対価が結合企業の株式のみである場合

結合当事企業		個別財務諸表上交換損益の認識[*1]	連結財務諸表上連結上の処理
被結合企業	結合後企業		
子会社	子会社	×	[*2]
	関連会社		
	その他	○	[*3]
関連会社	子会社又は関連会社	×	[*2]
	その他	○	[*3]
その他投資先	子会社又は関連会社	×	[*2]
	その他		―

[*1] 交換損益の認識（する―○、しない―×）
[*2] 増加した持分に係る「のれん」と減少した持分に係る「持分変動差額」を認識する。
[*3] 個別貸借対照表上の帳簿価額（結合後企業の株式の時価又は被結合企業の株式の時価）をもって評価する。

図表3　受取対価が金銭等の財産と被結合企業の株式である場合

結合当事企業		個別財務諸表上 交換損益の認識[*1]	連結財務諸表上 連結上の処理
被結合企業	結合後企業		
子会社	子会社	○1	[*2]
	関連会社	○2	[*2]
	その他	○3	[*3]
関連会社	子会社又は関連会社	○2	[*2]
	その他	○3	[*3]
その他投資先	子会社又は関連会社	○4	[*2]
	その他	○4	―

[*1] 交換損益の認識（する―○，しない―×）
[*2] 交換損益は連結原則における未実現損益の消去に準じて処理する。増加した持分に係る「のれん」と減少した持分に係る「持分変動差額」を認識する。
[*3] 個別貸借対照表上の帳簿価額（結合後企業の株式の時価又は被結合企業の株式の時価）をもって評価する。
○1　受け取った金銭等の財産の移転前に付された適正な帳簿価額と被結合企業の株式に係る適正な帳簿価額を上回る場合の差額
○2　受け取った金銭等の財産の時価と被結合企業の株式に係る適正な帳簿価額との差額
○3　受け取った金銭等の財産の時価及び被結合企業の株式の時価と，引き換えられた被結合企業の株式の適正な帳簿価額との差額
○4　受け取った金銭等の財産の時価と消滅部分の帳簿価額との差額

図表4　結合企業の株主に係る事業分離損益の認識

結合当事企業		個別財務諸表上 損益の認識[*1]	連結財務諸表上 連結上の処理
結合企業	結合後企業		
子会社	子会社	×	[*2]
	関連会社	×	[*2]
	その他投資先	○	[*3]
関連会社	子会社又は関連会社	×	[*2]
	その他投資先	○	[*3]
その他投資先	子会社又は関連会社	×	[*2]
	その他投資先	×	―

[*1] 損益の認識（する―○，しない―×）
[*2] 増加した持分に係る「のれん」と減少した持分に係る「持分変動差益」を認識する。
[*3] 個別貸借対照表上の帳簿価額（結合後企業の株式の時価）をもって評価する。

第4節 会　　計③──ケース別解説

Q.6-4-1　合併の会計処理①（パーチェス法）

取得と判定された場合の合併の会計処理の例を示してください。

> **Point**
> ■合併が取得と判定されれば，パーチェス法を適用する。
> ■パーチェス法では，被取得企業から受け入れる資産及び負債の取得原価を時価とし，取得した資産及び引き受けた負債のうち識別可能なものに取得原価を配分する。土地など時価が一義的に定まりにくい資産が存する場合には負ののれんが発生しない範囲で評価することができる。
> ■パーチェス法では，のれん又は負ののれんが発生する。
> ■自己株式処分差損は取得企業における「その他資本剰余金」「その他利益剰余金」の順に控除する。

1　設　　例

（1）A社とB社はX6年4月1日を企業結合日（合併期日）として合併し，A社が吸収合併存続会社となった。当該合併は取得と判定され，A社が取得企業，B社が被取得企業とされた。
（2）X6年3月31日現在のB社の個別貸借対照表は次のとおりである。

B社個別貸借対照表			
有価証券	170	資本金	100
（帳簿価額：150）		資本剰余金（資本準備金）	50
土地	100	利益剰余金	100
		その他有価証券評価差額金	20
合計	270	合計	270

（3）合併の合意公表日直前のA社株式の時価は1株当たり6であり，交付した株式（総数100株）の時価総額は600となった。A社は，B社株主へA社株式交付（総数100株）にあたり，自己株式を10株（帳簿価額70）処分し，新株を90株（時価540）発行した。
（4）企業結合日（合併期日）において，B社が保有するその他有価証券の時価は170（帳簿価額150）であった。また，土地は時価が一義的には定まりにくいものである。仮に一

定条件の下で鑑定した場合の評価額は500である。
(5) A社は，増加すべき資本540のうち，資本金を200，資本準備金を100増加させ，残額240については剰余金とした。
(6) 問題の単純化のため税効果会計は考慮しないものとする。

2　A社の企業結合日になすべき個別財務諸表上の会計処理

(借)	有価証券	170	(貸)	自己株式	70
	土地	100		資本金	150
	のれん	230		資本準備金	50
	自己株式処分損	10		その他資本剰余金	240

3　解　　説

(1) 取得原価の配分方法
　① 有価証券——市場価格の存在する有価証券に対して時価である170を適用しています。
　② 土地——時価が一義的に定まりにくい資産が存在する場合には，負ののれんが発生しない範囲で評価することができます。土地を負ののれんが発生しない範囲で評価した配分額である100で受入価額としています。

(2) のれんの会計処理（計規12）
　企業結合の取得原価600に対し，取得原価の配分額370の差額として230がのれんとして計上されています。

(3) 増加資本の会計処理
　① 新株を発行した場合の会計処理——新株発行の対価540が増加資本の額となります。会社機関により決定され資本金200，資本準備金100，その他資本剰余金240に従い，会計処理します。
　② 自己株式を処分した場合の会計処理——自己株式の処分の対価60（@6×10株）から交付した自己株式の帳簿価額70を控除して自己株式処分差損10を算定します。本設例では取得企業の純資産の部の内容が示されていないので，自己株式処分差損10の処理は示せませんが，「その他資本剰余金」「その他利益剰余金」の順に控除します。　　　　　〔平野　敦士〕

Q.6-4-2 合併の会計処理②（持分プーリング法）

持分の結合と判定された場合の合併の会計処理の例を示してください。

Point
- 合併について持分の結合と判定された場合には，持分プーリング法を適用して会計処理を行う。
- 持分プーリング法では，すべての結合当事企業の資産・負債・資本を，適正な帳簿価額で引き継ぐ。
- 持分プーリング法の適用にあたっては，結合当事企業は適正な帳簿価額による資産・負債の洗い直しを行い，誤りがあれば引継ぎ前に修正が行われる。
- 取得企業は，合併にあたって被取得企業の合併期日前日における資本金・資本剰余金・利益剰余金を原則としてそのまま引き継ぐ。
- 取得企業が保有していた被取得企業の株式の帳簿価額を消滅させ，相手勘定は合併消滅法人の剰余金，存続法人の剰余金の順に控除する。

1 設 例

（1）A社はX6年9月30日，B社を吸収合併した。合併比率は1：1であり，判定の結果，持分の結合であるとされた。
（2）X6年3月31日現在のB社の個別貸借対照表は次のとおりである。

B社個別貸借対照表			
売掛金	1,000	買掛金	2,000
棚卸資産	700	資本金	1,000
有価証券	800	資本準備金	250
土地	900	利益準備金	100
その他	250	繰越利益剰余金	200
		その他有価証券評価差額金	100
合計	3,650	合計	3,650

（3）棚卸資産について過年度の会計処理に誤りがあり，適正な帳簿価額は600であったことが判明した。
（4）有価証券の取得価額は700であるが，適正な評価換えにより100評価益が発生しており，決算書ではその他有価証券評価差額金に計上されている。
（5）A社はB社の株式を帳簿価額80保有している。
（6）問題の単純化のため税効果会計は考慮しないものとする。

2 A社の企業結合日になすべき個別財務諸表上の会計処理

(借)	売掛金	1,000	(貸)	買掛金	2,000
	棚卸資産	600		資本金	1,000
	有価証券	800		資本準備金	250
	土地	900		利益準備金	100
	その他	250		繰越利益剰余金	20
				その他有価証券評価差額金	100
				有価証券	80

3 解　説

① 棚卸資産——棚卸資産について過年度の会計処理に誤りがあったことによる修正です。帳簿価額を100減額するとともに、繰越利益剰余金を100減額させます。

② 売掛金・有価証券・土地・その他資産・買掛金——被結合企業の適正な帳簿価額をそのまま引き継ぎます。

③ 資本金・資本準備金・利益準備金・その他有価証券評価差額金——被結合企業の適正な帳簿価額をそのまま引き継ぎます。

④ 繰越利益剰余金——被結合企業の適正な帳簿価額である200から棚卸資産の修正額100、抱合せ株式の控除額80を控除して算出します（次の⑤参照）。

⑤ 有価証券（抱合せ株式）——取得企業が有する被取得企業である合併消滅法人の株式の帳簿価額80を消滅させます。相手勘定は合併消滅法人から引き継ぐ剰余金から控除し、控除しきれないときは合併存続法人の剰余金から控除します。本設例では繰越利益剰余金から80控除します。

〔平野　敦士〕

Q.6-4-3　株式交換による買収の会計処理（パーチェス法）

株式交換により企業買収した際の会計処理の例を示してください。

Point

Ⅰ　個別財務諸表上の会計処理
- 株式交換により完全親会社が取得する完全子会社の株式の取得価額は、対価である完全親会社の株式の時価となる。株式以外の財産を交付する場合は、交付した財産の時価と当該資産の帳簿価額との差額は損益として処理する。
- 株式交換により完全親会社が新株を発行する場合には、完全親会社の株式の時価相当額について資本金・資本準備金・その他資本剰余金を増加させる。増加額の内訳は完全親会社が任意に決定する。
- 自己株式を処分する場合には、交付する自己株式の時価と帳簿価額との差額をその他資本剰余金である自己株式処分差額として処理する。

Ⅱ　連結財務諸表上の会計処理
- 取得原価は、企業結合日時点の時価を基礎として識別可能資産と識別可能負債に配分する。
- 完全子会社の資本勘定と子会社株式の取得価額とを相殺消去し、消去差額はのれんとして処理する。

1　設　例

（1）X6年9月30日、A社を株式交換完全親会社、B社を株式交換完全子会社とする株式交換を行った。交換比率は1：0.5であり、A社の発行済株式総数は100株、B社の発行済株式総数も100株である。
（2）判定の結果、取得であるとされ、A社が取得企業、B社が被取得企業とされた。
（3）A社とB社は互いに資本関係のない上場企業であり、支配株主も存在しない。A社とB社には潜在株式は存在しない。
（4）A社はB社に株式を交付した。新株発行が40株、自己株式の処分が10株である。A社株式の時価は1株当たり12であり、交付した株式の時価総額は600（@12×100株×0.5）である。
（5）株式交換日におけるB社保有の有価証券及び土地の時価は、それぞれ170、220とされた。
（6）A社は、増加すべき資本480のうち、100を資本金とし、残額を剰余金とする旨決定した。
（7）A社は自己株式を10株保有しており、帳簿価額は100である。

(8) 株式交換直前のB社の個別貸借対照表は，次のとおりである。

B社個別貸借対照表			
現金	100	資本金	100
有価証券	170	資本準備金	100
土地	100	利益剰余金	150
		その他有価証券評価差額金	20
合計	370	合計	370

2 A社の企業結合日になすべき会計処理

(1) 個別財務諸表上の会計処理

(借)	B社株式	600	(貸)	資本金*1	100
				その他資本剰余金*1	400
				自己株式*2	100

(2) 連結財務諸表上の会計処理

(借)	現金	100	(貸)	B社株式	600
	有価証券*3	170			
	土地*3	220			
	のれん*4	110			

3 解　説

2の*1〜*4について以下に解説します。

* 1　資本金・資本準備金・その他資本剰余金の内訳は完全親会社が任意に決定します。
* 2　自己株式の交付は，自己株式の帳簿価額を消滅させ，差額をその他資本剰余金で処理します。
* 3　パーチェス法により時価で受け入れます。
* 4　認識可能資産と認識可能負債の差額490とA社の支払対価600との消去差額はのれんとして処理します。

〔平野　敦士〕

Q.6-4-4 逆取得

企業価値が小さい会社が存続法人となる吸収合併の会計処理について教えてください。

> **Point**
> ■旧商法では，時価以下主義を適用して消滅法人の合併差益を利用して含み損を処理する逆さ合併が横行した。
> ■企業結合会計基準では，実質に即して取得企業を決定し会計処理を行うので，上記のような処理はできなくなった。

1 旧商法下での処理

旧商法においては，合併についての会計基準が存在せず，商法総則の時価以下主義（旧商34）を適用して会計処理が行われてきました（旧商413ノ2）。合併により消滅法人の資産に対し時価以下の範囲で任意に評価換えを行って存続法人に引き継ぎ，合併差益と相殺する手法を適用して損益計算書を経由しない方法で含み損の処理が可能でした。

合併に際して資産の評価換えをすることが認められるのは消滅法人であって存続法人でなかったことから，実質的な存続法人が法形式的には消滅法人となるいわゆる逆さ合併が横行しました（わかしお銀行による三井住友銀行の吸収合併などが典型）。

2 企業結合会計基準による規制 （適用指針第10号84, 85）

企業結合会計基準では，1で述べたような潜脱的な会計処理を防止するため，企業結合において実質的な支配企業を取得企業と判定し，実質的な消滅企業を被取得企業と判定して，実態に即した会計処理を行うこととしました。

実質的な存続法人が消滅法人となって吸収合併するケースは従来から逆さ合併と呼ばれてきましたが，企業結合会計基準では「逆取得」といいます。

逆取得の場合には，消滅法人を取得企業として会計処理を行いますので，消

滅法人の資産・負債を任意に評価換えすることができなくなりました。逆取得の場合には，個別財務諸表上は持分プーリング法に準じた処理方法（Q6-2-8参照）により，連結財務諸表上は消滅法人を取得企業としたパーチェス法により会計処理します。

持分プーリング法に準じた処理方法は，下記の株主資本の引継方法及び企業結合年度の連結財務諸表の作成方法を除き，持分プーリング法と同一の処理を行う会計処理です。

> **(1) 株主資本の内訳の引継方法**（適用指針第10号185）
> **(a) 株主資本項目**
> イ．原則的会計処理
> 　存続会社は，消滅会社の企業結合期日の前日の適正な帳簿価額による株主資本の額を払込資本（資本金又は資本剰余金）として処理します。増加すべき払込資本の内訳項目（資本金，資本準備金又はその他資本剰余金）は会社法の規定により決定します。なお，消滅会社の株主資本の額がマイナスの場合には，払込資本を「0」とし，その他利益剰余金のマイナスとして処理します。
> ロ．例外的会計処理
> 　存続会社は，消滅会社の資本金，資本準備金，その他資本剰余金，利益準備金及びその他利益剰余金の内訳科目を，自己株式の処理を除き，そのまま引き継ぐことができます。
> **(b) 株主資本項目以外の項目**　存続会社は，消滅会社の評価・換算差額等及び新株予約権の適正な帳簿価額を引き継ぎます。

3 取得企業が連結財務諸表を作成しない場合 （適用指針第10号86）

逆取得と判定された吸収合併が行われたケースにおいて取得企業が連結財務諸表を作成しない場合には，吸収合併につきパーチェス法を適用したと仮定した場合に個別貸借対照表及び個別損益計算書に及ぼす影響額を注記しなければなりません。

〔平野　敦士〕

Q.6-4-5　株式移転による共同持株会社の設立（パーチェス法）

株式移転により共同持株会社を設立した場合（パーチェス法）の会計処理を教えてください。

Point

■株式移転により，当事者の一方が他方を支配すると判定された場合には，パーチェス法を適用する。
■株式移転におけるパーチェス法の適用の概略は以下のとおりである。

	個別財務諸表上の完全子会社株式の価額	連結財務諸表上の完全子会社の資産・負債の計上額
取得企業	適正な帳簿価額による純資産額	企業結合日における適正な帳簿価額
被取得企業	時価	時価

■株式移転による増加資本は，資本金・資本準備金・その他資本剰余金に計上される。増加資本の内訳の振り分けは任意である。
■連結財務諸表上，取得企業の純資産は，原則としてそのまま引き継がれる。

1　設例

（1）X6年9月30日，A社とB社とが株式移転により完全親会社C社を設立した。A社とB社の発行済株式総数はともに100株，交換比率は1：0.5である。
（2）判定の結果，取得であるとされ，A社が取得企業，B社が被取得企業とされた。株式移転の合意公表日直前のA社の株価は9である。
（3）A社とB社は互いに資本関係のない上場企業であり，支配株主も存在しない。A社とB社には潜在株式は存在しない。
（4）株式移転直前の両社の個別貸借対照表は，それぞれ次のとおりである。

A社個別貸借対照表			
資産	500	資本金 利益剰余金	300 200
合計	500	合計	500

B社個別貸借対照表				
資産	350	資本金		200
		利益剰余金		150
合計	350	合計		350

＊A社の純資産の時価600，B社の純資産の時価400

2　A～C社の企業結合日になすべき会計処理

(1) 個別財務諸表上の会計処理（完全親会社C社の会計処理）

（借）	子会社株式（A社）	500	（貸）	株主資本	500

＊A社での適正な簿価に基づき計上しています。

（借）	子会社株式（B社）	450	（貸）	株主資本	450

＊B社の株主グループに交付されたとみなすA社株式数　（100株×1.0＋100株×0.5）×33.3％＝50株
　B社株式の取得価額　　＠9×50株＝450

(2) 連結財務諸表上の会計処理

(a) 完全子会社A社の会計処理

① 資産・負債の計上——連結財務諸表においても投資が継続しているとして，適正な帳簿価額により資産・負債を計上しますので，資産・負債の計上について修正仕訳は不要です。

② 純資産の引継ぎ——連結財務諸表上も原則として純資産項目の引継ぎがなされます。C社の株主資本の構成が完全子会社の資本構成と異なる場合には，修正仕訳が必要です。

(b) 完全子会社B社の会計処理

（借）	B社資産	400	（貸）	B社株式	450
	のれん	50			

　B社資産・負債は連結財務諸表上も時価で受け入れ，B社に対する出資額450との差額50はのれんとして処理します。

〔平野　敦士〕

Q.6-4-6 株式移転による共同持株会社の設立（持分プーリング法）

株式移転により共同持株会社を設立した場合（持分プーリング法）の会計処理を教えてください。

> **Point**
> ■株式移転により，いずれの当事者も支配を獲得したといえないと判定された場合には，持分プーリング法を適用する。
> ■連結財務諸表上，被取得企業の資産・負債は適正な帳簿価額で受け入れる。
> ■連結財務諸表上，投資が継続している取得企業の純資産の部は，原則としてそのまま引き継がれる。

1 設 例

（1）X6年9月30日，A社とB社とが株式移転により完全親会社C社を設立した。A社の発行済株式総数は100株，B社の発行済株式総数も100株であり，交換比率は1：1である。
（2）判定の結果，持分の結合であるとされ，A社が取得企業，B社が被取得企業とされた。株式移転の合意公表日直前のA社の株価は9である。
（3）A社とB社は互いに資本関係のない上場企業であり，支配株主も存在しない。A社とB社には潜在株式は存在しない。
（4）株式移転直前の両社の個別貸借対照表は，それぞれ次のとおりである。

A社個別貸借対照表			
資産	500	資本金	300
		利益剰余金	200
合計	500	合計	500

B社個別貸借対照表			
資産	450	資本金	300
		利益剰余金	150
合計	450	合計	450

＊A社の純資産の時価600，B社の純資産の時価550

2 A～C社の企業結合日になすべき会計処理

(1) 個別財務諸表上の会計処理

  (a) **完全子会社A社，B社の会計処理**

  特に仕訳の必要がありません。

  (b) **完全親会社C社の会計処理**

(借)	子会社株式（A社）*1	500	(貸)	株主資本*2	950
	子会社株式（B社）*1	450			

*1 適正な簿価により投資は引き継がれます。
*2 株主資本の内訳は，取締役会等意思決定機関により決定します。

(2) 連結財務諸表上の会計処理

  (a) **完全子会社A社，B社の会計処理**

  ① 資産・負債の計上——特に仕訳の必要がありません。

  ② 純資産の引継ぎ——A社株式についての仕訳において株主資本の構成は会社機関の決定に委ねられますが，これが完全子会社の資本構成と異なる場合には，連結財務諸表作成にあたっては修正仕訳が必要です。

  (b) **完全親会社C社の会計処理**

(借)	株式資本	950	(貸)	子会社株式（A社）	500
				子会社株式（B社）	450

完全親会社の出資と完全子会社の資本の相殺消去。

〔平野　敦士〕

Q.6-4-7　分社型分割（支配の継続）

事業の一部を分社型分割により移転し，分割先企業の株式を取得しました。分割先企業が分割元企業の子会社又は関連会社に該当する場合の会計処理を教えてください。

Point

Ⅰ　個別財務諸表上の処理
■事業の一部を分社型分割により移転し，分割先企業の株式を取得し，分割先企業が分割元企業の子会社又は関連会社に該当する場合は，移転事業に対する投資が分割後も継続するとみなされる。
■上記により，移転損益は認識せず，取得した分割先企業の株式の取得価額は移転事業資産の適正な帳簿価額により算定される。
Ⅱ　連結財務諸表上の処理
■分割先に対するみなし投資金額と，これに対応する分割先企業の分割直前の資本との差額は，のれん（又は負ののれん）として処理する。
■分割元企業の事業が分割先企業に移転されたとみなされた額と，移転した事業に係る分割元企業の持分減少額との差額は持分変動差額として特別利益に計上する。

1 設例

（1）A社は自社事業のうちa事業をB社の100％子会社であるC社に対し移転する吸収分割を実施した。
（2）この対価として，A社はC社の株式の議決権の80％を取得した。C社の発行済株式はすべて議決権株式である。
（3）A社・C社の移転直前の事業の概要は，次のとおりである。

会社	事業	移転する資産等の適正な簿価	移転する資産等の時価	移転する事業等の時価
A社	a事業	600	660	850
C社	c事業	150	180	220

2 A社とC社の企業結合日になすべき会計処理

(1) 個別財務諸表上の会計処理

(a) A社の会計処理

| (借) | C社株式 | 600 | (貸) | a事業資産 | 600 |

A社のa事業に対する投資は，C社株式に形態を変えただけで引き続き継続しているとみなして，移転損益の認識は行いません。

(b) C社の会計処理

| (借) | a事業資産 | 600 | (貸) | 株主資本 | 600 |

(2) 連結財務諸表上の会計処理

A社の会計処理

(借)	c事業資産	30	(貸)	C社株式	600
	株主資本	750		少数株主持分	156
	のれん	26		持分変動差額	50

上記仕訳は，下記の処理の累計となります。

会計処理	説明
(借) 株主資本 600 (貸) C社株式 600	投資と資本の相殺消去。
(借) c事業資産 30 (貸) 株主資本 30	C社のc事業の時価180と適正な簿価150との差額。
(借) 株主資本 144 (貸) C社株式 170 　　のれん 26	A社が取得した持分（850×20%）と，c事業資産のA社持分（180×80%）の差額は，会社分割により生じたプレミアムとしてのれん処理。
(借) 株主資本 36 (貸) 少数株主持分 36	c事業資産時価180からA社持分を144を控除した額。
(借) 株主資本 170 (貸) 株主持分差額 50 　　　　　　　　　　少数株主持分 120	A社がa事業をC社に移転することにより，少数株主に移転したとみなされる部分。差額は，持分変動差額として特別利益計上。

〔平野　敦士〕

Q.6-4-8 分社型分割（取得）

事業の一部を分社型分割により移転し，分割先企業の株式を取得しました。分割先企業が分割元企業の子会社又は関連会社に該当しない場合の会計処理を教えてください。

> **Point**
> ■分割先企業が子会社又は関連会社に該当しない場合には，移転事業に対する投資が分割により清算されたものとみなされる。
> ■上記の結果，分割元企業の個別財務諸表において，移転事業に係る移転損益が認識される。取得した分割先企業の株式の取得価額は，株式の時価又は移転事業の時価のうち，より高い信頼性をもって測定可能な数値を使用する。
> ■上記の場合，連結財務諸表作成上の修正仕訳は要しない。
> ■分割型会社分割については，取得の場合も持分の結合の場合も，分社型会社分割プラス受け取った分割先企業の株式の分配という2つの取引と考えて処理する。

1 設 例

（1）A社は自社事業のうちa事業をB社の100%子会社であるC社に対し移転する吸収分割を実施した。
（2）この対価として，A社はC社の株式の議決権の10%を取得した。C社の発行済株式はすべて議決権株式である。
（3）A社・C社の移転直前の事業の概要は，次のとおりである。

会社	事業	移転する資産等の適正な簿価	移転する資産等の時価	移転する事業等の時価
A社	a事業	60	66	85
C社	c事業	600	660	800

2 A〜C社の企業結合日になすべき会計処理

(1) 個別財務諸表上の会計処理

(a) A社の会計処理

(借)	C社株式	85	(貸)	a事業	60
				C社株式	25

取得した分割先企業の株式の取得価額は，株式の時価又は移転事業の時価のうち，より高い信頼性をもって測定可能な数値を使用することとされていますが，通常，会社分割により取得したC社株式が上場株式でないことから移転事業の時価がより高い信頼性をもって測定可能な数値であるとみます。

(b) B社の会計処理

処理不要です。

(c) C社の会計処理

(借)	a事業資産	66	(貸)	株主資本	85
	のれん	19			

承継会社であるC社の増加すべき株主資本の内訳は，会社法の規定に従い，資本金・資本準備金・その他資本剰余金のいずれかの科目で増加させます。

のれんは，増加すべき株主資本の額85と移転した事業資産の時価66との差額により計算します。のれんは20年以内のその効果が及ぶ期間にわたり合理的な方法により規則的に償却します。

(2) 連結財務諸表上の会計処理

会社分割により，連結の範囲が変わったわけではないので，いずれの企業結合当事者においても連結財務諸表上修正処理の必要はありません。

〔平野　敦士〕

Q.6-4-9 共同新設分割（共同支配企業の形成）

判定の結果，共同支配企業の形成とされる共同新設分割を行った場合の会計処理を教えてください。

> **Point**
> ■共同新設分割については，Q6-2-1の判定基準に基づき，取得又は共同支配企業の形成かの判定を行う。
> ■取得の場合は分社型分割（Q6-4-8）で示した処理を行い，共同支配企業の形成の場合は，「持分プーリング法に準じた会計処理」を行う。
> ■「持分プーリング法に準じた会計処理」は，「持分プーリング法」と異なり，連結財務諸表作成上，新設会社株式の会計処理にあたり，のれん（又は負ののれん）及び持分変動差額の認識を行わない。

1 設 例

(1) A社とB社は自社事業のうち，共同で新設分割設立会社C社を設立しa事業及びb事業を移転した。
(2) この対価として，A社とB社はそれぞれC社の株式の議決権の60%，40%を取得した。C社の発行済株式はすべて議決権株式である。判定の結果，当該共同新設分割は共同支配企業の形成と判定された。
(3) A社・B社の移転直前の事業の概要は，次のとおりである。

会社	事業	移転する資産等の適正な簿価	移転する資産等の時価	移転する事業等の時価
A社	a事業	600	660	720
B社	b事業	590	650	700

2 A～C社の企業結合日になすべき会計処理

(1) 個別財務諸表上の会計処理

(a) **A社の会計処理**

| （借） | C社株式 | 600 | （貸） | a事業資産 | 600 |

A社のa事業に対する投資は，C社株式に形態を変えただけで引き続き継続しているとみなして，移転損益の認識は行いません。

(b) **B社の会計処理**

| （借） | C社株式 | 590 | （貸） | b事業資産 | 590 |

A社と同様です。

(c) **C社の会計処理**

| （借） | a事業資産 | 600 | （貸） | 株主資本 | 1,190 |
| | b事業資産 | 590 | | | |

C社は支配投資企業から移転される資産の分割期日における適正な簿価を引き継ぎます。株主資本は会社法の規定に従い，資本金・資本準備金・その他資本剰余金に計上します。

(2) 連結財務諸表上の会計処理

「持分プーリング法に準じた会計処理」は，持分プーリング法と異なり連結財務諸表作成上，新設会社株式の会計処理にあたり，のれん（又は負ののれん）及び持分変動差額の認識を行いません。

したがって，A社・B社ともに連結財務諸表作成上，共同新設分割によるC社設立について個別財務諸表の修正は要せず，連結修正仕訳は不要となります。

〔平野　敦士〕

Q.6-4-10　債務超過の会社を吸収合併する場合の会計処理

債務超過の会社を吸収合併する場合の会計処理について教えてください。

> **Point**
> ■債務超過の会社を吸収合併する場合，株主総会において，その旨を説明する必要がある。
> ■パーチェス法を適用する場合には，組織再編の取得原価が正の値である限り，のれんが発生するので，問題にならない。
> ■持分プーリング法を適用する場合には，消滅法人の適正な帳簿価額による資産，負債及び純資産の部をそのまま引き継ぐ。

1　組織再編の際に発生した差損の扱い

　会社法では，存続会社が承継する負債の簿価が資産の簿価を超える，いわゆる差損が生ずる場合であっても，組織再編を行うことができます。その際には，株主保護の要請から株主総会においてその旨の説明を行う必要があります（会795②）。
　会社法では，株主保護の要請から株主総会において説明を要すべきとされている差損発生のケースとして下記の2点を列挙しています。
　①　存続会社（吸収合併の場合）又は承継会社（吸収分割の場合）が承継する負債の簿価が，資産の簿価を超える場合
　②　組織再編に際して，吸収合併消滅株式会社等の株主に対して交付する対価の存続会社における簿価が，組織再編により承継する純資産額を超える場合
　なお，企業結合会計基準によれば，組織再編は「取得」又は「持分の結合」のいずれかに判定されます。取得と判定された組織再編はパーチェス法を適用し，結合当事企業の資産・負債を時価で引き継ぎ，資産・負債の差額と組織再編の取得原価との差額はのれん（又は負ののれん）として認識します。したがって，簿価ベースで債務超過の組織再編であっても，取得と判定された組織再編ではのれんが認識されるので，通常の組織再編と同様の処理を行うことになります。

他方，持分の結合と判定された組織再編は持分プーリング法を適用し，消滅法人の適正な帳簿価額による資産，負債及び純資産の部をそのまま引き継ぐので，このまま持分プーリング法を適用するのかどうかが問題となります。

② 債務超過会社を吸収合併した場合の会計処理

結論としては，債務超過会社であっても持分の結合と判定された組織再編は消滅法人の適正な帳簿価額による資産，負債及び純資産の部をそのまま引き継ぎます。旧商法時代のように，企業結合に際して資産及び負債の評価換えを行ったり，営業権を計上して債務超過を回避するようなことはしません。消滅法人の純資産の部，すなわち資本金，資本剰余金，利益剰余金，評価・換算差額等，新株予約権の適正な簿価をそのまま引き継ぎます。

③ 設 例

(1) A社はB社をX6年4月1日を合併期日として吸収合併し，A社が存続会社となった。
(2) 企業結合会計基準に基づく判定の結果，当該合併は「持分の結合」と判定され，A社が取得企業と判定された。
(3) A社は吸収合併にあたりA社株式を新株発行してB社株主に交付した。
(4) X6年3月31日現在のB社の貸借対照表は，次のとおりである。

B社個別貸借対照表			
諸資産	1,000	負債	1,500
		資本金	200
		資本剰余金	100
		利益剰余金	▲800
合計	1,000	合計	1,000

④ A社の企業結合日になすべき個別財務諸表上の会計処理

(借)	諸資産	1,000	(貸)	負債	1,500
				資本金	200
				資本剰余金	100
				利益剰余金	▲800

〔平野　敦士〕

Q.6-4-11 企業結合に伴う退職給付引当金の処理

企業結合に伴って被取得企業から引き継ぐ退職給付引当金の処理はどのようになるか教えてください。

> **Point**
> ■企業結合に伴って被取得企業から引き継ぐ退職給付引当金の処理は、その企業結合が取得か、持分の結合であるかによって異なる。
> ■持分の結合の場合、適正に算定された帳簿価額で被取得企業から退職給付引当金を引き継ぐ。
> ■取得の場合、被取得企業から引き継ぐ退職給付引当金の公正な評価額は、合併時の退職給付債務から年金資産の時価を控除した額となる。したがって、被取得企業の未認識項目の引継ぎはできない。
> ■税務上は、非適格合併等における退職給付引当金の受入れは、退職給与負債調整勘定として認識する。

1 企業結合に伴う退職給付引当金の処理の考え方

企業結合に伴う退職給付引当金の処理の考え方は、他の資産・負債項目と同様、企業結合が「取得」か、「持分の結合」であるかを判定し、それに基づいて評価額が決定します。

(1) 持分の結合と判定された場合

持分プーリング法を適用し、適正に算定された帳簿価額で被取得企業から退職給付引当金を引き継ぎます。したがって、取得企業と被取得企業の会計処理の統一や、被取得企業における帳簿価額の妥当性を検証して適正に算定された帳簿価額を基礎として取得原価を配分します。

(2) 取得と判定された場合

パーチェス法を適用し、合併時の退職給付債務から年金資産の時価を控除した額により算定した公正な評価額をもって、被取得企業から引き継ぐ退職給付引当金の評価額とします。企業結合後の退職給付債務を引き継ぐにあたって、存続会社の退職給付制度や退職金制度を踏まえた退職給付の実態を適切に反映

するよう，会計方針や基礎率を見直す必要があります。

被取得企業が企業結合前に把握していた未認識項目（過去勤務債務，数理計算上の差異，会計基準変更時差異）の引継ぎができないことになります（企業会計基準適用指針第10号「企業結合会計基準及び事業分離等会計基準に関する適用指針」平成18年12月8日）。したがって，企業結合にあたって過去勤務期間の精算を行っていない場合であっても，未認識項目を遅延認識することはできず，一時の損益として処理することとなります。

②　非適格合併等における退職給付引当金の受入れ

平成18年度税制改正により，平成18年4月1日開始事業年度から適用の企業結合会計基準に対応し，パーチェス法により会計処理した場合における純資産額と支払対価との差額であるのれんもしくは負ののれんの税務処理が明確化されました（Q6-5-6参照）。

非適格合併等における税務上の退職給付引当金の受入れは，退職給付調整勘定の受入れとして処理されることになりました。

調整勘定	内　容	償　却
退職給与負債調整勘定	被合併法人等から引継ぎを受けた従業員につき，退職給与債務引受けをした場合の引受けに係る額	退職給与受従業者が退職その他の事由により従業者でなくなった場合等に，退職給与負債調整勘定のうち，その者に係る部分の金額として政令で定める金額
短期重要負債調整勘定	被合併法人等から移転を受けた事業に係る将来の債務で，概ね3年以内に損失が見込まれるもの	損失が生じた場合には，短期重要負債調整勘定のうち損失相当額を，また，非適格合併等の日から3年が経過した場合には，短期重要負債調整勘定の金額
差額負債調整勘定	非適格合併等にあたり，支払対価が取得法人の時価純資産額を下回る場合，下回った額から退職給与負債調整勘定及び短期重要負債調整勘定を除いた金額	5年均等月割償却（強制償却）

〔平野　敦士〕

Q.6-4-12　組織再編行為の対価の柔軟化に伴う会計処理

組織再編行為の対価の柔軟化に伴う会計処理について教えてください。

> **Point**
> ■組織再編行為の対価の柔軟化により，キャッシュ・アウト・マージャーや三角合併が可能となった。
> ■これらはいずれも税務上は非適格組織再編となる。
> ■キャッシュ・アウト・マージャーは原則としてパーチェス法が適用される。
> ■三角合併では，連結財務諸表上，親会社と相手先企業の企業結合とみて取得か持分の結合かを判定する。個別財務諸表上，判定された取得と持分の結合を基に連結財務諸表において取得と持分の結合かを判定する。

1　組織再編行為の対価の柔軟化

組織再編行為の対価の柔軟化とは，会社法の制定に伴い，会社分割等の組織再編行為において，消滅法人等の株主に対して存続法人等の会社の株式を交付しないで，金銭その他の資産を交付できることとなったことを指します。

対価の柔軟化により，合併に際し消滅法人の株主に金銭のみを交付するキャッシュ・アウト・マージャーや，存続法人の親会社株式を交付する三角合併が可能になりました（Q6-1-5参照）。

2　組織再編行為の対価の柔軟化の税務上の取扱い

キャッシュ・アウト・マージャーや三角合併のいずれも組織再編の対価として合併法人等の株式以外の資産が交付され，税制適格要件を満たさないので（Q6-5-3参照），非適格組織再編となります。

3　組織再編行為の対価の柔軟化の会計上の取扱い

(1) キャッシュ・アウト・マージャー

キャッシュ・アウト・マージャーでは，結合の対価が金銭であり，「取得」と「持分の結合」を判定する際の対価要件を満たさないので，共通支配下の取

引に該当しない限り（Q6-2-9参照），パーチェス法が適用されます。

したがって，企業結合日における取得企業の会計処理は，次のとおりです。

（借）	諸資産*1	1,000	（貸）	現預金	1,000

*1　消滅法人の資産を時価で引き継ぐ。

(2) 三角合併

(a) 連結財務諸表　三角合併においては，実質的にはその親会社と他の企業との結合ですので，連結財務諸表上，その親会社と相手先企業との企業結合とみなして「取得」か「持分の結合」かを判定します。個別財務諸表において計上された親会社株式処分損益について，子会社が親会社株式を支払対価として他の企業と結合するものですから，資本剰余金に振り替える処理をします。

（借）	親会社株式処分損益	1,000	（貸）	資本剰余金	1,000

(b) 個別財務諸表

① 取得企業の判定——個別財務諸表においては，連単における取得企業の整合性を重視し，連結財務諸表における取得企業の判定結果をそのまま適用します。三角合併では親会社株式が取得の対価として交付され対価要件を満たさないので，パーチェス法により会計処理がなされることになります。

② 企業結合の取得の対価の算定——企業結合の取得の対価の算定は親会社株式の時価を基礎として算定します。親会社株式に市場価格がある場合にはその株価に交付株式数を乗じて企業結合の取得の対価を算定し，親会社株式の帳簿価額との差額は，取得企業の損益として処理します。

企業結合日における合併存続法人の会計処理は，次のとおりです。

（借）	諸資産*2	1,000	（貸）	親会社株式	800
				親会社株式処分益	200*3

*2　合併消滅法人の諸資産を時価で引き継ぐ。
*3　合併の合意公表日直前の親会社株式の時価と帳簿価額の差額を，個別財務諸表では損益として会計処理する。

〔平野　敦士〕

第5節　税　務

Q.6-5-1　組織再編税制の概略

組織再編税制の概略について教えてください。

> **Point**
> ■組織再編は，税制上，時価での譲渡を原則とするため，組織再編時に含み益に課税される。但し，一定の要件（適格要件）を満たすことにより，簿価での資産移転を認め，課税の繰延べを図ることができる。

1　税制上，適格組織再編と非適格組織再編がある

　組織再編税制は平成13年度税制改正で導入された制度です。制度の創設段階では，合併，分割，現物出資及び事後設立を組織再編と位置づけ，組織再編を適格組織再編・非適格組織再編に分類して税務上の取扱いを定めています。平成18年度税制改正により株式交換及び株式移転についても他の組織再編と同様の体系に組み入れられました。

2　移転資産の課税

　組織再編時の資産及び負債の移転価額について時価による譲渡を原則（非適格）としつつも，適格要件を満たす場合は，被合併法人が有する資産及び負債について簿価で移転したものとして譲渡損益の認識をしないため，組織再編時における資産及び負債の含み損益の課税の繰延べを認めています。

3　青色欠損金の引継ぎと特定資産の譲渡損失額の扱い

　ほかにも，適格合併及び適格分割（以下，適格合併等という）では，一定の要件を満たす場合に被合併法人又は分割法人からの青色欠損金の引継ぎが認められます。但し，租税回避防止の観点から，一定の場合には青色欠損金の引継ぎに制限が設けられています（Q6-5-4参照）。

また，適格合併等をする法人間における特定の資本関係が，適格合併等をする日の属する事業年度開始の日の5年前の日以後に生じているケースで，適格合併等のときに所有する資産（特定資産）が未実現の含み損を抱えていて合併等の後でその含み損が実現するケースでは，一定の場合に資産の譲渡損の損金計上額に制限が設けられています（法法62の7）。

4　みなし配当

　適格組織再編については，移転する資産等が簿価で引き継がれ利益積立金についてもそのまま引き継がれるため，株主に対して配当があるとみなされる部分がなく，みなし配当課税はありません。一方で非適格組織再編の場合では，移転する資産が時価で譲渡されることとなりますので，利益積立金を引き継ぐことができず，みなし配当課税の対象となります。

5　包括否認規定

　組織再編は税制上のメリットも大きいため，この制度を悪用した租税回避が登場することも想定されます。そうした組織再編を防止する意味から，組織再編が法人税の負担を不当に減少させる結果となると認められるものについては，その行為又は計算にかかわらず，税務署長の認めるところにより，その法人に係る法人税の課税標準もしくは欠損金額又は法人税の額を計算する，いわゆる包括否認規定が設けられています（法法132の2）。

　いずれにしても，税務上の取扱いが，適格組織再編に該当する場合としない場合とでまったく異なりますので，慎重な判断が求められます。

　これまで，企業間の合併，分割，現物出資，そして事後設立について組織再編税制の適用がありました。さらに，平成18年10月1日以降に行われるケースについては，株式交換，株式移転についても組織再編税制の一類型に加えられることとなったため，適格・非適格の判定をする必要があります。

〔佐藤　増彦〕

Q.6-5-2 株式の保有関係の判定

株式の保有関係の判定について教えてください。

> **Point**
> ■保有割合の判定には，直接保有のほか間接保有も含める。
> ■同一の者には，個人の場合，本人のほか特別関係のある個人が含まれる。

1 株式の保有関係の判定

　保有関係の判定に際しては，株主名簿に記載されている株主等で行います。但し，株主名簿に記載された株主等が単なる名義人であって，その株主以外の者が実際の権利者である場合には，その実際の権利者が保有するものとして判定します(法基通1-4-3)。組織再編税制の適格・非適格の判定に際しては，株式の保有関係が問題となります。後述(Q6-5-3参照)するとおり，組織再編となる会社間の株式の保有関係がどのようであるかにより，税制上の適格・非適格の要件が異なるからです。いずれの場合でも，同一の者によってそれぞれの法人の発行済株式等が直接又は間接に保有される関係にあるかどうかで判定されます。ここでは，保有関係の判定と，同一の者の範囲について説明していきます。

2 保有関係と保有割合の判定

　株式を直接保有する場合はもちろんのこと，間接保有する場合にも保有関係の判定に加えられます。次頁の**図表1**は，A社がB社の株式（出資）を直接保有するケースと間接保有するケースの具体例です。保有割合の判定では，直接保有のケースのように，A社がB社の株式をX株保有していると仮定すると，X株をB社の発行済株式総数で除した割合をA社のB社に対する保有割合と考えます。A社とB社の間に別の法人が介在する間接保有のケースでは，a社・b社のような子会社（A社はa社・b社それぞれの発行済株式総数の過半数を保有する）が保有する，株式（X"株，又はa´株とb´株の合計数）をB社の発行済株式総数で除した割合をA社のB社に対するそれぞれの保有割合と考えます。

図表1　保有割合の判定例──直接保有・間接保有

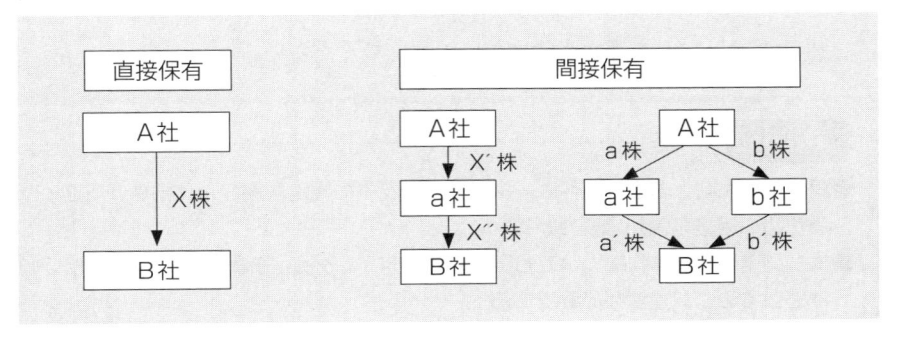

```
直接保有                    間接保有

 A社              A社                  A社
  │               │X′株          a株 ╱  ╲ b株
  │X株            ▼              ▼      ▼
  ▼              a社            a社    b社
 B社              │X″株         a′株╲  ╱b′株
                  ▼                  ▼
                 B社                 B社
```

図表2　保有関係の判定例──同一の者の判定

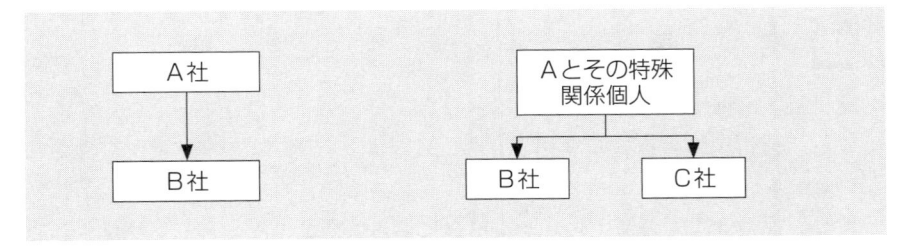

```
 A社                 Aとその特殊
  │                    関係個人
  ▼                   ╱      ╲
 B社                 ▼        ▼
                    B社       C社
```

③ 同一の者の範囲

　同一の者には個人株主及び法人株主が含まれます。また，株式を保有する者が個人の場合，その個人本人のほか，以下に挙げる特殊関係のある個人についても同一の者に含まれます（法令4①，4の2①二）。

(i)　株主等の親族
(ii)　株主等と婚姻の届出をしていないが事実上婚姻関係と同様の事情にある者
(iii)　株主等（個人株主等に限る）の使用人
(iv)　(i)～(iii)に掲げる者以外の者で株主等から受ける金銭その他の資産によって生計を維持している者
(v)　(i)～(iii)に掲げる者と生計を一にするこれらの者の親族

　したがって，例えば親子会社のようにA法人がB法人を全部保有する関係以外にも，兄弟会社のようにAとその特殊関係個人がB社及びC社を直接又は間接に全部保有する関係も含まれます（**図表2**参照）。　　　　　〔佐藤　増彦〕

Q.6-5-3 適格要件

組織再編税制上の適格要件について教えてください。

> **Point**
> ■組織再編税制上の適格要件は，企業グループ内の組織再編か，共同事業をするための組織再編かで要件が異なる。
> ■株式交換や株式移転についても平成18年10月1日分から適格要件の制限を受けているので，注意が必要である。

1 概　　要

適格組織再編は，次頁の**図表1**に示した3つのケースのうちいずれかにあてはまる組織再編で，株式及び出資（以下，株式等という）以外の資産が交付されないものをいいます。

但し，被合併法人の株主に対する出資に係る剰余金の配当として交付される金銭その他の資産は除かれます。この場合の利益の配当又は剰余金の分配については株式等以外の資産の交付には含まれないため，適格要件を損ねることはありません（Q6-5-6参照）。

また，合併法人が合併に際して，被合併法人の株主等に交付する株式に1株未満の株式が生じたため，その1株未満の株式の合計数に相当する株式を他に譲渡し，その譲渡代価を当該被合併法人の株主等に交付したときは，その被合併法人の株主等に対してその1株未満の株式に相当する株式を交付したことになります。

但し，この1株未満の株式は，無議決権株式として取り扱われます（法基通1-4-2注）。

2 適格組織再編になるケースは3つある

組織再編税制における適格要件は，企業グループ内の組織再編と共同事業目的の組織再編とに大別されます。さらに，前者の企業グループ内の組織再編は，

全部保有関係と50％超100％未満の保有関係とに分けられ，それぞれ適用される適格要件が異なります。

合併，分割，現物出資，株式交換，株式移転については，①全部保有関係がある法人間の組織再編，②50％超100％未満の保有関係がある場合の組織再編，そして，③共同事業目的の組織再編の要件がそれぞれ定められています。

但し，事後設立だけは全部保有関係がある法人間の組織再編だけに限られています。これらの関係を，わかりやすく表にまとめると，次の**図表2**のとおりとなります。

図表1　適格組織再編になるケース

①　全部保有関係
②　50％超100％未満の保有関係
③　共同事業

図表2　組織再編税制の類型

	企業グループ内		共同事業	根拠条文
	全部保有関係	50％超100％未満の保有関係		
適格合併	○	○	○	法法２十二の八
適格分割（分割型分割，分社型分割）	○	○	○	法法２十二の十一，十二，十三
適格現物出資	○	○	○	法法２十二の十四
適格事後設立	○	—	—	法法２十二の十五
適格株式交換	○	○	○	法法２十二の十六
適格株式移転	○	○	○	法法２十二の十七

（注）○＝適格要件の適用あり，—＝適格要件の適用なし

3　企業グループ内の組織再編の場合の要件

組織再編税制の適格要件は，前述のとおり組織再編の類型ごとに若干異なる

箇所もありますが，基本的には同一です。

そこで以下では，適格合併のケースを基本的に説明し，必要に応じて異なる要件についても触れることとします。

(1) 全部保有の場合の要件

 (a) **直接又は間接に全部保有要件**　合併に係る被合併法人と合併法人との間に，いずれか一方の法人が他方の法人の発行済株式又は出資（以下，発行済株式等という）の全部を直接又は間接に保有する関係などがあることが適格要件とされます。

なお，被合併法人間の所有関係の判定から自己株式は除かれます。例えば，完全親子会社間の合併がこれに該当します。この場合，次の(b)の継続保有要件はありません。

 (b) **同一の者によって保有される場合の継続保有要件**　合併に係る被合併法人と合併法人との間に同一の者によってそれぞれの法人の発行済株式等の全部を直接又は間接に保有される関係にある場合，合併後も合併法人の発行済株式等の全部を，合併前からの全部保有者によって直接又は間接に継続して保有されることが見込まれていることが適格要件とされます。

100％出資関係がある親－子－孫会社関係における，子孫合併の場合には，同一の者によって支配されていますので，継続要件の適用があります。

合併後にその株式等の譲渡等を計画しているケースでは，継続保有の要件を満たさないことになります。

但し，適格合併後にさらに組織再編をする場合で，以下のように全部保有要件が満たされるケースでは，継続保有されるものとして取り扱われます。

①合併後にその者を被合併法人とする適格合併が見込まれる場合

その合併後にその者によって発行済株式等の全部を直接又は間接に保有され，適格合併後に合併に係る合併法人によって発行済株式等の全部を直接又は間接に継続して保有されること。

②合併後にその合併法人を被合併法人とする適格合併が見込まれる場合

その合併のときから合併の直前のときまでその者によって発行済株式等の全部を直接又は間接に保有されること。

(2) 50％超100％未満の保有の場合の要件

合併に係る被合併法人と合併法人との間にいずれか一方の法人が他方の法人の発行済株式等の総数の50％超100％未満の株式を直接又は間接に保有する関係などがあるもののうち，適格合併・適格株式交換・適格株式移転では，以下に示す(a)～(c)の要件を満たすことが適格要件とされ，主要な資産の引継要件はありません。

適格分割と適格現物出資では，以下に示す(a)～(d)のすべての要件を満たすことが適格要件とされ，主要な資産の引継ぎも要件に加えられます。これらの関係をわかりやすく表にまとめると，次の**図表３**のとおりとなります。

図表３　再編形態別の適格要件

	適格合併	適格分割	適格現物出資	適格株式交換	適格株式移転
継続保有要件	○	○	○	○	○
従業者の引継要件	○	○	○	○	○
主要な事業の引継要件	○	○	○	○	○
主要な資産の引継要件	－	○	○	－	－

(注)　○＝必要，－＝不要

(a)　継続保有要件　　合併後にその者によって合併法人の支配株式（50％超100％未満の保有）を直接又は間接に継続して保有されることが見込まれていること。

(b)　従業者の引継要件　　合併に係る被合併法人の当該合併の直前の総従業者のうち，その総数の概ね80％以上に相当する数の者が合併後に合併に係る合併法人の業務に従事することが見込まれていること。

なお，合併後にさらにその合併法人を被合併法人とする適格合併を行うことが見込まれる場合には，引き続きその従業者が業務に従事することが見込まれることが求められます。

従業者の範囲には，使用人のほか役員その他の者も含まれます。合併の直前に被合併法人の合併前に営む事業に現に従事する者をいいます。但し，これらの事業に従事する者であっても，例えば日々雇い入れられる者で従事した日ごとに給与等の支払を受ける者について，法人が従業者の数に含めないこととし

ている場合は，これも認められます（法基通1-4-4）。

  (c) **主要な事業の引継要件**　合併に係る被合併法人の合併前に営む主要な事業が合併後に合併に係る合併法人において引き続き営まれることが見込まれていること。

  被合併法人の合併前に，営む事業が2以上ある場合，それぞれの事業に属する収入金額又は損益の状況，従業者の数，固定資産の状況等を総合的に勘案して判定します（法基通1-4-5）。

  なお，合併後にさらにその合併法人を被合併法人とする適格合併を行うことが見込まれる場合には，主要な事業が合併後も引き続いて営まれることが見込まれることが求められます。

  なお，当初の合併後に引き続き合併を行うことが見込まれる場合は，引き続き行われる合併が適格合併に該当する場合には，継続保有要件を満たすものとして扱います。

  ①合併後にその者を被合併法人とする適格合併が見込まれる場合
  合併後にその者によって支配株式を直接又は間接に保有され，当初の適格合併後にその適格合併に係る合併法人によって支配株式を直接又は間接に継続して保有されることとします。

  ②当初の合併に係る合併法人を被合併法人とする適格合併が見込まれる場合
  当初の合併のときから適格合併の直前のときまでその者によって支配株式を直接又は間接に保有されることとします。

  (d) **主要な資産の引継要件**　分割，現物出資については，その組織再編に伴って移転する事業に係る主要な資産及び負債が移転していること。

  その資産が，主要なものであるかどうかの判断は，分割法人又は現物出資法人がその事業を営む上での重要性のほか，その資産及び負債の種類，規模，事業再編計画の内容等を総合的に勘案して判定します（法基通1-4-8）。

4　共同事業の場合の要件

  合併法人と被合併法人とが共同で事業を営む目的で合併をする場合の適格要件は，以下の(1)～(5)のとおり，5つあります。

  但し，次の①，②のように合併に係る被合併法人の株主等の数により満たさ

なければならない要件の数は異なります。

> ① 合併に係る被合併法人の株主等の数が50人未満の場合
>   →(1)〜(5)の5要件すべてを満たすこと
> ② 合併に係る被合併法人の株主等の数が50人以上の場合
>   →(1)〜(4)の4要件すべてを満たすこと

(1) 相互に関連する事業であること

　合併に係る被合併法人が合併前に営んでいた主要な事業のいずれかの事業とその合併に係る合併法人の合併前に営んでいた事業のうちいずれかの事業とが相互に関連するものであること。

　被合併法人が合併まで営んでいた主要な事業のうちのいずれかの事業を被合併事業といい，合併法人が合併まで営んでいた事業のうちいずれかの事業を合併事業といいます。被合併法人の被合併事業については，合併前の主要な事業であることが求められる一方で，合併法人については主要な事業には限りません。

(2) 事業規模の割合が5倍以内であること又は特定役員の引継ぎがあること

　この要件は，以下のとおり，(a)事業規模要件と，(b)特定役員の引継要件に分かれます。

　(a) **事業規模要件**　　合併に係る被合併法人の被合併事業と当該合併に係る合併法人の合併事業のそれぞれの(i)売上金額，(ii)従業者の数，(iii)資本金（出資金）の額，(iv)これらに準ずるものの規模の割合が概ね5倍を超えないこと。

　(iv)の「これらに準ずるものの規模」とは，例えば，金融機関における預金量など客観的・外形的にその事業の規模を表すものと認められる指標をいいます。事業の規模の割合が概ね5倍を超えないかどうかは，それぞれの指標のいずれか一の指標が要件を満たすかどうかにより判定します（法基通1-4-6注）。

　(b) **特定役員要件**　　合併前の被合併法人の特定役員の1名以上と合併法人の特定役員の1名以上が合併後に合併法人の特定役員に就任することが見込まれていること。

　ここにいう「特定役員」とは，社長，副社長，代表取締役，代表執行役，専務取締役もしくは常務取締役又はこれらに準ずる者で法人の経営に従事してい

る者をいいます。

　なお,「これらに準ずる者」とは,役員又は役員以外の者で,社長,副社長,代表取締役,専務取締役又は常務取締役と同等に法人の経営の中枢に参画している者を指します（法基通1-4-7）。

(3) **従業員の引継ぎがあること**

　合併に係る被合併法人の合併の直前の従業者のうち,その総数の概ね100分の80以上に相当する数の者が合併後に合併法人の業務に従事することが見込まれていること。

　なお,当初の合併後に合併法人を被合併法人とする適格合併を行うことが見込まれている場合には,引き続き行われる合併後も,100分の80以上の従業者が合併法人の業務に従事することが見込まれること。

(4) **事業の継続**

　合併に係る被合併法人の被合併事業が合併後に合併法人において引き続き営まれることが見込まれていること。

　合併後に合併法人を被合併法人とする適格合併を行うことが見込まれている場合には,被合併事業が,引き続き行われる合併後に合併法人で営まれることが見込まれていること。

(5) **株式の継続保有**

　被合併法人の株主等で,合併により交付を受ける合併法人の株式の全部を継続保有することが見込まれる者が有する被合併法人の株式の合計数が,被合併法人の発行済株式等の総数の100分の80以上であること。

　なお,無議決権株式については,継続保有株式数に含められません。

　(a) **合併後にその者を被合併法人とする適格合併が見込まれる場合**　合併後にその者が株式の全部を保有し,適格合併後に適格合併に係る合併法人が株式の全部を継続して保有することが見込まれるときの者とします。

　(b) **合併後に合併法人を被合併法人とする適格合併が見込まれる場合**　合併のときから適格合併の直前のときまで株式の全部を継続して保有することが見込まれるときの者とします。

〔佐藤　増彦〕

Q.6-5-4　繰越欠損金等の引継制限

繰越欠損金等の引継制限について教えてください。

> **Point**
> ■平成13年度税制改正により，適格合併等について，繰越欠損金の引継ぎ等ができるようになった。但し，引継制限の規制を受ける場合もあるので，要件を満たすか事前に慎重に検討すべきである。

1　適格合併及び合併に類似する適格分割型分割

青色申告書を提出する内国法人の各事業年度開始の日前7年以内に開始した事業年度に生じた欠損金額がある場合は，原則として各事業年度の所得金額の計算上，その事業年度の所得金額を上限として損金の額に算入します（法法57①）。例外的に，①すでに損金算入の対象となった繰越欠損金，②欠損金の繰戻還付規定により還付を受けるべき金額の計算の基礎となった欠損金は除かれます。

適格組織再編についても，平成13年度税制改正から，一定の要件を満たせば組織再編以前の組織からの欠損金の引継ぎが認められます。

「適格合併」及び「合併に類似する適格分割型分割」（以下この2つの組織再編を，適格合併等という）が行われた場合，適格合併等の日前7年以内に開始した各事業年度において生じた欠損金額を被合併法人等から引き継いで，その適格合併等に係る合併法人又は分割承継法人の欠損金額とみなして繰越控除が認められます（法法57②）。「合併に類似する適格分割型分割」とは，分割後その分割法人が解散する分割型分割をいいます。

適格現物出資については，そもそも欠損金の引継ぎができませんので税務上も引継ぎの問題は生じません。

2　引継制限

みなし繰越欠損金の控除規定を利用して，欠損金を抱える法人の買収による節税を図る脱法行為を回避するために，適格合併等が以下の①，②の要件をと

もに満たし，かつ，その適格合併等が共同で事業を営むための適格合併等に該当（共同事業要件）しない場合には，被合併法人等に生じた欠損金の引継ぎは認められません（法法57③）。
① 特定資本関係があること
② その特定資本関係が，合併法人等の適格合併等に係る合併事業年度開始の日の5年前の日以後に生じていること

特定資本関係とは，いずれか一方の法人が他方の法人の発行済株式等の総数の50％超を直接又は間接に保有する関係をいいます。組織再編税制の適用となるグループ内に入る資本関係に至ることです。したがって，特定資本関係が，適格合併等の事業年度開始の日前5年以内に生じる場合，「共同事業」要件の判定が重要となります。

3 合併法人，分割承継法人，被現物出資法人についての欠損金等の制限

特定資本関係法人との間で適格合併，適格分割又は適格現物出資が行われ，かつ，その特定資本関係が適格合併等の日の属する事業年度開始の日前5年前の日以後に生じている場合で，共同で事業を営むための適格合併等に該当しないときは，以下の欠損金額はないものとみなされます（法法57⑤）。
① 特定資本関係が生じた事業年度以後に生じた青色欠損金額
② 特定資本関係が生じた事業年度以後に生じた特定資産の譲渡等による損失額

いずれも，特定資本関係が生じた事業年度後に生じた部分に限られ，その前に開始した事業年度の青色欠損金については，制限の適用がありません。

4 特定資産の譲渡等による損失額

特定資本関係法人から特定適格合併等により移転を受けた資産及び，その法人が特定資本関係の生じる日前から有していた資産で，その特定資本関係法人が特定資本関係が生じた日前から所有していた資産（特定保有資産）の譲渡，評価換え，貸倒れ，除却その他これらに類する事由による損失の額の合計額から利益の合計額を控除した金額をいいます。

〔佐藤　増彦〕

Q.6-5-5 会社分割における青色欠損金の引継ぎ

会社分割における青色欠損金の引継ぎについて教えてください。

Point
- 会社分割では合併類似適格分割型分割を除き，青色欠損金は分割法人に残ったままとなる。
- 合併類似適格分割型分割は法人税法施行令112条1項に定める要件のほか，共同事業要件を満たす必要がある。

1　会社分割における青色欠損金の引継ぎの原則

　会社分割によっても，2で説明する合併類似適格分割型分割を除き，青色欠損金は分割承継法人に承継するわけではなく，分割法人に残ったままとなります。したがって，青色欠損金を有する会社における会社分割にあっては，どの事業を分割法人に残し，どの事業を分割承継法人に移転させるかが，会社分割におけるタックスプランニングの重要なポイントとなります。

2　合併類似適格分割型分割

(1) 合併類似適格分割型分割の意義

　合併類似適格分割型分割とは，適格分割型分割のうち次に掲げる要件をすべて満たしたものをいいます（法法57②，法令112①）。
① 分割法人の分割前に営む主要な事業が分割承継法人において分割後において引き続き営まれることが見込まれること
② 分割法人の分割直前に有する資産・負債の全部が分割承継法人に移転すること
③ 分割法人を分割後直ちに解散することが分割の日までに分割法人の株主総会又は社員総会において決議されていること

　合併類似適格分割型分割は，適格合併と並んで被合併法人等未処理欠損金額の承継できる組織再編として規定されています。合併類似適格分割型分割は，

過当競争に苦しむ業界において同業界に属する企業が，新規設立の会社に事業を移転して再出発することを目的として実行されます。その際に，分割法人が会社分割前に有していた未処理欠損金額を，新設法人である分割承継法人に承継することを認めたのが合併類似適格分割型分割です。旧商法時代には当事者企業が債務超過である場合に認められなかった合併と同様の効果を持つ組織再編として，合併類似適格分割型分割が規定されました。会社法下でも，何らかの理由で当事者企業の法人格を消滅させる企業結合をさせた上で青色欠損金を承継したいようなケースで，合併類似適格分割型分割は使われていくことになります。

(2) 隠れた要件－共同事業要件－

(a) 問題の所在　合併類似適格分割型分割を定めた法人税法57条2項及び法人税法施行令112条1項は，分割法人の有する未処理欠損金額の分割承継法人への引継ぎを定めた条文であり，この条文だけで合併類似適格分割型分割の適用要件を解釈することは妥当ではありません。

まず，合併類似適格分割型分割の大前提としてこの組織再編が適格分割型分割であることに留意が必要です。Q6-5-3で述べたように適格分割には，企業グループ内の適格分割と，共同事業要件の適格分割とがあります。

(b) 企業グループ内の適格分割型分割の検討　企業グループ内の適格分割型分割においては，会社分割後も50％超の支配関係の継続が見込まれることが要件とされています。ところが，合併類似適格分割型分割では上記③の要件である分割後直ちに解散することが株主総会等で決議されることとされているので，支配関係の継続は当初から見込まれていません。したがって，企業グループ内の適格分割型分割では，当初から法人税法施行令112条1項の要件を満たすことができないのです。また，継続保有要件の判定は分割法人の株主が分割法人の株主が分割承継法人の株式について継続保有の見込みがあることが求められるのであって，分割法人の株式についてまで継続保有の見込みが求められているわけではありません（法令4の2⑥六）。

(c) 共同事業要件の適格分割型分割　以上の検討から条文では明示されていませんが，合併類似適格分割型分割の隠れた要件として共同事業要件（Q6-5-3参照）があることに注意が必要です。　　　〔平野　敦士〕

Q.6-5-6 非適格組織再編及び事業の譲渡を行った際の税務処理

非適格組織再編の当事会社の税務処理を教えてください。

> **Point**
> ■非適格合併や事業の譲渡等により資産等を移転する法人は資産等を時価により譲渡したものとして取り扱い，また，資産等の移転を受けた法人は時価により資産等を受け入れる。
> ■組織再編が非適格合併等である場合，非適格合併等の対価額と移転資産・負債の時価純資産価額との差額を資産調整勘定，又は負債調整勘定として処理する。資産・負債調整勘定は非適格合併等以後の事業年度において一定の取崩処理を行う。
> ■非適格合併等における受入資産等の時価評価を行う際には，営業権の評価，資産等超過差額の算定と負債調整勘定の内訳項目である退職給与負債調整勘定，短期重要負債調整勘定の算定に注意する必要がある。
> ■資産調整勘定及び負債調整勘定の1項目である差額負債調整勘定は5年間の均等償却を行う。

1 非適格組織再編行為の当事者となる法人の税務の概要

　非適格合併・非適格分割・非適格現物出資・事業の譲渡等の非適格組織再編等により資産等を移転する法人は，資産等を時価により譲渡したものとして，資産等の時価と簿価との差額を譲渡損益として認識します。非適格組織再編により資産等の移転を受けた法人は，資産等を時価で受け入れます（法法22，62）。また，非適格合併・非適格分割型分割では，被合併法人，分割法人の利益積立金が引き継がれることなく分割承継法人及び合併法人の資本金等の額に組み入れられることとなりますので原則としてみなし配当の課税関係が発生します（法法24①一，二）。

　非適格組織再編等は，旧来の営業譲受けの場合と同様であることから，これまで税務上の特段の規定はありませんでした。一方，平成15年度から段階的に廃止された税務上の退職給与引当金と会計上の退職給付引当金との差異が大き

くなり、このような負債に関する税務上の評価が重要な問題となってきました。企業結合・事業分離の会計処理の考え方が会社法上取り込まれた影響もあり、平成18年度税制改正では非適格組織再編等により資産等を受け入れる際の税務処理が明文化されました（法法62の8）。

2 非適格合併等により資産等の移転等を受けた法人の税務処理の内容

　組織再編が非適格合併等となる場合、非適格合併等対価額と移転資産・負債の時価純資産価額との差額を資産調整勘定又は負債調整勘定で処理します。

(1) 非適格合併等

　非適格合併等とは、非適格合併、又は一定の非適格分割、非適格現物出資及び事業の譲受け（以下、非適格分割等という）をいいます。後者の一定の非適格分割等とは、非適格分割等に係る分割法人、現物出資法人又は事業を移転した法人が非適格分割等の直前において営む事業及びその事業に関する主要な資産又は負債の概ねすべてが移転される非適格分割等をいいます（法法62の8①、法令123の10①）。つまり、非適格分割等が行われても、単なる資産・負債の移転であれば資産調整勘定及び負債調整勘定は生じません。

　但し、非適格組織再編等がこの規定の射程範囲か否かは実質的に判断する必要があります。主要な資産が移転していなくても、何らかの理由で移転事業の主要な資産を賃貸借とせざるをえないような場合は、この規定の射程範囲に入ることもありえます。

(2) 非適格合併等対価額

　非適格合併等対価額とは、法人が非適格合併等により交付した金銭等の価額の合計額です（法法62の8①）。非適格合併等対価額には非適格合併における抱合株式に関するみなし割当等の額を含みます（法法61の2③）。非適格合併等対価額は、非適格合併等において、資産等の移転を行った法人から受けた寄附金相当額を含み、資産等の移転を受けた法人の寄附金相当額を除きます。

(3) 移転資産・負債の時価純資産価額

　移転資産・負債の時価純資産価額の算定では、営業権、資産等超過差額及び負債調整勘定の内訳項目である退職給与負債調整勘定、短期重要負債調整勘定

について注意する必要があります。

　(a)　**営業権**　移転を受けた資産に営業権が存在する場合には，独立した資産として取引される慣習のある営業権に限って資産として取り扱います（法令123の10③）。この営業権は資産調整勘定及び後述する差額負債調整勘定を算定するための概念で営業権の一般的な概念ではありません。

　(b)　**資産等超過差額の処理**　資産等超過差額は，将来にわたって規則的に償却する資産調整勘定に含めるべきではない部分を除くために算定するものです。資産調整勘定の計算は，移転する資産等とその対価とが等価であることが基本的な前提となっています。組織再編の約定日の対価の前提となる株価を，その組織再編実行日の対価の前提となる株価がはるかに超えるような場合には，その対価の差額は税務上の「のれん」として償却の対象となる資産調整勘定の金額に含めるべきではありません。また，平成18年度税制改正前は，被合併法人等の欠損金相当額が潜脱的に営業権として取り扱われていた実務も散見されたことから，このような欠損金についても資産調整勘定の金額に含めるべきではありません。

　したがって，①支払対価額が著しく変動をした場合には，交付時価額が移転事業価値を超える部分の金額，もしくは交付時価額が約定時価額を超える部分の金額，②非適格合併又は非適格分割における欠損金代替額（その移転を受ける事業による収益の額によって補填される部分を除く）は，資産調整勘定とは区分して資産等超過差額として取り扱い減額ができません（法令123の10④，法規27の16）。

　①，②を図示すると，次頁の**図表1**のとおりです。

　(c)　**退職給与負債調整勘定・短期重要負債調整勘定**　負債の額には，負債調整勘定の内訳項目である①退職給与負債調整勘定，②短期重要負債調整勘定の金額も含みます。

　①　退職給与負債調整勘定——法人が非適格合併等で引継ぎを受けた従業者の退職給与債務引受けを行った場合は公正な会計慣行による退職給付引当金のうち従業者に相当する退職給与負債調整勘定を負債として認識します（法法62の8②一，法令123の10⑦）。ここで，退職給与債務引受けとは，非適格合併等後の退職その他の事由により，その引継ぎを受けた従業者に支給する退職給与の額につき，非適格合併等前における在職期間その他の勤務

図表1　資産等超過差額を計上するケース

①支払対価額の著しい変動………次のいずれかの金額

【交付時価額が移転事業価値を超える部分の金額】

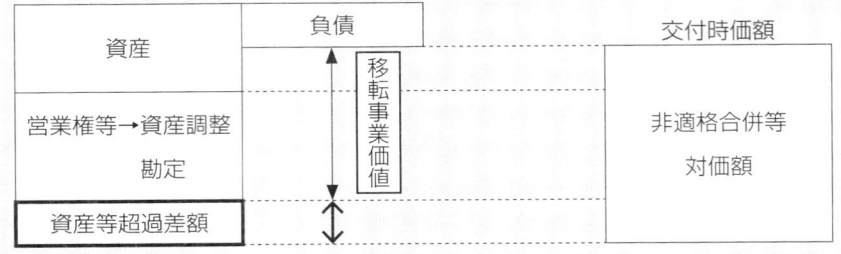

資産	負債
営業権等→資産調整勘定	移転事業価値
資産等超過差額	

交付時価額

非適格合併等対価額

※約定時価額の2倍超

【交付時価額が約定時価額を超える部分の金額】

資産	負債
資産調整勘定	
資産等超過差額	

約定時価額：非適格合併等対価額

交付時価額：非適格合併等対価額

※約定時価額の2倍超

②被合併法人等の欠損金代替額

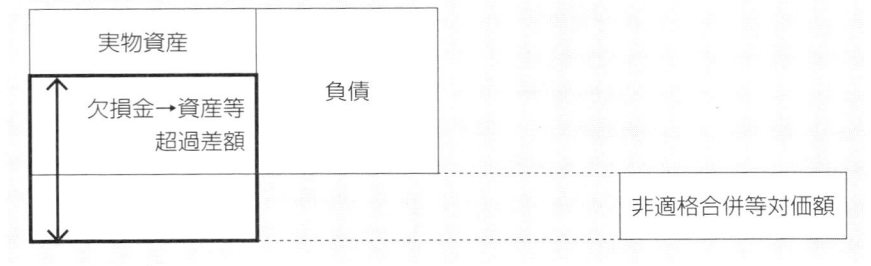

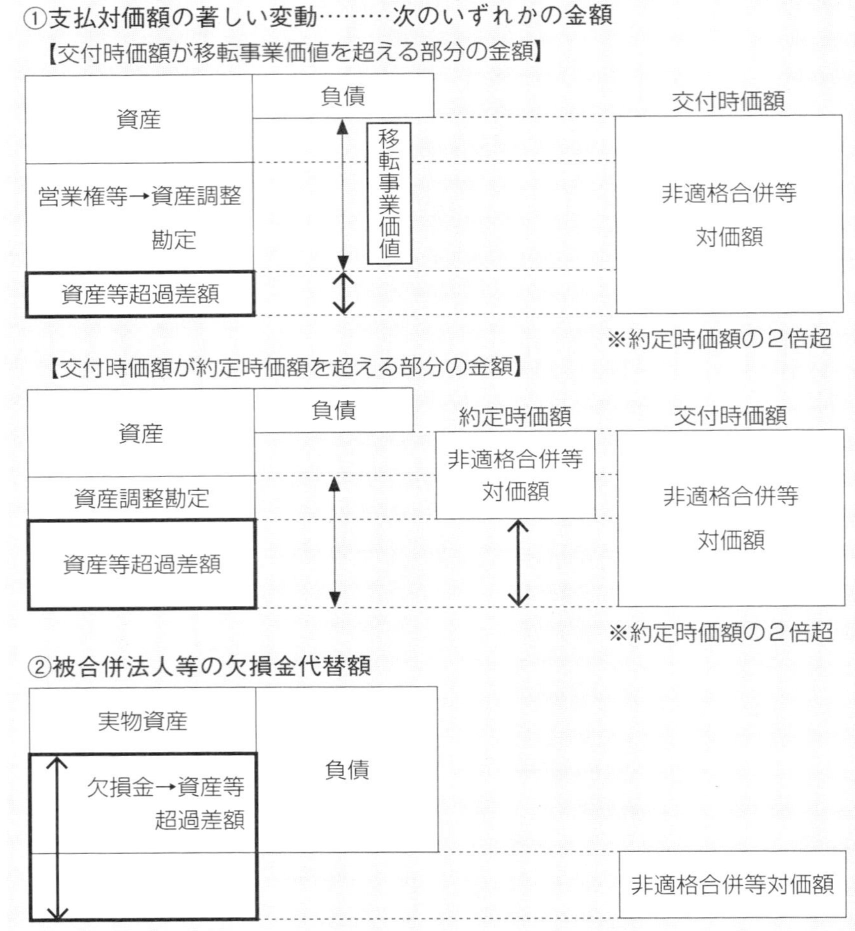

実物資産	負債
欠損金→資産等超過差額	
	非適格合併等対価額

【出典】財務省広報ファイナンス別冊「平成18年度税制改正の解説」

　実績等を勘案して算定する旨を約し，かつ，これに伴う負担の引受けをすることをいいます（法法62の8②一）。なお，この規定を適用するには後述の明細書の記載が必要です（法令123の10⑨）。

退職給与債務引受けの対象者（以下，退職給与引受従業者という）が退職等により法人の従業者でなくなった場合や退職給与を支給する場合は，対応する退職給与負債調整勘定を取り崩します（法法62の8⑥一，法令123の10⑩）。この取崩額は，退職給与引受従業者1人当たりの平均額を用いて算定することが原則ですが，個人の明細を記載した書類を保存している場合に限り，退職給与引受従業者ごとに算定した金額による退職給与負債調整勘定の取崩しも認められています（法令123の10⑫）。

② 短期重要負債調整勘定──法人が非適格合併等により被合併法人等から資産等の移転を受けた場合，その移転を受けた事業に係る将来の債務でその事業利益に重要な影響を与えるもの（①及び債務の履行が確定しているものを除く）で，その履行が非適格合併等の日から概ね3年以内に見込まれるものについて，その履行に係る負担の引受けをしたもの（短期重要債務見込額）が短期重要負債調整勘定です（法法62の8②二）。ここで，短期重要債務見込額とは，移転を受けた事業で生ずるおそれのある損失の見込額で，非適格合併等により移転を受けた資産の取得価額の合計額の20％相当額を超える場合に計上されます（法令123の10⑧）。

短期重要負債調整勘定の金額を有する法人は，短期重要債務見込額に関する損失が生じた場合は，短期重要負債調整勘定の金額のうちその損失の額に相当する金額，非適格合併等の日から3年が経過した場合にはその全額を取り崩します（法法62の8⑥二）。なお，これらの負債調整勘定の取崩額は取り崩した事業年度の益金の額に算入します（法法62の8⑧）。

(4) 資産調整勘定及び差額負債調整勘定

非適格合併等対価額と移転資産・負債の時価純資産価額との差について，非適格合併等対価額の方が大きい場合は差額が資産調整勘定となり，時価純資産価額の方が大きい場合には差額が差額負債調整勘定となります（法法62の8①）。

図示すると，次頁の**図表2**のとおりです。なお，負債調整勘定は退職給与負債調整勘定，短期重要負債調整勘定，差額負債調整勘定から構成されます。

資産調整勘定及び差額負債調整勘定は当初計上額を60で除した金額にその事業年度の月数を乗じた金額を減額します（法法62の8⑦）。

具体的な算式は，次のとおりです。

図表2

移転法人 → 非適格合併等 → 取得法人

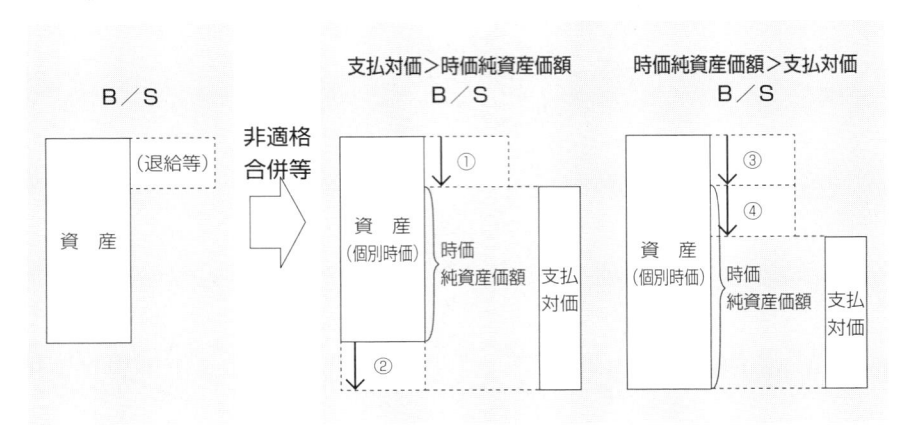

移転法人 B/S: 資産、(退給等)

取得法人 B/S（支払対価＞時価純資産価額）: 資産（個別時価）、時価純資産価額、支払対価、①、②

取得法人 B/S（時価純資産価額＞支払対価）: 資産（個別時価）、時価純資産価額、支払対価、③、④

①＝負債調整勘定（退給等），②＝資産調整勘定（正ののれん），
③＝負債調整勘定（退給等），④＝負債調整勘定（負ののれん）

【出典】財務省広報ファイナンス別冊「平成18年度税制改正の解説」

$$\text{減額すべき金額} = \frac{\text{資産調整勘定又は差額負債調整勘定} \times \text{その事業年度の月数}}{60}$$

　これらの資産調整勘定及び差額負債調整勘定の取崩額はそれぞれ取り崩した事業年度の損金及び益金の額に算入します（法法62の8⑤⑧）。資産調整勘定の取崩しに損金経理は要件とされていません。

(5) 明細書の添付

　資産・負債調整勘定を有する法人はその有することとなった事業年度及びその金額を減額する事業年度に明細書の添付が必要です（法令123の10⑨）。

(6) 適用関係

　この制度は，平成18年5月1日以後に行う非適格合併等について適用されることとされています（改正法法附則39）。

〔野田　幸嗣〕

Q.6-5-7 株式交換・株式移転の税務

株式交換及び株式移転に関する税務上の問題点について教えてください。

> **Point**
> ■完全子会社株主については，完全親会社株式以外の資産（金銭等）の交付がない限り，株式の譲渡損益課税は繰り延べられる。
> ■完全子会社については，適格要件を充足しない限り，その所有する資産について時価評価を行い，評価損益を計上する。

1 株式交換・株式移転に関する平成18年度税制改正の要点

　平成18年度税制改正により，株式交換及び株式移転（以下，株式交換等という）が，合併や会社分割などの他の組織再編と同様の体系に位置づけられました。すなわち，株式交換等が適格要件に該当する場合（適格株式交換・適格株式移転）には子法人が有する資産の含み損益の計上は行われませんが，適格要件に該当しない場合（非適格株式交換等）には，子法人が有する資産を時価評価し，評価損益を計上します。適格とされる場合には，企業グループ内再編と，共同事業を営むための再編があります。

　株主側では，子法人の株主に対し親法人株式以外の資産（金銭等）が交付されなかった場合，株式の譲渡損益課税を繰り延べるものとしました。

　改正法は，平成18年10月1日以後に行われる株式交換等に適用されます（法法附則8①等）。

　なお，会社法は，完全親会社・完全子会社につき，法人税法は，「株式交換（移転）完全親法人」及び「株式交換（移転）完全子法人」という用語が用いられています（法法2二十二の十六，十二の十七）。以下では，「親法人」「子法人」という用語を用います。

2 平成18年度税制改正の趣旨

　改正前は，株式交換等においては，子法人の資産・負債に何ら変動がないの

で課税関係は生じないと考えられていたものと思われます。これに対し、改正法人税法は、株式交換等を「株主による任意の行為とは異なり、完全親子関係を創設する組織法上の行為」と位置づけ、「子法人が株式交換契約の締結当事者となるなど子法人の主体的行為」であることに着目し、また、「株式取得を通じて子法人の事業、資産を実質的に取得するのと同様の効果がある」ことから、合併と共通性がある行為とみています。このような考え方から、改正法人税法は「株式交換に対する課税は、課税の中立性等の観点から、合併等に係る税制と整合性を持ったものとすることが適当」であるとして「一体的な組織再編成に係る税制として再構築」したものです（以上につき、財務省広報ファイナンス別冊「平成18年度税制改正の解説」299頁）。

もっとも、このような立法については、「取引法上の行為としてはもちろん、組織法上の行為としてすら対象とされなかった（よって通常は損益が実現するとは考えられていない）資産について時価評価を行うというのは、実現主義の例外であり……強い税務上の必要性があることが前提であろう。……私法上の枠組みから乖離していくことには慎重であるべきであろう。」との批判もあります（浅妻敬ほか「新会社法における企業組織と租税法(3)・組織再編(1)」商事法務1777号33頁）。

3 平成18年度税制改正後の子法人の株主に対する課税

(1) 子法人の株主における株式譲渡損益の実現

子法人の株主は、株式交換・株式移転において、子法人の株式と交換に親法人株式を取得することによる譲渡損益、すなわち、譲渡に係る対価の額（親法人株式の時価）から譲渡に係る原価の額（子法人株式の時価）を控除した額の利益又は損失を実現しています。したがって、以下に述べる要件を充足しない限り、譲渡損益を計上します。個人の場合、事業所得、譲渡所得又は雑所得（又はそれらの所得における損失）として計上し、法人の場合、益金又は損金として計上します（所法27、33、35、法法61の2）。

(2) 子法人の株主における株式譲渡損益の繰延べ

(a) **繰延べのための要件**　この譲渡損益につき、親法人の株式以外の資産（交付金銭等）が交付されなかった場合には、譲渡に係る対価の額は子法人株式の直前の帳簿価額に相当する金額とされ、譲渡損益は繰り延べられます（法法

61の2⑦⑧)。この点，改正前は，完全子会社株主が受領する資産の金額の合計額の5％未満であれば，完全親会社（特定親会社）株式以外の資産（金銭等）の受領も許容されていましたが（改正前措置法37の14①二），改正法では，以下の例外を除き，5％未満の金銭等の交付であっても繰延べは認められません。

(b) 交付金銭等に関する問題点　子法人株主に剰余金の配当（会453）として金銭等を交付する場合には，上記金銭等不交付の要件に反しません（法法61の2⑦。なお，株式移転においては許容されていません）。この点，実務上は，配当として交付した金銭等につき，税務当局が子法人株式に対する対価であるとして認定するリスクに注意が必要です。そのような認定がなされると，株主の譲渡損益繰延べの要件も，後述する適格要件も充足しません。これを避けるためには，交付金銭等が剰余金の配当であることを株式交換契約に記載することが有用です（江頭憲治郎＝中里実編「企業組織と租税法」別冊商事法務252号109頁・阿部泰久発言）。但し，過去の配当水準とは異なる多額の金銭を交付した場合，配当であることを否認されるリスクがあります（同江頭発言）。

また，株式買取請求権（会785，806）の行使による株式の買取りは，例外として許容されます（法法61の2⑦⑧括弧書）。

さらに，子法人株主に交付される親法人株式が1株未満の端数である場合には，親法人において端数の合計数に相当する株式を競売又は任意売却により換価し，その代金を子法人株主に交付しなければなりません（会234①②）。この点，適格合併や適格分割，さらに改正前の株式交換等に関しては，この場合は1株未満の株式に相当する株式を交付した（割り当てた）ものとして取り扱う旨の通達がありますが（適格合併及び適格分割に関する法基通1-4-2，並びに改正前租税特別措置法に関する措通（所得税関係）37の14-2（個人株主）及び措通（法人税関係）67の9-2（法人株主）），改正後の法人税法に関する通達は未公表です。但し，端数の処理という点では同じですので，同様の通達が公表されるものと期待されます。

なお，株式交換等が適格要件に該当せず，後述のように子会社において資産の評価損益を計上する場合でも，子法人から株主への資産の交付がないことから，みなし配当課税は行われません（法法24①，所法25①参照）。

4　平成18年度税制改正後の子法人に対する課税

(1)　非適格株式交換・非適格株式移転における子法人に対する課税

　子法人側において，株式交換等が後述する適格要件を充足しない場合，子法人が株式交換等の直前の時において有する固定資産等のうち一定のもの（「時価評価資産」）につき，時価評価により評価損益の計上を行うものとされました（法法62の9①）。時価評価資産には，固定資産，土地（土地の上に存する権利を含む），有価証券，金銭債権及び繰延資産で政令で定めるもの以外のものが含まれます。政令によって時価評価資産から除外されているものとしては，圧縮記帳の規定の適用を受けた減価償却資産，売買目的有価証券，償還有価証券，含み損益が資本金等の額の2分の1又は1000万円のいずれか少ない金額未満のものがあります（法令123の11①）。

　このように，株式交換が非適格とされた場合には時価評価資産の含み益に課税されるため，特に，含み益の大きい土地などの資産を保有している会社を子法人とする株式交換では注意が必要です。特に，スクィーズ・アウトを行う場合は原則として非適格となります（Q6-5-6参照）。

(2)　適格株式交換・適格株式移転における子法人に対する課税

　「適格株式交換」又は「適格株式移転」の場合，子法人において時価評価資産の評価損益の計上は行われません（法法62の9①，2十二の十六，2十二の十七）。その要件は合併等の場合と基本的に同様であり，概略以下のとおりです（なお，株式交換等によるグループ化の後に，子法人の事業を合併，分割等によりグループ内の法人に移転するなどの連続した組織再編に関する適格要件についても詳細な規定がありますが，以下では省略します）。

　いずれの場合も，子法人株主に対し親法人株式以外の資産が交付されないことが要求されています（法法2十二の十六柱書，2十二の十七柱書）。この要件に関する例外については，上述したところと同様です。

(a)　企業グループ内の株式交換・株式移転

①同一者による完全支配関係がある場合

　株式交換においては，子法人と親法人との間に，同一の者によって，それぞれの法人の発行済株式等の全部を直接又は間接に保有される関係（同一者による

完全支配関係）があり，かつ，株式交換後に子法人と親法人との間に同一者による完全支配関係の継続が見込まれていること（法法２十二の十六イ，法令４の２⑫）。

株式移転の場合，共同株式移転のときに株式移転前の同一者による完全支配関係が各子法人につき要求され，また，単独・共同株式移転を問わず，株式移転後の完全支配関係継続の見込みが親法人と（各）子法人との間に要求されます（法法２十二の十七イ，法令４の２⑯⑰）。

② 当事者間の又は同一者による支配関係がある場合

以下の要件をすべて満たすことが必要です（法法２十二の十六ロ，法令４の２⑬，⑭，法法２十二の十七ロ，法令４の２⑱⑲）。

(i) 支配関係の継続

(α) 子法人と親法人との間に支配関係（発行済株式等の総数の50％超・100％未満を直接又は間接に保有する関係）（当事者間の支配関係）があり，かつ，株式交換・株式移転後にその継続の見込みがあること，又は (β) 親法人と（各）子法人との間に同一の者による支配関係があり，かつ，株式交換・株式移転後にその継続の見込みがあること。

(ii) 従業者の継続

株式交換・株式移転の直前の子法人の従業者のうち，その総数の概ね80％以上が子法人の業務に引き続き従事することが見込まれていること。

(iii) 主要事業の継続

子法人が株式交換・株式移転前に営む主要な事業が，子法人において引き続き営まれることが見込まれていること。

(b) **共同事業を営むための株式交換**

以下の要件すべてを満たすことが必要です（法法２十二の十六ハ，法令４の２⑮，法法２十二の十七ハ，法令４の２⑳）。

(i) 事業関連性

子法人のいずれかの「主要な事業」（子法人事業）と親法人（共同株式移転の場合，他の子法人）のいずれかの事業（親法人事業）が相互に関連するものであること。後者は，当該法人の「主要な」事業である必要はありません。

(ii)-1 事業規模

上記(i)で関連性のある子法人の事業と親法人（共同株式移転の場合，他の子法

人）の事業につき，売上金額，従業者の数，これらに準ずるものの規模の割合が，概ね5倍を超えないこと。相互関連性のある「事業」同士の比較となりますが，いかに「事業」を切り出すかが実務上は問題です。

又は

(ii)-2　特定役員が退任しないこと（経営参画要件）

株式交換・株式移転前の子法人の特定役員（社長ないし常務取締役又はこれに準ずる者で法人の経営に従事している者）が株式交換・株式移転に伴って退任するものではないこと。株式交換・株式移転では，合併と異なり，1人でも特定役員が退任した場合，この要件を充足しません。

(iii)　従業者の継続従事

株式交換・株式移転の直前の子法人の従業者のうち，その総数の概ね80％以上が子法人（共同株式移転の場合，各子法人）の業務に引き続き従事することが見込まれていること。

(iv)　主要な事業の継続

上記(i)で親法人（共同株式移転の場合，他の子法人）の事業と関連性のある子法人の主要な事業が，（各）子法人において引き続き営まれることが見込まれていること。

(v)　株主の親法人株式の継続保有（子法人の株主数が50人未満の場合）

子法人株主で，株式交換・株式移転により交付を受ける親法人株式（議決権のない株式を除く）の全部を継続保有する見込みである者が有する（各）子法人株式の合計数が，（各）子法人の発行済株式等の総数の80％以上であること。

(vi)　完全親子関係の継続

株式交換・株式移転後において，親法人による（各）子法人株式の発行済株式等の全部を直接又は間接に保有する関係の継続が見込まれていること。

5　平成18年度税制改正後の少数株主排除の方法

従来，非公開化のために公開買付け（証取27の2）により株式を買い集めた後，現金株式交換により少数株主排除を行うことがありましたが，現金交付が子法人の時価評価課税につながる点が問題です（Q6-1-6参照）。

(1)　端数方式

少数株主に交付する株式が端数になるように株式交換比率を設定することにより，少数株主排除を行う方法があります（会234①七，②～④）。この場合につき，端数部分に対応する現金を交付しても適格要件が維持される旨の通達が公表されることが期待されます（上述の法基通1－4－2等参照）。

(2) **全部取得条項付種類株式方式**

さらに，全部取得条項付種類株式（会108①七）を利用し少数株主に端数の代わりとなる金銭を交付する以下のような方法があります。

① 対象会社において，特別決議により，従前の普通株式以外の新たな種類の株式を発行する旨の定款変更を行う（会466，309②十一）。

② 従前の普通株式を全部取得条項付種類株式に変更する定款変更を行う（会108①七，466，309②十一）。

③ 上記②の定款変更後，対象会社株主総会において，株主から全部取得条項付種類株式を取得し，その対価として（上記①により創設した）対象会社の新しい株式を交付する旨を決議する（会171①）。その際，少数株主に割り当てられる株式数が1株未満の端数となるように割当比率を定める。

④ 対象会社は，少数株主に割り当てられる1株未満の端数の合計数に相当する株式を競売・任意売却又は対象会社自身の取得により現金化し（会234①二，②～④），少数株主に対し現金を交付する。

この方法では，株主は全部取得条項付種類株式と新たな種類株式とを交換しますが，「当該取得をする法人の株式のみが交付される場合」（法法61の2⑪二，三）に該当し，課税は繰り延べられるものと解されます。また，組織再編が介在しないため，通常は，「非適格組織再編」とされて譲渡損益課税・時価評価課税が生じるリスクは考えにくいものと思われます。また，少数株主にも，定款変更の際の株式買取請求権（会116①二，117②），全部取得条項付種類株式の取得の際の価格決定の申立て（会172）という救済手段が与えられ，法的安定性が高いと考えられます（武井一浩＝野田昌毅「M&A／組織再編取引におけるプラニング実務」資本市場255号69頁）。株式会社レックス・ホールディングスの非公開化に際し，この方式が利用されています（http://www.rex-holdings.co.jp/ir/images/pdf/061110a.pdf）。

〔南　繁樹〕

Q.6-5-8　非適格株式交換と営業権

　非適格株式交換の際に，子法人において営業権を計上し，それを時価評価する必要がありますか。

> **Point**
> ■非適格株式交換において，資産調整勘定及び差額負債調整勘定は計上されないと解される。
> ■非適格株式交換において，営業権の計上とその時価評価が必要か否かについては，税務当局の考え方は明らかではない。

1　企業結合・事業分離等会計基準におけるのれんの取扱い

　企業再編に関し，平成18年４月１日以後に開始する事業年度から企業結合・事業分離等会計基準が適用されていますが，同基準において，「のれん」の処理が重要となりました。のれんとは，同基準においては「被取得企業又は取得した事業の取得原価が，取得した資産及び引受けた負債に配分された純額を超過する額」と定義されています（同基準二８）。すなわち，買収のために支払われる対価の時価と，対象会社の時価純資産（総資産－総負債）価額との差額です。時価純資産400億円の会社を吸収合併し，消滅会社の株主に対して時価総額500億円の存続会社株式を交付する場合，のれんが100億円資産として計上されます。

2　株式交換と資産調整勘定・差額負債調整勘定

　税務ものれんに関する会計の考え方を基本的に受け入れました。適格合併に該当しない合併（非適格合併）の場合，合併法人が交付した対価と受入純資産価額（時価計上）との差額につき，正ののれんを「資産調整勘定」，負ののれんを「『差額』負債調整勘定」として資産又は負債に計上します（法法62の８，法令123の10）。これは，平成18年５月１日以後の非適格合併等について適用されます（平成18年改正法法附則39）。詳細は，Q6-5-6を参照ください。

　この資産調整勘定・差額負債調整勘定が適用される組織再編は，「適格合併

に該当しない合併又は適格分割に該当しない分割，適格現物出資に該当しない現物出資若しくは事業の譲受けのうち，政令で定めるもの」（法法62の8①）と規定されています。ここに株式交換と株式移転（以下，株式交換等という）は挙げられていません。したがって，非適格の株式交換等には資産調整勘定・差額負債調整勘定は計上されないと解するのが自然と思われます。

③ 非適格株式交換と営業権

(1) 問題の所在

　非適格株式交換等の場合に，上記資産調整勘定とは別個の「営業権」が計上されるか否かが問題になります。例えば，上場会社の買収や，いわゆるゴーイング・プライベート（非公開化）においては，株式市場において流通している株式を公開買付け（証取27の2）によって買い集めますが，5～10％程度の株式は買い集めることができずに残るのが通常です。そこで，対象会社の完全子会社化のために対価の柔軟化（その施行前であれば，産活法12の9）によって可能となった現金株式交換を用いて少数株主を排除することが考えられます。この場合，現金が交付されますので，非適格株式交換になる場合があります（Q6-5-6参照）。このときに，営業権が計上され，その時価評価が要求されることになると（法法62の9①），非常に多額の課税が発生することが考えられます。特に，公開買付けの場合，プレミアムを上乗せするので，株式の取得価額の総額が対象会社の純資産を大きく上回ることも予想され，重大な問題です。

(2) 営業権の意義

　そこで，「営業権」とは何かが問題となります。この点，営業譲渡に関し，譲受会社が計上した営業権の減価償却費等が否認された事例において，営業権の意義につき，企業会計上の概念同様に「ある企業が同種の事業を営む他の企業が稼得している通常の収益（いわゆる平均収益）よりも大きな収益，つまり超過収益を稼得できる無形の財産的価値を有している事実関係である」と解釈した旧商法時代における判決があります（東京高判昭50・5・28判タ335号244頁，最判昭51・7・13判時831号29頁により上告棄却）。同判決は，「この超過収益力の要因としては，当該企業の長年にわたる伝統と社会的信用，立地条件，特殊の製造技術及び特殊の取引関係の存在並びにそれらの独占性等の多様な諸条件が考えら

れ，結局これらの多様な諸条件を総合包括して他の企業を上廻る企業収益を稼得する場合に，超過収益力すなわち営業権の存在が認められている」と判示しています。

(3) 非適格株式交換と営業権

(a) **問題の所在**　以上のような営業権概念を前提とすると，子法人（完全子会社）において株価総額が純資産価値を上回る場合，株価の根拠は収益力に認められ，少なくともその一部については超過収益力たる営業権と評価することが可能な場合もあると思われます。そこで，そのような考えに基づいて営業権を認定し，子法人の資産として営業権を計上すべきかが問題となります。

(b) **時価評価資産の意義**　非適格株式交換等において時価評価の対象となる資産（時価評価資産）の範囲には固定資産が含まれており（法法62の9①），また，一般に，営業権は減価償却資産に含まれる無形固定資産に分類されています（法法2二十三，法令13ハル）。他方で，法人税法62条の8第1項は時価純資産価額の算定に含められる資産について「営業権にあつては，政令で定めるものに限る。」とし，これを受けた法人税法施行令123条の10第3項は，かかる営業権を「営業権のうち独立した資産として取引される慣習のあるもの」と定義しており，超過収益力としての営業権を排除するようにも読めなくもありません。したがって，この条文は，解釈の決め手にはならないようです。

(c) **連結納税開始の際の時価評価との対比**　株式交換等と同様に，（私法上の意味における）資産又は負債の移転がないにもかかわらず時価評価を行うものとして，子法人が連結グループに加入する際の時価評価資産の時価評価（法法61の11，61の12）があります。実務上は，この場合に営業権を時価評価することには消極的な見解が示されており（成道秀雄「連結納税制度における時価評価課税」税務事例研究78号16頁，山本守之＝阿部泰久「特別対談・連結納税関係法令・通達の留意点と企業の対応」税経通信58巻12号16頁参照），これとの整合性を考えるならば，株式交換等でも営業権の時価評価は不要と考えることもできそうです。

(d) **株式交換の法的性質**　株式交換において営業権を計上することは自己創設のれんではないか，という疑問もあります。上記判決においても，「営業権の内容は，企業会計上において一般に用いられている概念に従つて理解しなければならないことになるが（法人税法22条4項）」と判示しているところ，企

業会計原則では,「営業権は,有償で譲受け又は合併によって取得したものに限り貸借対照表に計上し,毎期均等額以上を償却しなければならない。」と規定し,自己創設のれんを禁止しています(貸借対照表原則五のE,同注解25)。

この点,財務省の解説によれば,株式交換等につき「『合併は会社財産の取得』であるのに対し,『株式交換は会社そのものの取得』」としており,資産又は負債の移転があるとまでは考えていないようです(財務省広報ファイナンス別冊「平成18年度税制改正の解説」299頁)。したがって,営業権の計上は会計上許容されない自己創設のれんではないか,それを税務で創設してよいのかとの疑問があります。

(e) **のれんの法的性質**　結局,営業権を時価評価の対象とするのは行き過ぎのように思われます。営業権は,本来,企業価値を総合的に評価したものであり,株式の価値の増加分であるキャピタルゲインとして株式の譲渡損益課税の対象とされるべきものと考えられます。つまり,超過収益力は株主が株式を売却したときにその株式の価値に包含されるものであり,これを時価評価すると二重課税のおそれもあることから,営業権を独立した資産として認識するのは税法上の規定又は会計原則で明示されている場合に限定すべきではないでしょうか。

(f) **私　　見**　非適格株式交換等における営業権の時価評価の是非については,重大な問題であるにもかかわらず,学説上も十分には議論されていません。また,税務当局において,特定の事案につき,営業権の計上及びその時価評価が示唆されたともいわれていますが,公式な見解は示されていません。私見では,理論上も,また組織再編への障害にならないようにするという政策的見地からも,時価評価は不要との立場にも十分な合理性があるように思われます(同結論,浅妻敬ほか「新会社法における企業組織と租税法(3)・組織再編(1)」商事法務1777号30頁)。

〔南　　繁樹〕

Q.6-5-9 三角合併の実務的問題点と税務

三角合併についての税務上の取扱いについて教えてください。

> **Point**
> ■三角合併については，一定範囲で適格合併とされる。
> ■外国の親会社株式を対価とする三角合併については，租税回避防止のための制度が設けられる。

　平成19年度税制改正（案）を踏まえた三角合併に関する税務の詳細については，Q6-5-14及び巻末資料7をご覧ください。

1　三角合併に関する課税についての問題点

(1)　三角合併の意義

　買収会社が，ある対象会社を買収しようとする際に，自らが直接組織再編（合併・株式交換など）の主体となるのではなく，買収のための受皿会社（シェル・カンパニー）ないしビークル（容器）として子会社を設立し，その子会社が存続会社として対象会社を消滅会社とする吸収合併を行う場合があります。その結果，最終的に，消滅会社は，買収会社の子会社になります。これを三角合併といいます。三角合併においては，存続会社から消滅会社の株主に対して交付される対価が存続会社の株式ではなく，存続会社の親会社である買収会社の株式になります（会749①二ホ，751①三ロ）。

(2)　通常の合併に関する課税

　合併に関しては，消滅会社（被合併法人）につき，非適格合併の場合，資産及び負債に関する譲渡損益に対して課税されますが（法法62①②），適格合併の場合，これが繰り延べられます（法法２十二の八，62の２①②）。また，消滅会社（被合併法人）の株主につき，非適格合併の場合，みなし配当課税・株式譲渡損益課税が行われますが（みなし配当課税につき，法法24①一，法令23①一，所法25①一，所令61②一。株式譲渡損益課税につき，法法61の２①，措置法37の10③一），適格合併の場合にはみなし配当課税は行われず，また，存続会社（合併法人）の株式以外

の資産が交付されない限り，株式譲渡損益課税は繰り延べられます（法法62の1②二，法令119①五，措置法37の10③一，所令112）。

(3) 三角合併の場合の問題点

では，三角合併の場合の取扱いはどうなるでしょうか。現行法においては，適格合併の要件として「被合併法人の株主等に合併法人の株式……以外の資産（……）が交付されないもの」という要件が課されているところ（法法２十二の八），三角合併の場合には「合併法人の親会社の株式」が交付されることから適格要件を充足しないこととなります。

しかし，三角合併がすべて非適格であるとすれば，被合併法人及びその株主の課税負担が重く，実際上，三角合併の活用が大幅に限定されることになりかねず，会社法制定の意義が小さくなってしまうことは否めません。

また，この結果は，組織再編における方法選択の中立性という点からも問題があります。すなわち，三角合併においては，最終的に買収者は対象会社を子会社化します。これは，買収者が対象会社との間で株式交換を行った結果と変わりません（手続的には，買収者において株主総会決議が不要となる点に違いがあります）。適格株式交換が認められること（Q6-5-7参照）との均衡上，三角合併においても一定範囲で課税の繰延べが認められるべきであると考えられます。

2 日本法人である親会社株式を対価とする三角合併の税務上の取扱い

そこで，現行の組織再編税制を前提として，財務省「平成19年度税制改正の大綱」（平成18年12月19日）（以下，大綱という）に触れつつ，三角合併における課税について検討します。なお，この点につき，大石篤史「三角合併を利用したクロスボーダーのM&A―税制の課題を中心に―」（租税研究2006年6月号95頁）が詳細に検討しており，本稿もこれを参考にしています。

(1) 適格要件を構成する基本的考え方

現行の組織再編税制についての基礎をなす考え方は，「会社分割・合併等の企業組織再編成に係る税制の基本的考え方」（平成12年10月3日，税制調査会）に現れています。それによると，組織再編を行った法人については，移転資産の時価取引として譲渡損益を計上するのが原則としつつ，「組織再編成により資

産を移転する前後で経済実態に実質的な変更が無いと考えられる場合には，課税関係を継続させるのが適当と考えられる。したがって，組織再編成において，<u>移転資産に対する支配が再編成後も継続していると認められるもの</u>については，移転資産の譲渡損益の計上を繰り延べることが考えられる」とされています（下線部筆者）。これは，課税繰延べの要件として「移転資産に対する法人支配の継続性」を要求するものと考えられます（水野忠恒「租税法〔第2版〕」（有斐閣，2005年）420頁，水野忠恒「企業組織再編税制改正の基本的な考え方」江頭憲治郎＝中里実編「企業組織と租税法」別冊商事法務252号71頁参照）。

また，株主の旧株の譲渡損益についても，その計上を行うのが原則としつつ，「<u>株主の投資が継続している</u>と認められるものについては，上記と同様の考え方に基づきその計上を繰り延べることが考えられる」とされています（下線部筆者）。これは，課税繰延べの要件として「投資の継続性」ないし「利益の継続性」を要求するものと考えられます（水野・前掲参照）。

(2) 許容される「親会社」株式の範囲

　会社法では，三角合併を，存続会社が消滅会社の株主に対して交付する対価につき「交付する金銭等の全部又は一部が存続株式会社等の親会社株式である場合」として規定しています（会800①）。これに対し，適格合併の要件として，対価に関し「被合併法人の株主等に合併法人の株式……以外の資産（……）が交付されないもの」という要件が課されているので（法法2十二の八柱書），この要件が拡張されることが前提となります。

　(a)　「親会社」の範囲　「親会社」株式と認められる親会社とは，どの範囲の親会社でしょうか。まず，完全親会社株式を交付した場合，最終的に株式交換による子会社化と同じ結果，すなわち，対象会社（消滅会社）が買収会社（親会社）の完全子会社となることから，適格合併と認めることには問題がないと思われます。この点，大綱では，適格合併が許容される親法人を「合併等の直前に合併法人等の発行済株式の全部を直接に保有」する法人としており，完全親会社の株式に限定しています（大綱四1(1)）。さらに，「当該合併等後にその発行済株式の全部を直接に継続して保有することが見込まれる」ことを要求し，完全支配関係の継続の見込みも要件とされています。

　では，立法論として，適格合併となる対価は完全親会社（100％親会社）の株

式に限定されなければならないものでしょうか。会社法での「親会社」は，実質支配基準によるものであり（会2四，会規3②③），必ずしも100％親会社に限定されません。そこで，存続会社が51％被保有の親会社株式を交付した場合を想定すると，買収会社（親会社）は，51％保有の子会社（存続会社）を通じて，対象会社（消滅会社）の移転資産を支配することになります。上述のとおり，組織再編税制では「移転資産に対する支配の継続性」が重視されています。この点，従来適格とされる場合は，買収者である法人（合併存続会社，分割承継会社，株式交換完全親会社等）を基準とすれば，移転資産を完全に支配する場合に限定されていました。これに対し，51％親会社株式を対価として交付した場合，実質的な買収会社（親会社）を基準にすると，移転資産に対する49％の支配は子会社の少数株主に把握されているといえ，その分，買収会社（親会社）の支配が希薄化します。したがって，従来の枠組みを前提とすれば，適格とされるのは完全親会社の株式に限定するのが一貫性があるものと思われます。

(b) 親会社株式と存続会社株式の混在　　存続会社（子会社）が交付する対価として，（完全）親会社株式に加え，存続会社自身の株式を用いることは可能でしょうか。大綱では，適格三角合併を，「合併法人等の親法人……の株式のみが交付される場合」に限定しており，親法人株式と合併法人株式の混在は認められていません。混在がある場合，消滅会社の旧株主が存続会社（子会社）の株主となるため，実質的な買収会社である親会社は，存続会社を介して移転資産を支配するに過ぎません。合併後も存続会社が50％超被保有を維持するとしても，存続会社の少数株主が移転資産に対する一定の支配を有することになります。この場合，法人としての親会社を基準とする限り，移転資産に対する支配の希薄化が生じているように思われます。したがって，現行法の移転資産に対する支配を前提とする限り，適格と認められないのもやむをえないものと思われます。

(3) 適格要件の検討

現行の組織再編税制においては，適格合併は，グループ内再編（100％保有の場合と，50％超・100％未満保有の場合）と，共同事業を行うための再編の類型に分けられています（法法2十二の八イロハ，法令4の2①～③）。ここでも，それぞれの類型ごとに検討します。

大前提として，大綱では，すべての適格三角合併に共通する要件として，親会社が存続会社の発行済株式の全部を直接に保有すること（完全直接支配関係）及びその継続の見込みを要求しています（大綱四1(1)）。
　(a) 100％保有（完全支配関係）　適格合併の一類型として，存続会社と消滅会社との間に100％保有関係（又は同一者による100％被保有関係）がある場合が認められています（法法２十二の八イ，法令４の２①）が，この完全支配関係がある場合の適格合併は，三角合併においても認められるものと思われます（詳細は，今後，法人税法及び関連法令で明らかにされる予定です）。
　(b) 50％超・100％未満（支配関係）
　①支配関係
　適格合併の一類型として，存続会社と消滅会社との間に50％超・100％未満の保有関係（支配関係）（又は同一者による支配関係）がある場合が認められています（法法２十二の八ロ，法令４の２②）が，この支配関係がある場合の適格合併は，三角合併においても認められることが予想されます。
　②従業者の引継ぎ
　従来の適格合併と同様に（法法２十二の八ロ(1)），合併の直前の消滅会社の従業者のうち，その総数の概ね80％以上が存続会社の業務に引き続き従事することの見込みが要求されるものと思われます。
　この場合，さらに，存続会社と親会社を一体とみて，消滅会社の従業者が親会社における業務に従事する場合を許容するかが問題となります。適格株式交換・株式移転において，あくまでも完全子会社の業務に従事することが要求されていることからすると（法法２十二の十六ロ(1)，法法２十二の十七ロ(1)），やはり存続会社の業務に従事することが要求される可能性があります。この点，親会社と存続会社を一体とみて，親会社の業務に従事する場合（転籍・出向）も適格要件を満たすことを提案する見解もあります（大石・前掲102頁）。
　③移転事業の継続の見込み
　この点も，従来の適格合併と同様に（法法２十二の八ロ(2)），消滅会社が合併前に営む主要な事業が，存続会社において引き続き営まれる見込みが要求されるものと思われます。こちらも，適格株式交換・株式移転において，あくまでも主要な事業が完全子会社において営まれる見込みが要求されていることからす

ると（法法2十二の十六ロ(2)，法法2十二の十七ロ(2)），存続会社における継続の見込みが要求される可能性があります。

(c) **共同事業のための再編**　共同事業のための合併においては，上記従業者の引継ぎ及び移転事業の継続の見込みに加え，下記の要件が問題となります（法法2十二の八ハ，法令4の2③一～五）。

①事業関連性

従来の適格合併と同様に（法令4の2③一），消滅会社の「主要な事業」と存続会社のいずれかの事業（存続会社における「主要な」事業である必要はありません）との相互関連性が要求されるものと思われます。

この点，存続会社が買収の受皿としての特別目的会社（SPC），いわゆるペーパーカンパニーとして設立されることが想定されますが，大綱は「軽課税国に所在する実体のない外国親会社の株式を対価とし，国内の合併法人等にも事業の実体が認められないものは，適格合併等に該当しない」としており（大綱四1(3)①），タックス・ヘイブン国に設立された親会社の株式を対価とする場合のほか，事業の実体のある外国親会社が特別目的会社を存続会社とする場合も非適格とするように読むことができます。この点は，法人税法及び関連法令の制定を待たなければなりません。さらに，適格要件充足のため，最初に対象会社（消滅会社）の事業に関連する会社を買収して，買収受皿会社（存続会社）とすることが考えられます。この場合，存続会社の実体はありますが，無条件に適格と認められるのでしょうか。この点が明らかでないと，適格要件を充足する目的のために第一の買収を行うような場合には，包括的否認規定（法法132の2）も含め，適格と認められないとの懸念が生じます。この点，親会社による存続会社株式の保有期間があまりにも短い場合には，適格が否定される可能性を示唆する見解もあります（大石・前掲101頁）。実務上は，許容される存続会社の範囲が明確でないと，外国会社による三角合併の利用が制限される結果になります。この点，自民党の「平成19年度税制改正大綱」（平成18年12月14日）は，「共同で事業を行うための組織再編成に該当するか否かを判定する要件である『事業性』及び『事業関連性』について，運用面での取扱いの明確化を図るため，その判断基準を法令上明記する方向で具体的に検討を行う」としています（同第二・九・2）。

②(1)事業規模

従来の適格合併と同様に（法令4の2③二前段），売上金額，従業者の数，これらに準ずるものの規模の割合についての制限（概ね5倍を超えないこと）が要求されるものと思われます。

②(2)特定役員（経営参画要件）

従来の適格合併と同様に（法令4の2③二後段），当事会社双方の役員が合併後の特定役員（社長ないし常務取締役又はこれに準ずる者で法人の経営に従事している者）になることが要求されるものと思われます。

③株主の親法人株式の継続保有（子法人の株主数が50人未満の場合）

従来の適格合併と同様に（法令4の2③五），継続保有要件が課されるものと思われます。対象は親会社株式となります。したがって，消滅会社の旧株主で，合併により交付を受ける親会社株式（議決権のない株式を除く）の全部を継続保有する見込みである者が有する親会社株式の合計数が，消滅会社の発行済株式等の総数の80％以上であることが要求されるものと思われます。

3 外国法人である親会社株式を対価とする三角合併の税務上の取扱いと租税回避防止の制度

外国法人である親会社株式を対価とする場合，消滅会社株主は外国法人株主となることから，わが国の税務当局による課税機会が失われるという問題があります。

例えば，相続税に関し，相続時に日本国内に住所を有しない場合，原則として，相続によって取得した財産で日本国内にあるものについてのみ相続税の納税義務を負います（相法1の3三，2②。なお，相法1の3二，2①）。そこで，タックス・ヘイブン国に設立した親会社の株式を対価とする三角合併を行うと，日本国内にあるグループ会社の持株会社をタックス・ヘイブン国に移転することができます。株式の所在は，当該株式の発行法人の本店又は主たる事務所の所在する場所によるものとされているため（相法10①八），消滅会社株主は，相続開始前5年を超える期間，日本国外に住所を移転することで日本において課税される相続財産を圧縮することが可能となります。このような手法につき，大綱は「軽課税国に所在する実体のない外国親会社の株式を対価とし，国内の合

併法人等にも事業の実体が認められないものは，適格合併等に該当しない」としており（大綱四1(3)①），合併の時点で合併消滅会社及び株主のいずれにおいても課税が行われるものと思われます。

　また，非居住者又は外国法人であっても，事業譲渡に類似した株式の譲渡（発行済株式数25％以上を保有する株主（組合）による発行済株式5％以上の譲渡）による所得は，国内源泉所得としてわが国で課税されるところ（所法161一，164①四イ，所令291①三ロ，⑥，法法138一，141四イ，法令187①三ロ，⑥），三角合併により外国親会社を創設すれば，上記株式譲渡と同じ効果を，当該外国親会社株式の譲渡によって実現でき，わが国の課税権が及びません（所令291①，法令187①参照）。これらについても，大綱は，「合併等により株主に外国親会社の株式が交付された場合，非居住者又は外国法人株主（……）について，その合併等の時に旧株の譲渡益（我が国で課税の対象となる国内源泉所得に該当するものに限る。）に対して課税する」としており（大綱四1(2)，下線部筆者），租税回避を封じています。

〔南　繁樹〕

Q.6-5-10 非適格組織再編と包括的否認規定

非適格組織再編においてどのような場合に包括的否認規定が適用されるでしょうか。

> **Point**
> ■非適格組織再編は，必ずしも納税者に不利ではなく，有利な結果になることもありうる。しかし，それが作為的なものである場合には，包括的否認規定が適用される可能性がある。

1 対価の柔軟化と非適格組織再編

組織再編税制においては，一般に，法人の側において移転資産の譲渡損益課税の繰延べが認められる要件として，組織再編当事会社の株式以外の資産が交付されないことが要求されています。また，株主の側においてみなし配当課税及び旧株式の譲渡損益課税が繰り延べられる要件として，同様の要件が課されています。したがって，対価の柔軟化を利用した組織再編が認められ，また，株式交換・株式移転が組織再編税制に組み込まれたことにより，上記株式以外の資産が交付され，非適格組織再編となる場合が増えることが考えられます。

2 非適格組織再編のメリット

しかし，非適格組織再編は必ずしも納税者に不利とは限りません（以下につき，江頭憲治郎＝中里実編「企業組織と租税法」別冊商事法務252号103頁以下参照）。例えば，①合併消滅会社において含み損を抱える不動産を有していた場合には非適格として含み損を計上することが有利です。また，②合併消滅会社が含み益を抱える不動産を有する場合にも，所得と相殺可能な期限が切れそうな繰越欠損金がある場合には，譲渡益を実現してしまったほうがよいかもしれません（法法57①）。③株主側では，法人株主の場合，みなし配当については益金に算入されない点で有利です（法法23①）。

3 包括的否認規定の適用

そこで，これら「適格外し」の場合に，法人税法132条の2の適用により，「法人税の負担を不当に減少させる結果となると認められる」として，法人の行為又は計算が否認されるかが問題となります。

この点，包括的否認規定は，非適格を適格にする場合のみならず，適格を非適格にする場合にも適用がありうると解されています（江頭＝中里編・前掲112頁以下）。そこで，いかなる場合に包括的否認規定が適用されるかが問題となります。この点，一般に，租税回避は，①私的経済取引プロパーの見地からは合理的な理由がないのに，②通常用いられない法形式を選択することにより，③税負担を減少させあるいは排除することと解されており（金子宏「租税法〔第11版〕」（弘文堂，2006年）127頁），包括的否認規定の適用の可否についても，かかる観点から判断すべきであると思われます。

実務的には，①その行為が経済的合理性があり，正当な事業上の目的があることについて税務当局に説明できる資料の準備が必要です。

次に，②他の法形式との比較検討が必要になります。例えば，合併の代わりに事業全部の譲渡でもよかったと考えると，事業譲渡は譲渡益課税を生じますので，それと比較して，非適格合併が不当に税負担を減少させたとはいえないことになります。他方で，「通常の法形式」は株式のみを交付する適格合併であると考えると，非適格合併は，不当に税負担を減少するものであるとの見方が出てきます。いずれの見方が正しいのかについて決め手はありません。

さらに，③税負担が「減少」したといえるのか，本来的な税法上の効果を享受したに過ぎないのではないか，が問題となります。上記の例では，自らの繰越欠損金を利用して何が悪いのか，受取配当金の益金不算入は法人所得に対する重複課税を防止するためのものであり，本来課税されるべきであるとはいえないのではないか，という点が問題になります。もちろん，意図的にそのような状況を作出した場合は別論ですが，もともと備わっている状況を有効に活用した場合にまで，納税者に有利であるという理由で包括的否認規定が適用されるならば，予見可能性を害し，組織再編の障害になるものと考えられます。

〔南　繁樹〕

Q.6-5-11　税制適格要件（金銭等交付要件）

組織再編についての税制適格要件に，金銭等交付がないこととありますが，詳細について教えてください。

> **Point**
> ■すべての税制適格要件に，組織再編の対価として金銭等交付がないことが規定されている。
> ■「端株の代り金としての支払」「反対株主の買取請求による株式の買取代金の支払」は，金銭等交付とはされない。
> ■「合併等比率の調整のための支払」「子会社株式の現物配当」「三角合併による親会社株式交付」は，金銭等交付とされる。

1　税制適格要件

税制適格要件を満たした組織再編が適格組織再編として移転資産に係るキャピタルゲイン課税を繰り延べることが認められ，それ以外は非適格組織再編として移転資産に係るキャピタルゲインを認識することとされています。

税制適格要件には持株比率により適用要件が区別されていますが，すべての税制適格要件に，組織再編の対価として合併法人等の株式以外の資産（以下，金銭等交付という）が交付されないことが共通して規定されています（法法二十二の八，法法２十二の十一，法法２十二の十六，Q6-5-3参照）。税制適格要件に金銭等交付がされないことが規定されているのは，投資の継続性を考慮してのことです。組織再編の対価として金銭等交付があれば，もはや組織再編の前後で投資の継続性があったとはいえず，移転資産に係るキャピタルゲインを認識すべきという考え方からです。

2　ケース別判定

組織再編にあたっては，被合併法人等の株主に合併法人等の株式だけでなく，なんらかの対価が支払われることはよくあります。この対価が，組織再編税制

における適格要件である金銭等交付に該当するか否かで、移転資産に係るキャピタルゲインについての税務上の取扱いが異なるので重要です。そこで、対価のケース別に金銭等交付に該当するか否かをまとめたのが次の**図表１**です。

図表１　組織再編行為の対価のケース別判定

対価のケース	該当するか否か	コメント
配当金の支払としての合併交付金	非該当 （法法２十二の八）	事業年度の途中で合併等をした場合において、該当金見合いの合併交付金を支払う場合。
端株の代り金としての支払	非該当 （法基通１-４-２）	被合併法人等の株式５株に対し、合併法人等の株式１株を交付するようなケースでの端株見合い分の支払。
固定資産税の負担	該当 （明文規定なし）	１月１日現在の資産所有者に課せられる固定資産税を分割承継法人に負担させず、分割法人が負担したケース。
合併比率調整のための支払	該当 （明文規定なし）	合併の対価の一部を金銭等で交付したものとみなされる。
反対株主の買取請求による株式の買取代金の支払	非該当 （法法２十二の八）	被合併法人等の株主が合併等に反対し、買取請求を行った場合における株式の買取代金の支払。
新株を交付しない合併等	非該当 （明文規定なし）	債務超過合併等などのケース（Q6-4-10参照）で被合併法人等の株主になんら対価を交付しない場合。あくまで合併法人等の株式以外の資産が交付されていないので、該当しないと考えられる。
新株予約権	非該当 （明文規定なし）	被合併法人等の新株予約権者に金銭を交付したケース。合併等の段階では、新株予約権者は株主ではないことから、該当しないと考えられる。
子会社株式の現物配当	非該当 （明文規定なし）	事業のスピン・オフに際して子会社株式の現物配当を行ったケース。
三角合併による親会社株式交付（注）	非該当 （明文規定なし）	三角合併を行うため、あらかじめ取得した親会社株式を交付するケース。

（注）　平成19年度税制改正大綱において、一定条件の下課税の繰延べが認められることとされた。

〔平野　敦士〕

Q.6-5-12　欠損金法人の買収による欠損金の繰越控除の不適用

税法上の繰越欠損金を有する会社を買収することによる租税回避行為に対する税制上の措置について教えてください。

Point

税法上の繰越欠損金を有する会社を買収した一定の租税回避行為に対して，次の３点を制限することとしている。
■買収した会社の青色欠損金の繰越控除ができない。
■買収した会社の有する資産の含み損の利用が制限される。
■連結欠損金の繰越控除ができない。

1　制度趣旨

法人が有する繰越欠損金は，発生日以後７年間の所得金額から繰越控除されます（法法57）。平成18年度税制改正前は，企業買収によって法人の実質所有者が変更され事業内容が変更されても繰越欠損金の繰越控除に制限がなかったことから，欠損金の繰越控除制度を悪用して，欠損金を有する法人を買収して，その後高収益事業を移転することにより課税所得を圧縮する租税回避が多く行われていました。そのため今回の改正により，繰越欠損金を有する法人の繰越控除を利用する租税回避行為を防止するため，被買収法人の有する繰越欠損金の繰越控除等を認めない措置が講じられました。

2　特定株主等によって支配された欠損等法人の欠損金の繰越しの不適用制度

(1)　制度の概要

法人で他の者との間に他の者による特定支配関係を有することとなったもののうち，支配日の属する特定支配事業年度において欠損等法人が，その支配日以後５年を経過した日の前日までに適用事由に該当する場合には，その該当日の属する適用事業年度以後の各事業年度においては，その適用事業年度前の各

事業年度において発生した青色欠損金額については，繰越控除ができないこととされます（法法57の2①）。欠損等法人が適格合併などの組織再編を行った場合にあっては，被合併法人等の未処理欠損金額を引き継げないこととされました（法法57の2②）。特定支配関係を有することとなった日を特定支配日といいます。

(2) **特定支配関係**

特定支配関係とは，次の①，②いずれかの関係をいいます（法令113の2①）。
① 二の法人のいずれか一方の法人が他方の法人の発行済株式又は出資の総数の50％を超える株式等を直接又は間接に保有する関係。この場合の法人には一の法人又は個人が締結している任意組合契約やLLPなどの組合契約等に係る他の組合員である者である組合関連者を含みます（法令113の2⑤）。
② 一の個人が法人の発行済株式等の総数の50％を超える数の株式を直接又は間接に保有する関係

次の事由から生じた関係は特定支配関係から除外されます（法令113の2⑥）。
(i) 適格合併，適格分割，適格現物出資，適格株式交換，適格株式移転
(ii) 法人について債務処理計画に基づいて行われるその法人の株式の発行又は譲渡

(3) **欠損等法人**（法法57の2①）

欠損等法人とは，法人と他の者との間に他の者による特定支配関係を有することとなったもののうち，特定支配事業年度において特定支配事業年度前の各事業年度において発生した欠損金額又は評価損資産を有するものをいいます。

(4) **欠損金額と評価損資産**

(a) **欠損金額** 欠損金額は，青色欠損金の繰越控除（法法57①）の適用を受けるものに限られます（法法57の2①）。また，この欠損金額には適格合併や合併類似適格分割型分割に係る被合併法人等の未処理欠損金額で引き継いだものも含まれます。

(b) **評価損資産** 評価損資産は含み損を有する資産をいい，法人が支配日において有する固定資産，固定資産以外の土地，有価証券（売買目的有価証券及び償還有価証券を除きます），金銭債権及び繰延資産並びに資産調整勘定の金額に係る資産で，支配日における価額が支配日における帳簿価額に満たないものを

いいます（法令113の2⑦，法規26の5①）。

(5) **適用除外**（法令113の2⑨〜⑪）

次に掲げる適用除外事由に該当すれば，欠損金額の利用制限を行う必要がないとして，判定期限を繰り上げて，この制度を適用しないこととしています。
① 他の者が有する欠損等法人の株式が譲渡されたことその他の事由により，その欠損等法人が当該他の者による特定支配関係を有しなくなったこと
② 欠損等法人の債務につきその債権者から受ける債務免除又はその債権者から受ける自己宛債権の現物出資で，これらの行為によって欠損等法人に生ずる利益の額が，その欠損等法人のこれらの行為の日の属する事業年度開始の日における欠損金の額の概ね90％に相当する金額を超える債務免除があったこと
③ 更生手続の開始等
④ 解　散

(6) **適用事由**

適用事由は下記の①〜⑤に掲げる事由をいいます（法法57の2①）。
① 欠損等法人が特定支配日の直前において事業を営んでいない場合において，その特定支配日以後に事業を開始すること
② 欠損等法人が特定支配日の直前において営む事業のすべてをその特定支配日以後に廃止し，又は廃止することが見込まれている場合において旧事業のその特定支配日の直前における事業規模の概ね5倍を超える資金の借入れ又は出資による金銭その他の資産の受入れを行うこと
③ 他の者又は当該他の者との間に特定支配関係がある者が当該他の者及び関連者以外の者から欠損等法人に対する特定債権を取得している場合において，旧事業の5倍を超える資金借入れ等を行うこと
④ 上記①〜③までの場合において，その欠損等法人が自己を被合併法人又は分割法人とする法人税法57条2項に規定する適格合併等を行うこと
⑤ 欠損等法人が特定支配関係を有することとなったことに基因して，欠損等法人の特定支配日の直前の役員のすべてが退任し，かつ，特定支配日の直前において欠損等法人の業務に従事する使用人の総数の概ね20％以上に相当する数の者が欠損等法人の使用人でなくなった場合において，欠損等

法人の被従事事業の事業規模が旧事業の特定支配日の直前における事業規模の概ね5倍を超えることとなること

3 特定株主等によって支配された欠損等連結法人の連結欠損金の繰越しの不適用制度

連結納税を選択している法人について、上記2と同様の措置がとられ、欠損等連結法人がその支配日以後5年を経過した日の前日までに適用事由に該当することとなった日の属する連結事業年度においては、その連結事業年度前の各連結事業年度以後の各連結事業年度においては、その連結事業年度前の各連結事業年度において生じた連結欠損金額のうち一定の金額については、繰越控除できないこととされました（法法81の9の2）。

4 特定株主等によって支配された欠損等法人の資産の譲渡等損失額の損金不算入制度

(1) 制度の概要

欠損等法人の適用期間において生ずる特定資産の譲渡等による損失の額は、その欠損等法人の各事業年度の所得の計算上、損金の額に算入しないこととされています（法法61①）。連結納税についても同様の取扱いです（法法81の3）。

(2) 適用期間

欠損等法人の適用事業年度又は適用連結事業年度開始の日から同日以後3年を経過する日までの期間が適用期間となります（法法61①）。

(3) 特定資産

特定資産とは、欠損等法人が特定支配日において有し、又は適格分割等により移転を受けた固定資産、固定資産以外の土地、有価証券、金銭債権及び繰延資産並びに資産調整勘定の金額に係る資産をいいます（法法61①、法令118の3①）。

(4) 制限措置

欠損等法人の適用期間において生ずる譲渡、評価換え、貸倒れ、除却その他これらに類する事由による損失の額は、その欠損等法人の各事業年度の所得の計算上、損金の額に算入しないこととされています（法法61①）。

〔平野　敦士〕

Q.6-5-13　平成19年度税制改正大綱①（減価償却制度）

平成19年度税制改正大綱のうち，減価償却制度の改正について教えてください。

Point
■残存価額及び償却可能限度額が廃止される。これに伴い，定率法による減価償却が複雑なものとなる。新税制による定率法による減価償却は会計監査においては適正な償却とは認められない公算が高い。
■耐用年数の改正がある。

1　減価償却制度

(1) 残存価額及び償却可能限度額の意義

減価償却とは，固定資産の取得価額から，耐用年数経過後の処分見込価額である残存価額を控除した金額を耐用年数にわたって費用配分する手続です。定額法においては上記金額を耐用年数にわたって均等に償却し，定率法とは，帳簿価額に一定率を掛けた金額を耐用年数にわたって計上したときに残存価額まで償却されるように設定された償却率により計算する減価償却方法です。定率法の償却率は具体的には（$1 - \sqrt[n]{残存価額／取得価額}$）で算出され，耐用年数省令において耐用年数ごとにあらかじめ設定されています。

法人税においては，原則として残存価額を取得価額の10％に設定するとともに（耐令5，別表第十），耐用年数経過後において取得価額の95％に達するまで引き続き減価償却が可能であるとする償却可能限度額の規定が置かれていました（法令61①）。償却可能限度額の規定を設けたのは，定率法の償却率の算定式において残存価額を低くすると著しく償却率が高くなることから，償却率を調整せずに減価償却可能な金額を増やすための方策であるといわれています。

(2) 残存価額及び償却可能限度額の問題点

固定資産を耐用年数経過まで所有・使用すれば機能的・物理的に減価し，残存価額で処分可能であるというのが減価償却の計算の基本的前提です。耐用年

数経過後は撤去費用が掛かりこそすれ,処分収入が発生するということは事実上ありえません。また,諸外国の減価償却制度を見ても,取得価額の全額を償却できる国が大半であり,経済活性化・国際競争力の強化の側面からも,残存価額及び償却可能限度額の問題点が指摘されてきました。

(3) **残存価額及び償却可能限度額の廃止** (大綱一1(1)(2))

(a) **平成19年4月1日以後に取得分** 平成19年4月1日以後に取得する減価償却資産については,耐用年数経過時に備忘価額である1円まで減価償却できることとされました。問題となるのは定率法を採用している場合の計算です。定率法の償却率は,従前の償却率の算式により算定せず,米国式の償却方法に倣い,定額法の償却率の2.5倍した数値を使用するものとし,定率法により計算した減価償却費が一定の金額を下回るときに,償却方法を定率法から定額法に切り替えて減価償却費を計算することとされます。ここでいう一定の金額とは,「耐用年数から経過年数を控除した期間内に,その時の帳簿価額を均等償却すると仮定して計算した金額」とされ,詳細は関係諸法令により整備される予定です。既存設備への資本的支出については,従来の償却方法を引き継ぐのか,新しい償却方法が適用されるのか,問題が考えられます。

定額法の場合には,定率法と異なり残存価額はゼロとして,単純に耐用年数にわたり均等償却することとなります。

(b) **平成19年3月31日以前に取得分** 平成19年3月31日以前に取得をした減価償却資産については,償却可能限度額まで償却した事業年度等の翌事業年度等以後5年間で1円まで均等償却することとされます。定率法を採用している会社で総合償却を適用している場合には,個々の固定資産ごとに簿価を分解しなければならない等,実務上きわめて厄介な問題が想起されます。

(4) **会計の取扱い**

新税制による定率法の減価償却はあまりに急激に償却がなされることから,会計監査においては適正な償却とは認められない公算が高いと思われます。

２ 法定耐用年数の見直し

薄型テレビディスプレイの製造に使用されるフラットパネルの製造設備等の耐用年数については現行の10年から5年に変更されます。　　　〔平野　敦士〕

Q.6-5-14　平成19年度税制改正大綱②（三角合併の税務）

平成19年度税制改正大綱で明らかにされた三角合併の税務上の取扱いについて教えてください。

Point
- ■完全親会社株式を対価とする三角合併については，適格要件を充足する場合には，課税の繰延べが認められる。
- ■三角合併が，非居住者等による事業譲渡類似株式の譲渡等に相当する場合には，旧株の譲渡益に対して課税される。
- ■企業グループ内での三角合併につき，タックス・ヘイブンに所在する実体のない親会社の株式を対価とし，国内の合併法人にも事業の実体が認められない場合には，適格合併に該当しない。
- ■共同事業のための三角合併につき，適格要件について，「事業」及び「事業関連性」の要件については，今後明らかになる法人税法及び関連法令の規定に注目する必要がある。

1　平成19年度税制改正大綱

　平成18年12月14日に自由民主党の「平成19年度税制改正大綱」（以下，党大綱という）が，同月19日には財務省の「平成19年度税制改正の大綱」（以下，大綱という）が公表されました。これらにおいて，三角合併に関する税務に関する基本的な考え方が明らかにされていますので，紹介します。なお，以下の記述は，あくまでも上記各大綱に基づくものであり，詳細については今後公表される法人税法及び関連法令の具体的な規定を待たなければならないことにご留意ください。

2　許される親会社株式の範囲

　大綱は，「組織再編税制において，適格合併，適格分割又は適格株式交換の適格性の要件及び被合併法人等の株主における旧株の譲渡損益の計上を繰り延べる要件のうち合併等の対価について，その範囲に，合併法人等の親法人（合

併等の直前に合併法人等の発行済株式の全部を直接に保有し、かつ、当該合併等後にその発行済株式の全部を直接に継続して保有することが見込まれる法人をいう。）の株式のみが交付される場合の株式を加える。」としています（大綱四1(1)）。すなわち、合併・会社分割・株式交換について、自社の株式ではなく親法人株式を対価とする場合（三角合併・三角会社分割・三角株式交換）も組織再編税制に含められ、適格要件を充足する場合には、被合併法人（消滅会社）等において資産・負債の譲渡損益課税を繰り延べ、また、被合併法人等の株主においてみなし配当課税を行わず、株式の譲渡損益を繰り延べることが明らかにされました。

この場合、親法人株式といっても無限定ではなく、親法人が「合併等の直前に合併法人等の発行済株式の全部を直接に保有」することが要求されています。つまり、合併法人等の完全親会社であることが必要であり、かつ、直接的な親会社の株式に限定されています。また、「当該合併等後にその発行済株式の全部を直接に継続して保有することが見込まれる法人」とされており、この直接的完全親子関係が組織再編後も継続する見込みであることが要求されています。したがって、例えば80％超を保有する親会社の株式を対価とする場合は非適格であり、また、親法人株式と合併法人株式をミックスして対価とした場合にも非適格となります。

なお、この部分の改正は、平成19年5月1日以後に行われる合併等について適用するものとされています。

③ 非居住者等株主の場合の例外

(1) 通常の場合

大綱は「合併等により株主に外国親会社の株式が交付された場合、非居住者又は外国法人株主（以下「非居住者等株主」という。）について、その合併等の時に旧株の譲渡益（我が国で課税の対象となる国内源泉所得に該当するものに限る。）に対して課税する。」としています（大綱四1(2)）。つまり、外国親会社株式を対価とする三角合併において、株主が非居住者又は外国法人（以下、非居住者等という）である場合、一定範囲で上記の課税の繰延べを認めず、旧株の譲渡益に課税するものです。もっとも、その範囲は、「我が国で課税の対象となる国内源泉所得に該当するものに限る」とされています。この点、非居住者等は、国内源泉所

得を有する場合にのみわが国で納税義務を負うところ（所法5②，法法4②），株式の譲渡益は，恒久的施設を有しない非居住者等の場合には，国内源泉所得とされるものでも一般的には課税の対象とされていませんので（所法161一，164①四イ，法法138一，141四イ），通常は，非居住者等株主であっても課税の繰延べの利益を享受できます。

(2) 事業譲渡類似の株式の譲渡・不動産化体株式の譲渡

例外的に，非居住者等の株式譲渡益がわが国で課税される場合として，事業譲渡に類似した株式の譲渡（発行済株式数25％以上を保有する株主（組合）による発行済株式5％以上の譲渡）による所得があります（所法161一，164①四イ，所令291①三ロ・⑥，法法138一，141四イ，法令187①三ロ・⑥）。仮にこの場合も三角合併による課税の繰延べが認められるとすれば，対象会社（被合併法人）の発行済株式の25％以上を保有する非居住者等株主が適格三角合併によって買収会社（合併法人）の外国親会社の株主となり，当該外国親会社株式を譲渡することによって上記事業譲渡類似株式の譲渡と同等の効果を上げつつ，わが国での課税を回避することができます。そこで，このような場合には，三角合併における課税の繰延べを認めず，旧株の譲渡益に対する課税を行うものと思われます。

このほか，国内にある不動産が総資産の50％以上である法人が発行する一定の株式（いわゆる不動産化体株式）の譲渡による所得も非居住者等の国内源泉所得とされていることから（所法161一，164①四イ，所令291①四・⑧〜⑫，法法138一，141四イ，法令187①四・⑧〜⑫），同様の取扱いを受けるものと思われます。

なお，以上の場合に，当該非居住者等株主に対するみなし配当課税が行われるかどうかが問題となりえますが，この点について大綱は触れておらず，「旧株の譲渡益……に対して課税する」としています。

(3) 恒久的施設を有する非居住者等の場合

上記例外に対する例外として，大綱は「ただし，この取扱いは，非居住者等株主が，国内において行う事業に係る資産として，国内に有する恒久的施設において旧株を管理する場合には適用しない。」としています。これは，事業譲渡類似の株式の譲渡や不動産化体株式の譲渡に相当する場合であっても，交付を受ける新株を，国内における恒久的施設（Permanent Establishment（PE））において管理する場合には，交付された新株が将来において譲渡された場合に，当

該株式譲渡益が国内源泉所得として課税対象になることから（所法164①一，二イ，三イ，法法141一，二イ，三イ），三角合併の時点において課税を繰り延べても，わが国における課税機会を喪失することがないからであると考えられます。

もっとも，「この場合，非居住者等株主がその交付を受けた外国親会社の株式を国内において行う事業に係る資産として国内の恒久的施設において管理しなくなったとき」は，将来その外国親会社株式が譲渡された場合における譲渡益に対する課税機会が永久に失われることから，「その時に外国親会社の株式を譲渡したものとして課税する」ものとしています。

なお，この改正は，平成19年5月1日以後に行われる合併等について適用するものとされています。

4 適格要件の検討

(1) タックス・ヘイブン所在の親会社株式による三角合併

大綱は「企業グループ内の法人間で行われる合併等のうち，軽課税国に所在する実体のない外国親会社の株式を対価とし，国内の合併法人等にも事業の実体が認められないものは，適格合併等に該当しない」としています（大綱四1(3)①）。

ここでは，「企業グループ内の法人間で行われる合併等のうち」とされていることから，いわゆるグループ内再編（完全支配関係のある場合及び支配関係のある場合）の組織再編について言及しているものと思われます。また，「軽課税国に所在する」外国親会社とは，外国子会社合算税制（タックス・ヘイブン税制）におけるタックス・ヘイブンと同様に，法人の所得に対して課される税が存在しない国又は地域に本店等を有する外国会社であるか，当該法人の所得に対する実効税率が25％以下である外国会社をいうものと推察されます（措置令25の19①，39の14①参照。具体的な範囲は，法人税法及び関連する法令によって規定される予定です）。

想定されているのは，ペーパーカンパニーをタックス・ヘイブンに設立し，その子会社を日本に設立し，実体のある日本の会社を被合併法人（消滅会社）とする三角合併を行うことによって，実体のある日本の会社に対する支配をタックス・ヘイブン国の親会社に移転することです。これにより，実体のある日本の会社の支配権を，タックス・ヘイブンの親会社の株式に移転することにな

り，租税回避が可能となります。例えば，相続税については，相続時に日本国内に住所を有しない場合，原則として，相続によって取得した財産で日本国内にあるものについてのみ相続税の納税義務を負います（相法1の3③，2②。なお，相法1の3二，2①）。株式の所在は，当該株式の発行法人の本店又は主たる事務所の所在する場所によるものとされているため（相法10①八），被合併法人（消滅会社）の株主は，相続開始前5年を超える期間，日本国外に住所を移転することで，上記タックス・ヘイブンの親会社株式を日本において課税される相続財産の範囲から外すことが可能となります（もっとも，住所は実質的な生活の本拠でなければなりません（東京地判平17・1・28判タ1204号171頁参照）。）。

　このような租税回避を防止するために，大綱は，「軽課税国に所在する実体のない外国親会社の株式を対価とし，国内の合併法人等にも事業の実体が認められないものは，適格合併等に該当しない」ものとしています。したがって，上述したような三角合併は非適格となります。この場合の効果につき，大綱は「適格合併等に該当しない合併等が行われる場合，交付される対価が軽課税国に所在する実体のない親法人の株式であるときは，その合併等の時に株主の旧株の譲渡益に対して課税する」としています。

　なお，この改正は，平成19年10月1日以後に行われる合併等について適用するものとされています。

(2) 共同事業のための組織再編における特別目的会社の利用

　上記においては，「企業グループ内の法人間で行われる合併等」のうち，「軽課税国に所在する実体のない外国親会社の株式を対価」とする場合が非適格であるとされていました。そこで，組織再編の当事者間に完全支配関係・支配関係のない共同事業のための組織再編において，かつ外国親会社に実体のある場合について，買収受皿会社としての特別目的会社（SPC）の利用が許されないかどうかが問題です。

　この点は，大綱においては必ずしも明確ではありません。しかし，従来の組織再編税制の枠組みがそのまま維持されるとすれば，合併法人（存続会社）と被合併法人（消滅会社）との間の事業の相互関連性が要件とされることから（法法二十二の八ハ，法令4の2③一），合併法人が事業を行っていない特別目的会社の場合には非適格とされることになります。実際には，外国会社が日本企業を

買収しようとする場合において、日本において買収受皿会社としての特別目的会社を設立することが考えられますが、仮に、このような三角合併が非適格とされるとすれば、外国会社による三角合併の利用は事実上制限されます。また、外国会社が買収により小規模の日本企業を買収して完全子会社化した上で合併法人とすることも考えられますが、このような買収した子会社について適格要件が充足されるかについても、検討を要します。

結局、外国会社が日本に特別目的会社を設立し、それを合併法人とする三角合併が利用されるためには、適格要件、特に「事業」及び「事業関連性」の要件が拡張されることが必要となります。

(3) 「事業性」及び「事業関連性」

この点について、財務省の大綱は触れていません。しかし、党大綱には、「なお、共同で事業を行うための組織再編成に該当するか否かを判定する要件である『事業性』及び『事業関連性』について、運用面での取扱いの明確化を図るため、その判断基準を法令上明記する方向で具体的に検討を行う。」との記載があります。この記載は、「事業性」及び「事業関連性」に関する「運用面での取扱い」にしか触れておらず、従来の規定の枠組みは変更しないとも読み取れます。仮にそうだとすると、合併法人が特別目的会社である場合、非適格として、被合併法人にも、その株主にも課税が生じることになります。

このように、適格要件における「事業」及び「事業関連性」の定め方は、外国会社による三角合併の利用方法を大きく左右することから、党大綱において、要件の明確化の方向性が打ち出されているものと推察されます。この点は、三角合併の今後を占う上での最大のポイントといえ、法人税法及び関連法令の規定が注目されます。

〔南　繁樹〕

Q.6-5-15　平成19年度税制改正大綱③（国際的租税回避防止）

平成19年度税制改正大綱で示された国際的租税回避行為に対する防止措置を教えてください。

Point

■内国法人が保有するタックス・ヘイブンに所在する子会社株式を，当該内国法人のタックス・ヘイブン所在の親会社に現物出資する場合には，適格現物出資に該当しない。

■内国法人の親会社であるタックス・ヘイブンに所在する会社に留保された所得につき，株主である居住者及び内国法人の所得に合算して課税される。

1　タックス・ヘイブン子会社株式の外国親会社への移転

大綱では「内国法人が保有する外国子会社（外国子会社合算税制の適用対象となるものに限る。）の株式を軽課税国に所在する実体のない外国会社（その内国法人の持分の80％以上を保有するものに限る。）又はその外国会社に係る外国子会社に現物出資する場合には，その現物出資は適格現物出資に該当しないこととする」としています（大綱四1⑶③）。これは，日本の会社が支配する外国子会社で，わが国のタックス・ヘイブン税制の適用を受ける会社（特定外国子会社等）につき，外国親会社の支配下に移転させることにより，同税制を回避することを防止するものと考えられます。

三角合併等により，日本の会社を外国親会社の傘下に置くことが容易になります。そこで，まず適格組織再編によりタックス・ヘイブンに内国法人の親会社を設立し，その上で，内国法人が所有していたタックス・ヘイブンに所在する子会社（特定外国子会社等）の株式をタックス・ヘイブンに所在する当該親会社に現物出資すれば，その子会社は，もはや内国法人の子会社ではなくなることから，タックス・ヘイブン税制は適用されません（措置法66の6①②一）。改正法は，このような行為を防止する目的で規定されたものと考えられます。

なお，この改正は，平成19年10月1日以後に行われる現物出資について適用

するものとされています。

2 タックス・ヘイブン税制の適用範囲の拡張

　大綱は「内国法人の株主が，組織再編成等により，軽課税国に所在する実体のない外国法人を通じてその内国法人の持分の80％以上を保有することとなった場合には，その外国法人に留保した所得を，その持分割合に応じて，その外国法人の株主である居住者及び内国法人の所得に合算して課税する（合算対象となる所得には，その外国法人に係る外国子会社のうち，軽課税国に所在する実体のないものに留保した所得も含める。）」としています（大綱四1(3)④）。従来のタックス・ヘイブン税制が，内国法人が子会社をタックス・ヘイブンに設立する場合を想定していたのに対し（措置法66の6①），これは，タックス・ヘイブン所在の会社が内国法人の親会社となる場合を想定しています。この場合，各事業年度における内国法人の法人所得は日本で課税されますが，外国親会社が受領する配当は（タックス・ヘイブンであるため）低い税率の法人税を課されるのみであるため，最終的な株主段階における配当課税（わが国では，個人の場合には，超過累進税率により，最高で国税40％・地方税10％の所得税が課されます）を繰り延べることが可能です。繰延べも長期にわたると非課税に近接し，租税回避の効果があります。そこで，外国親会社に留保した所得についても，その外国法人の株主である居住者及び内国法人の所得に合算して課税し，課税の繰延べの効果を与えないこととされたものと思われます。

　なお，「対象となる内国法人は，組織再編成等の前に少数の株主グループによってその持分の80％以上を保有されていたものに限る。」として，適用範囲が一定の同族会社に限定されています。また，「内国法人の株主が，組織再編成等により，その内国法人の資産・負債のほとんどすべてを取得した他の内国法人を支配することとなった場合も同様とする」として，会社分割等により，外国法人を通じて支配される他の内国法人に資産・負債を移転させる場合も適用範囲に含めています。この改正は，平成19年10月1日以後に株主が外国法人を通じて内国法人を支配することとなる場合について適用するとされています。

〔南　繁樹〕

Q.6-5-16　平成19年度税制改正大綱④（種類株式）

平成19年度税制改正大綱における種類株式の評価について教えてください。

> **Point**
> ■配当優先の無議決権株式は，納税者の選択により5％の評価減が可能である。但し，評価減分は，議決権株式に加算される。
> ■社債類似株式（優先配当・無議決権・取得条項・普通株式への転換権なし）は社債に準じ，発行価額と配当に基づいて評価する。
> ■拒否権付株式は，普通株式と同様に評価する。

1　中小企業の事業承継目的のための種類株式の活用

大綱では，「取引相場のない種類株式」につき，「相続税等の評価方法の明確化」を行う旨が記載され，特に，①配当優先の無議決権株式，②社債類似株式，及び③拒否権付株式が取り上げられています（大綱二6）。その狙いにつき「取引相場のない種類株式について，中小企業の事業承継における活用を図る観点から，相続税等における評価を明確化する」とされています（党大綱第一・1(2)）。経済産業省によると「国税庁より年度内公表予定」とのことであり，相続税に関する財産評価基本通達の改正が期待されます。

2　配当優先の無議決権株式

経済産業省の資料によれば，配当優先の無議決権株式については「普通株式と同様に評価することが原則（純資産価額方式の場合には配当優先の度合いに関わらず普通株式と同額評価）。ただし，相続時の納税者の選択により，相続人全体の相続税評価総額が不変という前提[※]で，議決権がない点を考慮し，無議決権株式について普通株式評価額から5％を評価減することも可能とする。（※無議決権株式の評価減分を議決権株式に加算）」とされています（同20頁）。上記括弧のとおり，まとめて評価する必要があるため，同族株主が相続により取得した株式に限って適用され，かつ当該株式を取得した同族株主全員の同意が条件とされること

になりそうです。オーナー企業で，非後継者や従業員に配当優先の無議決権株式を発行することは考えられますが，オーナー一族の相続財産の評価減のために活用することは難しいようです。

③ 社債類似株式

経済産業省の資料では，「一定期間後に償還される特定の無議決権＋配当優先株式」につき，典型的活用方法として「財産の大半が自社株式である中小オーナー経営者が，後継者に経営権を集中させたいが，複数の相続人がいる場合→［配当優先］又は［無議決権］を発行し，無議決権株式を非後継者に相続，普通株式（議決権有）を後継者に相続」とされています。そして，社債類似株式の条件を「①優先配当，②無議決権，③一定期間後に発行会社が発行価額で取得，④残余財産分配は発行価額を上限，⑤普通株式への転換権なし」とし，これらをみたす社債類似株式につき，「社債に準じた評価（発行価額と配当に基づく評価）を行う」としています。

すでに国税庁の質疑応答において社債類似株式につき「利付公社債の評価方法（財基通197-2(3)）に準じて，払込金額である1株当たり［500円］と課税時期において残余財産の分配が行われるとした場合に分配を受けることのできる金額とのいずれか低い金額により評価」するとされており（http://www.nta.go.jp/category/tutatu/shitsugi/zaisan/17/01.htm），これを踏襲したものといえます。

④ 拒否権付株式

経済産業省の資料は「拒否権付株式（普通株式＋拒否権）は普通株式と同様に評価する」としています。また，典型的活用方法として「中小オーナー経営者が，承継後の経営安定のため，一定期間は後継者の独断専行経営を防げる形にしておきたい場合→拒否権付株式を発行・保有し，後継者への権限委譲後一定期間は保有」としています。拒否権付株式は，普通株式よりも相対的に強い支配権を有しますが，実際の支配に及ぼす影響を定量化することが困難であることから，割り切って増額評価をしなかったものと考えられます。この点では，拒否権付株式は使いやすくなったといえます。

〔南　繁樹〕

Q.6-5-17　平成19年度税制改正大綱⑤（リース取引）

　リースに関する会計基準の改正と，これに関連する平成19年度税制改正について教えてください。

> **Point**
> ■新会計基準案は，所有権移転外ファイナンス・リース取引につき，賃貸借処理（例外処理）を廃止して売買処理を要求し，借主のリース資産及びリース債務の両建て計上（オンバランス）を強制している。
> ■新会計基準案では，貸手及び借手のいずれにおいても損益の認識のタイミングが従来よりも前倒しされる。
> ■税務上も，所有権移転外ファイナンス・リース取引につき，従来の賃貸借処理から売買処理に変更される。借手側では，減価償却の償却期間がリース期間とされるので，リース期間が法定耐用年数より短い場合の税務上のメリットは維持される。他方，貸手側では，リース利益額のうち80％を均等額により収益計上するため課税所得の前倒し計上は緩和される。

1　新たな会計基準（公開草案）

　平成18年12月27日に企業会計基準公開草案第17号「リース取引に関する会計基準（案）」（以下，新会計基準案第17号という）及び企業会計基準適用指針公開草案第21号「リース取引に関する会計基準の適用指針（案）」（以下，新適用指針案第21号という）が公表されました。新会計基準案第17号は，平成20年4月1日以後開始する連結会計年度及び事業年度から適用されます。早期適用も可能です。

(1)　ファイナンス・リースの判定基準

　新会計基準案第17号において，ファイナンス・リース取引は「リース契約に基づくリース期間の中途において当該契約を解除することができないリース取引又はこれに準ずるリース取引で，借手が，当該契約に基づき使用する物件（以下「リース物件」という。）からもたらされる経済的利益を実質的に享受することができ，かつ，当該リース物件の使用に伴って生じるコストを実質的に負担することとなるリース取引」と定義されています（新会計基準案第17号5，下線部

筆者)。すなわち，①解約不能（ノン・キャンセラブル），及び②フルペイアウトが基準となります。ファイナンス・リース取引のうち，①所有権移転条項付きリース，②割安購入選択権条項付きリース，又は③特別仕様のリース物件に関するリースは「所有権移転ファイナンス・リース取引」とされ，これら以外のファイナンス・リース取引が「所有権移転外ファイナンス・リース取引」とされます（新適用指針案第21号10）。

(2) 所有権移転外ファイナンス・リース取引の取扱い

所有権移転外ファイナンス・リース取引につき，改正前の会計基準は注記を要件として賃貸借処理を「例外処理」として認めていましたが，「現状では大半の企業において，この例外処理が採用」されています（新会計基準案第17号27）。以下のとおり，新会計基準案第17号はこの例外処理を廃止しました。

(a) **借手（レッシー）側の取扱い**　借手側では，リース取引開始日に，通常の売買取引に係る方法に準じた会計処理により，リース物件とこれに係る債務をリース資産及びリース債務として計上します（新会計基準案第17号10，新適用指針案第21号21～25）。

リース資産及びリース債務の計上額は，①リース料総額（残価保証額を含む）を一定の割引率で割り引いた現在価値と，②貸手におけるリース物件の購入価額（不明の場合は，見積現金購入価額）とのいずれか低い額とします。

リース料総額は，原則として，①利息相当額部分と②リース債務の元本返済額部分とに区分計算し，①は支払利息として費用処理し，②はリース債務の元本弁済として処理します。全リース期間にわたる利息相当額の総額は，リース取引開始日におけるリース料総額とリース資産（リース債務）の計上価額との差額になります。利息相当額の総額は，原則として利息法によりリース期間中の各期に配分します。すなわち，リース債務の未返済元本残高に対して期間中一定の利率を乗じた額が各期の利息相当額（支払利息）となります。

借手は，利息相当額に加え，リース資産の減価償却費を費用計上します。償却期間はリース期間，残存価額はゼロとされ，償却方法は会社の実態に応じたものを選択適用します（新適用指針案第21号26，27）。

(b) **貸手（レッサー）側の取扱い**　貸手は，リース取引開始時に，以下のいずれかの方法により，リース投資資産を計上します（新会計基準案第17号13，新

適用指針案第21号49)。

① リース取引開始日に売上高（リース料総額）と売上原価（リース物件の現金購入価額）を計上する方法
② リース料受取時に売上高（リース料）と売上原価（元本回収額）を計上する方法
③ 売上高を計上せずに，利息相当額を各期に配分する方法

　貸手における利息相当額の総額は，リース契約締結時に合意されたリース料総額及び見積残存価額の合計額から，これに対応するリース資産の取得価額を控除することによって算定します。当該利息相当額は，原則として，リース期間にわたり利息法により配分します（新会計基準案第17号14)。

(3) **新会計基準案の実務上の影響**

　新会計基準案第17号によれば，借手の貸借対照表における総資産額が増加する結果，借手の総資産利益率が悪化します。また，リース料を元本相当部分と利息相当部分に区分し，後者を利息法によりリース期間に配分するため，リース料の元本相当部分が大きい契約当初において，より多額の利息相当額が認識されます。したがって，借手における費用，貸手における利益の認識のタイミングが改正前の会計基準よりも前倒しされます（響田留美子「試案・リース会計基準によるB／S・P／Lへの影響」旬刊経理情報1125号31頁)。

(4) **例外的取扱い**

　リース資産総額に重要性がない場合には，借手側において，支払利息を計上せずに減価償却費のみを計上する方法や，利息相当額の総額を定額法で配分する方法が認められています（新適用指針案第21号30〜32)。

　また，少額（リース契約1件当たりのリース料総額が300万円以下）又は短期（リース期間が1年以内）のリース取引につき，賃貸借としての処理が許容されています（新適用指針案第21号33，34)。

　さらに，中小企業に関しては，今後，「中小企業の会計に関する指針」の改正により，賃貸借処理が認められる範囲が広がる可能性があります。

2　リース取引に関する税務の改正

(1) **改正のポイント**

従来，税務上，所有権移転外ファイナンス・リース取引は賃貸借として取り扱われていましたが（法令136の3①③），財務省「平成19年度税制改正の大綱」（大綱）は，「所有権移転外ファイナンス・リース取引は，売買取引とみなす」として，会計と同様に取り扱うこととしています（大綱四3）。改正は，原則として，平成20年4月1日以後に締結するリース契約について適用されます（大綱四3）。それより前に締結したリース契約に関する賃貸資産についても，同日以後に終了する事業年度からリース期間定額法による償却が可能とされています（大綱四3(4)）。

(2) **借手（レッシー）側の処理**

　所有権移転外ファイナンス・リース取引の借手はリース物件の買主と同様に取り扱われます。すなわち，リース物件を固定資産として計上したうえ，減価償却費を損金算入します。その償却法につき，大綱はリース期間定額法，すなわち「リース期間を償却期間とし，残存価額をゼロとする定額法」を定めています。したがって，リース期間がリース物件の法定耐用年数よりも短い場合には，購入の場合よりも損金算入が前倒しできるというリースの税務上のメリットは維持されます。なお，借手が支払う利息相当額は会計処理に従い，利息法又は定額法により損金計上します（経済産業省資料）。

(3) **貸手（レッサー）側の処理**

　新会計基準案第17号では，貸手側において，利息法により利息相当額（リース利益額）を計上するため，各期に定額のリース料を利益計上していた従来の処理よりも利益の認識が前倒しになり，課税も前倒しになるとの懸念がありました。この点に関し，大綱は「リース料総額から原価を控除した金額（以下「リース利益額」という。）のうち，受取利息と認められる部分の金額（リース利益額の100分の20相当額）を利息法により収益計上し，それ以外の部分の金額をリース期間にわたって均等額により収益計上することができる」としました（大綱四3(3)）。つまり，新会計基準案第17号にいう利息相当額部分（リース利益額）を，①実質的に受取利息と認められる部分（20％）と②事務管理等相当部分（80％）に区分し，前者のみを利息法により前倒し計上し，後者は均等額計上とすることで，貸手の課税所得の前倒しを緩和しています。

〔南　繁樹〕

巻末資料

資料1　計算書類に係る附属明細書のひな型
資料2　利益・業績連動役員給与の有価証券報告書上の記載例
資料3　事業報告モデル（添付書類）
資料4　ソニー株式会社が発行する子会社連動株式に係る所得税及び法人税の取扱いについて（通知）
資料5　国税庁・質疑応答事例「種類株式の評価」（平成18年5月1日現在）
資料6　東京証券取引所における組織再編，公開買付け及びMBO等に関する開示の実務
資料7　平成19年度税制改正関連資料

【資料1】 計算書類に係る附属明細書のひな型

1．有形固定資産及び無形固定資産の明細
(1) 帳簿価額による記載

区分	資産の種類	期首帳簿価額	当期増加額	当期減少額	当期償却額	期末帳簿価額	減価償却累計額	期末取得原価
有形固定資産		円	円	円	円	円	円	円
	計							
無形固定資産								
	計							

(2) 取得原価による記載

区分	資産の種類	期首残高	当期増加額	当期減少額	期末残高	期末減価償却累計額又は償却累計額	当期償却額	差引期末帳簿価額
有形固定資産		円	円	円	円	円	円	円
	計							
無形固定資産								
	計							

(記載上の注意)
① (1)又は(2)のいずれかの様式により作成する。
② (1)にあっては，「期首帳簿価額」，「当期増加額」，「当期減少額」及び「期末帳簿価額」の各欄は帳簿価額によって記載し，期末帳簿価額と減価償却累計額の合計額を「期末取得原価」の欄に記載する。
③ (2)にあっては，「期首残高」，「当期増加額」，「当期減少額」及び「期末残高」の各欄は取得原価によって記載し，期末残高から期末減価償却累計額又は償却累計額を控除した残高を「差引期末帳簿価額」の欄に記載する。
④ 有形固定資産若しくは無形固定資産の期末帳簿価額に重要性がない場合，又は有形固定資産若しくは無形固定資産の当期増加額及び当期減少額に重要性がない場合には，(1)における「期首帳簿価額」又は(2)における「期首残高」，「当期増加額」及び「当期

減少額」の各欄の記載を省略した様式により作成することができる。この場合には，その旨を注記する。
⑤ 「固定資産の減損に係る会計基準の設定に関する意見書」（平成14年8月9日，企業会計審議会）に基づき減損損失を認識した場合には，次のように記載する。
　貸借対照表上，直接控除形式（減損処理前の取得原価から減損損失を直接控除し，控除後の金額をその後の取得原価とする形式）により表示しているときは，当期の減損損失を「当期減少額」の欄に内書（括弧書）として記載する。
　貸借対照表上，独立間接控除形式（減価償却を行う有形固定資産に対する減損損失累計額を取得原価から間接控除する形式）により表示しているときは，当期の減損損失は「当期償却額」の欄に内書（括弧書）として記載し，減損損失累計額については(1)における「期末帳簿価額」又は(2)における「期末残高」の欄の次に「減損損失累計額」の欄を設けて記載する。
　貸借対照表上，合算間接控除形式（減価償却を行う有形固定資産に対する減損損失累計額を取得原価から間接控除し，減損損失累計額を減価償却累計額に合算して表示する形式）を採用しているときは，当期の減損損失は「当期償却額」の欄に内書（括弧書）として記載し，減損損失累計額については(1)における「減価償却累計額」又は(2)における「期末減価償却累計額又は償却累計額」の欄に減損損失累計額を含めて記載する。この場合には，いずれの場合も減損損失累計額が含まれている旨を脚注する。
⑥ 合併，会社分割，事業の譲受け又は譲渡，贈与，災害による廃棄，滅失等の特殊な理由による重要な増減があった場合には，その理由並びに設備等の具体的な内容及び金額を脚注する。
⑦ 上記6．以外の重要な増減については，その設備等の具体的な内容及び金額を脚注する。
⑧ 投資その他の資産に減価償却資産が含まれている場合には，当該資産についても記載することが望ましい。この場合には，標題を「有形固定資産及び無形固定資産（投資その他の資産に計上された償却費の生ずるものを含む）の明細」等に適宜変更する。

2．引当金の明細

区分	期首残高	当期増加額	当期減少額		期末残高
			目的使用	その他	
	円	円	円	円	円

（記載上の注意）
① 期首又は期末のいずれかに残高がある場合にのみ作成する。
② 当期増加額と当期減少額は相殺せずに，それぞれ総額で記載する。

③ 「当期減少額」の欄のうち、「その他」の欄には、目的使用以外の理由による減少額を記載し、その理由を脚注する。
④ 退職給付引当金について、退職給付に関する注記（財務諸表等の用語、様式及び作成方法に関する規則（以下「財務諸表等規則」という）第8条の13に規定された注記事項に準ずる注記）を個別注記表に記載しているときは、附属明細書にその旨を記載し、記載を省略することができる。

3．販売費及び一般管理費の明細

科目	金額	摘要
	円	
計		

（記載上の注意）
　おおむね販売費、一般管理費の順に、その内容を示す適当な科目で記載する。

4．その他の重要な事項

　附属明細書に、上記のほか、貸借対照表、損益計算書、株主資本等変動計算書及び個別注記表の内容を補足する重要な事項を記載する場合、ひな型として一定の様式を示すことはできないため、記載様式は本ひな型との整合性を考慮に入れて適宜工夫する。

以　上

【出典】会計制度委員会研究報告第9号「附属明細書のひな型」の改正（平成18年6月15日，日本公認会計士協会）

【資料２】利益・業績連動役員給与の有価証券報告書上の記載例

【A社】鉱業（資本金1,018億円・従業員数3,744人）

利益連動役員給与の算定方法

取締役賞与は，当社の業績及び企業価値の向上に対する取締役の意欲や士気を高めるため，事業年度の終了後，当該事業年度の連結当期純利益及び連結経常利益を指標として，次の算定方法により決定し，法人税法第34条第１項第３号に規定する利益連動役員給与として支給することとしております。

> 取締役賞与支給額＝賞与基準額（役位別固定額）×｛（賞与係数A）＋（賞与係数B）｝
> 　賞与係数A＝a×連結当期純利益（※）×1／100
> 　賞与係数B＝β×連結経常利益（※）×1／100

※当該金額を１億円で除したものの小数点以下を切り捨てた数値とする。
・賞与係数の上限は2.4（Aは1.8，Bは0.6），下限は0.0とする。
・係数a及びβは，当社の事業計画に掲げる各利益指標が目標どおりに達成されたときに，一定水準の取締役賞与が支給されるよう設定するものとする。
・賞与支給総額の上限は，年額170百万円以内とする。
・剰余金の配当額が１株につき３円未満の場合は，原則として取締役賞与を支給しない。また，剰余金の配当額や経営状況等により支給額を減額することができるものとする。

【B社】建設業（資本金35億円・従業員数2,085人）

利益連動給与の算定方法

当社は翌事業年度（平成19年３月期）から取締役（社外取締役を除く）に対して，以下の算定方法に基づく利益連動給与を支給する。

［算定方法］

> 利益連動給与総額＝（経常利益（個別）－1,000百万円）×7／1000

但し，利益連動給与総額の上限は７百万円，下限は０円とし，各取締役の支給額は，利益連動給与総額に，取締役社長は1000分の172，専務取締役は1000分の127，常務取締役は1000分の111，取締役は1000分の26をそれぞれ乗じた額とする。
なお，支給対象者は事業年度末現在在籍の取締役とし，支給額は千円未満を切り捨てて支給する。

【C社】製造業（資本金74億円・従業員数430人）

利益連動給与の算定方法

役員賞与総額（監査役，社外取締役は除く）は，連結当期純利益に準じた月比額としています。（10万円未満四捨五入）但し，１億円を上限とします。

① 連結当期純利益が30億円超の場合……役員報酬の6ヶ月超（②の計算方法を準用します。）
② 連結当期純利益が10億円超30億円以下の場合……役員報酬の3ヶ月～6ヶ月
③ 連結当期純利益が5億円超10億円以下の場合……役員報酬の1.5ヶ月～3ヶ月
④ 連結当期純利益が5億円以下または連結営業損失の場合……零

【D社】製造業（資本金14億円・従業員数180人）

取締役に対する報酬等の支給方法について

取締役（会社法第363条第1項各号に掲げる取締役）に対し，株主総会で決定された取締役の報酬等の上限額の範囲内で，その職務執行の対価として，月額定額給与と当該事業年度の成果としての利益に対応する給与を支給する。

［利益連動給与の算定方法］
（支給算式）

①利益連動給与支給額＝取締役月額給与額×利益連動給与支給月数
②利益連動給与支給月数は，当該年度の利益連動給与算入前当期純利益（以下，Xとする）と前年度の利益連動給与算入前当期純利益（以下，Yとする）により算定した下記のテーブルに従い決定した月数とする。

なお，限度額は取締役月額給与額に支給月数4ヶ月を乗じた額とする。

（利益連動給与支給月数決定テーブル）

判定基準	支給月数
1.05Y＜X	4ヶ月
1.00Y＜X≦1.05Y	3ヶ月
0.70Y＜X≦1.00Y	2ヶ月
3億円＜X≦0.70Y	1ヶ月

なお，業績に大幅な変動があった事業年度の翌期の判定基準は見直しを行う。

【E社】製造業（資本金681億円・従業員数47人）

役員報酬等及び監査報酬等

・役員報酬等
　（略）
・役員報酬等に関する追加情報（提出日現在）
　業績連動報酬（利益連動給与）
［算定方法］
　当社は，各事業年度末に在任する代表取締役及び業務執行取締役（以下，業務執行役員

という)を対象として，当該事業（連結会計）年度における当期純利益金額（連結）の1,000分の1（但し，6,000万円を上限とする）の範囲内で，業績連動報酬を支給するものとする。

その具体的配分については，各業務執行役員の基準年俸額を基礎として，取締役会にて決定する。

［導入理由］

当社は，株主総会決議による役員賞与金の支給を行ってまいりましたが，株主重視経営との整合性を考慮するとともに税制上の恩典を享受するため，業績連動報酬を導入するものであります。

なお，上記の算定方法は平成18年6月22日開催の取締役会にて決定されたものであり，監査役全員から算定方法につき適正である旨の記載がある書面が提出されております。

【F社】製造業（資本金101億円・従業員数1,348人）

取締役に対する業績連動給与の計算方法

次期より，当社の取締役に対する報酬は，毎月の定期同額給与と年1回の業績連動給与によって構成します。業績連動給与の計算については以下のとおりです。

［計算方法］

$$業績連動給与 = 連結営業利益 \times 0.2\% \times \frac{各取締役のポイント}{取締役のポイント合計}$$

［取締役の役職別ポイント及び人数］

役職	ポイント	取締役の数（人）	ポイント計
社長・会長	4.5	1	4.5
専務取締役	2.5	5	12.5
常務取締役	1.8	2	3.6
取締役（常勤）	1.2	0	0.0
使用人兼務取締役	0.2	4	0.8
取締役（非常勤）	0.1	1	0.1
合計	—	13	21.5

※上記は，平成18年6月30日現在における取締役の数で計算しています。

［留意事項］

・取締役は，法人税法第34条第1項第3号に記載される業務執行役員です。
・法人税法第34条第1項第3号イに規定する「当該事業年度の利益に関する指標」とは連結営業利益とします。

・法人税法第34条第1項第3号イ(1)に規定する「確定額」は3億円を限度とします。連結営業利益に0.2％を乗じた金額が3億円を超えた場合は，3億円を各取締役のポイント数で割り振り計算した金額をそれぞれの業績連動給与とします。
・連結営業利益に0.2％を乗じた金額については10百万円未満切捨てとします。

【G社】卸売業（資本金2,022億円・従業員数4,077人）

役員報酬の内容

・平成17年度における当社の取締役及び監査役に対する報酬の内容は，次のとおりです。
（略）
・なお，平成18年度の取締役賞与は第83回定時株主総会終了後，下記方法に基づき算定の上，支給額を確定し支払います。

① 総支給額

　総支給額はⅰ）平成18年度当社純利益の0.044％と平成18年度連結純利益の0.067％を合計した額，またはⅱ）1.6億円，のいずれか少ない額です。（当社純利益及び連結純利益は第83期有価証券報告書に記載される監査法人の監査を経た平成18年度損益計算書及び連結損益計算書に計上される金額であり，そのいずれかの項目が損失の場合は，当該項目を0として計算します。）

総支給額＝平成18年度当社純利益×0.044％＋平成18年度連結純利益×0.067％（但し1.6億円が上限）

② 個別支給額

　各取締役への個別支給額は上記①に基づき計算された総支給額を，役位ごとに定められた下記ポイントに応じて按分した金額です。（1,000円未満切り捨て）但し，個別支給額の限度額は下記に記載のとおりです。

役位ポイント

会長・社長	副会長	副社長	専務	常務
10	8	7	6	5

役位ポイントの総和は93（会長1名，社長1名，副会長2名，副社長2名，専務3名，常務5名）。

個別支給金額＝総支給額×役位ポイント／役位ポイントの総和

個別支給額の限度額：会長・社長　　17.2百万円
　　　　　　　　　　副会長　　　　13.7百万円
　　　　　　　　　　副社長　　　　12.0百万円
　　　　　　　　　　専　務　　　　10.3百万円
　　　　　　　　　　常　務　　　　 8.6百万円

【H社】卸売業（資本金457億円・従業員数922人）

役員報酬の内容

　役員報酬の限度額は株主総会決議で定められており，当事業年度の支払実績は，次のとおりであります。（略）

　なお，会社法の施行に伴い，平成18年６月16日開催の取締役会において，平成18年度より役員報酬及び役員賞与を見直し，新たに法人税法第34条第１項第１号に定める「定期同額給与」及び同第３号に定める「利益連動給与」の導入を決議いたしました。このうち「利益連動給与」の算定方法は下記のとおりであり，その算定方法について監査役全員が適正と認めた旨を記載した書面を受領しております。

記

① 業務を執行する取締役に支給する利益連動給与の総額は，提出会社の当該事業年度の当期純利益金額に1.5％を乗じた額（百万円未満切捨）とし，２億円を超えない金額とする。

② 当期純利益金額が30億円未満の場合は利益連動給与を支払わないものとする。

③ 各取締役への支給配分は役職位別とし，各役職位別の支給配分は，①で算定された利益連動給与の総額に④に定める役職位別係数を乗じ，業務を執行する全取締役の係数の合計で除した金額（10万円未満切捨）とする。

④ 各役職位別の係数は，取締役社長1.0，専務取締役0.8，常務取締役0.7，取締役0.6とする。

⑤ 各取締役に支給する額は，それぞれ取締役社長15百万円，専務取締役12百万円，常務取締役10百万円，取締役９百万円を超えない金額とする。

⑥ 業務を執行する期間が当該事業年度の期間の１／２に達しない取締役には利益連動給与を支給しない。

⑦ 業務執行役員でない取締役及び監査役には利益連動給与を支給しない。

【Ｉ社】金融・保険業（資本金29億円・従業員数285人）

役員賞与の算定方法

　平成19年３月期より法人税法の改正により一定の要件を満たす役員賞与が損金として認められることになりました。当社は利益連動給与の支給を採用することとし，そのための要件として有価証券報告書に算定方法の開示が必要であるため，平成19年３月期における役員賞与の算定方法を開示するものであります。

１．当社の役員賞与の支給総額は次のとおりとする。

① 税引前当期純利益が４億円未満の場合……支給しない

② 税引前当期純利益が４億円以上７億円未満の場合……税引前当期純利益の３％

③ 税引前当期純利益が７億円以上の場合……税引前当期純利益の５％

　但し，役員賞与の総額は50百万円を上限とする。

2．当社の役員賞与の各役員への配分方法
　① 取締役社長……役員賞与総額の20％
　② 取締役会長，取締役副社長……役員賞与総額の15％
　③ 専務取締役，常務取締役，取締役……役員賞与総額の10％
　　但し，非常勤の取締役は支給の対象としないこととする。
　取締役の各役職は平成18年6月の取締役会で選任された役職とし，その後の昇格，降格があった場合でも配分割合は変更しないものとする。
　上記の役員賞与は，法人税法，会計基準などで要求されている要件を満たすことが前提となりますが，これらを満たすことが困難であると認められた場合には，取締役会決議により役員賞与を支給しないことを決議できるものとします。

【J社】運輸・通信業（資本金21億円・従業員数4,738人）

役員報酬の内容

　取締役・監査役の報酬は，平成3年6月27日開催の第50回定時株主総会で決議された限度額（略）

　なお，平成18年度より各事業年度末に在任する代表取締役及び業務執行取締役を対象として，次の算定方法による業績連動報酬（但し，上限を9千万円とする）を支給致します。

　経常利益率が2.0％以上の時は経常利益額の5.0％，経常利益率が2.0％未満で1.5％以上の時は経常利益額の4.5％，経常利益率が1.5％未満で1.0％以上の時は経常利益額の4.0％，経常利益率が1.0％未満で0.7％以上の時は経常利益額の2.0％を業績連動報酬として支給します。経常利益率が0.7％未満の時は業績連動報酬は支給しません。

　但し，経常利益率及び経常利益額は，当該事業年度における単体決算のものであり，業績連動報酬を損金経理する前の数値であります。

　また，その具体的配分については，各業務執行取締役の定期同額報酬を基準に按分するものとし，取締役会で決定致します。

　なお，支給の時期は，当該事業年度の経常利益が定時株主総会で確定後，1ヶ月以内に支給するものと致します。

【出典】金融庁「EDINETホームページ」

【資料3】事業報告モデル（添付書類）

事 業 報 告
（平成○年○月○日から
平成○年○月○日まで）

1．企業集団の現況に関する事項
(1) 事業の経過及びその成果

　　当社連結会計年度におけるわが国経済は，……………（略）……………。当業界におきましては……………（略）……………。
　　このような環境のなかで，当社グループは，……………（略）……………結果，売上高（受注高）は○○億円（前期比○○％増）となり，税引後当期純利益は○○億円（前期比○○％増）となりました。

事業別	売上高	生産高（受注高）
○○事業	億円	億円
○○事業		
○○事業		
○○事業		

(2) 設備投資等の状況
　　当連結会計年度中において実施いたしました設備投資等の主なものは，次のとおりであります。
　　① 当連結会計年度中に完成した主要設備
　　　・当社
　　　　○○工場　○○設備の増設（○○部門）
　　　・子会社○○会社
　　　　○○工場　○○設備の増設（○○部門）
　　② 当連結会計年度継続中の主要設備の新設，拡充
　　　・当社
　　　　○○工場　○○設備の新設（○○部門）
　　　・子会社○○会社
　　　　○○工場　○○設備の増設（○○部門）
　　③ 重要な固定資産の売却，撤去，滅失
　　　　生産能力に重要な影響を及ぼす固定資産の売却，撤去又は滅失……………（略）……………。

(3) 資金調達の状況
　① 平成○年○月○日，公募により，○○万株の新株式を発行いたしました。（発行価額1株につき○○円，発行総額○○億円）……………（略）……………。
　② 平成○年○月○日，第○回物上担保付社債（第○回無担保転換社債型新株予約権付社債）○○億円を発行いたしました。

(4) 対処すべき課題
　　内外の諸情勢からみて，今後とも厳しい企業環境が予想されますが，当社グループは……………（略）……………。

(5) 財産及び損益の状況の推移

区分	平成○年度 第○期	平成○年度 第○期	平成○年度 第○期	平成○年度 第○期
受注高	億円	億円	億円	億円
売上高	億円	億円	億円	億円
当期純利益	億円	億円	億円	億円
1株当たり 当期純利益	円	円	円	円
総資産 （純資産）	億円	億円	億円	億円

(6) 重要な親会社及び子会社の状況
　① 親会社との関係
　　　当社の親会社は○○○○株式会社で，同社は当社の○○千株（出資比率○○％）保有いたしております。
　　　当社は親会社より○○の生産を委託され，これを納入いたしております。
　② 重要な子会社の状況

会社名	資本金	当社の出資比率	主要な事業内容
○○○○	億円	％	
○○○○			
○○○○			
○○○○			

連結ベースでの売上高は，前期○○億円に比し横ばい（○割増加・減少し），当期純利益は前期○○億円に比し○割増加（減少・横ばい）しました。
　　　○○○○は，平成○年○月○日をもって○○部門を分離し，子会社として設立したものであります。
　　　また，平成○年○月○日をもって○○○○を吸収合併いたしました。
　　③　その他
　　　　技術提携の主要な相手先は，米国の○○社及び○○社であります。

(7)　主要な事業の内容

事業	主要製品
○○事業	
○○事業	
○○事業	

(8)　主要な営業所及び工場

名称	所在地
関西支店	大阪府
仙台工場	宮城県

(9)　従業員の状況

従業員数	前期末比増減数
○,○○○名	○○名

(注)　………（略）………。

(10)　主要な借入先

借入先	借入額
	億円

2．会社の株式に関する事項
 (1) 発行済株式の総数　○,○○○,○○○株（自己株式○,○○○株を除く）

 (2) 株主数　○,○○○名

 (3) 大株主

株主名	持株数
	千株

 (4) その他株式に関する重要な事項

3．会社の新株予約権等に関する事項
 (1) 当事業年度末日における新株予約権の状況
　　・新株予約権の数
　　　○,○○○個
　　・目的となる株式の種類及び数
　　　普通株式○,○○○,○○○株（新株予約権１個につき○,○○○株）
　　・取締役，その他の役員の保有する新株予約権の区分別合計

	回次（行使価額）	行使期限	個数	保有者数
取締役 （社外取締役を除く）	第１回（○○○円）	平成○年○月○日	○○個	○名
	第２回（○○○円）	平成○年○月○日	○○個	○名
社外取締役	第１回（○○○円）	平成○年○月○日	○○個	○名
	第２回（○○○円）	平成○年○月○日	○○個	○名
監査役	第１回（○○○円）	平成○年○月○日	○○個	○名
	第２回（○○○円）	平成○年○月○日	○○個	○名

 (2) 当事業年度中に交付した新株予約権の状況
　　・発行した新株予約権の数
　　　○,○○○個
　　・新株予約権の目的となる株式の種類及び数
　　　普通株式○,○○○,○○○株（新株予約権１個につき○,○○○株）
　　・新株予約権の発行価額

1個あたり〇,〇〇〇円
・新株予約権の行使価額
　1個あたり〇,〇〇〇円
・新株予約権の行使期間
　平成〇年〇月〇日から平成〇年〇月〇日まで
・新株予約権の取得日
　平成〇年〇月〇日（新株予約権行使期間満了日の翌日）
・その他取得の条件
　　当社は，新株予約権の割当てを受けた者が権利を行使する条件に該当しなくなった場合及び新株予約権を喪失した場合にその新株予約権を取得することができる。この場合，当該新株予約権は無償で取得する。
・……………（略）……………。
・当社従業員，当社子会社役員及び従業員に交付した新株予約権の区分別合計

	新株予約権の数	交付者数
当社従業員（当社役員を除く）	〇個	〇名
当社子会社の役員及び従業員（当社の役員及び従業員を除く）	〇個	〇名

(3) その他新株予約権等に関する重要事項
　　　……………（略）……………。

4．会社役員に関する事項
(1) 取締役及び監査役の氏名等

氏名	地位及び担当	他の法人等の代表状況等
〇〇〇〇	取締役会長（代表取締役）	財団法人〇〇理事長
〇〇〇〇	取締役社長（代表取締役）	
〇〇〇〇	取締役副社長（社長補佐）	
〇〇〇〇	専務取締役（〇〇本部長）	
〇〇〇〇	常務取締役（営業部長）	
〇〇〇〇	取締役（人事部長）	〇〇〇〇株式会社代表取締役社長
〇〇〇〇	取締役	〇〇〇〇株式会社代表執行役社長
〇〇〇〇	常勤監査役	
〇〇〇〇	監査役	〇〇〇〇株式会社取締役会長
〇〇〇〇	監査役	〇〇〇〇株式会社代表取締役社長

(注) 1 常務取締役〇〇〇〇氏は，平成〇年〇月〇日退任いたしました。
2 取締役〇〇〇〇氏は，社外取締役であります。
3 監査役〇〇〇〇氏及び〇〇〇〇氏は，社外監査役であります。
4 監査役〇〇〇〇氏は，〇〇〇の資格を有しており，財務及び会計に関する相当程度の知見を有するものであります。

(2) 取締役及び監査役の報酬等の額
取締役〇名　〇〇千円（うち社外　〇名　〇千円）
監査役〇名　〇〇千円（うち社外　〇名　〇千円）
　　上記のほか，平成〇年〇月〇日開催の取締役会の決議により，ストックオプションとしての新株予約権　〇〇千円（報酬等としての額）を取締役〇名に付与いたしました。

(3) 社外役員に関する事項
① 取締役　〇〇〇〇
ア．他の会社の業務執行取締役等の兼任状況
　〇〇〇〇株式会社代表取締役社長であり，〇〇〇株式会社は，当社と……………（略）……………という関係にあります。
イ．他の会社の社外役員の兼任状況
　〇〇〇〇会社社外監査役であります。
ウ．主要取引先等特定関係事業者との関係
　当社の主要取引先である〇〇〇〇株式会社の代表取締役社長は，〇〇（三親等以内の親族）であります。
エ．当事業年度における主な活動状況
(ア) 取締役会への出席状況及び発言状況
　出席率は〇％，発言は〇回であります。
(イ) 取締役〇〇〇〇の意見により変更された事業方針
　……………（略）……………。
(ウ) 当社の〇〇〇（不祥事等の内容）に関する対応の概要
　発生の予防のために，以下のような対応を行っていました。……………（略）……………。
　発生後は，以下のような対応を行いました。……………（略）……………。
オ．責任限定契約の内容の概要
　当社と会社法第423条第1項の賠償責任を限定する契約を締結しており，当該契約に基づく賠償責任限度額は，金〇〇〇円と法令の定める最低限度額とのいずれか高い額となります。

カ．当社親会社の子会社から当事業年度の役員として受けた報酬等の額
　　　　　○○万円
　②　監査役　○○○○
　　ア．他の会社の業務執行取締役等の兼任状況
　　　　○○○○株式会社取締役社長であり，○○○株式会社は，当社と……………
　　　（略）……………という関係にあります。
　　イ．当該事業年度における主な活動状況
　　　㋐　取締役会への出席状況及び発言状況
　　　　　出席率は○％，発言は○回であります。
　　　㋑　監査役会への出席状況及び発言状況
　　　　　出席率は○％，発言は○回であります。
　　　㋒　当社の○○○（不祥事等の内容）に関する対応の概要
　　　　　発生の予防のために，以下のような対応を行っていました。……………
　　　　（略）……………。
　　　　　発生後は，以下のような対応を行いました。……………（略）……………。
　　ウ．責任限定契約の内容の概要
　　　　当社と会社法第423条第1項の賠償責任を限定する契約を締結しており，当該契約に基づく賠償責任限度額は，金○○○円と法令の定める最低限度額とのいずれか高い額となります。
　　エ．当社親会社の子会社から当事業年度の役員として受けた報酬等の額
　　　　　○○万円

5．会計監査人の状況
　(1) 会計監査人の名称
　　　　○○○○監査法人

　(2) 責任限定契約の内容の概要
　　　当社と会社法第423条第1項の賠償責任を限定する契約を締結しており，当該契約に基づく賠償責任限度額は，金○○○円と法令の定める最低限度額とのいずれか高い額となります。

　(3) 当事業年度に係る会計監査人の報酬等の額
　　①　公認会計士法第2条第1項の監査業務の報酬
　　　　　○○○千円
　　②　当社及び当社子会社が支払うべき金銭その他の財産上の利益の合計額
　　　　　○○千円

　　　　　　なお，当社子会社○○○○株式会社の計算関係書類の監査は，××××監査法人が行っております。

(4) 非監査業務の内容
　　　………（略）………。

(5) 会計監査人の解任又は不再任の決定の方針
　　　………（略）………。

6．会社の体制及び方針
(1) 取締役の職務の執行が法令及び定款に適合することを確保するための体制その他業務の適正を確保するための体制
　　　………（略）………。

(2) 株式会社の支配に関する基本方針
　　　………（略）………。

(3) 剰余金の配当等の決定に関する方針
　　　………（略）………。

以　上

【出典】「事業報告モデルの制定について」全国株懇連合会

【資料４】ソニー株式会社が発行する子会社連動株式に係る所得税及び法人税の取扱いについて（通知）

平13・5・21 課審5-2

　平成13年5月15日，日本証券業協会から国税庁に対し，ソニーが発行する子会社連動株式に関する税務上の取扱いについて照会があり，国税庁では，平成13年5月21日付で，照会者の見解のとおり取り扱って差し支えない旨同協会に対して回答しました。

課審5-1
課審3-42
課審4-42
平成13年5月21日

日本証券業協会
　　常務理事　若林勝三　殿

国税庁課税部長
村上喜堂

　　　　ソニー株式会社が発行する子会社連動株式に係る所得税
　　　　及び法人税の取扱いについて（平成13年5月15日付照会
　　　　に対する回答）

　標題のことについては，貴見のとおりで差し支えありません。
　なお，この回答は，照会において提示された事実を前提とした現行法に基づく見解を示すものであることを申し添えます。

平成13年5月15日

国税庁
　　課税部長　村上喜堂　殿

日本証券業協会
常務理事　若林勝三

　　　　ソニー株式会社が発行する子会社連動株式に係る所得税及び
　　　　法人税の取扱いについて

　ソニー株式会社（以下「ソニー」という）では，去る1月25日に開催された臨時株主総会において，同社の子会社であるソニーコミュニケーションネットワーク株式会社（以下「SCN」という）の経済価値を反映する種類株式（以下「子会社連動株式」という）の発行に備えるための定款変更が承認されたところであります。
　これにより，ソニーは，取締役会決議に基づき子会社連動株式を発行できることとなりましたが，当該子会社連動株式は，下記「1．子会社連動株式の概要」に記載する特徴等を有する種類株式であり，変更後の定款に基づき，①現金交付による任意消却又は一斉消却（強制消却），②普通株式への一斉転換，③SCNの普通株式の交付による一斉消却（強制消却）のいずれかが実施される可能性があります。
　この子会社連動株式の消却の場合等の所得税及び法人税の課税関係については，下記「2．子会社連動株式に係る課税関係」のとおりと考えますが，ご照会申し上げます。

記

1．子会社連動株式の概要
　(1)　種類株式としての子会社連動株式
　　　ソニーが発行を予定している子会社連動株式は，商法第222条第1項の規定に基づき発行される種類株式で，ソニーの普通株式とは別銘柄として東京証券取引所に上場される予定である。
　(2)　子会社連動株式の特徴
　　　子会社連動株式はソニーが発行する株式であり，ソニーの子会社であるSCNの経済価値を反映するよう設計されているが，株主はソニーに対して議決権を有し，SCNに対する議決権は有しない。
　　　商法第222条第1項に規定する配当等に関する普通株式と異なる内容等は，次のとおりである。

① 配　当
　　SCNの配当金額に連動する額の配当金を普通株主に優先して配当する。
② 残余財産の分配
　　ソニーの清算の場合には，SCN株式又はその処分により得られた金銭を普通株主に優先して分配する。
③ 株式の消却
　　発行の後，いつでも子会社連動株式を市場買付け又は公開買付けにより任意に消却することができる。また，発行の日から3年経過した後の日で，取締役会が消却する日を定めた場合等において，強制的に一斉消却することもできる。

(3) 子会社連動株式の終了
　子会社連動株式の終了の方法として，次の方法が定款に定められている。
① 時価相当の金銭の支払いによる消却
　　子会社連動株式は，いつでも商法第212条に規定する株主に配当すべき利益をもって買入消却（任意消却）されうる。
　　また，
　i　その発行の日から3年経過した後の日で，取締役会が強制消却する日を定めた場合，
　ii　SCNが100分の80以上の資産を譲渡等により処分したこと，SCNが子会社でなくなったことなどの特定の事由が生じた場合，
　iii　SCNの株式が取引所等に上場等される場合
　には，商法第212条に規定する株主に配当すべき利益をもってする株式の消却の方法又は商法第375条以下の資本減少の規定に従う株式の消却の方法により，子会社連動株式の時価相当の金銭を支払って，強制的に消却すること（強制消却）が定款に定められている。
② ソニー普通株式への一斉転換
　　子会社連動株式は，その発行の日から3年経過した後の日で，かつ，取締役会が定める日（一斉転換日）において，1株につき次の算式で求めた数のソニーの普通株式に転換され終了することが定款に定められている。
　　［算式］

$$1 \times \frac{子会社連動株式の基準時価 \times 1.1}{ソニー普通株式の基準時価} = 転換により交付されるソニー普通株式数$$

　　また，上記①の（SCNの100分の80以上の資産譲渡等）又は（SCN株式の上場等）に掲げる事由が生じた場合にも同様に一斉転換することにより終了することができる。
　　ソニー普通株式への一斉転換においては，上記いずれの場合においても，
　i　転換により発行される普通株式の発行価額は，転換により消滅する子会社連動

【資料4】ソニー株式会社が発行する子会社連動株式に係る所得税及び法人税の取扱いについて(通知)

株式の発行価額と同額とされ、当該転換に伴い利益積立金が資本等に繰り入れられることはない。したがって、転換の前後において、ソニーの資本等の金額に変動はない。
ⅱ　上記の算式のとおり、子会社連動株式の株主には10％のプレミアムを付した価格の比率で普通株式が交付される。
ⅲ　転換により生じる1株に満たない端数は、商法に定める株式併合の場合に準じて取り扱う
こととされている。

　株主に他の種類の株式への転換権を付した転換株式については、商法第222条の2に規定されているが、ソニーが発行する子会社連動株式については株主に転換権が付与されていないため、本件転換は同条の規定を根拠とするものではない。しかし、現行商法においても優先的内容の明確性及び客観性を害しない範囲で、種類株式の優先的内容に解除条件若しくは期限を付すことは可能と解されており、本件子会社連動株式は、予め定款に定められた取締役会の決議等を解除条件として普通株式へ一斉転換ができるものである。
　また、子会社連動株式の普通株式への一斉転換においても、子会社連動株式の消滅と普通株式の発行を伴うが、資本等の金額に変動はなく、株主は普通株主として継続して資本参加することとなる点で、転換株式の転換の場合と同様である。

③　SCN株式の交付による強制消却
　SCN株式の取引所等への上場等が承認された場合には、子会社連動株式の全部を消却または普通株式に転換することになるが、その場合、上記①で述べた時価相当の金銭を支払う方法に代えて、子会社連動株式1株に対して下記算式で求める数のSCN株式を交付することができるとしている。
　この場合のSCN株式の交付による消却は、商法第212条の規定により株主に配当すべき利益をもって消却し、または商法第375条以下の資本減少の規定に従い消却されるものである。

［算式］

| 1×消却を決議する取締役会が定める日の「基準比率」※＝交付されるSCN株式数 |

※「基準比率」とは、子会社連動株式とSCN株式の対応関係を表すもので、「1」を子会社連動株式の最初の発行決議時における「親会社の1単位の株式数」で除した数値をいう。本件照会に係る親会社（ソニー）の1単位の株式数は100株であるため、基準比率は「0.01」となる。
　なお、子会社連動株式若しくはSCN株式の分割又は併合など、比率に影響を与える事由が生じた場合には調整される。

2．子会社連動株式に係る課税関係
(1) 子会社連動株式の発行時の課税関係
　子会社連動株式は，親会社であるソニーが種類株式として一般投資家に対して公募の方法で発行するものであり，その発行価額はブックビルディングの方法により市場において決定されるものであるから，これを取得する株主には特段の課税関係は生じない。
(2) 子会社連動株式の保有又は譲渡に係る課税関係
　① 子会社連動株式の株主は，保有期間中に SCN の配当金に連動した配当金をソニーから受領することとなるが，これについては，通常の配当による所得として，所得税又は法人税の課税対象となる（所法24，法法23）。
　② 保有する子会社連動株式が分割又は併合された場合には，取得価額の付け替えを行うこととされ，課税関係は生じない（所令110，法令119の3②）。
　③ 子会社連動株式を市場で譲渡した場合には，個人は上場株式等の譲渡による所得として課税対象となり（措法37の10①，旧措法37の11①），法人は益金に算入される（法法22）。
　これらは，いずれも通常の株式の保有又は譲渡に係る課税関係と何ら変わるものではない。
(3) 子会社連動株式の終了時の課税関係
　子会社連動株式は，上記1 (3) のとおり，①時価相当の金銭の支払いによる任意消却又は強制消却，②ソニー普通株式への一斉転換，③ SCN 株式の交付による強制消却により終了する旨定款に定められている。この場合のそれぞれの課税関係は，次のとおりとなる。
　① 時価相当の金銭の支払による任意消却又は強制消却に係る課税関係
　　ⅰ 子会社連動株式の時価相当の金銭の支払いによる任意消却は，株主に配当すべき利益をもって行われるものであり，その交付を受ける金銭の額について，当該消却が市場買付けによる場合には，みなし配当課税の適用はなく，株式等の譲渡による所得として課税関係が生ずることとなる（平成6年10月31日付課法8―5，課所4―11）。また，当該消却が公開買付けによる場合には，みなし配当及び株式等の譲渡による所得として課税関係が生ずることとなる（ただし，平成14年3月31日までの間に行われる公開買付けに個人が応じる場合にあっては，みなし配当課税は適用されない（措法9の4）。）。
　　ⅱ 子会社連動株式の時価相当の金銭の支払いによる強制消却は，株主に配当すべき利益をもって又は商法の資本減少の規定に従い行うものであり，その交付を受ける金銭の額については，みなし配当及び株式等の譲渡による所得として課税関係が生ずることとなる（所法25，法法24，措法37の10④）。

② ソニー普通株式への一斉転換に係る課税関係

　子会社連動株式は商法第222条第1項に規定する種類株式であり、これを普通株式へ転換する転換権は株主にないものの、定款に定める条件付の種類株式として転換株式の場合と同様に転換がなされるものである。即ち、転換により消滅する子会社連動株式の発行価額は新たに発行される普通株式の発行価額と同額とされ、資本等及び利益積立金の額は転換によっては変動せず、そのままの状態で発行会社であるソニーに留保される。また、子会社連動株主は、ソニーの株主から離脱せず、依然としてソニーの株主のままである。

　したがって、子会社連動株式について生じている値上がり益等はいわば未実現のままであるから、株主は、子会社連動株式の取得価額（帳簿価額）を転換後の普通株式の取得価額（帳簿価額）に付け替えるのみで、株式の譲渡等としての課税関係は生じない。

　ただし、一斉転換に伴い各株主に割り当てられる普通株式について1株に満たない端数が生じる場合には、商法に定める株式併合の場合に準じて処理されることとされているため、100分の1未満の端数及び100分の1の整数倍に当たる端数で端株原簿への記載を希望しないものについては、これらを一括してソニーが処分し、各株主が当該端数に応じて換価代金を受領することになるが、これについては、当該各株主に、普通株式（取得価額（帳簿価額）の付替え後）の譲渡による所得として課税関係が生じる。

③ SCN株式の交付による強制消却に係る課税関係

　SCN株式を交付することによる消却は、時価相当の金銭を支払う方法に代えて子会社連動株式の株主にSCN株式を交付するものであるから、①のⅱの強制消却に係る課税関係と同様、株主にはみなし配当及び株式等の譲渡による所得として課税関係が生じるとともに、ソニーについては子会社であるSCN株式の譲渡による課税関係が生じることとなる。

以　上

【出典】国税庁ホームページ「通達等・その他法令解釈等に関する情報」
※本法令解釈等に関する情報は旧商法時代に発せられたものですが、会社法が施行された現在にあっても有効と認められることから、参考に掲載しています。

【資料5】国税庁・質疑応答事例「種類株式の評価」(平成18年5月1日現在)

種類株式の評価（その1）
　上場会社が発行した利益による消却が予定されている非上場株式の評価

【照会要旨】

　上場会社であるA社が発行した非上場の株式（株式の内容は下表のとおり）は，平成X年以降に利益による消却が予定されている償還株式ですが，このような株式の価額はどのように評価するのでしょうか。

項　目	内　容
払込金額	1株当たり500円
優先配当金	1株当たり15円 非累積条項：ある事業年度の配当金が優先配当金に達しないときは，その不足額は翌事業年度以降に累積しない。 非参加条項：優先株主に対して優先配当金を超えて配当を行わない。
残余財産の分配	普通株式に先立ち，株式1株につき500円を支払い，それ以上の残余財産の分配は行わない。
消　却	発行会社はいつでも本件株式を買い入れ，これを株主に配当すべき利益をもって当該買入価額により消却することができる。 (注)　消却の場合の買入価額は決定されておらず，平成X年3月31日までに消却する予定はない。
強制償還	発行会社は，平成X年3月31日以降は，いつでも1株当たり500円で本件株式の全部又は一部を償還することができる。
議決権	法令に別段の定めがある場合を除き，株主総会において議決権を有しない。
株式の併合,分割,新株予約権	法令に別段の定めがある場合を除き，株式の分割又は併合を行わない。また，新株予約権（新株予約権付社債を含む。）を有しない。
普通株式への転換	本件株式は，転換予約権を付与しない。また，強制転換条項を定めない。

【回答要旨】

　本件の株式の価額は，利付公社債の評価方法（財産評価基本通達197-2(3)）に準じて，払込金額である1株当たり500円と課税時期において残余財産の分配が行われるとした場合に分配を受けることのできる金額とのいずれか低い金額により評価します。

【資料5】国税庁・質疑応答事例「種類株式の評価」(平成18年5月1日現在)

【理　由】
　本件株式は、普通株式に優先して配当があり、また、払込金額（500円）を償還することを前提としているため、配当を利息に相当するものと考えると、普通株式よりも利付公社債に類似した特色を有するものと認められますので、利付公社債に準じて評価します。
　ただし、払込金額を限度として残余財産の優先分配をすることとしていることから、課税時期において残余財産の分配が行われた場合に受けることのできる当該分配金額が、払込金額を下回る場合には、その分配を受けることのできる金額によって本件株式を評価します。

区　分	普通株式	本件株式	利付公社債
果実の稼得	配当可能利益の範囲内で劣後配当（総会決議）⇒上限なし	配当可能利益の範囲内で優先配当（総会決議）⇒優先配当額が上限	確定利払い
元本の回収	償還はなく、残余財産の分配として時価純資産価額の持分相当を劣後分配⇒上限なし	払込金額を償還（時期未定）又は払込金額を限度に残余財産を優先分配⇒払込金額が上限	額面金額を償還（時期確定）
議決権、新株予約権等の付与	有	無	無
普通株式への転換	―	無	無

【関係法令通達】　財産評価基本通達197-2(3)
（注記）　平成18年5月1日現在の法令・通達等に基づいて作成しています。
　　　　　この質疑事例は、照会に係る事実関係を前提とした一般的な回答であり、必ずしも事案の内容の全部を表現したものではありませんから、納税者の方々が行う具体的な取引等に適用する場合においては、この回答内容と異なる課税関係が生ずることがあることにご注意ください。

種類株式の評価（その2）
　上場会社が発行した普通株式に転換が予定されている非上場株式の評価

【照会要旨】
　相続により、上場会社であるB社が発行した普通株式に転換が予定されている非上場

の株式（株式の内容は下表のとおり）を取得しましたが，未だ転換請求期間前です。このような株式の価額はどのように評価するのでしょうか。

項　目	内　容
払込金額	1株当たり700円
優先配当金	1株当たり14円 非累積条項：ある事業年度の配当金が優先配当金に達しないときは，その不足額は翌事業年度以降に累積しない。 非参加条項：優先株主に対して優先配当金を超えて配当を行わない。
残余財産の分配	普通株式に先立ち，株式1株につき700円を支払い，それ以上の残余財産の分配は行わない。
消　却	発行会社はいつでも本件株式を買い入れ，これを株主に配当すべき利益をもって当該買入価額により消却することができる。 （注）　優先株主から申出のある都度，取締役会に諮ることとしているが，買入価額は未定であり，申出があっても買い入れる可能性は少ない。
議決権	法令に別段の定めがある場合を除き，株主総会において議決権を有しない。
株式の併合，分割，新株予約権	法令に別段の定めがある場合を除き，株式の併合又は分割を行わない。また，新株予約権（新株予約権付社債を含む。）を有しない。
普通株式への転換	普通株式への転換を請求できる。 1　転換請求期間：平成X年1月31日から平成X＋5年1月30日まで 2　当初転換価格：原則として平成X年1月31日の普通株式の価額，ただし，当該価額が200円を下回る場合には200円（下限転換価格） 3　転換価格の修正：原則として，平成X＋1年1月31日から平成X＋4年1月31日までの毎年1月31日の普通株式の価額に修正される。ただし，当該価額が200円を下回る場合には200円 4　転換により発行される株式数：優先株式の発行価額÷転換価格
普通株式への一斉転換	平成X＋5年1月30日までに転換請求のなかった優先株式は，平成X＋5年1月31日をもって普通株式に一斉転換される。転換価格は，原則として平成X＋5年1月31日の普通株式の価額。ただし，当該価額が200円を下回る場合は200円。

【資料5】国税庁・質疑応答事例「種類株式の評価」（平成18年5月1日現在）

【回答要旨】

本件株式の価額は，原則として，利付公社債の評価方法（財産評価基本通達197-2(3)）に準じて，払込金額である1株当たり700円を基として評価します。

ただし，課税時期が転換請求期間前である場合には，将来転換される普通株式数が未確定であることから，転換日における普通株式の価額が下限転換価格を下回るリスクを考慮して，本件株式を下限転換価格で普通株式に転換したとした場合の普通株式数（※）を基として，上場株式の評価方法（財産評価基本通達169(1)）に準じて評価した価額によっても差し支えありません。

※　下限転換価格で転換された場合，普通株式は，本件株式1株当たり3.5株（優先株式の発行価額（700円）÷下限転換価格（200円））発行されることとなる（上表を参照）。

【理　由】

本件株式は，普通株式に優先して配当があり，また，普通株式に先立ち払込金額を限度として残余財産の分配が行われることから，その配当を利息に相当するものと考えると，普通株式よりも利付公社債に類似した特色を有すると認められますので，利付公社債に準じて評価します。

ところで，転換時において，普通株式の価額が下限転換価格を上回っている場合には，普通株式の価額で普通株式に転換されることとなりますので，次の算式のとおり普通株式の価額がいくらであっても所有者にとって転換することによる価値の変動はないこととなります。

$$\text{評価額} = \text{普通株式の価額} \times \overset{\text{(転換後の株式数)}}{(\text{発行価額（700円）} \div \text{普通株式の価額})}$$
$$= \text{発行価額（700円）}$$

しかし，転換時に普通株式の価額が下限転換価格を下回っている場合には，次の算式のとおり下限転換価格によって，普通株式に転換することとなりますので，価値の変動が生ずることとなります。

$$\text{評価額} = \text{普通株式の価額} \times \overset{\text{(転換後の株式数)}}{(\text{発行価額（700円）} \div \text{下限転換価額（200円）})}$$
$$= \text{普通株式の価額} \times 3.5\text{株}$$

したがって，課税時期が転換請求期間前である場合には，下限転換価格で普通株式に転換したとした場合の普通株式数を基として，上場株式の評価方法に準じて評価した価額によっても差し支えありません。

【関係法令通達】　財産評価基本通達169(1)，197-2(3)

(注記)　平成18年5月1日現在の法令・通達等に基づいて作成しています。

　　　　この質疑事例は，照会に係る事実関係を前提とした一般的な回答であり，必ずしも事案の内容の全部を表現したものではありませんから，納税者の方々が行う具体的な取引等に適用する場合においては，この回答内容と異なる課税関係が生ずることがあることにご注意ください。

種類株式の評価（その3）
配当優先の無議決権株式などの種類株式の評価

【照会要旨】
　平成13年，14年の商法改正以前に発行した配当優先の無議決権株式を相続により取得した場合には，どのように評価するのでしょうか。
　また，会社法の施行により，その発行が弾力化されたと言われているその他の多種多様な種類株式を相続により取得した場合には，どのように評価するのでしょうか。

【回答要旨】
　配当優先の無議決権株式については，普通株式と同様に評価することとなります。
　また，その他の多種多様な種類株式については，個別に権利内容等を判断して評価することとしています。

【理　由】
1　配当優先の無議決権株式については，議決権の有無の差はあっても，配当優先の状況や定款変更による普通株式への転換容易性等を勘案すると，普通株式との時価の差が認められないものと考えられます。
　　したがって，議決権が全くない株式の議決権を除いた上で同族株主等か否かを判定し，その結果，株式を取得した株主が，(1)同族株主等に該当する場合には，議決権の有無にかかわらず，原則的評価方式（類似業種比準方式，純資産価額方式及びその併用方式）により，(2)同族株主等以外の株主に該当する場合には，特例的評価方式（配当還元方式）により，評価することとなります。
2　また，会社法の施行を契機に，今後，多種多様な種類株式の発行が予想されます。このような種類株式については，権利内容（例えば，配当や残余財産分配の優先・劣後）や転換条件（例えば，普通株式への転換株数や償還金額）など様々な要因によってその発行価額や時価が決まってくるものと考えられます。しかも，社会一般における評価方法も確立されていない上に，権利内容の組み合わせによっては，相当数の種類の株式の発行が可能であることから，その評価方法をあらかじめ定めておくことは困難です。
　　したがって，そのような多種多様な種類株式については，個別に権利内容等を判断して評価することとしています。
(注)　これまで個別に評価した例としては，「上場会社が発行した利益による消却が予定されている非上場株式の評価」及び「上場会社が発行した普通株式に転換が予定されている非上場株式の評価」があります。

【資料5】国税庁・質疑応答事例「種類株式の評価」（平成18年5月1日現在）

【関係法令通達】　財産評価基本通達178〜180, 185, 188, 188-2
（注記）　平成18年5月1日現在の法令・通達等に基づいて作成しています。
　　　　　この質疑事例は、照会に係る事実関係を前提とした一般的な回答であり、必ずしも事案の内容の全部を表現したものではありませんから、納税者の方々が行う具体的な取引等に適用する場合においては、この回答内容と異なる課税関係が生ずることがあることにご注意ください。

【出典】国税庁ホームページ「通達等・質疑応答事例」

【資料６】東京証券取引所における組織再編，公開買付け及びMBO等に関する開示の実務

東証上管第１３３８号
平成１８年１２月１３日

上場会社代表者 各位

株式会社東京証券取引所
代表取締役社長　西室　泰三

合併等の組織再編，公開買付け，MBO等の開示の充実に関する要請について

拝啓　時下ますますご清栄のこととお慶び申し上げます。

平素は，重要な会社情報の適時かつ適切な開示をはじめ，当取引所の諸施策に格別のご高配を賜り，厚く御礼申し上げます。

さて，当取引所では，合併，会社分割，株式交換及び株式移転（以下「合併等」という。）の組織再編行為や公開買付け等については，上場会社の株式の価値や支配権に直接影響を及ぼし得るものであることからこれまでも適時適切な開示をお願いしてまいりましたが，近年，これらの行為が著しく増加するとともに，その態様が多様化している状況に鑑みると，これらの行為が行われる場合に，株主・投資者が的確にその内容を理解して投資判断を行うためには，個々の行為の態様に応じて，投資判断上の重要性が高い事項について適切な説明が行われることの重要性がより高まっている状況にあると考えられます。

そこで，上場会社各社におかれましては，合併等の組織再編行為や公開買付け等の投資判断情報としての重要性に鑑み，これらの行為の開示に際しては，以下の点について，御留意いただきますようお願い申し上げます。

1. 合併等の際における開示について，合併等の比率算定の概要を記載するなど，合併等の比率の相当性等に関する説明を充実すること。
2. 公開買付けや意見表明等の際における開示について，法定開示制度における公開買付届出書・意見表明報告書の記載内容の充実等を踏まえ，公開買付けの目的，公開買付けに関する意見の理由等に関する説明を充実すること。
3. MBO（役員による自社株買収等），親会社による公開買付け又は親会社との合併等の際における開示について，対価の公正性や株主との利益相反回避措置等に関する説明を充実すること。

　　このほか，公開買付け又は合併等によって上場廃止となることが見込まれる場合には，上場廃止を目的とする理由等に関する説明を充実すること。また，いわゆる二段階買収の場合には，可能な範囲で，二段階目の合併等の行為に関する透明性の確保に配意すること。

敬具

東証上管第１３３９号
平成１８年１２月１３日

情報取扱責任者 各位

株式会社東京証券取引所
上場部長　土本　清幸

合併等の組織再編，公開買付け，MBO等に関する適時開示実務上の取扱いの見直しについて

　拝啓　時下ますますご清栄のこととお慶び申し上げます。
　平素は，重要な会社情報の適時かつ適切な開示をはじめ，当取引所の諸施策に格別のご高配を賜り，厚く御礼申し上げます。
　さて，当取引所では，合併，会社分割，株式交換及び株式移転（以下「合併等」という。）の組織再編行為や公開買付け等（MBOの場合を含む。以下同じ。）については，上場会社の株式の価値や支配権に直接影響を及ぼし得るものであることからこれまでも適時適切な開示をお願いしてまいりました。
　近年，これらの行為が著しく増加するとともに，その態様が多様化している状況に鑑みると，これらの行為が行われる場合に，株主・投資者が的確にその内容を理解して投資判断を行うためには，個々の行為の態様に応じて，投資判断上の重要性が高い事項について適切な説明が行われることの重要性がより高まっている状況にあると考えられます。こうしたことを背景に，証券取引法令も改正され，公開買付け等や合併等に係る法定開示の充実が図られることとなりました（平成18年12月13日施行）。
　当取引所といたしましても，これらの行為の投資判断情報としての重要性に鑑み，本日，当取引所社長名にて，上場会社代表者各位に対して，「合併等の組織再編，公開買付け，MBO等の開示の充実に関する要請」（平成18年12月13日付け東証上管第1338号）をいたしたところです。
　当取引所では，これらを踏まえて，合併等及び公開買付け等に関する適時開示実務上の取扱いの見直しを行うこととといたしました。この見直しは，① 合併等の際における開示について，合併等の比率の重要性に鑑み，合併等の比率算定の概要を記載するなど，合併等の比率の相当性等に関する説明を充実する（従来から，第三者機関によって作成された合併比率算定書の内容を含め，合併等の比率の決定に際して考慮した重要な要素について，可能な限り詳細に記述することを求めておりましたが，抽象的な表現であったことから，より適切な開示を促すため，具体的な表現に改めたものです。），② 公開買付けや意見表明等の際における開示について，法定開示制度における公開買付届出書・意見表明報告書の記載内容の充実等を踏まえて，公開買付けの目的，公開買付けに関する意見の理由等に関する説明を充実する，③ MBO，親会社による公開買付け又は親会社との合併等の

際における開示について，対価の公正性や株主との利益相反に関する投資者の関心が高い事案であることに鑑み，対価の公正性や株主との利益相反回避措置等に関する説明を充実する，このほか，④ 公開買付け又は合併等によって上場廃止となることが見込まれる場合における開示について，上場廃止は株主に重要な影響を与えるものであることに鑑み，上場廃止を目的とする理由等に関する説明を充実する，また，⑤ いわゆる二段階買収の場合における開示について，二段階目の合併等の行為に関する透明性の向上を図る，などの観点から，合併等及び公開買付け等に関する適時開示の際に開示資料への記載を要請している開示事項等（現行の開示事項等については，「会社情報適時開示ガイドブック」に掲載しておりますので，そちらを御参照ください。）について，所要の修正を行うものです。

なお，今回の見直しにあたっては，例えば，① 「会社情報適時開示ガイドブック」を含め，上場会社各社に提示する開示事項等について，表形式で，適時開示資料に記載すべき個々の開示事項についての開示・記載上の注意事項を示す，あるいは，② MBOや親会社による公開買付けなど行為の様態に応じて開示事項を整理するなど，上場会社における利便性の向上に努めています。

また，① 合併等の組織再編行為について一定規模以下の場合や連結子会社を対象とする簡易組織再編に該当する場合等は簡便な開示で足りることとする，② 合併等による業績への影響の見通しについて影響が軽微な場合にはその旨のみの記載で足りることとするなど，上場会社における実務負担に配慮し，情報の重要度を踏まえた適時開示となるよう見直しを行っています。

上場会社各社におかれましては，本通知の趣旨及び内容について十分ご理解をいただくとともに，合併等の組織再編，公開買付け，MBO等の重要性に鑑み，これらの行為について適時適切に開示していただくようお願い申し上げます。

なお，当面は，具体的な開示にあたっては，東証の上場管理担当者まで開示内容について事前相談していただきますようお願い申し上げます。

当取引所としては，今後とも，上場会社を取り巻く状況や会社情報の開示の実務などを踏まえ，必要な見直しを随時行っていきたいと考えております。上場会社各社におかれても，今後とも，適切な情報開示に向けて，前向きに取り組んでいただきますようお願い申し上げます。

敬具

※1 今回の見直しの概要及び適用時期は，下記のとおりです。見直し後の開示事項及び開示上の注意事項等の詳細については，別紙「見直し後の開示事項及び開示上の注意事項等（会社情報適時開示ガイドブック記載内容の見直し）」をご参照ください。

※2 当取引所では，昨今の企業法制をはじめ企業行動の自由度が増す中，証券市場の健全性確保は上場制度上の喫緊の課題となっていることから，本年6月に上場制度総合整備プログラムと題する実行計画をとりまとめておりますが，今般の見直しは，同プログラムに掲げた課題である適時開示の充実の一環として実施するものとなります。

※3 本通知の内容につきましては，おって，「会社情報適時開示ガイドブック」に反映し，改訂版をご送付申し上げる予定ですが，それまでの間は，お手数とは存じますが，本通知をご参照いただきますようお願い申し上げます。

記

〔見直しの概要〕 （備　考）

1．合併・会社分割・株式交換・株式移転に関する開示の充実

(1) 合併等の比率の算定根拠等

・合併等の比率の「算定根拠等」について，以下に掲げる事項の記載を求めることとします。

　　① 「算定の基礎」として，比率算定の概要を含む比率を決定するに至った考え方についてのわかりやすく具体的な説明

　　② 「算定の経緯」として，算定の際に算定機関（「企業価値又は株価の評価に係る専門的知識を有する者」をいう。以下同じ。）の意見を聴取した場合には，当該意見を踏まえて合併等の比率を決定するに至った経緯についてのわかりやすく具体的な説明

　　③ 「算定機関との関係」として，算定の際に算定機関の意見を聴取した場合において，当該算定機関が当事会社のいずれかの関連当事者に該当するときは，当該算定機関から意見を聴取す

備考欄：
・合併等の組織再編行為について一定規模以下の場合や連結子会社を対象とする簡易組織再編に該当する場合等は簡便な開示で足りることとします

・比率算定の概要とは，具体的な算定方式，当該算定方式を採用した理由及び各算定方式の算定結果の数値（レンジ可）などをいいます。また，①市場株価法を用いた場合は，市場価格の計算対象期間及び当該期間を用いた理由，②ディスカウント・キャッシュ・フロー法を用いた場合は，比率算定の前提とした利益計画で大幅な増減益を見込んでいるときは，利益計画の概要説明と増減益の要因（大幅な増減益を見込んでいないときは，その旨）など算定の前提条件の記載を含むものとします。

※算定機関の名称及び意見の概要を含むものとします。

ることとした理由及び関連当事者に該当する事由

(2) 当事会社間の関係等
・「関連当事者への該当状況」として，相手会社が上場会社の関連当事者に該当する場合には，関連当事者である旨及び関連当事者に該当する事由の記載を求めることとします。
・「取引関係」として，当事会社間の取引に加え，当事会社のグループ間の取引や当事会社の一方と他方の役員又は支配株主（議決権の過半数を有する株主をいいます。）との取引のうち重要な取引がある場合には，可能な範囲での記載を求めることとします。

2．公開買付け等に関する開示の充実
(1) 上場会社が公開買付けを行う場合の開示
・公開買付開始の決定時の開示において，買付け等の価格の算定根拠等について，公開買付届出書と同等の記載を求めることとします。このほか，公開買付届出書の様式改正を踏まえた開示事項の充実を行うこととします（買付け等の目的，対象者の請求に基づく延長の可能性の有無，公開買付者と対象者又はその役員との間の合意の有無及び内容，投資者が応募の是非を判断するために必要と判断されるその他の情報，対象者について公表されていない重要な事実を知っている場合におけるその内容等）。
　また，1．(1)③と同様の「算定機関との関係」及び1．(2)と同様の「当事会社間の関係等」の記載を求めることとします。
・対象者からの意見表明報告書により質問がなされた場合，それに対する回答の決定時にも，開示を行うこととします。

(2) 上場会社が公開買付けの対象者である場合の開示
・公開買付開始時に，その旨の開示を行うものとします。
・公開買付けに関する意見表明の決定時の開示において，公開買付けに関する意見の理由，会社の支配に

関する基本方針に係る対応方針，公開買付者に対する質問，公開買付期間の延長請求の有無，投資者が応募の是非を判断するために必要と判断されるその他の情報，対象者について公表されていない重要な事実を知っている場合におけるその内容等について，意見表明報告書と同等の記載を求めることとします。
・公開買付者から対質問回答報告書の提出時にも，開示を行うものとします。

3. **上場廃止を目的とする公開買付け・合併等又はMBO，親会社による公開買付け・合併等に関する開示の充実**
(1) 上場廃止を目的とする公開買付け・合併等における開示
・上場会社が上場廃止を目的とする公開買付けに関して賛同の意見表明をする場合又は上場会社が対象者の上場廃止を目的とする公開買付けを行う場合は，通常の場合の開示事項に加えて，以下に掲げる事項の記載を求めることとします。
　① 上場廃止となる見込みがある旨
　② 上場廃止を目的とする公開買付けに賛同する理由（上場会社が公開買付けを行う場合にあっては，上場廃止を目的とする理由）
　③ 公開買付者と対象会社の株主との間における公開買付けへの応募に係る重要な合意に関する事項
・上場会社が自社の株式が上場廃止となる見込みがある合併等を行う場合は，通常の場合の開示事項に加えて，以下に掲げる事項の記載を求めることとします。
　① 上場廃止となる見込みがある旨
　② 上場廃止を目的とする理由
　③ 合併等の比率の公正性を担保するための措置
(2) MBO又は親会社による公開買付け・合併等における開示
・上場会社が，自社の株券等に対するMBO（役員による公開買付け（役員の依頼に基づき公開買付け

・(1)，(2)の双方に該当する場合は，それぞれで求められている開示事項をあわせて記載していただくこととなります。
・上場廃止を目的とする公開買付け・合併等については，算定機関が買付け等の価格又は合併等の比率に関する見解を記載した書面の提出を求めることとします。

・合併等の対価が他の上場株式（東証以外の証券取引所に上場している株式を含む。）である場合には，①のみ記載を求めることとします。

を行う者であって役員と利益を共通する者による公開買付けを含む。）をいう。）に関して賛同の意見表明をする場合は，通常の場合の開示事項に加えて，以下に掲げる事項の記載を求めることとします。
　① 公開買付者が公開買付けを実施するに至った意思決定の過程
　② 買付け等の価格の評価の公正性を担保するための措置
　③ 利益相反を回避する措置
・上場会社が，親会社による自社の株券等に対する公開買付けに関して賛同の意見表明をする場合は，通常の場合の開示事項に加えて，上記①〜③に掲げる事項の記載を求めることとします。
・上場会社が上場子会社に対する公開買付けを行う場合は，通常の場合の開示事項に加えて，上記①〜③に掲げる事項の記載を求めることとします。
・上場会社が親会社又は上場子会社と合併等を行う場合は，通常の場合の開示事項に加えて，上記②〜③に掲げる事項の記載を求めることとします。

(3) 二段階買収
・公開買付けの後，株式交換その他の行為を行うことにより，上場会社を買収する予定がある場合には，予定している二段階目の株式交換その他の行為に関する透明性の向上に努めるよう配慮していただき，原則として，以下に掲げる事項を記載することが望ましい旨明示することとします。
　① 二段目の株式交換その他の行為の予定時期
　② 完全に買収される手段及びその対価
　③ 一段目（公開買付け）の買付価格と二段目（株式交換等の行為）の対価に差がある場合はその内容及び差額を設ける理由

4．その他
・合併等の組織再編行為について一定規模以下の場合や連結子会社を対象とする簡易組織再編に該当する場合等は，開示事項及び記載する内容を省略した，

・MBO又は親会社による公開買付け，合併等については，算定機関が買付け等の価格又は合併等の比率に関する見解を記載した書面の提出を求めることとします。

簡便な開示で足りることとします。
・会社情報適時開示ガイドブックについて，開示事項別に開示・記載上の注意事項を示すことや行為の様態に応じて開示事項を整理するなど形式を見直すこととします。
・合併等の組織再編行為及び公開買付け等を行った後の見通しについて，従前，合併等の後の業績の見通しを開示することとしていましたが，合併等による業績への影響の見通しについての開示に変更することとします。また，業績への影響が軽微な場合は，その旨を記載することで足りることとします。
・合併等の組織再編行為における会計処理の概要について，のれんが少額である場合，その旨を記載することで足りることとします。
・その他，所要の見直しを行います。

〔適用時期〕
・公開買付け又は自己株式の公開買付け及び公開買付けに関する意見表明等に関する取扱いについては本日以降の開示から適用します。
・合併等の組織再編行為に関する取扱いは，平成19年1月15日（月）以降の開示から適用します（それまでの間においても，自社の判断で，本通知の内容を踏まえた開示をすることも可能です。）。

以 上

【出典】東京証券取引所

【資料7】 平成19年度税制改正関連資料

財務省「平成19年度税制改正の大綱」(平成18年12月) 抜粋

　現下の経済・財政状況等を踏まえ，持続的な経済社会の活性化を実現するためのあるべき税制の構築に向け，我が国経済の成長基盤を整備する観点から減価償却制度の抜本的見直しを行うとともに，中小企業関係税制，国際課税，組織再編税制・信託税制，金融・証券税制，住宅・土地税制，納税環境整備等について所要の措置を講ずることとし，次のとおり税制改正を行うものとする。

一　減価償却制度
　1　償却可能限度額及び残存価額の廃止
　　(1)　平成19年4月1日以後に取得をする減価償却資産については。償却可能限度額（取得価額の100分の95相当額）及び残存価額を廃止し，耐用年数経過時点に1円（備忘価額）まで償却できることとする。
　　　　この場合の定率法の償却率は，定額法の償却率（1／耐用年数）を2.5倍した数とし，定率法により計算した減価償却費が一定の金額を下回ることとなったときに，償却方法を定率法から定額法に切り替えて減価償却費を計算することとする。これにより，定率法を採用している場合にも，耐用年数経過時点に1円（備忘価額）まで償却できることとする。
　　　　この一定の金額とは，耐用年数から経過年数を控除した期間内に，その時の帳簿価額を均等償却すると仮定して計算した金額とする。なお，納税者の事務負担を考慮し，取得価額に一定の割合を乗じて当該一定の金額が計算できるように，モデルケース（初年度は期首に取得し，その後に減価償却費の過不足額がないケース）を用いて，耐用年数ごとに一定め割合を定めておくこととする。
　　(2)　平成19年3月31日以前に取得をした減価償却資産については，償却可能限度額まで償却した事業年度等の翌事業年度以後5年間で1円（備忘価額）まで均等償却ができることとする。
　2　法定耐用年数の見直し
　　次の3設備について，法定耐用年数を短縮する。
　　(1)　フラットパネルディスプレイ製造設備　5年（現行10年）
　　(2)　フラットパネル用フィルム材料製造設備　5年（現行10年）
　　(3)　半導体用フォトレジスト製造設備　5年（現行8年）

二　中小企業関係税制
　……（略）……
　6　取引相場のない種類株式の相続税等の評価方法の明確化

会社法の施行により発行要件が緩和された株主総会での議決権がない株式等の種類株式のうち、次のものについて、その評価方法を明確化する。
(1) 配当優先の無議決権株式
(2) 社債類似株式
(3) 拒否権付株式
……(略)……

四 組織再編税制・信託税制等

1 会社法における合併等対価の柔軟化に伴う税制措置
(1) 組織再編税制において、適格合併、適格分割又は適格株式交換の適格性の要件及び被合併法人等の株主における旧株の譲渡損益の計上を繰り延べる要件のうち合併等の対価について、その範囲に、合併法人等の親法人（合併等の直前に合併法人等の発行済株式の全部を直接に保有し、かつ、当該合併等後にその発行済株式の全部を直接に継続して保有することが見込まれる法人をいう。）の株式のみが交付される場合の株式を加える。
(注) 上記の改正は、平成19年5月1日以後に行われる合併等について適用する。
(2) 合併等により株主に外国親会社の株式が交付された場合、非居住者又は外国法人株主（以下「非居住者等株主」という。）について、その合併等の時に旧株の譲渡益（我が国で課税の対象となる国内源泉所得に該当するものに限る。）に対して課税する。
　　ただし、この取扱いは、非居住者等株主が、国内において行う事業に係る資産として、国内に有する恒久的施設において旧株を管理する場合には適用しない。この場合、非居住者等株主がその交付を受けた外国親会社の株式を国内において行う事業に係る資産として国内の恒久的施設において管理しなくなったときは、その時に外国親会社の株式を譲渡したものとして課税する。
(注) 上記の改正は、平成19年5月1日以後に行われる合併等について適用する。
(3) 国際的な租税回避を防止するため、次の措置を講ずる。
　① 企業グループ内の法人間で行われる合併等のうち、軽課税国に所在する実体のない外国親会社の株式を対価とし、国内の合併法人等にも事業の実体が認められないものは、適格合併等に該当しないこととする。
　② 適格合併等に該当しない合併等が行われる場合、交付される対価が軽課税国に所在する実体のない親法人の株式であるときは、その合併等の時に株主の旧株の譲渡益に対して課税する。
(注) 上記①及び②の改正は、平成19年10月1日以後に行われる合併等について適用する。
　③ 内国法人が保有する外国子会社（外国子会社合算税制の適用対象となるものに限る。）の株式を軽課税国に所在する実体のない外国会社（その内国法人の持分

の80％以上を保有するものに限る。）又はその外国会社に係る外国子会社に現物
出資する場合には，その現物出資は適格現物出資に該当しないこととする。
(注) 上記③の改正は，平成19年10月1日以後に行われる現物出資について適用
する。
④ 内国法人の株主が，組織再編成等により，軽課税国に所在する実体のない外
国法人を通じてその内国法人の持分の80％以上を保有することとなった場合には，
その外国法人に留保した所得を，その持分割合に応じて，その外国法人の株主で
ある居住者及び内国法人の所得に合算して課税する（合算対象となる所得には，
その外国法人に係る外国子会社のうち，軽課税国に所在する実体のないものに留
保した所得も含める。）。対象となる内国法人は，組織再編成等の前に少数の株主
グループによってその持分の80％以上を保有されていたものに限る。また，内国
法人の株主が，組織再編成等により，その内国法人の資産・負債のほとんどすべ
てを取得した他の内国法人を支配することとなった場合も同様とする。
(注) 上記④の改正は，平成19年10月1日以後に株主が外国法人を通じて内国法
人を支配することとなる場合について適用する。
……（略）……
3 リース取引関連税制
ファイナンス・リース取引（資産の賃貸借で，賃貸借期間中の契約解除が禁止され
ており，かつ，賃借人が当該資産の使用に伴って生ずる費用を実質的に負担する等の
要件を満たすものをいう。）のうち，リース期間の終了時にリース資産の所有権が賃
借人に無償で移転するもの等以外のもの（以下「所有権移転外ファイナンス・リース
取引」という。）について，次の措置を講ずる。
(1) 所有権移転外ファイナンス・リース取引は，売買取引とみなす。
(2) 所有権移転外ファイナンス・リース取引の賃借人のリース資産の償却方法は，リ
ース期間定額法（リース期間を償却期間とし，残存価額をゼロとする定額法をい
う。）とする。なお，賃借人が賃借料として経理した場合においてもこれを償却費
として取り扱う。
(3) 所有権移転外ファイナンス・リース取引の賃貸人について，リース料総額から原
価を控除した金額（以下「リース利益額」という。）のうち，受取利息と認められ
る部分の金額（リース利益額の100分の20相当額）を利息法により収益計上し，そ
れ以外の部分の金額をリース期間にわたって均等額により収益計上することができ
ることとする。
(注) 上記(1)から(3)までの改正は，平成20年4月1日以後に締結する所有権移転外
ファイナンス・リース契約について適用する。
(4) 平成20年4月1日前に締結したリース契約に係る所有権移転外ファイナンス・リ
ース取引の賃貸資産について，同日以後に終了する事業年度からリース期間定額法

により償却できることとする。
　　(5)　その他所要の規定の整備を行う。
　4　棚卸資産の評価
　　(1)　低価法を適用する場合における評価額を事業年度末における価額（現行　再調達原価）とする。
　　(2)　トレーディング目的の棚卸資産の場合には，時価により評価することとする。

　五　金融・証券税制
　1　上場株式等の配当等に係る軽減税率の特例及び上場株式等に係る譲渡所得等の軽減税率の特例については，その適用期限を1年延長する。
　　…（略）…
　3　上場会社等の自己の株式の公開買付けの場合のみなし配当課税の特例の適用期限を2年延長する。
　……（略）……

【出典】財務省ホームページ

事項索引

あ 行

青色欠損金 ……………………………454
移転損益 ………………………………380
ウォルマート …………………………193
売主追加請求権 …………………………97
閲覧請求権 ……………………………260
M&A ………………………………324
　　──（グループ内再編）………324
　　──（組織的行為によるもの）…324
　　──（第三者間の買収）………324
　　──（取引行為によるもの）…324
オンバランス …………………………470

か 行

会計参与設置会社 ……………………263
会計帳簿 ………………………………258
会社法における純資産の部の考え方 …214
合併に類似する適格分割型分割 ……421
合併類似適格分割型分割 ……………423
過年度事項に関する監査 ……………209
株券喪失登録制度 ………………………17
株券発行会社 ………………17, 26, 30, 32, 39
株券不所持制度 …………………………17
株券不発行会社 …………………………30
株式会社の支配に関する基本方針 …240
株式買取請求権 …………………………22
株式交換・株式移転の税務 …………431
株式の公正な価格 ………………………22
株式の分割 ………………………………78
株式の併合 …………………………72, 74
株式の保有関係 ………………………412
株式の保有割合 ………………………412
株式の無償割当て …………………79, 82
株主資本 ………………………………278
株主資本等変動計算書 …………224, 307
株主資本の内訳の引継方法 …………375

株主全員の同意 …………………………3
株主との合意による取得 ………………93
株主における課税関係 …………………84
株主名簿 …………………………………26
株主名簿管理人 …………………………26
簡易組織再編 …………………………333
完全親会社 ……………………………460
関連当事者との取引に関する注記 …243
企業結合会計基準 ……………………348
企業グループ内の組織再編 …………414
基準日制度 ………………………………28
逆取得 …………………………………392
キャッシュ・アウト・マージャー
　　……………………………331, 336, 408
共通支配下の取引 ………………348, 376
共同事業をするための組織再編 ……414
共同支配企業の形成 ………348, 374, 402
共同新設分割 …………………………402
共同持株会社の設立 ………………394, 396
拒否権付株式 …………………………468
金銭等交付要件 ………………………452
繰越欠損金等の引継制限 ……………421
繰延資産の会計処理 …………………210
繰延ヘッジ損益 ………………………222
計算書類
　　──に係る附属明細書 ………231
　　──の備置期間 ………………262
継続企業の前提に関する注記 …243, 254
結合当事企業
　　──の会計処理方法 …………370
　　──の株主に係る会計処理 …382
決算公告 ………………………………264
　　──（不適正意見がある場合等の公告）…269
決算スケジュール ……………………205
欠損金法人の買収による欠損金の繰越控除の不適用 …………………………………454
減価償却 ………………………………458

検査役……………………………………44
減資資本金額………………………296
原始定款……………………………46
現物出資……………………………56,67
現物配当……………………………301,310
　　──を行った場合の税務上の取扱い……316
券面額説……………………………60
ゴーイング・プライベート………328
公開会社……………………………12,28,49
　　──でない会社……………………96
交換損益を認識……………………382
公証人の認証………………………49
公正妥当基準………………………210
子会社連動株式（→トラッキング・ストック）
個別注記表…………………………242

さ 行

財源規制……………………………88
債権者保護手続……………………287
財産価額塡補責任の過失責任化……44,52
財産引受け…………………………56
最低資本金…………………………42
債務消滅益…………………………60
債務超過の会社を吸収合併………404
差額負債調整勘定…………………425,438
三角合併……………………………344,408,460
　　──における開示…………………346
　　──の実務的問題点と税務………442
産業活力再生法（産活法）………329
残存価額……………………………458
残余財産分配請求権………………142
時価以下主義………………………348,392
時価が一義的に定まりにくい資産……386
事業分離等会計基準………………378,382
事業報告……………………………234
　　──に係る附属明細書……………233
自己株式……………………………112,114
　　──処分……………………………386
　　──処分差額………………………390
　　──の取得…………………………86,93
　　──の消却の会計処理……………114

──の消却の税務処理………………115
──の処分の会計処理………………112
──の処分の税務処理………………113
自己新株予約権……………………144
　　──の取得時の会計処理…………151
　　──の保有時の会計処理…………151
事後設立……………………………44
資産調整勘定………………………425,438
資産等超過差額……………………425
資産評価……………………………203
事前確定届出給与…………………221
指定買取人…………………………5,31,33
支配の継続…………………………398
資本金等増加限度額………………69
資本金等の額………………………216,296
資本金の組入れ基準………………19
資本等取引…………………………128
資本と利益の混同は禁止…………287
社債類似株式………………………468
出資の履行…………………………50
取　　　得…………………………352,400
取得企業……………………………353
　　──が株式又は金銭以外を対価とする場合
　　　　　　　　　　　　　　　　　369
　　──が自己株式を処分した場合…368
　　──が新株を発行した場合………368
取得原価の算定方法………………354
取得原価の配分方法………………358
　　──の特例…………………………359
取得資本金額………………………296
取得条項……………………………2,98
取得条項付株式……………………6,118,142
取得請求権…………………………2,98
取得請求権付株式…………………6,118
取得に直接要した支出額…………357
種類株式……………………………9,126
　　──の取得（償還・転換）時の税務……133
　　──の譲渡…………………………132
　　──の発行者側の取扱い…………126
　　──の評価…………………………136
　　──のベンチャーキャピタルでの利用…142

事項索引　*521*

―の保有期間中の税務 ……………129
―の保有者側の取扱い …………126
―発行会社 …………………………74
―発行時の税務 ……………………128
種類株主総会決議……………………81
償却可能限度額 ……………………458
少数株主排除の手法
　―（清算型） …………………337
　―（端数処理型） ……………338
譲渡承認請求 ……………………30,32
譲渡制限 ………………………2,4,30
譲渡制限株式 …………………32,105
剰余金の配当 ………………………299
　―を受け取った側の会計処理 …312
　―を行った会社の会計処理 …307
　―を行った側の税務 …………314
所有権移転外ファイナンス・リース取引
　………………………………………470
新株予約権 …………………………144
　―買取請求権 …………………334
　―付社債の取得者側の会計処理 …179
　―の権利行使時の会計処理 …150
　―の公正価額 …………………147
　―の取得者側の会計処理 ……178
　―の税務上の取扱い …………174
　―の発行時の会計処理 ………150
　―を取得した会社の税務上の取扱い …180
スクィーズ・アウト ……………336,344
ストック・オプション ……………146
　―（会社法上の注記） ………170
　―（証券取引法上の開示） …166
　―（条件変更） ………………162
　―（未公開企業における取扱い） ………161
　―会計基準 ……………………154
　―についての税務上の取扱い …175
　―の権利確定前の会計処理 …156
　―の権利確定後の会計処理 …159
　―等に関する会計基準 ………155
税効果会計の適用 …………………223
税務上の積立金 ……………………229
絶対的記載事項……………………48

設立時取締役等に関する事項………43
設立時発行株式………………………48
設立登記 …………………………51,54
設立無効の訴え………………………44
全部取得条項 ………………………98
全部取得条項付種類株式 ……122,437
増加資本の会計処理 ………………371
相続人等への株式の売渡しの請求 …105
相対的記載事項………………………49
創立総会………………………………54
組織再編
　―計画書 ………………………320
　―契約書 ………………………320
　―行為の対価の柔軟化 ………408
　―税制の概略 …………………410
　―に共通する手続 ……………323
　―の種類によって異なる手続 …323

た　行

対価の柔軟化 ………………………344
貸借対照表と損益計算書の表示方法 …196
退職給付引当金 ……………………406
退職給与負債調整勘定 ……………425
タックス・ヘイブン …………………460
　―子会社株式 …………………466
短期重要負債調整勘定 ……………425
単元株式………………………………36
単元未満株式…………………………38
　―売渡請求……………………41
　―の買取請求…………………40
中小企業の会計に関する指針 ……472
賃貸借処理 …………………………472
定款の記載事項の見直し……………42
定期同額給与 ………………………221
適格ストック・オプションの特例 …181
適格合併 ……………………………421
適格組織再編 …………………410,466
適格要件 ………………410,414,452
敵対的買収防衛策 …………………182
DES（デット・エクイティ・スワップ） ……60
特殊決議 ………………………………3

522　事項索引

特定の株主からの取得……………………94
トラッキング・ストック ………………124
取締役会決議………………………………80

な 行

のれん
　　――等調整額 ……………………303
　　――についての分配可能額 ……367
　　――の減損会計 …………………366
　　――の償却 ………………………364

は 行

配当財産が金銭以外である場合 ………313
配当優先の無議決権株式 ………………468
売買価格の決定 …………………………109
端株制度 ……………………………37,76
パーチェス法 …………348,352,386,390,394
発行価額基準 ……………………………19
発行可能株式総数……………………14,46,73
発行可能種類株式総数……………………14
発行済株式総数……………………………73
発行法人における課税関係 ………………84
払込み金額基準 ……………………………19
払込金保管証明制度 ……………………43,48
　　――の撤廃 ………………………52
反対株主の株式買取請求 ………………331
引受・払込担保責任………………………43
非居住者等による事業譲渡類似株式の譲渡
　　………………………………………460
非公開会社……………………………10,17,75
非適格株式交換と営業権 ………………438
非適格組織再編 ……………………410,450
1株当たり純資産額 ……………………248
1株当たり情報 …………………………248
1株当たり当期純利益 …………………249
100％減資 ………………………………122
評価額説 …………………………………60
負債調整勘定 ……………………………425
負債評価 …………………………………204
附属明細書 ………………………………230
分割型会社分割 …………………………308

分割割合 ………………………………78,81
分社型分割 …………………………398,400
分配可能額…………………77,120,271,278,302
分離元企業の会計処理 …………………378
包括的否認規定 …………………………450
包括利益 …………………………………201
報酬規制 …………………………………146
法人税法における純資産の部の見方 …216
募　集
　　――株式 …………………………64
　　――株式の引受人の出資不履行の場合の失権
　　………………………………………43
　　――事項 …………………………64
　　――設立 …………………………52
発起設立 …………………………………48
発起人の株式引受け………………………49

ま 行

MBO（マネジメント・バイアウト）…328
未確認項目 ………………………………407
持分の結合 …………………………348,370,388
持分プーリング法 …………………388,396,404
　　――に準じた処理方法 …………374

や 行

役員賞与の会計処理方法 ………………218
優先株式 …………………………………124
優先・劣後株式 …………………………124
有利発行増資………………………………69
有利発行に該当しない増資………………70

ら 行

ライツプラン
　　――（事前警告型）……………182
　　――（信託型〔間接型〕）……182
　　――（信託型〔直接型〕）……182
　　――（新類型）…………………182
利益積立金額 ……………………………296
利益連動給与 ……………………………221
リース ……………………………………470
利息法……………………………………471

略式組織再編 ……………………………333,342
臨時計算書類 ………………………………270
劣後株式 ……………………………………125
連結計算書類 ………………………………250

連結欠損金 …………………………………454
連結注記表 …………………………………254
連結配当規制適用会社に関する注記 ………247

■編集者

平野　敦士（ひらの　あつし）

公認会計士・税理士
立命館大学大学院経営管理研究科教授

実務解説　会社法と企業会計・税務Ｑ＆Ａ

2007年2月5日　初版第1刷印刷
2007年2月15日　初版第1刷発行

	編集者	平野　敦士
廃検 止印	発行者	逸見　慎一

発行所　東京都文京区本郷6丁目4の7　株式会社　青林書院

振替口座　00110-9-16920／電話03(3815)5897〜8／郵便番号113-0033

http://www.seirin.co.jp

印刷・星野精版印刷㈱　落丁・乱丁本はお取替え致します。
Printed in Japan　ISBN 978-4-417-01431-7
JCLS　㈱日本著作出版権管理システム委託出版物
本書の無断複写は著作権法上での例外を除き禁じられています。
複写される場合は，そのつど事前に，㈱日本著作出版権管理システム（TEL 03-3817-5670，FAX 03-3815-8199，e-mail:info@jcls.co.jp）の許諾を得てください。